6년간 아무도 깨지 못한 기록

합격자 수 1위 에듀윌

KRI 한국기록원 2016, 2017, 2019년 공인중개사 최다 합격자 배출 공식 인증 (2022년 현재까지 업계 최고 기록)

에듀윌과 함께 시작하면,
당신도 합격할 수 있습니다!

자소서와 면접, NCS와 직무적성검사의 차이점이 궁금한
취준을 처음 접하는 취린이

대학 졸업을 앞두고 취업을 위해 바쁜 시간을 쪼개며
채용시험을 준비하는 취준생

내가 하고 싶은 일을 다시 찾기 위해
회사생활과 병행하며 재취업을 준비하는 이직러

누구나 합격할 수 있습니다.
이루겠다는 '목표' 하나면 충분합니다.

마지막 페이지를 덮으면,

에듀윌과 함께
취업 합격이 시작됩니다.

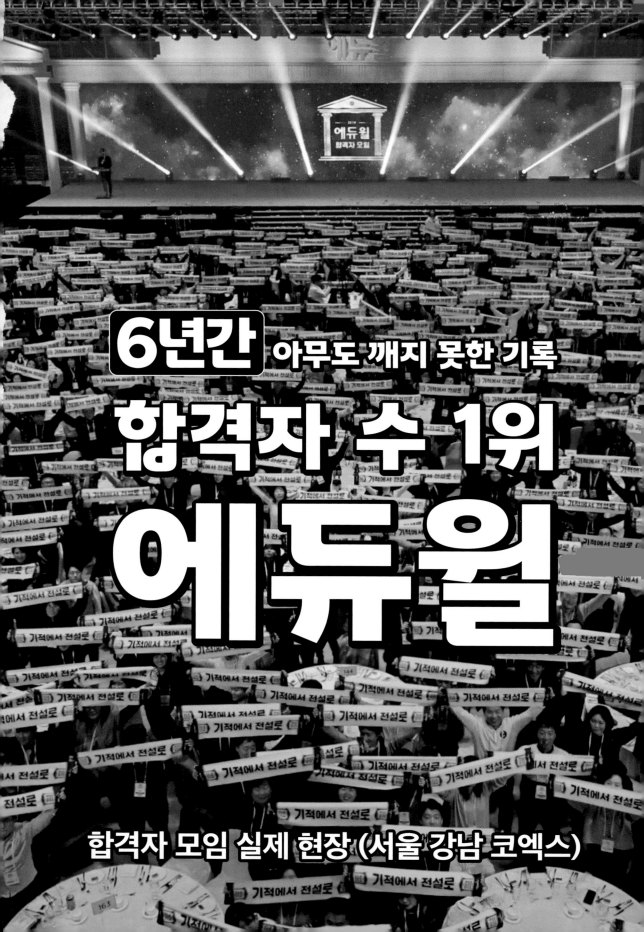

우리는 평생을 함께할 에듀윌 동문입니다

KRI 한국기록원 2016, 2017, 2019년 공인중개사 최다 합격자 배출 공식 인증
(2022년 현재까지 업계 최고 기록)

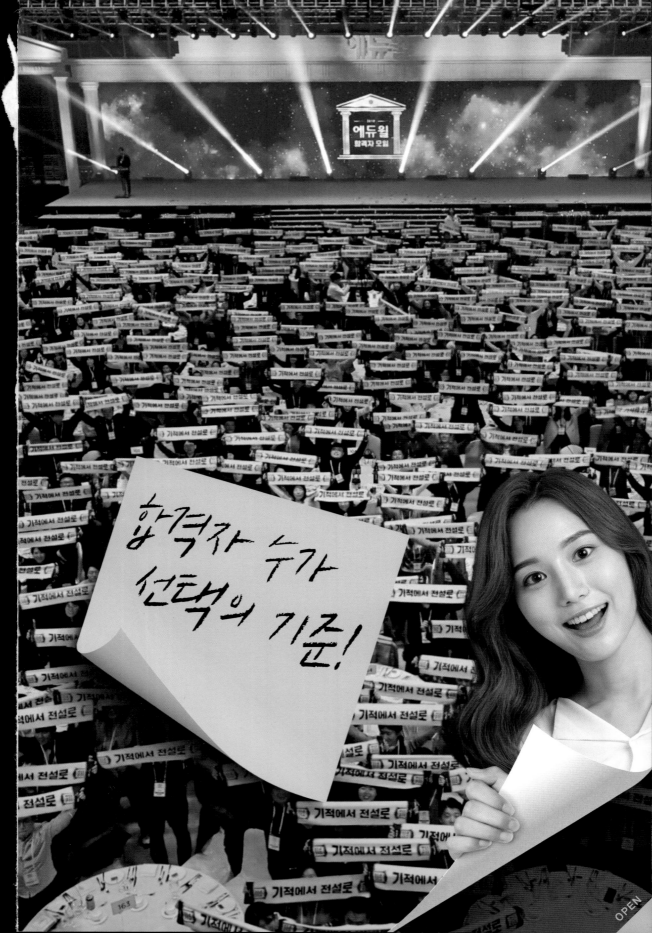

에듀윌을 선택한 이유는
분명합니다

4년 연속 취업 교육
1위

합격자 수 수직 증가
2,557%

취업 교재 누적 판매량
196만부

베스트셀러 1위 달성
2,014회

에듀윌 취업을 선택하면
합격은 현실이 됩니다.

• 2022, 2021 대한민국 브랜드만족도 취업 교육 1위 (한경비즈니스)/2020, 2019 한국브랜드만족지수 취업 교육 1위 (주간동아, G밸리뉴스)
• 에듀윌 취업 수강생 공기업/대기업 서류, 필기, 면접 전형별 합격자 인증 건수 (총집계/총합계) 2015~2019년도/2020년도
• 에듀윌 취업 교재 누적 판매량 합산 기준 (2012.05.14~2022.04.30)
• 온라인4대 서점 (YES24, 교보문고, 알라딘, 인터파크) 일간/주간/월간 13개 베스트셀러 합산 기준 (2016.01.01~2022.05.11, 공기업 NCS/직무적성/일반상식/시사상식 교재)

4년 연속 취업 교육 1위!*
합격자 수 2,557%* 수직 증가

에듀윌 취업은
취준생이 아닌 합격생을 만듭니다.

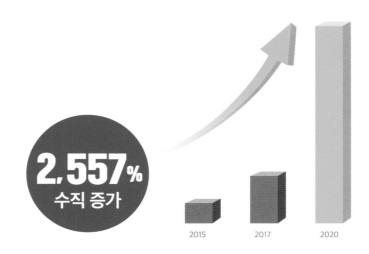

2,557%
수직 증가

2015   2017   2020

에듀윌 취업만의 체계적인 커리큘럼

STEP 1	STEP 2	STEP 3
1:1 스펙분석	기업별, 전형별 커리큘럼	최종점검 모의고사
정확한 데이터 기반의 객관적 가이드 제공	서류, 필기, 면접, 각 전형별 전문 강의	엄선된 문항, 최상의 퀄리티, 실제 유형/난이도 반영

* 2022, 2021 대한민국 브랜드만족도 취업 교육 1위 (한경비즈니스)/2020, 2019 한국브랜드만족지수 취업 교육 1위 (주간동아, G밸리뉴스)
* 에듀윌 취업 수강생 공기업/대기업 서류, 필기, 면접 전형별 합격자 인증 건수 (총집계/총합계) 2015~2019년도/2020년도

베스트셀러 1위!
에듀윌 취업 교재 시리즈

삼성

GSAT 삼성직무적성검사
통합 기본서

GSAT 삼성직무적성검사
실전 봉투모의고사

GSAT 기출변형
최최종 봉투모의고사

대기업

20대기업 인적성
통합 기본서

SK

온라인 SKCT SK그룹 종합역량검사
통합 기본서

LG

LG그룹 온라인 인적성검사
통합 기본서

공기업 NCS 통합

공기업 NCS 2주 완성
통합 기본서

공기업 NCS BASIC
PSAT형 기본서

기본서

공기업 NCS 모듈형
통합 기본서

PSAT형 NCS 수문끝
자료해석 실전 400제

공기업 NCS 영역별

NCS, 59초의 기술
의사소통 | 수리 | 문제해결능력

PSAT 기출완성
의사소통 | 수리 | 문제해결·자원관리

공기업 NCS 통합

공기업 NCS 통합
봉투모의고사

피듈형
NCS 봉투모의고사

행과연형
NCS 봉투모의고사

휴노형
NCS 봉투모의고사

모의고사

매일 1회씩 꺼내 푸는
NCS

매일 1회씩 꺼내 푸는
NCS Ver.2

기출문제

NCS 6대 출제사
찐기출문제집

전공문제

공기업 사무직
통합전공 800제

전기끝장 시리즈
❶ 8대 전력·발전 공기업편
❷ 10대 철도·교통·에너지·환경 공기업편

한국철도공사

NCS+전공
기본서

NCS
봉투모의고사

ALL NCS
최최종 봉투모의고사

한국전력공사

NCS+전공
기본서

NCS+전공
봉투모의고사

8대 에너지공기업
NCS+전공 봉투모의고사

한국수력원자력

한수원+5대 발전회사
NCS+전공 봉투모의고사

ALL NCS
최최종 봉투모의고사

한국가스공사

NCS+전공
실전모의고사

국민건강보험공단

NCS+법률
기본서

NCS+법률
봉투모의고사

국민건강보험법
법률 문제집

한국도로공사

NCS+전공
실전모의고사

한국수자원공사

NCS+전공
봉투모의고사

한국토지주택공사

NCS+전공
봉투모의고사

금융권

IBK 기업은행
NCS+전공 봉투모의고사

농협은행 6급
기본서

지역농협 6급
기본서

교통공사

서울교통공사
NCS+전공 봉투모의고사

부산교통공사+부산시 통합채용
NCS+전공 봉투모의고사

인천국제공항공사

NCS
봉투모의고사

자소서&면접

공기업 NCS
합격하는 자소서&면접
27대 공기업 기출분석 템플릿

실제 면접관이 말하는 NCS
자소서와 면접
인문·상경계 | 이공계

끝까지 살아남는
대기업 자소서

취업상식

월간 취업에 강한
에듀윌 시사상식

공기업기출
일반상식

SSAFY

SSAFY SW적성진단
+에세이 4일 끝장

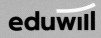

에듀윌 취업 교재
동영상 강의 무료

총 203강 취업 강좌
7일 무료&무제한 수강!

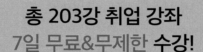

FREE
공기업
자소서&면접 강의

FREE
공기업
NCS 강의

FREE
대기업
자소서&면접 강의

FREE
대기업
인적성 강의

에듀윌 회원이면 취업 인강
7일 무료 수강권 지급

| 공기업 NCS | 무료 수강혜택 |
| 자소서&면접 | 바로가기 |

※ 무료 수강권은 오른쪽 QR코드를 모바일로 스캔 후 받을 수 있습니다.
※ 해당 강의는 에듀윌 취업사이트에서도 무료로 이용 가능합니다.
※ 해당 이벤트는 예고 없이 변경되거나 종료될 수 있습니다.

교재 연계 맞춤형 강의
무료 수강!

| 이 교재 강의

[2023] 공기업 NCS
자소서&면접 대비 무료특강

수강 경로
에듀윌 홈페이지(www.eduwill.net)
로그인 → 공기업 취업 검색 →무료특
강 클릭

무료특강
수강신청

※ 해당 강의는 에듀윌 취업사이트에서 무료로 이용 가능합니다.
※ 강의는 2022년 12월 29일에 오픈될 예정이며, 강의명과 강의 오픈일자
　는 변경될 수 있습니다.

1:1 학습관리
교재 연계 온라인스터디 무료

스터디 전용 인강+데일리 추가 문제 100% 완전무료

이런 분이라면,
꼭 신청하세요!

- 올해 처음 공기업 NCS / 대기업 인적성을 시작하는 취준생
- 혼자 공부할 의지가 부족해서 공부가 잘 되지 않는 취준생
- 단기간에 집중적으로 공기업 NCS / 대기업 인적성 학습 전략을 배우고 싶은 취준생

에듀윌 취업! 온라인스터디
반드시 참여해야 하는 세 가지 이유

- 체계적인 단기 완성 커리큘럼과 유료강의 무료 제공
- 취업 전문 연구진의 실시간 질문답변
- 확실한 단기 합격 보장을 위한 추가 학습혜택 제공

참여 방법

네이버카페 '딱공기업(https://cafe.naver.com/gamnyang)' 접속 → 온라인스터디 게시판 신청 후 참여

STEP 1	STEP 2	STEP 3
신청서 작성	스터디 교재 구매 후 인증 (선택)	오픈채팅방 입장 및 스터디 학습 시작

온라인스터디 신청

※ 온라인스터디 진행 및 혜택은 교재 및 시기에 따라 다를 수 있습니다.

신청자 143,734명*의 극찬!
온라인모의고사&성적분석 무료

교재를 사면 실전문제가 더 따라온다!

☑ 매 시즌 업데이트 기업별 유형 맞춤 최신 문항

☑ 실제와 동일한 유형·난이도로 확실한 실전 대비

☑ 실제 시험과 동일한 환경을 적용하여 실력 측정 및
시간관리 연습 가능

| 응시 방법

에듀윌 홈페이지 (www.eduwill.net) 로그인	▶	공기업/대기업 취업 클릭	▶	우측 [취업 온라인모의고사 무료] 배너 클릭
해당 온라인모의고사 [신청하기] 클릭	▶	대상 교재 내 쿠폰번호 입력	▶	[응시하기] 클릭

※ '온라인모의고사&성적분석' 서비스는 교재마다 제공 여부가 다를 수 있으니, 교재 뒷면 구매자 특별혜택을 확인해 주시기 바랍니다.

온라인모의고사
신청

에듀윌 취업 아카데미에서
제대로 공부하세요!

공기업·대기업 수준별 맞춤 커리큘럼
온종일 밀착 학습관리부터 전공&자격증 준비까지 케어

고품질 영상 및 음향 장비를 갖춘 최고의 강의실

언제나 전문 학습 매니저와 상담이 가능한 안내데스크

1:1 대면 접식 및 전문 컨설팅이 가능한 일대일 상담실

공용 PC, 프린터, 충전기 등 편의시설을 갖춘 휴게실

| 강남
캠퍼스 | 운영시간 [월~금] 09:00~22:00 [토/일/공휴일] 09:00~18:00
주   소 서울 강남구 테헤란로 8길 37 한동빌딩 1, 2층
상담문의 02)6486-0600 |

취업 아카데미
바로가기

2023 최신판

에듀윌 공기업 NCS
합격하는 자소서&면접

27대 공기업 기출분석 템플릿

끝까지 하면 됩니다.

많은 분이 무턱대고 공기업을 준비하다가 아무 결과도 얻지 못할까봐 걱정합니다. 하지만 그만큼 더 간절하지 않으신가요? 시작에 대한 두려움은 누구에게나 있습니다. **저는 여러분들이 자신에게 믿음을 가지셨으면 합니다. 할 수 있습니다.** 그리고 해내시는 분들을 많이 봐왔습니다.

다만 전략이 필요합니다. 전략 없이 열심히 하는 것만으로 결과를 내기는 어렵습니다. 공기업 채용은 점점 더 까다로워지고 있습니다. 서류 과정에서 다양한 가점 요인을 제시하여 지원자들의 철저한 준비를 요구하고 있고, 필기시험의 난도는 높아지는 추세입니다. 면접 또한 지원자를 다각도로 평가할 수 있도록 직무능력 면접, 토론면접, 인바스켓 면접 등으로 다양화되고 있습니다. 그야말로 산 넘어 산입니다. 산을 잘 넘기 위해 요령이 필요한 것처럼 취업의 산을 넘기 위해서는 전략이 필요합니다.

공기업 입사를 위해 우리가 가장 먼저 준비해야 하는 것은 무엇일까요? 필요한 자격증을 취득하고 NCS 및 전공 필기시험 등을 준비하셔야겠죠. 가장 많은 시간을 소요하는 영역이라 제대로 준비하셔야 합니다. 하지만 이러한 준비는 누구나 다 합니다. 반면 자기소개서와 면접에 대한 준비는 상대적으로 소홀합니다. 스펙초월 전형 등으로 인해 상대적으로 자기소개서는 비중이 적다고 생각하는 경우가 많기 때문입니다. 하지만 서류는 면접에 영향을 미칩니다. 공기업에서는 자기소개서 기반의 역량면접을 실시하고 있고, 자기소개서는 지원자의 삶을 들여다볼 수 있는 하나의 보고서라고 할 수 있으니까요.

면접은 어떤가요? 필기시험에 합격하고 나서 준비해도 늦지 않다고 생각하기도 합니다. 그러나 최근 면접의 유형도 다양해지고 있기 때문에 미리 대비하지 않으면 면접의 문턱에서 탈락의 고배를 마실 수도 있습니다. 면접 준비를 소홀하게 하여 눈앞까지 온 기회를 놓치지 않으셔야 합니다. 그래서 이 책에서는 여러분이 산을 잘 넘을 수 있는 요령을 알려드리려고 합니다.

- **도입부와 PART 01에서는 공기업 취업 전략에 대해 다뤘습니다.** 첫발을 잘 내딛기 위해 NCS는 무엇이고 직무에 대해 어떤 역량을 길러야 하는지 등 공기업 입사를 위해 알아야 할 부분에 대해 설명하였습니다.

- **PART 02에서는 10가지 직업기초능력을 바탕으로 자기소개서 작성 방법을 제시하였습니다.** 공기업 채용은 직업기초능력을 기반으로 평가가 진행됩니다. 특히, 자기소개서는 직업기초능력을 기반으로 구성되므로 기업별 자기소개서를 파악하기에 앞서 10가지 직업기초능력이 자기소개서에 어떻게 적용되는지 꼼꼼하게 체크하시기 바랍니다.

- **PART 03에서는 기업별 자기소개서 분석 내용을 담았습니다.** 기업별로 자기소개서 항목에서의 표현이 조금씩 다를 수는 있으나 큰 틀에서는 동일한 역량을 묻습니다. 기업에서 요구하는 자기소개서 항목별 특징을 살펴보고 합격 자소서를 보다 보면 무릎을 탁치며 '이렇게 쓰면 되겠구나.'라는 생각을 하게 되실 겁니다.

- **PART 04에서는 면접 전략을 제시하였습니다.** 경험면접부터 상황면접, PT면접, AI면접 등 다양한 면접 유형의 핵심 내용을 담아냈습니다.

여러분, 끝까지 하세요. 너무 서두르지 마시고 서서히 앞으로 나아가세요! 반드시 합격합니다.

저자 **방영황**

- (현) 에듀윌 공기업 인적성 서적 및 삼성, 현대, LG, CJ 등 기업별 면접 파트 집필 및 자문
- (현) 에듀윌 공무원 면접 강사
- (현) 잡아이디어 이사 및 수석코치(http://cafe.naver.com/jobidea)
- (현) 코리아취업아카데미 대표 강사
- (현) 중앙대학교, 한국산업기술대학교, 동국대학교 등 50여 개 대학 교과목 강의 진행
- (현) 한양대학교, 한국외국어대학교, 전남대학교 등 30여 개 대학 공기업 강의 진행
- (현) 유튜브 "취업대장 방영황" 채널 운영
- (현) 네이버 블로그 "취업대장 방영황" 채널 운영
- (현) 네이버 프리미엄 콘텐츠 "취업대장 방영황" 취업 콘텐츠 랩 운영
- (전) 연합뉴스TV 한국직업방송 "면사뽀", "DIY 자기소개서" 고정패널 / 한국직업방송 "공채를 잡아라" 공기업 및 대기업 자소서&면접 파트 출연 다수
- (전) 머스트컨설팅 헤드헌팅 기업 대표
- (전) 에듀윌 시사상식 월간지 취업 칼럼 기고

01

2023 공기업
취업 전략 알고 가기

2023 공기업 채용의 중요 핵심만 담았다. 취업 전문가가 제시하는 2023 공기업 채용 대비 전략과 주요 FAQ를 먼저 확인하자.

02

NCS 자소서 대표 기출항목
작성 노하우 파악하기

NCS 기반 자소서 항목에는 10개의 직업기초능력이 숨어 있다. 직업기초능력 항목별 키워드와 자소서 항목 핵심 빌드, 대표 기출항목 작성 노하우를 파악하자.

03

공기업
한눈에 파악하기

주요 공기업의 기업 소개 정보를 확인하고, 기업별 최신 자소서 특징과 자소서 항목을 한눈에 파악할 수 있다.

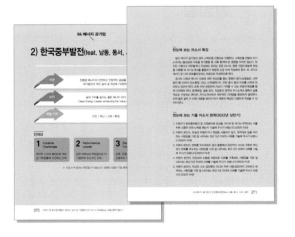

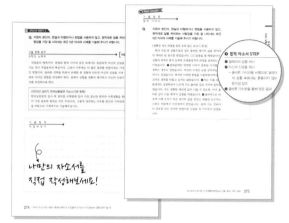

04

기업별 기출항목 분석으로 보는 최신 합격 자소서 노하우 체크

공기업 분야 및 기업별 최신 기출 자소서 항목 분석은 물론 합격 자소서 STEP을 통해 자소서 작성 노하우를 제시한다. 합격 자소서 샘플부터 합격 팁까지 놓치지 말자.

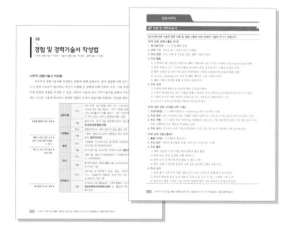

05

경험 및 경력기술서, 확실하게 잡고 가기

놓치기 쉬운 경험/경력기술서 작성법과 팁을 제시한다. 직무별 경험/경력기술서 예제까지 확인하여 목표 기업과 희망 직무를 중심으로 합격에 다가가자.

06

공기업 채용에서 더 중요한 면접까지 완벽 준비 완료!

합격으로 가는 마지막 관문인 면접. 경험 · 상황 면접부터 AI면접까지. 면접 유형별 전략을 실었다.

PART 04

공기업 채용의 하이라이트, 면접 대비 전략

: 면접관의 마음을 흔드는 강점에 집중하라

채용 환경 변화에 따른 2023 공기업 취업 전략

첫째, 우선순위 잘 세우기

　공기업 취업 준비를 위해 가장 중요한 것은 우선순위를 잘 세워야 한다는 것입니다. 다수의 공기업을 지원하다 보면 기업들이 공통으로 요구하는 자격 사항도 있지만, 추가로 영어 IH 이상을 요구한다든지, 데이터 분석 자격증이나 쌍기사 자격증을 요구하는 곳도 있습니다. 이러한 이유로 자격 사항을 어디까지 준비해야 할지 고민이 됩니다. 필기도 부담스러운데 자격 사항 준비만으로도 벅찹니다. 그러다 보니 스펙초월 전형만 지원하고 그 외에는 지원하지 못해 기회를 잃는 경우도 있죠. 모든 조건에 부합하려면 다음과 같은 준비를 해야 합니다.

구분	자격 사항	교육 사항
사무직	한국사 1급, 컴활 1급 또는 정보처리기사, 국어능력인증시험 또는 사회조사분석사 2급, 데이터관련 자격(SQLD, ADP), 영어 오픽 IH 또는 토스 7	관련 학교교육 5개 직업훈련 교육 3개 이상 48시간 이상
기술직	한국사 1급, 컴활 1급 또는 정보처리기사, 기사자격증 2개(전공+안전 관련), 데이터 관련 자격(SQLD, ADP), 영어 오픽 IH 또는 토스 7	

　자, 어떠세요? 숨이 막힙니다. 모든 것을 다 준비하려면 공기업 준비 기간이 늘어날 수밖에 없습니다. 따라서 자신의 지금 현재 상황을 파악하고, 준비할 수 있는 것과 준비할 수 없는 것을 명확히 구분하는 전략을 사용해야 합니다. 예를 들어 한국사 1급을 준비했지만 2급밖에 취득하지 못했다면 거기서 내려놓고 다른 것을 준비하는 것이 맞습니다. 즉, 급수를 올리기 위해서 시간을 더 투자하지 말고 필기시험 준비를 먼저 해야 합니다. 이러한 우선순위 없이 필기에만 몰두하거나 자격증만 준비한다면 효과적으로 취업을 준비할 수 없다는 것을 명심하시기 바랍니다.

둘째, 직무교육을 통해 역량 강화하기

　우선순위를 세운 뒤에는 현재 상황을 파악하여 직무교육을 듣는 것이 필요합니다. 코로나 19로 인해 인턴이나 공모전, 아르바이트 등의 경험 사항을 축적할 수 있는 시간이 부족해졌습니다. 물론 외부적인 경험의 많고 적음이 공기업 입사에 필수라고 말할 수는 없지만 한창 경험이 필요한 시기에 이를 대비하지 못하는 것은 아쉬울 수밖에 없습니다. 이러한 경험적 요소를 대비할 수 있는 가장 좋은 방법은 직무와 관련된 교육입니다. 최근에는 이러한 상황을 반영하듯이 온·오프라인에서 다수의 직무교육이 진행되고 있습니다.

　특히 기술직과 다르게 사무직은 전공과 무관하게 지원할 수 있으나, 경영, 경제, 법, 행정

전공자가 아니고 학교교육을 별도로 듣지 않은 이상 교육 사항에서 어필할 수 있는 부분이 없습니다. 따라서 학점은행제 또는 K-MOOC 등의 온라인 교육을 통해서 교육을 이수하고 관련 교육을 교육 사항에 추가하려는 노력이 필요합니다. 물론 경영, 경제, 행정, 법 전공자들도 직무와 관련하여 보다 실무에 가까운 교육 이수 사항이 있다면 추가하는 것이 좋습니다. 직무와 관련된 교육은 57쪽에서 확인할 수 있습니다.

셋째, 공기업을 조사하여 지원 스펙트럼을 넓히자!

350개의 공공기관과 405개의 지방공기업 중 물리적으로 모든 기관에 다 지원할 수 있는 것은 아닙니다. 다만 그만큼 채용 범위가 넓다는 것은 확인할 수 있습니다. 공기업에 대해서 조사해야 하는 이유가 여기에 있습니다. 다양한 특성을 가진 공공기관을 조사하고 채용에 대한 우대사항을 확인하는 것만으로도 우리는 채용의 기회를 넓혀 나갈 수 있습니다.

공기업과 관련한 정보는 다양한 루트를 통해 확인할 수 있습니다. 잡알리오에서 공공기관 정보를 파악할 수 있으며, 알리오와 알리오플러스 등에서도 공공기관의 정보를 확인할 수 있습니다. 특히 공기업 유형별로 채용 특성이나 요구사항이 비슷한 경우가 많기 때문에 SOC, 보건복지, 농림환경, 에너지 등으로 기업을 분류하여 해당하는 기업의 리스트를 정리하는 과정이 필요합니다. 유형별로 공기업을 확인하는 방법은 알리오플러스에서 확인할 수 있으니 반드시 시간을 내서 확인하시기를 바랍니다.

넷째, 설명이 아닌 증명할 수 있는 경험을 만들자

자신의 역량을 설명하는 것이 아니라 증명할 수 있는 경험을 만들어야 합니다. 증명한다는 것은 다른 말로 성과를 의미합니다. 결과나 성과가 뚜렷이 나타나야 역량이 있다는 것을 증명하기 수월합니다. 성과가 뚜렷하지 않으면 자신의 역량을 자꾸 설명하게 되고, 구구절절 말을 늘어놓게 되어 핵심을 전달하기 어렵습니다.

그렇다고 그 성과나 역량이 대회 수상이나 달성하기 힘든 도전을 통해 얻은 것만을 요구하는 것은 아닙니다. 각 역량(직업기초능력)에 부합하는 경험을 선정하고 자신이 달성했던 수준까지만 정량적(숫자 표현), 정성적(인성, 태도 등)으로 성과를 작성하면 충분합니다.

공모전에 입상하지 못하였다고 해서 결코 성과가 없는 것이 아닙니다. 어떤 것을 성과로 측정하느냐가 중요합니다. 예를 들어, 공모전에 참여하여 자작 자동차를 완성하자는 목표를 세웠다면 대회에서 입상하지 못했더라도 자동차를 완성한 자체만으로도 목표를 달성한 것입니다. 쉽게 말하면 자신이 성취한 수준까지만을 목표로 제시하여 성과를 이룬다면 증명할 수 있는 경험이자 성과가 됩니다. 자신의 경험이 대단하지 않더라도 주눅 들 필요가 없습니다. 공기업 자기소개서는 임팩트 있는 경험의 소재가 아니라 관련 경험에 대한 적합한 소재면 충분하고, 그 경험에서 어떻게 행동했고, 결과가 무엇이었는지를 잘 작성하는 것이 더 중요합니다.

기관별 특성에 따라 공모전, 서포터즈 등에 참가한 지원자를 대상으로 우대 채용하는 경우도 있으니 참고하여 관심 있는 기관의 공모전에도 결과와 상관없이 지원해보기 바랍니다.

■ 공모전 우대 채용 기관(가산점 부여)
• 국민연금공단(영상공모전)
• 한국무역보험공사(무역보험논문 우수입상자)
• 중소기업진흥공단(혁신 아이디어 공모전)
• 한국수출입은행(국제개발경시대회 논문공모)

■ 서포터즈 및 기자단 우대
• 국민연금 대학생 홍보대사
• 한국수출입은행 EDCF 서포터즈
• KOICA 체험형 청년인턴 홍보 분야
• 한국전기안전공사 대학생 기자단 미리어스

※ 순위 및 수상내역, 공단의 상황에 따라 우대사항이 달라질 수 있으므로 채용 공고문을 반드시 확인 바랍니다.

다섯째, 데이터 분석 능력은 필수

사무직이든 기술직이든 최근 채용에 있어 핵심 경쟁력이 되는 것이 바로 데이터 분석 능력입니다. 각 기관의 주요 사업을 보면 스마트 안전, 스마트 서비스 등 변화하는 산업구조에 따라 데이터 분석에 대한 역량을 적극 활용하고 있습니다. 따라서 파이선, R 등 데이터 분석에 대한 역량을 갖추고 있다는 것은 어느 분야에서나 환영받는 스펙이 된다는 것을 의미합니다. 통계와 관련하여 엑셀능력을 향상하고 동시에 ADsP, ADP 등의 데이터분석 관련 자격증을 취득하는 것도 경쟁력 강화 측면에서 좋습니다. 더불어 온라인 강의로도 통계청과 HRD-Net, K-MOOC에서 관련 교육을 진행하고 있으니 참고하여 데이터 분석 역량을 갖출 수 있도록 합시다.

공기업 준비 FAQ

Q1.
공기업의
준비 기간은 얼마나
되나요?

A. 공기업 준비 기간을 일반화하기에는 어려움이 있습니다. 하지만 대략적인 기간을 산정할 때, 자격증 준비 기간 6개월, 필기시험 준비 기간 6개월 정도로 약 1년의 투자가 필요합니다. 이러한 기간은 지원자가 공기업에 전력투구했을 때 가능한 기간입니다. 공기업에 취업하기 위해 마음을 먹었다면, '한번 해 볼까?' 하는 마음이 아니라 '이거 아니면 안 된다!'는 생각으로 준비해야 합니다.

Q2.
영어 점수는
회화와 토익 둘 다
필요한가요?

A. 영어 점수를 취득해야 하는 과정에서 둘 다 준비하기 어려운 상황이 있을 수 있습니다. 대부분의 공기업에서는 둘 중에 하나만 지원 자격에 해당하면 되기 때문에 토익이나 회화 중에 하나를 준비하라고 언급하는 경우가 많습니다. 다만 한국무역보험공사와 같은 곳은 토익, 토플, 텝스만 인정하므로 희망 기관의 채용 공고를 미리 꼼꼼히 체크해두는 것이 좋습니다. 또한 무엇을 취득하는 것이 더 나을지에 대한 질문에 답하자면, 회화로 취득하는 편이 효율적이라고 말해주고 싶습니다. 오픽 IH 또는 토스 7 정도가 되면 이상적입니다.

Q2-1.
제2외국어도
있는데 유리할까요?

A. 한국관광공사와 같이 제2외국어가 가점으로 적용되는 곳도 있습니다. 하지만 대부분의 공기업에서 제2외국어에 대한 가점을 추가적으로 적용하는 경우는 많지 않습니다.

Q3.
블라인드 채용에서
어디까지 써야
할까요?

A. 블라인드 채용에서 자기소개서는 어디까지 자신의 배경을 노출해야 하는지 헤매는 경우가 종종 있습니다. 일단 지역, 주소, 학교명, 부모님 직업, 학교의 이름이 포함된 동아리명 등의 내용은 작성할 수 없습니다. 다만 회사명의 경우 작성 가능한 공기업이 있고, 작성이 불가한 공기업이 있습니다. 이러한 경우 회사명은 제외하고 작성하는 것이 좋습니다.

Q4.
나이가 많은데
진짜 괜찮은 건가요?

A. 정말로 괜찮습니다. 또한 채용 과정에서 나이 자체를 확인할 수 있는 방법은 없습니다.

Q4-1.
그럼 나이가
많은데도 합격한
사례가 있을까요?

A. 이전 합격자들 중·고등학교를 졸업하고 10년간 다른 일을 하다 고졸 채용 신입으로 지원하여 합격한 사례가 있습니다. 또한 대학 졸업 이후 직장 경력은 있지만 직무와의 연관성이 떨어져 어려움을 겪었음에도 불구하고 도전하여 33살의 나이에 합격한 사례 등 굉장히 많은 합격 사례가 있습니다. 이분들 또한 나이에 대한 걱정이 있었지만 결국 최종 합격했습니다.

Q5.
청년인턴은 꼭 하는
것이 좋을까요?

A. 청년인턴은 당사에서 인턴을 했던 경우에만 가점을 주기도 하지만, 고용복지 분야의 공기업 등에서는 타 기관에서 진행한 청년인턴도 가점이 적용되는 경우가 있습니다. 그러나 청년인턴은 꼭 하지 않아도 상관없습니다. 지원자의 현재 상황에 맞춰 청년인턴을 할 수 있다면 좋겠지만, 졸업을 하고 취업을 빠르게 대비해야 하는 경우에는 청년인턴보다는 자격증과 필기시험, 자소서와 면접 등을 더 잘 준비하는 것이 효과적입니다.

Q5-1.
그렇다면 공기업에서
계약직이나 육아
대체로 근무하는
것은 어떻게
생각하시나요?

A. 최근에는 계약직과 대체근무 또한 경력으로 인정하고, 가점을 적용하는 공기업이 늘어나고 있습니다. 처음부터 계약직을 염두에 두고 공기업을 대비해야 하는 것은 아니지만 취업 준비가 장기화되는 과정에서 기회가 된다면 계약직 및 대체근무도 공기업의 경험을 높이는 데 필요한 부분일 수 있습니다.

Q6.
경력자들도 최근
공기업에 많이
지원하는데,
신입에게는 불리한
일이 아닐까요?

A. 경력자 또한 신입으로 다시 공기업에 지원하는 경우가 늘고 있습니다. 고용에 대한 안정감을 원하는 것은 신입이든 경력이든 누구에게나 동일합니다. 하지만 경력이 있다면, 그 경력이 어떻게 업무와 연관이 있는지를 채용 과정에서 집중적으로 검증하려 할 것입니다. 경력이 없는 경우에는 이전에 준비해 온 직무교육과 경험을 통해서 자신의 역량을 증명하면 됩니다. 동일 선상에서 평가하기 때문에 경력 지원자가 신입 지원자보다 더 유리하다고는 볼 수 없습니다.

Q7.
공기업을 지원할 때 특정 기업만을 준비하는 것이 유리한지 아니면 여러 기업을 준비하는 것이 유리한지 궁금합니다.

A. 좋은 질문입니다. 일반화하기는 어렵지만, 자신의 전공과 관련된 직무이거나, 특별한 자신만의 목표가 있어 지원하는 경우라면 특정 기업을 집중적으로 준비해야 할 것입니다. 예를 들어, 금융 공기업을 준비하는 경우에는 필기시험을 준비하는 데 많은 시간이 들기 때문에 금융 공기업 쪽으로만 준비하는 것이 좋습니다. 마찬가지로, 지방에 거주하며 지역인재로 지원을 희망한다면 지역에 있는 특정 공기업에 포커스를 맞추는 것이 좋습니다. 그러나 사무직, 기술직으로 나눠 지역과 관련 없이 공기업 취업 그 자체가 목표라고 한다면 여러 공기업을 지원하는 것이 현실적으로 옳다고 생각합니다. 따라서 자신의 역량을 발휘할 수 있는 공기업을 모색하여 최대한 많은 기회를 만들어 나갈 수 있어야 합니다.

Q8.
대학원 진학은 공기업 취업에 도움이 될까요?

A. 정부출연연구기관의 경우에는 대학원에 진학하는 것이 유리합니다. 특히, 생명 관련 분야 혹은 빅데이터, 정책 분야 등은 대학원 진학이 유리한 경우가 많습니다. 자신이 특정 분야의 연구에 관심이 있고, 해당 분야에 대한 전문성을 향상하는 과정에서 대학원 진학은 장려할 수 있습니다. 그러나 단순히 취업에 유리할 것 같아서 대학원에 진학하는 것은 신중한 고민이 필요합니다.

Q9.
경쟁률이 너무 높던데 가능성이 있을까요?

A. 잡알리오에서 과거의 채용 공고를 확인하면 경쟁률도 함께 확인할 수 있는데, 보통 기본 몇십 대 일이고, 몇백 대 일도 다반사입니다. 그래서 데이터로만 봤을 때는, 공기업 취업 준비를 시작하기도 전에 막막함을 느낄 수 있습니다. 하지만 이 경쟁률에 대한 데이터만 보고 겁먹을 필요는 없습니다. 스펙초월 전형이 증가함에 따라, '우선 필기시험이라도 한번 보자.'는 생각에 지원해보는 지원자도 많아졌기 때문입니다. 즉 아직 준비가 되지 않았음에도 한 번쯤은 지원해보는 경우가 많기 때문에, 보이는 경쟁률에서 많게는 절반 정도가 허수일 때도 있습니다.

Q10.
이공계는 사무직으로 가기 힘들까요?

A. 이공계 지원자 중 지방 근무를 기피하거나 적성의 문제로 기술직이 아닌 일반 사무직을 희망하는 경우도 많습니다. 그러나 이공계 또한 사무 직무로 충분히 합격할 수 있습니다. 다만 사무직 지원 시 경영, 경제, 행정, 법 관련 직무교육 및 전공 필기시험 등을 따로 준비해야 하는 어려움은 있습니다. 최근 이공계는 기술보증기금, 한국산업은행 등의 금융 분야와 정부출연연구기관의 연구행정 분야 등으로도 진출하므로, 이공계에 대한 배경지식을 기반으로 한 사무직도 고려해보면 좋을 것 같습니다.

자기소개서 작성 전략

자신에 대한 보고서를 작성하세요!

자기소개서는 하나의 자료라고 볼 수 있습니다. 단순히 자신의 경험을 작성하는 것이 아니라 나의 '실력'을 어필해야 하는 일종의 보고서와도 같습니다. 블라인드 채용이 진행되면서 이력서에서 어필할 수 있는 것에 대한 제약이 생기기도 하였습니다. 그렇기 때문에 자기소개서에서 자신의 직무능력을 어필해야 합니다. 기관마다 제공되는 '직무기술서'를 참고해서 직무에 필요한 역량이 고스란히 담긴 하나의 자료를 만들어 낸다고 생각하고 작성하셔야 합니다.

직업기초능력, 기초가 없으면 무너집니다.

직업기초능력을 이해하는 것은 자기소개서를 작성하는 데 매우 중요한 기초가 됩니다. 직업기초능력을 이해하지 못하면 항목에서 의도하는 바가 무엇인지를 파악하기 힘듭니다. 따라서 직업기초능력에 대한 이해와 더불어 그것을 자신의 경험 속에 녹여 쓰는 것이 중요합니다.

질문을 유도하는 전략이 필요합니다.

필자인 저의 경우만 해도 하루에 수십 건의 자기소개서를 읽어 보게 됩니다. 하지만 자기소개서 안에서 딱히 물어볼 만한 것이 없는 것들도 있어요. 물론 합격한 자기소개서라고 하더라도 말이죠. 자기소개서를 잘 작성하는 것은 서류 통과에 영향을 주지만 사실 면접에서 더 중요합니다. 면접에서는 자기소개서를 기반으로 하여 많은 질문이 이어질 수밖에 없는데, 이때 자기소개서에서 물어볼 것이 없다는 것은 그만큼 매력적인 지원자가 되지 못한다는 것을 의미하죠. 자기소개서를 통해서 질문을 유도하는 전략! 그것이 자기소개서 작성의 핵심입니다.

면접 대비 전략

역량 구조화 면접, 구조적으로 나를 심문한다?

역량면접의 경우 회사의 인재상, 직무에서 요구하는 지식과 기술, 태도를 평가하는 면접이라고 볼 수 있습니다. 이를 경험면접과 상황면접으로 진행합니다. 직무와 관련된 경험, 인재상을 보여줄 수 있는 경험을 물어보고 이에 따른 꼬리 질문이 이어지기 때문에 당시의 상황과 목표, 행동과 결과에 대해 명확하게 인지하고 있어야 합니다. 간혹 심문을 당한다는 느낌이 들 수도 있어요. 이에 대비할 수 있는 가장 좋은 방법은 '자기소개서에 밑줄 긋기'입니다. 밑줄을 그어놓고 본인이 예상하는 꼬리 질문을 달아놓아야 압박면접에 대비할 수 있습니다. 구체적으로 표현하지 못했던 자기소개서의 내용이 있다면 밑줄을 긋고, 명확하고 구체적으로 상황을 파악하여 정리해 놓아야 합니다.

직무 상황면접, 상황이 묘하게 돌아간다?

상황면접은 회사 생활 및 윤리 상황, 고객 상황의 질문들이 주를 이룹니다. 상사 · 동료와의 업무 및 관계에서 발생할 수 있는 상황, 윤리적이고 도덕적인 상황에서 발생할 수 있는 딜레마, 그리고 고객과의 문제를 해결할 방향에 대해 질문합니다. 상황면접을 통해 자기소개서로는 볼 수 없는 지원자의 가치관, 행동 패턴을 파악할 수 있게 됩니다. '어떻게 행동할 것인가?'에 대한 질문에 면접관은 다시 추궁하듯이 꼬리 질문을 할 수 있습니다. 잘못 이야기하면 상황이 묘하게 돌아가고 오히려 자신을 궁지로 몰아넣기도 하죠. 따라서 궁지에서 빠져나올 방법을 숙지하는 것이 중요합니다.

앞으로 추가될 면접의 방식들

이전에는 대체로 인성, 역량, 상황면접을 바탕으로 면접이 진행됐다면 이제는 다양한 방식의 면접을 추가하여 직무에 대한 역량을 평가하게 됩니다. PT면접, 토론면접, 인바스켓 면접, AI면접 등이 대표적입니다. PT면접의 경우는 지원자의 전문성을 평가하기에 매우 좋은 면접 방식입니다. 토론면접 또한 지원자의 커뮤니케이션 능력을 평가할 때 좋은 방식이죠. 기존의 면접 방식과 더불어 기업의 직무적인 특성에 따라 추가될 면접 방식도 알아두어야 만약을 대비할 수 있습니다.

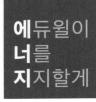

에듀윌이
너를
지지할게

ENERGY

기회가 있다고 믿는 사람은 반드시 기회를 붙들고
기회가 없다고 생각하는 사람은 눈앞의 기회도 놓칩니다.

기회는 오고 가는 것이 아니라 내가 눈 뜨는 것입니다.

– 조정민, 『고난이 선물이다』, 두란노

공기업 합격을 위한
워밍업

01

NCS의 이해와 이력서 작성 워밍업

마음은 급해도 NCS는 알고 가자 | 평가 요소와 채용 도구의 변화 | 서류 전형의 변화 | 면접의 변화

마음은 급해도 NCS는 알고 가자

필요한 내용으로 바로 넘어가도 좋지만 급하게 서두르지 말자. 그래도 NCS가 무엇인지를 알고 넘어가야 한다. 모든 공기업이 왜 NCS를 기반으로 채용을 하는지, 그리고 앞으로 NCS 기반의 채용을 준비할 때, 어떠한 방향성을 가지고 준비해야 할지를 알 수 있기 때문이다. 서류와 필기, 면접에 이르는 전 과정에서 어떤 식으로 NCS가 적용되고 활용되는지를 잘 파악하여 그 방향성을 점검해 보자.

우선 NCS는 정부가 주도하여 제도적으로 정착하기 위해 노력을 기울이고 있다. 공기업 중심으로 변화하기 시작하여 곧 대기업까지 NCS를 적용한 채용이 이루어질 것으로 예상된다. 그렇다면 왜 NCS가 필요할까? 그것은 채용 시장에 새로운 활기를 불어넣기 위함이다.

NCS는 능력 중심의 채용이다. 능력 중심의 채용이라는 것은 쓸데없이 높은 토익, 불필요한 자격증, 학벌과 학점보다는 지원한 직무의 수행 능력만을 보고 평가하겠다는 것이다. 자신이 지원하려는 직무와 관련된 능력만 준비하면 되기 때문에 공연히 스펙 쌓기에 힘을 쏟지 않아도 된다. 해당 직무에 '맞는 스펙(ON-SPEC)'을 갖춘 지원자를 선별하여 직무에 대한 몰입도와 성과를 향상하고, 나아가 국가경쟁력 강화의 선순환 고리를 마련하겠다는 정부의 방침은 앞으로도 지속될 전망이다. 그동안 '나는 잘할 수 있는데 왜 몰라줄까?'라고 걱정해 왔던 지원자도 직무에 필요한 자신만의 개성과 스웨그를 보여 준다면 쉽게 취업의 기회를 얻을 수 있을 것이다.

NCS는 일반 공채에만 국한된 정책이 아니라, 직무 전문성을 갖춰 나가기 위한 장기적인 플랜을 제시하여 지속적으로 성장할 수 있도록 이끄는 정책이다.

NCS 기반 평가 도구 \ 채용 유형	일반 공채(유형Ⅰ)	직군별 채용(유형Ⅱ)	직무별 채용(유형Ⅲ)
직무수행능력 (세분류·능력단위별 NCS)			○
직무수행능력 (중·소분류 NCS)		○	○
직업기초능력	○	○	○

평가 요소와 채용 도구의 변화

	Before	After
평가 요소	각 회사의 인재상, 공유 가치 등에서 도출한 평가 요소 및 기준 적용	직업기초능력+직무수행능력 (회사 고유의 평가 요소 및 기준을 매칭하여 적용)
채용 도구	일반 입사지원서	능력 중심 입사지원서
	인적성 검사	직업기초능력평가
	전공 시험	직무수행능력
	역량면접/인성면접	직업기초능력 면접/직무수행능력 면접

※ NCS 사이트 참고

1) 평가 요소의 변화

블라인드 채용 전에는 각 기업의 특성에 맞게 직원을 선발하였기 때문에 지원자들은 입사를 희망하는 회사에 맞추어 따로 준비해야 할 것이 많았다. 이러한 직원 채용 방식은 직무에 불필요한 스펙까지 강요하는 부작용을 낳았다. 이 때문에 직업에 대한 기초능력을 산출하고 직무에 필요한 역량을 강화하는 방식으로 평가 요소를 변경하자는 움직임이 나타났다. 이를 통해 불필요한 스펙은 과감히 제외하고, 직업에 필요한 기초 역량 10가지와 직무별 능력단위를 평가하는 방식으로 변화하게 되었다.

2) 채용 도구의 변화

블라인드 채용 전과는 달리, 직무에 필요한 주요 사항만 작성하도록 된 이력서를 보면서 조금은 당황했던 경험이 있을 것이다. 블라인드 채용이 진행됨에 따라 능력 중심의 입사지원

서로 변화되었기 때문이다. NCS를 적용한 채용에서는 지원서에만 자신의 경력과 교육 사항을 작성하는 항목이 더 중요하게 부각된다.

인적성 검사는 직업기초능력을 평가하는 방식으로 진행된다. 의사소통능력부터 수리능력, 문제해결능력, 자기개발능력, 대인관계능력, 기술능력 등 직업기초능력 10개 영역에 대한 개념 이해와 상황 판단을 다루는 문제 유형이 제시된다. NCS 직업기초능력평가는 크게 '직업 상황', '기초직업능력', '행동 중심'의 3가지 척도를 기준으로 문항을 개발하여 평가한다.

전공 시험의 경우에는 직무능력을 중심으로 평가하며, 일반적인 지식 측정 위주의 평가가 아닌, 해당 기업·공공기관의 직무수행을 위해 필수적으로 갖추어야 할 직무수행능력을 실제 직무 환경에서 어떻게 발현할 수 있는지를 창의적으로 평가한다.

면접의 경우에는 역량면접, 인성면접과 비슷한 형태로 진행된다. NCS 기반 면접은 직업기초능력을 평가하기 위한 경험을 물어보는데, 블라인드 채용이 시행되기 전의 역량면접도 직무수행에 필요한 역량을 평가한다는 면에서 비슷하다고 볼 수 있다. 자신의 경험을 구조화하여 평가하는 방식으로 변화된 만큼 직무수행에 필요한 자질과 태도를 기르는 것과 관련된 경험을 준비해야 하고, 직무에 필요한 지식과 기술, 태도에 대한 부분까지 파악하는 것이 좋다.

서류 전형의 변화

1) 입사지원서

블라인드 채용 전에는 입사지원서를 쓰다 보면 '이런 것까지 써야 하나?' 하는 항목들이 많았다. 최근에는 거의 쓰지 않지만 키와 몸무게까지 작성하는 경우도 빈번했다. NCS 제도에서 달라진 점은 이러한 요소들을 완전히 제외했다는 것이다. 가족 사항에 대해서도 직업과 학력까지 자세히 작성하지 않아도 되고, 민감한 신체 사이즈도 적지 않는다.

서류 전형의 경우 직무 기반의 입사지원서를 작성하도록 변화하였다. 해당 직무를 성공적으로 수행할 수 있는 가능성이 높은 지원자를 선별하기 위해 기업 및 기관별 직무수행에 필요한 교육 사항, 경력 사항, 경험, 성과, 자격 등 필요한 스펙을 기재할 수 있도록 구성되어 있다. 입사지원서부터 직무능력 중심으로 채용하겠다는 의지를 명확히 하고 있는 것이다.

블라인드 채용 전의 입사지원서		직무 기반 입사지원서
직무와 관련 없는 개인 신상, 학점, 어학점수, 자격, 수상 경력 등을 나열하도록 구성	VS	해당 직무를 수행함에 있어 꼭 필요한 정보들을 제시할 수 있도록 구성

아래의 입사지원서는 NCS 사이트에서 제시된 입사지원서의 예시이다. 이전과 달라진 점이 무엇인지를 항목별로 나눠 살펴보도록 하자.

① 인적 사항

직무 기반의 입사지원서에서는 인적 사항을 최소화한다. 지원자들을 식별하고 관리하기 위해 성명, 생년월일, 연락처 등의 필수 정보들만 구성한다. 기업에 따라서는 생일만 기입하는 경우도 있는데, 몇 년생인지 드러내는 것이 블라인드 채용과 거리가 있다고 판단하기 때문이다. 더 나아가 가족 사항이나 취미, 특기와 같이 불필요한 사항들은 더이상 묻지 않는다. 하지만 기업 및 기관의 특성에 따라 요구하는 항목이 다를 수 있기 때문에 절대적인 기준이라고 할 수는 없다.

입사지원서(경영관리직군 인사조직)

1. 인적 사항

인적 사항은 필수 항목이므로 반드시 모든 항목을 기입해 주십시오.

지원 구분	신입 ( ) 경력 ( )	지원 분야		접수 번호	
성명	(한글)	생년월일	(월/일)		
현주소					
연락처	(본인 휴대폰)	전자우편			
	(비상연락처)				

② 교육 사항

학교교육과 직업교육으로 나눠 직무수행에 필요한 KSA(지식, 기술, 태도)를 평가한다. 교육 과정에 대한 구체적인 내용은 이후 자기소개나 직무능력소개서에 기술하도록 되어 있다. 경영관리직군에서 수행하는 다양한 업무를 제시하고 이와 관련된 직업교육과 학교교육을 체크할 수 있도록 하였고, 교육과 관련된 내용은 온라인교육으로 확대해서 작성할 수 있다.

2. 교육 사항

학교교육은 제도화된 학교 내에서 이루어지는 교육 과정을 의미합니다. 아래의 질문에 대하여 해당되는 내용을 기입해 주십시오.

학교교육		
[경영/경제/회계/무역] 관련 학교교육 과목을 이수한 경험이 있습니까?	예 ( )	아니오 ( )
[통계] 관련 학교교육 과목을 이수한 경험이 있습니까?	예 ( )	아니오 ( )
[경영전략/평가/성과관리] 관련 학교교육 과목을 이수한 경험이 있습니까?	예 ( )	아니오 ( )
[인사/조직관리] 관련 학교교육 과목을 이수한 경험이 있습니까?	예 ( )	아니오 ( )
[광고/홍보/매스컴] 관련 학교교육 과목을 이수한 경험이 있습니까?	예 ( )	아니오 ( )

'예'라고 응답한 항목에 해당하는 내용을 아래에 기입해 주십시오.

과목명	주요 내용

직업교육은 학교 이외의 기관에서 실업교육, 기능교육, 직업 훈련 등을 이수한 교육 과정을 의미합니다. 아래의 질문에 대하여 해당되는 내용을 기입해 주십시오.

직업교육		
[경영/경제/회계/무역] 관련 직업교육 과목을 이수한 경험이 있습니까?	예 ( )	아니오 ( )
[통계] 관련 직업교육 과목을 이수한 경험이 있습니까?	예 ( )	아니오 ( )
[경영전략/평가/성과관리] 관련 직업교육 과목을 이수한 경험이 있습니까?	예 ( )	아니오 ( )
[인사/조직관리] 관련 직업교육 과목을 이수한 경험이 있습니까?	예 ( )	아니오 ( )
[광고/홍보/매스컴] 관련 직업교육 과목을 이수한 경험이 있습니까?	예 ( )	아니오 ( )

'예'라고 응답한 항목에 해당하는 내용을 아래에 기입해 주십시오.

교육 과정명	주요 내용	기관명	교육 기간

③ 자격 사항

　　NCS 세분류별로 제시되어 있는 자격 현황을 참고하여 지원자가 직무수행에 필요한 스킬을 가지고 있는지 판단하며, 해당 직무와 관련 있는 자격만 명시할 수 있도록 하고 있다.

3. 직무능력 관련 자격 사항 (NCS 내 환경 분석 내 자격 현황 참고)					
자격은 직무와 관련된 자격을 의미합니다. 코드를 확인하여 해당 자격증을 정확히 기입해 주십시오.					
A. 국가기술자격			B. 개별법에 의한 전문자격		
C. 국가공인 민간자격			D. 기타 자격		
위의 자격 목록에 제시된 자격증 중에서 보유하고 있는 자격증을 아래에 기입해 주십시오.					
코드	발급 기관	취득 일자	코드	발급 기관	취득 일자
그 외, [직무 혹은 직무 관련 지식]에 관련된 자격증은 아래에 기입해 주십시오.					
코드	발급 기관	취득 일자	코드	발급 기관	취득 일자

• **국가기술자격**: 국가기술자격법에서 규정한 기술에 관한 자격증으로 기능사, 산업기사, 기사, 기능장, 기술사 등을 말한다.
• **개별법에 의한 전문자격**: 국가전문자격증이라고도 하며 개별법에 의해 전문자격으로 인정받는 자격증이다. 주택법에 의한 주택관리사, 변호사법에 의한 변호사, 공인회계사법에 의한 공인회계사를 예로 들 수 있다.
• **국가공인 민간자격**: 민간기관에서 발급하는 자격증으로서 사회적 수요에 부응하는 우수 민간자격을 국가가 공인하는 자격시험이다. 한자시험, 신용분석사, 자산관리사 등이 대표적이다.
• **기타 자격**: 국가공인 민간자격을 제외하고 민간기관에서 발급하는 다양한 자격증을 일컫는다.

④ 경력 사항 및 직무 관련 활동

경력 사항과 직무 관련 활동을 구분하는 기준은 보수를 받고 한 일인지 아닌지가 그 기준이 된다. 경력 사항에는 보수를 받고 근무한 인턴 경험, 또는 아르바이트 경험을 작성할 수 있다.

하지만 보수를 받았다고 하더라도 어설픈 아르바이트 경험을 적는 것보다 직장에서의 근무 경험을 적는 것이 좋다. 직무 관련 기타 활동이 많아 추가해야 할 경우에는 기업 및 기관에 따라 추가 작성할 수 있다.

4. 경력 사항

경력은 금전적 보수를 받고 일정 기간 동안 일했던 이력을 의미합니다. 아래의 질문에 대하여 해당되는 내용을 기입해 주십시오.

기업 조직에 소속되어 [경영기획(능력단위①)] 관련 업무를 수행한 경험이 있습니까?	예 ( )	아니오 ( )
기업 조직에 소속되어 [경영평가(능력단위②)] 관련 업무를 수행한 경험이 있습니까?	예 ( )	아니오 ( )
기업 조직에 소속되어 [홍보(능력단위③)] 관련 업무를 수행한 경험이 있습니까?	예 ( )	아니오 ( )

'예'라고 응답한 항목에 해당하는 내용을 아래에 기입해 주십시오.

근무 기간	기관명	직위/역할	담당 업무

그 외, 경력 사항은 아래에 기입해 주십시오.

근무 기간	기관명	직위/역할	담당 업무

자세한 경력 사항은 경력기술서에 작성해 주시기 바랍니다.

5. 직무 관련 기타 활동

직무 관련 기타 활동은 직업 외적인(금전적 보수를 받지 않고 수행한) 활동을 의미하며, 산학, 팀 프로젝트, 연구회, 동아리/동호회, 온라인 커뮤니티, 재능기부 활동 등이 포함될 수 있습니다. 아래의 질문에 대하여 해당되는 내용을 기입해 주십시오.

[경영기획(능력단위①)] 관련 활동들을 수행한 경험이 있습니까?	예 (　　)	아니오 (　　)
[경영평가(능력단위②)] 관련 활동들을 수행한 경험이 있습니까?	예 (　　)	아니오 (　　)
[홍보(능력단위③)] 관련 활동들을 수행한 경험이 있습니까?	예 (　　)	아니오 (　　)

'예'라고 응답한 항목에 해당하는 내용을 아래에 기입해 주십시오.

활동 기간	소속 조직	주요 역할	주요 활동 업무

2) 경험 및 경력기술서 작성법

직무능력소개서는 입사지원서에서 작성한 경력 및 경험 사항에 대해 당시의 역할과 주요 수행 업무, 성과에 대해 자세하게 기술하도록 요구하는 부분이다. 이 과정에서 입사지원서에 제시된 직무기술서를 참고하여 업무에서 요구하는 지식, 기술, 태도적인 부분과 관련된 업무를 중심으로 작성하는 것이 좋다. 때로는 경험 및 경력기술서를 자기소개서 내에서 한꺼번에 작성하라는 경우도 있다.

① 경험기술서

직무를 수행하는 데 필요하다고 생각하는 다양한 경험을 작성한다. 산학 프로젝트나 팀프로젝트, 연구실이나 실험실에서의 경험, 학회 활동 경험, 동아리 및 동호회 활동과 온라인 커뮤니티, 재능 기부 활동 외에도 자신이 생각할 때 직무에 도움이 될 만한 경험을 작성하도록 한다. 아르바이트 경험이라고 할지라도 직무수행에 도움이 된다면 작성할 수 있다. 단, 성과 중심으로 기술해야 한다. 단순히 '일했다'로 그치는 것이 아니라 자신이 어떤 것을 배웠고, 또한 어떤 성과를 창출했는지 자세히 작성해야 한다. 결과를 먼저 떠올려 본 다음, 그 경험이 직무에 잘 어울리는지를 점검해 보도록 하자.

② 경력기술서

경력기술서에 들어갈 수 있는 경험은 실제 급여를 받고 일한 경력만 해당한다. 어떤 조직이나 단체에서 보수를 받고 활동한 것이면 작성할 수 있다. 단, 아르바이트의 경우에는 단기적으로 소속된 조직이기 때문에 되도록 경력 사항에는 적지 않는다. 인턴 경험, 실제 업무 경력 등을 작성하는 것이 좋다. 경험기술서와 마찬가지로 직무에 대한 적합성과 업무적 성과가 잘 드러나게 작성해야 한다.

경험기술서

입사지원서에 기술한 직무 관련 기타 활동에 대해 상세히 기술해 주시기 바랍니다.
구체적으로 본인이 수행한 활동 내용, 소속 조직이나 활동에서의 역할, 활동 결과에 대해 작성해 주시기 바랍니다.

1. 산학 프로젝트 및 팀 프로젝트

① 내용

　지능형 모형 자동차 라인트레이서 제작

② 역할

- 팀장 및 일정 조율의 역할
- 카메라 및 전방 센서 제작, 회로 설계 업무

③ 구체적 행동

- 카메라와 전방 센서 설계
- 기존의 문제점을 해결하기 위한 오류 분석
- 팀 공동의 목표 달성을 위한 팀의 규칙을 설정

④ 주요 성과 및 결과

- 20XX년 대회 우승
- 팀원들의 팀워크 강화, 업무 분담과 책임의 중요성을 배움

2. 동아리

① 동아리명

　Roboty(로봇 제작 동아리)

② 역할

- 동아리 회장 역임
- 매년 시행되는 로봇 제작 대회에 참여하기 위한 TF팀 운영

③ 구체적 행동

- TF팀을 구성하여 매년 시행되는 로봇 제작 대회에 참가
- 센서를 활용한 지능형 로봇을 제작
- 도전하는 과정 속에서 제작 비용의 문제로 인한 어려움을 업무 협조를 통해 극복

④ 주요 성과 및 결과

- 로봇 제작 동아리 최초로 대회 우승을 이끎
- 리더로서의 역량과 어려운 상황을 극복할 수 있는 문제해결능력을 기름

경력기술서

입사지원서에 기술한 경력 사항에 대해 상세히 기술해 주시기 바랍니다.
구체적으로 직무 영역, 활동/경험/수행 내용, 본인의 역할 및 구체적 행동, 주요 성과에 대해 작성해 주시기 바랍니다.

1. **회사명/부서:** ○○기업/회계

2. **근무 기간:** 20XX년 1월 2일~20XX년 5월 30일(총 5개월)

3. **직무 영역:** 전표 관리, 수금 및 지급, 월말 결산

4. **주요 업무**

① 세금계산서 발행 및 매출 전표 작성

- 세금계산서 발행
- 수금 현황과 매출 전표 연동하여 매출, 수금 전표 처리
- 선수금 정리
- 회계 전표 처리

② 수금 및 지급

- 은행별 수금 파악
- 매입 업체에 지급
- 미수금의 유무에 따라 보류되어야 할 매입 업체 선별 작업
- 은행별 전금 처리

③ 월말, 주간, 일일 자금 및 월말 결산 처리

- 월말, 주간, 일일 자금에 대한 예상 집계(자금 소요, 자금 지급, 고정 비용 지출 등)
- 예상 대비 실행액 집계
- 매월 가결산
- 국세청과 ERP상의 세금계산서 집계 현황 파악

5. **업무 성과**

- 각종 세금 관련 업무 처리 능력 향상
- 회계 기본 업무에 있어 빠른 업무 처리 가능
- 수금 파악 업무 수행 시 필요한 커뮤니케이션 능력 배양
- 미수금 정리와 전금 처리를 통해 채권 관리 역량 배양
- 더존 ERP 프로그램 활용능력 배양
- 월말 결산 업무를 통해 오차 범위 제로 달성
- 예산 집행과 관련된 회계처리능력 배양

제시된 기술서는 간단한 요약형으로, 이렇게 작성하는 방식 외에 내용을 쭉 이어서 기술하는 방법도 있다. 요구하는 특성에 맞춰 가독성 있게 작성하도록 하자.

3) 자기소개서

자기소개서는 NCS 도입 이후 가장 많이 변화한 부분이다. 이전에는 일반적인 항목(성장과정, 성격의 장단점, 지원 동기, 입사 후 포부 등)으로 구성되어 있었으나, NCS 도입 이후에는 경험과 경력 중심의 항목으로 변화되었다. 지원동기는 조직과 직무에 대한 지원동기로 구분하여 구체적으로 물어본다. 그뿐만 아니라 조직에 적합한 사람인지를 기관별 핵심 가치와 인재상을 바탕으로 물어본다. 또한 직업기초능력 10가지에 대한 각각의 구체적 사례를 중심으로 기술하도록 되어 있다.

자기소개서 항목 예시

[자기개발능력]

예시 항목1: 최근 5년 동안에 귀하가 성취한 일 중에서 가장 자랑할 만한 것은 무엇입니까? 그것을 성취하기 위해 귀하는 어떤 일을 했습니까?

예시 항목2: 현재 자신의 위치에 오기 위해 수행해 온 노력과 지원한 직무 분야에서 성공하기 위한 노력 및 계획을 기술해 주십시오.

[문제해결능력]

예시 항목1: 예상치 못했던 문제로 인해 계획대로 일이 진행되지 않았을 때, 책임감을 가지고 적극적으로 끝까지 업무를 수행하여 성공적으로 마무리했던 경험이 있으면 서술해 주십시오.

예시 항목2: 업무를 수행하는 과정에서 발생한 문제를 해결하기 위해 노력한 경험을 문제 인식, 원인 파악, 해결 방안의 순서대로 작성하시오.

[조직이해능력]

예시 항목1: 우리 공단에 지원한 동기 및 입사 후 실천하고자 하는 목표를 다른 사람과 차별화된 본인의 역량과 결부하여 작성해 주십시오.

예시 항목2: 지금까지 학교생활 및 여러 조직에서 생활해 오면서 느낀 조직의 중요성 및 경험을 설명하여 주시고, 또한 우리 공단 조직의 역할이 무엇인지 설명하십시오.

[대인관계능력]

예시 항목 1: 공동의 목표를 달성하기 위해 팀원들과 함께 협업했던 경험을 작성하시오.
예시 항목 2: 공동의 목표를 달성하는 과정에서 팀원들과의 갈등을 해결하고 목표한 바를 달성한 경험을 작성하시오.

[의사소통능력]

업무를 수행하는 과정에서 다른 사람과 의견 차이가 있어, 상대방을 설득하여 좋은 결과(혹은 실패한 결과)를 얻었던 경험을 작성해 주십시오.

[직업윤리]

직장인으로서의 직업윤리가 왜 중요한지 본인의 가치관을 중심으로 설명하십시오.

위의 예시처럼 실제 기관 및 기업에서 NCS를 도입하여 활용하고 있으며 각 기업의 인재상과 핵심 가치, 그리고 직무적인 특성에 맞춰 항목에 변화를 주고 있다. 앞으로 PART 02에서는 직업기초능력과 관련된 자기소개서 항목에 대해 이해하고 실제 기출 항목과 연계하여 작성 요령을 파악할 수 있도록 하였다. 이어 PART 03에서는 기관별 자기소개서 항목을 분석해 봄으로써 기관별로 차이가 있는 인재상과 핵심 가치 등을 어떻게 작성해야 할지 살펴볼 것이다.

면접의 변화

NCS 면접은 크게 직업기초능력 평가와 해당 직무수행능력 평가로 나뉜다. 직업기초능력을 기반으로 한 면접은 직업기초능력과 각 기관 및 기업이 보유하고 있는 인재상 및 핵심 가치를 바탕으로 경험 사례를 묻는 방식이다. 직무수행능력에 기반한 면접은 NCS의 직무별 능력단위와 실제 직무수행과 관련하여 직무에 필요한 지식과 기술, 태도를 파악하는 면접이다.

이전에는 인성 중심, 이력서 중심의 질문이 많았다면 NCS 도입 이후에는 경험과 직무능력 중심의 질문이 많아졌다. 경험면접은 기존에 대기업에서 진행하고 있던 역량면접(심층구조화, BEI 등)과 그 방식이 동일하다. 직업기초능력과 관련된 경험을 물어보고 이에 대한 추가 질문을 통해 지원자의 역량을 평가하는 방식이다.

직무수행능력의 평가는 좀 더 어렵다고 볼 수 있다. 실무 상황을 제시한 후 그 상황에 대한 지원자의 행동 패턴을 평가하는 것으로, 실무와 관련된 상황대처능력을 필요로 하기 때문이다.

직업기초능력	직무수행능력

• 10개 영역의 직업기초능력 핵심 역량과 관련된 경험을 평가
• 기업 및 공공기관이 보유하고 있는 인재상 및 핵심 역량과 관련된 경험 평가
• 각 영역을 고려하여 개별 및 묶음의 형태로 질문 제시
  예 [의사소통능력＋대인관계능력(협상)] 누군가를 설득해 본 경험이 있습니까?
	• 직무별 능력단위와 실제 직무수행에 대한 지식, 기술, 태도 평가
	• 기업 및 공공기관의 특성과 NCS 표준을 통해 객관성 및 신뢰성 확보
	• 직무별 상황과 문제를 제시하여 이를 해결하는 역량을 평가
	  예 [문제제시형] 연약지반처리공법에 대해서 말해 보시오.

02

NCS 자기소개서와 면접을 위한 워밍업

공공기관의 사업에 대해 파악하라 | 잡알리오를 통한 기관 채용 및 정보 확인 | 알리오플러스를 통한 기관 특성별 리스트 업 | 클린아이로 지방 공기업 분석하기 | 직무를 파악하라 | 경험을 정리하라

공공기관의 사업에 대해 파악하라

공기업 입사를 위한 첫 단계는 지원 기업 및 기관에 대한 자세한 내용을 파악하는 것이다. 일반 사기업의 상장 회사의 경우 전자공시시스템(dart.fss.or.kr)을 통해서 기업의 사업 내용을 파악할 수 있다. 공기업의 경우는 알리오 공공기관 경영정보시스템(www.alio.go.kr)을 활용하면 된다. 알리오에서는 공공기관의 기본적인 경영공시 외에도 기관과 관련된 다양한 통계자료를 제공하고 있다. 원하는 기관의 경영정보를 파악하려면 '기관별 공시'를 확인하자.

① 알리오(https://www.alio.go.kr) 접속

② [경영공시] → [기관별 공시]

③ 기관명 검색

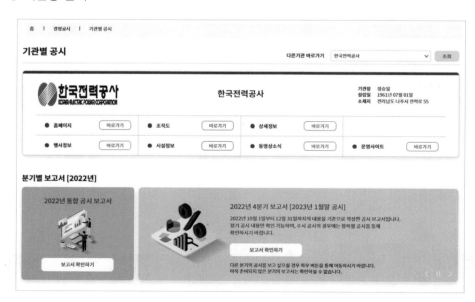

기관별 공시 자료의 경우 분기별 보고서를 통해 임직원 및 주요 사업 현황을 파악할 수 있다. 또한 첨부 서류를 다운로드하여 보다 구체적인 내용을 확인할 수도 있다. 하지만 분기별 보고서만으로는 자세한 내용을 파악하기가 어려운 부분이 있다. 이럴 때는 항목별 보고서의 '대내외 평가'와 '정보공개'를 확인하는 것이 필요하다.

④ [항목별 보고서] → [대내외 평가], [정보공개]

　　'38-1. 국회지적사항', '41. 연구보고서'를 확인하자.

32-1	중장기 재무관리	경영부담비용 추계	경영부담비용 추계	정기	보고서	1분기	보기
32-2			기타 경영상 부담이 될 사항	수시	보고서		보기
33		중장기 재무관리계획		정기	보고서	3분기	보기
34		12개 주요기관의 상세부채 정보		정기	보고서	1분기	보기
35-1	대내외 평가	경영 평가결과	경영실적 평가결과	정기	게시판		보기
35-2			감사직무실적 평가결과	정기	게시판		보기
36		동반성장 평가결과		정시	보고서	2분기	보기
37		청렴도 평가결과		정시	보고서	2분기	보기
38-1		국회 등 외부평가	국회지적사항	수시	게시판		보기
38-2			감사원 지적사항	수시	게시판		보기
38-3			주무부처 지적사항	수시	게시판		보기
38-4			경영평가 지적사항	정기	보고서	3,4분기	보기
39		고객만족도 조사결과		정기	게시판		보기
40-1	정보공개	계약정보	공개입찰	수시	게시판		보기
40-2			수의계약	정기	보고서	매분기	보기
40-3			혁신조달 구매실적	정기	보고서	2분기	보기
40-4			중증장애인 생산품 구매실적	정기	보고서	2분기	보기
41-1		연구보고서	자체 연구 보고서	수시	게시판		보기
41-2			외부용역 연구 보고서	수시	게시판		보기

⑤ [대내외 평가] → [국회지적사항]

'38-1. 국회지적사항'을 통해 기관의 감사 내용을 확인할 수 있으며, 기관의 개선점과 해결 방안을 확인할 수 있다. 자기소개서와 면접에서 참고할 만한 내용이 많으므로 꼭 체크하도록 한다.

국회지적사항	제목 ▼
24. 배전공사 전문회사에 노조가 고용 강요를 하는 사례가 발생하고 있으므로 실체를 파악해서 대책을 강구할 것...	2020.05.07 >
23. 한전 임직원 가족의 부당한 태양광발전소 운영 등의 문제가 재차 자체 감사에서 적발되었으므로 이에 대한 대책을 마련할 것...	2020.05.07 >
22. 한전 MCS 노조활동에 대한 계약해지, 손해배상 등을 명시한 자회사 계약서 등은 잘못된 것이므로 이를 시정할 것...	2020.05.07 >
21. 한전 검침회사의 정규직 전환과 관련하여 당사자들과 충분히 논의를 진행할 것...	2020.05.07 >
20. 영취산 일대 송전선로 건설사업은 주민들과 충분한 협의를 거쳐 추진할 것...	2020.05.07 >
19. 당진시에 신규 설치되는 송전설비의 지중화율을 높이는 방안을 검토할 것...	2020.05.07 >
18. 청주 낭성면 송전선로 증설 시 지역주민의 의견을 충분히 수렴할 것...	2020.05.07 >
17. 인력 검침이 어려운 곳에 AMI 설치를 우선적으로 진행할 것...	2020.05.07 >
16. 한전 협력회사의 안전사고를 감소시킬 수 있는 방안을 마련할 것...	2020.05.07 >
15. 송변전시설 건설 시 지역주민들과의 협의를 강화할 것...	2020.05.07 >

⑥ [정보공개] → [연구보고서]

'41. 연구보고서'를 통해 기관별 중점 연구에 대한 자료를 검색할 수 있다. 기술직의 경우 기술 연구의 방향성을, 일반 사무직의 경우 현재 사업과 관련된 연구 자료를 확인할 수 있다.

연구보고서	제목 ▼
배전 공사용 무정전장비 평가기준 수립 및 TDR 기법 사전연구	2022.06.27 >
재생E 도입에 따른 70kV 이상 송전전압 운전범위 재산정 및 영향평가	2022.06.27 >
고온고압하 실시간 연소가스 분석 센서시스템 개발	2022.05.24 >
암모니아 혼소 발전의 기술적 경제적 타당성 평가	2022.05.24 >
전력시스템 상호운용성 현황분석 및 추진방안 연구	2022.05.24 >
전력구 터널 지반 위험예측 기술 개발	2022.05.02 >
배열회수보일러(HRSG) Fin 튜브 비파괴 검사장치 개발	2022.03.23 >
가공배전선로 활선작업 로봇공법 최적 개발방안 연구	2022.01.26 >
중력 이용 에너지저장 최적 기술 도출 및 개발 전략 수립	2022.01.17 >
장기 송변전설비계획 수립용 확률론적 안정도 해석 툴 및 설비투자 의사결정 기술개발	2022.01.17 >

잡알리오를 통한 기관 채용 및 정보 확인

잡알리오는 공공기관 채용박람회, 공공기관 정보와 채용정보를 제공하고 있다. 채용을 준비하면서 우선 가고자 하는 대상 기업을 파악해야 하기 때문에 잡알리오에 나와 있는 기업 리스트를 확인하여 공공기관을 파악하는 것이 중요하다.

기관의 유형과 기관명을 선택해 가고자 하는 기관을 찾아보자. 또한 시장형, 준시장형, 위탁집행형뿐만 아니라 기타 공공기관의 리스트도 확인하여 자신이 하고자 하는 업무를 수행하는 기관을 찾아보도록 한다.

다음으로 이전에 나왔던 채용정보를 확인할 때도 잡알리오를 활용한다. 가고자 하는 기업의 리스트를 선정했다면 이후에는 이전 채용공고를 보면서 우대 및 가점 사항이 무엇인지 파악해야 향후 대비가 가능하다.

기관명에 바로 원하는 기업을 입력하여 찾을 수도 있으며, 고용형태나 채용구분으로 원하는 조건을 만들어 검색하면 보다 정확하게 기관의 채용정보를 확인할 수 있다. 진행 중인 채용공고뿐 아니라 마감된 채용공고도 확인할 수 있기 때문에 전체적인 채용의 흐름을 확인하기에도 좋다.

알리오플러스를 통한 기관 특성별 리스트 업

알리오플러스(www.alioplus.go.kr)는 알리오와 별개로 실생활에서 활용할 수 있는 공공기관의 각종 고유 사업 및 서비스 정보를 손쉽게 찾아볼 수 있고, 국민의 참여·협력을 통해 더 나은 공공서비스를 제공할 수 있도록 구현된 공공기관 통합서비스이다. 알리오플러스에서는 기관의 다양한 사업 정보를 얻을 수 있으며, 기관의 특성에 따른 분류와 정리가 용이하다. 자신의 전공과 관심 분야에 맞춰 공공기관을 파악하기 위해서는 유형별로 파악하는 것이 좋으며, 지역인재는 지역별로 검색하여 지역인재 우대 채용을 받을 수 있는 기업의 리스트를 만들도록 한다.

경로: [알리오플러스 메인] → [기관정보] → [유형별 · 지역별]

클린아이로 지방공기업 분석하기

지방공기업은 지방자치단체가 주민의 복리증진을 목적으로 직접 · 간접 경영하는 사업 중 지방공기업법의 적용을 받는 사업을 말한다. 지방자치단체가 직접 기업을 설치 · 운영(행정조직형태)하거나, 법인을 설립(지방공사 · 공단, 민관공동출자법인)하여 경영하는 기업을 대상으로 기업 운영에 필요한 사항을 정하여 지방자치발전 및 주민복리증진에 기여하는 것을 목적으로 하고 있다.

경로: [경영공시] → [지방공기업]

경로: [기관유형] 선택 → [경영평가 · 혁신 · 진단] 선택 → [경영혁신과제 · 사례] 선택

기관에 대한 정보를 다양하게 확인할 수 있으며 특히 기관에서 하는 사업에 대해서 좀 더 확인하기 위해서는 경영혁신계획을 살펴보는 것이 좋다.

직무를 파악하라

직무기술서는 서류 전형에 합격하기 위한 핵심이다. 직무에 대해 정확히 파악하는 것은 결국 직무능력 중심 채용에 있어 자신이 지원하려는 직무에 왜 적합한지를 가늠할 수 있는 핵심이기 때문이다. 직무기술서는 직무에 필요한 KSA를 제시함으로써 자신이 직무에 맞는 인재임을 설명하는 데 용이한 기준이 된다. 기업 및 기관별 직무기술서는 다음과 같이 구성된다.

분류	대분류	02. 경영 · 회계 · 사무			
	중분류	01. 기획사무	02. 총무인사	03. 재무회계	04. 생산품질관리
	소분류	01. 경영기획	01. 총무	01. 재무	01. 생산관리
		02. 홍보광고	02. 인사조직	02. 회계	
		03. 마케팅	03. 일반서무		
	세분류	01. 경영기획 02. 경영평가	01. 총무 02. 자산관리 03. 비상기획	01. 예산 02. 자금	01. 구매조달
		01. 기업홍보	01. 인사 02. 노무관리	01. 회계감사 02. 세무	
		02. 고객서비스	02. 사무행정		

직무 수행 내용	• 전략, 예산 관리, 조직 · 정원 관리, 평가 관리, 홍보, 감사, 법무 관련 업무 • 인력 관리, 교육 훈련 등 인사 관련 업무 • 급여, 복리후생, 보안 및 소방 등 노무 관련 업무 • 전기 사용 신청 접수, 공급 방안 검토, 고객서비스 활동 • 검침, 전기 요금 조정, 수납, 미수금 관리 등 수금 관련 업무 • 수요 관리(수요 분석, 수요 개발) 및 전력 거래 업무 • 출납, 유가증권 관련 회계 업무 및 국내외 차입금 관련 자금 업무 • 재무제표 작성 등 결산 업무, 국세 및 지방세 관련 세무 업무 • 부동산 관리, 용지 관리 등 자산 관리 • 자재 수급, 재고 관리, 공급자 관리, 자재 시험 관리 등 자재 업무 • 물가 조사, 자재 구매, 공사 및 용역 계약 등 계약 관련 업무 • 해외 사업 개발 및 운영 관련 업무(발전, 원자력, 신재생, 자원 등)

필요지식	•(경영 · 경제) 경영환경 분석, 경영평가 방법론, 경영계획 수립 관련 이론, 마케팅 및 HRD 관련 지식, 전력 산업 트렌드 및 신재생에너지 관련 기초 지식 •(회계) 기초 회계 원리, 계정관리에 관한 지식, 재산세 · 부가세 · 법인세 · 재무제표 등 세무 관련 기초 지식 •(행정) 문서 작성 · 관리 · 기안 규정에 관한 지식, 업무 규정에 관한 지식 •(법률) 규정의 해석에 필요한 법규 일반 지식, 채권관리 지식, 부동산 관련 법규, 소송 관련 법률

필요기술	개념적 · 분석적 사고능력, 기획력, 고객 니즈 파악 및 대응 기술, 유관 부서 간 의견 조정 스킬, 설득 및 협상 기술, 프로세스 관리 능력, 커뮤니케이션을 위한 문서화 능력, 보고서 등 문서작성 및 관리 기법, 문서작성 · 통계처리 · 인터넷 검색 등을 위한 컴퓨터활용능력, 피벗 · 기본함수 등 통계 프로그램 활용 능력, 법규 이해 · 활용능력, 비즈니스 영문 레터 작성 및 비즈니스 영어 회화 구사 능력

직무수행 태도	세밀한 일처리 태도, 고객의 요청에 적극적으로 대응하려는 노력, 효율적 시간 관리, 정보 수집 · 관리 노력, 업무 네트워크 형성 노력, 문제 해결 및 환경 변화에 적극적으로 대처하려는 태도, 개선 및 혁신을 추구하는 태도, 공동의 목표를 위해 적극적으로 협조하려는 태도, 약관 · 지침을 준수하려는 의지, 청렴하고 공정한 업무 처리 태도

직업기초 능력	의사소통능력, 수리능력, 문제해결능력, 자원관리능력, 정보능력
필요 자격	유효한 공인어학성적 700점(토익 기준) 이상 성적 보유자 – 해외IR, 해외사업 수행, 해외사업 실적분석, 해외사업소 안전 · 보건 · 환경업무, 전력산업 수출, 국제협력 · 교류, 신사업 추진 등의 직무수행을 위한 최소한의 어학성적

직무기술서는 업무 수행에 필요한 직무수행 내용과 그에 따른 KSA를 보여 주고 있다. 이를 파악하여 자기소개서와 경험 및 경력기술서에 얼마나 녹여내는가가 직무 중심 자기소개서의 핵심이다. 직무에 대한 상세 업무는 NCS 사이트를 통해서 구체적으로 살펴볼 수 있다.

1) 직무 파악 단계

먼저 NCS 사이트(https://www.ncs.go.kr)에 접속하면 바로 메인 페이지에서 직무기술서에 제시된 대 · 중 · 소 · 세분류에 따라 구체적으로 알고 싶은 직무를 확인할 수 있다.

① [NCS 및 학습모듈검색]

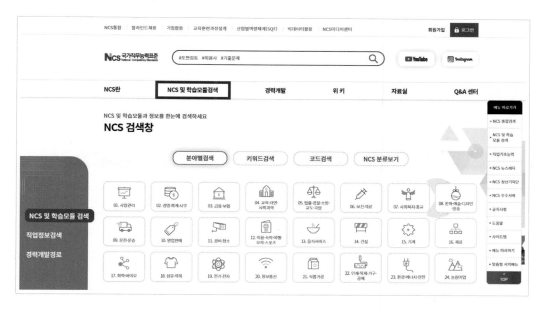

② [NCS 및 학습모듈 검색] → [분야별 검색]

자신이 지원하는 분야를 선택한다.

③ 중·소·세분류를 선택 → [분야별검색(02. 경영·회계·사무 → 03. 재무·회계 → 02. 회계 →
01. 회계·감사)]

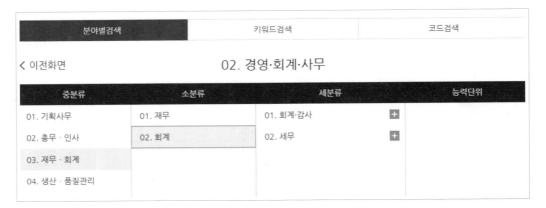

검색을 누르면 NCS 학습모듈의 검색이 나타난다. 선택한 분야와 관련하여 전체적인 직무 내용을 파악할 수 있는 첨부 파일을 다운로드하여 확인할 수 있다. 하지만 내용이 방대하기 때문에 이를 일일이 확인하는 것보다 화면 밑에 있는 활용패키지의 직무기술서를 확인하는 것이 효율적이다.

④ [활용패키지] → 직무기술서 다운로드

∷ 활용패키지

1.경력개발경로

구분	미리보기
경력개발경로 모형	경로찾기
직무기술서	미리보기
체크리스트	미리보기
자가진단도구	미리보기

⑤ 직무기술서를 통해 직무능력 파악(회계·감사 → 전표 관리)

【직무 기본 정보】

직무	회계·감사	능력단위 분류번호	0203020101_20v4
		능력단위	전표 관리
직무 목적	전표 관리란 회계상 거래를 인식하고, 전표 작성 및 이에 따른 증빙서류를 처리 및 관리하기 위함		
개발 날짜	2020. 11. 06.	개발 기관	대한상공회의소

【직무 책임 및 역할】

주요 업무	책임 및 역할
회계상 거래 인식하기	• 회계상 거래와 일상생활에서의 거래를 구분할 수 있다. • 회계상 거래를 구성 요소별로 파악하여 거래의 결합관계를 차변요소와 대변요소로 구분할 수 있다. • 회계상 거래의 결합관계를 통해 거래 종류별로 구별할 수 있다. • 거래의 이중성에 따라서 기입된 내용의 분석을 통해 대차평균의 원리를 파악할 수 있다.
전표 작성하기	• 회계상 거래를 현금거래 유무에 따라 사용되는 입금전표, 출금전표, 대체전표로 구분할 수 있다. • 현금의 수입거래를 파악하여 입금전표를 작성할 수 있다. • 현금의 지출거래를 파악하여 출금전표를 작성할 수 있다. • 현금의 수입과 지출이 없는 거래를 파악하여 대체전표를 작성할 수 있다.
증빙서류 관리하기	• 발생한 거래에 따라 필요한 관련서류 등을 확인하여 증빙 여부를 검토할 수 있다. • 발생한 거래에 따라 관련 규정을 준수하여 증빙서류를 구분·대조할 수 있다. • 증빙서류 관련 규정에 따라 제증빙자료를 관리할 수 있다.

【직무수행 요건】

구분	상세 내용
지식	• 거래의 이중성 • 교환거래, 손익거래, 혼합거래 • 입금 · 출금 · 대체전표에 대한 지식 • 증빙서류 관리 관련 규정 • 증빙서류 종류 • 회계상 거래와 일상생활에서의 거래를 구분하는 지식
기술	• 거래를 장부에 기입 · 분석하는 능력 • 거래 유형별로 전표작성 능력 • 거래의 결합관계 구분 능력 • 다양한 거래 유형에 대한 구분 능력 • 증빙서류를 처리하는 능력 • 판단력
태도	• 거래를 신속하고 정확하게 구분하려는 태도 • 거래에 대한 정확한 판단력 • 거래 유형에 대한 정확한 판단력 • 신속 · 정확성 • 전표를 신속하고 정확하게 작성하려는 태도 • 증빙서류 관리 관련 규정을 준수하는 태도
관련 자격 사항	• CPA(공인회계사) • CTA(세무사) • 전산회계운용사(1~3급) • 전산세무회계(1~2급) • 전산세무(1~2급) • 세무회계(1~3급) • 재경관리사 • 회계관리(1~2급) • ERP회계정보관리사(회계 1~2급) • TAT(1~2급) • FAT(1~2급)
사전 직무경험	해당 없음
직무 숙련기간	1~2년

경험을 정리하라

직업기초능력과 직무에 대한 이해가 끝났다면 이제는 자신의 경험과 직무능력을 연결할 수 있어야 한다. 이를 위한 가장 좋은 방법은 자신의 경험을 정리하여 표로 만드는 것이다. 다음의 표를 통해 경험을 구조화한다면 도움이 될 것이다.

직업기초능력	하위능력	주요 관련 경험
의사소통능력	• 문서이해 및 작성 • 경청 및 의사표현 • 기초외국어	자신과 생각이 다른 사람을 설득했던 경험
수리능력	• 기초연산 및 통계 • 도표분석 및 작성	문제해결을 위해 분석력을 발휘했던 경험
문제해결능력	• 사고력 • 문제처리	해결하기 어려웠던 문제를 창의적 사고를 통해 개선한 경험
자기개발능력	• 자아인식 • 자기관리 • 경력개발	• 자기개발을 위해 노력하고 있는 것 • 큰 성취를 이뤘던 경험
자원관리능력	시간/예산/물적자원/ 인적자원관리	제한적인 자원 속에서도 목표한 바를 달성했던 경험
대인관계능력	• 팀워크 • 갈등관리 • 리더십 • 협상 • 고객서비스	• 공동의 목표를 달성하기 위해서 함께 협업했던 경험 • 공동의 목표를 달성하는 과정에서 발생한 갈등을 원만하게 해결했던 경험 • 리더로서 팀원들에게 비전을 제시하고 동기를 부여하여 목표를 달성했던 경험 • 소속된 조직 및 단체에서 의견을 조율하고 협상을 이끌어 냈던 경험 • 고객의 불만을 이해하고 그에 대한 해결책을 제시했던 경험
정보능력	• 컴퓨터활용 • 정보처리	원하는 정보를 수집하고 분석하여 목표를 달성했던 경험
기술능력	기술이해/선택/적용	지원 직무수행 시 필요한 지식과 기술을 쌓기 위해 노력했던 경험
조직이해능력	• 경영이해 • 체제이해 • 업무이해 • 국제감각	지원하는 기관의 비전 · 핵심 가치 · 사업 방향에 대한 이해
직업윤리	• 근로윤리 • 공동체윤리	• 근면함 · 성실함 · 정직함을 발휘했던 경험 • 봉사활동 경험

경험은 최근의 것일수록 유리하다. 기업에서는 3년 또는 5년 안에 일어난 경험을 중심으로 작성하도록 하는데, 이는 경험의 신뢰성과 연결된다. 너무 오래된 경험은 그 역량에 대한 지속성이 떨어지기 때문에 신뢰도를 잃게 된다. 즉 대학 생활 이후의 경험을 작성하도록 하고, 경력직이라면 이전 직장 생활에서의 경험을 작성한다.

지금도 늦지 않은 직무 역량 강화 방안

직무능력과 평생경력을 진단하라 | 직무 역량을 어느 정도 수준으로 준비해야 하는가? | 직업 훈련 교육을 통한 역량 쌓기 | 시대 변화에 따른 요구사항에 대비하라!

직무능력과 평생경력을 진단하라

NCS 통합 포털 사이트(https://www.ncs.go.kr)에서 '경력개발'을 활용하면 자신의 직무능력을 체크하고 경력 설정까지 한 번에 정리할 수 있어 유용하다. 먼저 자신의 직무능력을 진단하고 자신에게 부족한 역량이 무엇인지 확인해 본다. 이후 '경력개발'을 통해 자신의 경력 모델을 확인하여 앞으로 어떻게 준비를 해야 할지, 어떤 교육을 받아야 할지 능력 수준에 따라 체크해 본다. 자세한 이용 방법은 아래 제시된 카테고리를 통해 더 자세히 파악할 수 있다. 경력개발의 경우 먼저 NCS 사이트에 가입이 필요하다.

① NCS 사이트의 경력개발 활용하기

먼저 상단 메뉴 중 [경력개발]을 클릭하고 [직무능력진단]을 클릭한다.

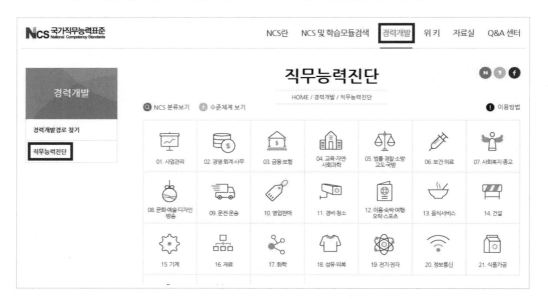

② 직무능력 진단하기

　먼저 자신이 지원하려는 직무와 관련하여 중·소·세분류 및 직급을 선택한다. 선택하면 아래와 같이 체크리스트를 작성할 수 있는 페이지가 나온다.

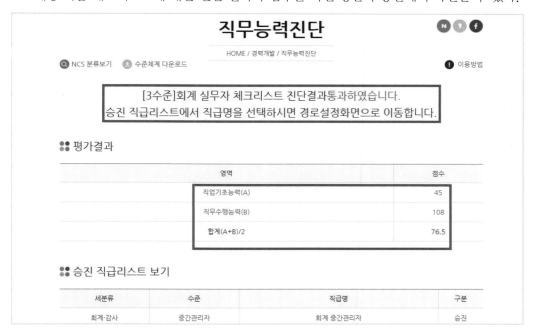

③ 진단 결과 및 점수 보기

　해당 직급 체크리스트에 대한 진단 결과와 점수를 화면 상단과 중간에서 확인할 수 있다.

④ 결과에 따른 직급리스트 보기

체크리스트에 대한 진단 결과가 통과되면 승진 직급리스트를 확인할 수 있다. 승진 직급 리스트의 직급명을 클릭하면 경력개발경로 찾기 화면에 진단한 직급을 기준으로 경로가 표시 된다.

공기업 취업을 위해서는 이것저것 준비할 것이 매우 많다. 그러므로 무엇을 얼마나 어느 정도로 준비해야 하는지를 설정하는 것이 중요하다. 하지만 모든 역량을 다 갖출 수는 없기 때문에 우선순위를 잘 세워 역량을 강화하도록 노력해야 한다. 이를 위해 다음의 내용을 참고하여 자신의 직무 역량을 빠르고 효율적으로 강화할 수 있는 방법을 고민해보도록 한다.

직무 역량을 어느 정도 수준으로 준비해야 하는가?

① [NCS] → [블라인드채용] → [자료실] → [전형별 평가샘플]

② [직군별 채용 평가도구] → [지원직무 검색]

직군별 채용 평가도구

HOME / 자료실 / 전형별 평가샘플

전체 ▼   검색하기

전체 107   현재페이지 1/11

번호	제목	첨부파일	작성일	수정일	조회수
107	23-6-3. 비파괴검사	⬇	2022.02.28	2022.02.28	116
106	23-6-2. 산업보건관리	⬇	2022.02.28	2022.02.28	48
105	23-6-1. 산업안전관리	⬇	2022.02.28	2022.02.28	78
104	23-1-2. 대기관리	⬇	2022.02.28	2022.02.28	24
103	22-1-1. 출판	⬇	2022.02.28	2022.02.28	70
102	21-1-3. 식품유통	⬇	2022.02.28	2022.02.28	34

③ [지원직무 검색 – 토목]

14-2-2. 토목시공

작성일	2022.02.28	작성자	전승규
첨부파일	⊙ 14-2-2. 토목시공.zip		

본 평가도구 모음은 직군의 전형별 채용도구 이해를 돕기 위한 예시 자료를 담고 있습니다.

- 직무기술서
- 서류전형 도구
- 필기전형 도구
- 면접전형 도구

압축된 파일을 열어 서류 전형 도구를 확인한다. 서류 전형 도구에서 서류 전형 평가도구를 열어 내용을 확인한다. 향후 필기 전형 및 면접 전형에 대한 도구를 함께 확인해도 좋다.

【토목시공 서류 전형 도구 예시】

전형	수험번호	성명
서류 전형	0001	방 영 황

입사지원서			배점	점수
인적 사항		• 모든 사항에 대한 정확한 기재	P / F	
교육 사항	학교교육	• 석재 가공(직무수행능력), 문제해결능력(직업기초능력) • 5과목 이상(5점) / 2~4과목(3점) / 0~1과목(1점)	5	8/10
	직업교육	• 석재 가공(직무수행능력), 문제해결능력(직업기초능력) • 45시간 이상(5점) / 30~44시간(3점) / 0~29시간(1점)	5	
자격 사항	국가기술자격	• 3개 이상(5점) / 2개(3점) / 0~1개(1점)	5	8/10
	민간자격	• 3개 이상(5점) / 2개(3점) / 0~1개(1점)	5	
	필수자격	• 해당 없음	P / F	
경험 · 경력 사항	직무수행능력 관련 경험	• 기초 구조물 시공: 기초 구조물 시공이란 철탑 및 정차장 구조물을 안전하게 설치하기 위해서 지장물을 제거하고, 토공작업을 수행하여 기초 구조물을 설치하는 일 • 3번 이상(5점) / 2번(3점) / 0~1번(1점), 2개월 이상의 경험 인정	5	8/10
	직업기초능력 관련 경험	• 문제해결능력: 직무를 수행함에 있어 문제 상황이 발생하였을 경우, 창조적이고 논리적인 사고를 통하여 이를 올바르게 인식하고 적절히 해결하는 업무 • 3번 이상(5점) / 2번(3점) / 0~1번(1점), 2개월 이상의 경험 인정	5	
기타	유관 직무능력	• 토목시공 관련 자격 보유 여부, 토목시공 관련 직무 경험	10	8/10
소 계			32 / 40점	

		자기소개서	배점	점수
직무수행능력	토공 현장조사	• 토공 현장조사: 토공 현장조사란 공사 시 우려되는 사항에 대비하여 계획에 차질 없이 공사가 진행될 수 있도록 공사 착수 전 지반, 지장물, 인접 현장 등을 정확하게 조사하는 일 • 측량결과의 정확도, 측량 방법에 관한 지식, 지장물 조사 결과의 도면화	20	15/20
직업기초능력	문제해결능력	• 문제해결능력: 직무를 수행함에 있어 문제 상황이 발생하였을 경우, 창조적이고 논리적인 사고를 통하여 이를 올바르게 인식하고 적절히 해결하는 업무 • 사고력, 문제처리능력 등에 대한 경험 여부 확인	20	15/20
소 계				30 / 40점

		경력 및 경험기술서	배점	점수
경력 및 경험		• 2개월 이상 경험 횟수 또는 다양한 경험 사항	5	5/5
직무수행능력	토공 도면파악	• 토공 도면파악: 토공 도면파악이란 종평면도, 횡단면도, 상세도를 보고 현장 상황, 깎기, 쌓기 계획, 시공방법, 지층 분포 등 토공 도면을 파악하는 일 • 도면의 기능과 용도 파악 여부, 도면에 표기된 각종 기호의 의미파악 여부	5	5/5
직업기초능력	조직이해능력	• 조직이해능력: 업무를 원활하게 수행하기 위해 국제적인 추세를 포함하여 조직의 체제와 경영에 대해 이해하고 적용하는 업무 • 경영이해능력, 체제이해능력, 업무이해능력 등에 대한 경험 여부 확인	10	5/10
소계				15 / 20점

	결과 종합		
심사	• 자격 기준의 적합성 및 제출 서류의 적합성, 기타 결격 사유	P / F	
평가	• 교육 사항 + 자격 사항 + 경력 · 경험 사항 + 기타	77/100	
가산점	• 국가유공자 자녀 서류 전형 점수의 5% 가산점	3	
합 계		80 / 100점	

위의 평가 기준은 기업의 채용 상황에 따라 임의로 적용이 가능하다. 하지만 위의 자료를 통해 우리는 서류 전형에서 적부 평가가 아닌 교육 사항, 자격증, 경험 및 경력 사항을 평가하여 선발하는 기업이 어떤 것을 기준으로 판단하는지를 유추할 수 있다. 대략적으로 역량 준비 수준을 가늠하자면 다음과 같이 예상해 볼 수 있다.

평가 기준	만점 기준
학교교육	5과목 이상
직업교육	총이수시간 45시간 이상(3개 과정 평균 16시간 이상 교육 이수)
경력 사항	2개월 이상의 경력 3회 이상
경험 사항	직업기초능력 및 직무 능력 발휘 경험 3회 이상
자격 사항	관련 자격 3개 이상

위의 기준은 예상일 뿐이므로 지원하는 기업에 따라 다를 수 있다는 점을 다시 한 번 명시한다. 한국장학재단은 봉사활동 점수를 더 주고, 한국고용정보원은 청년에게 모두 1점의 가점을 주는 등 기업의 특성에 따라 요구사항이 달라질 수 있다. 하지만 보편적인 기준에서 어느 정도의 준비를 해야 하는지에 대한 가이드라인 정도로 내용을 체크한다면 충분히 활용할 수 있다.

직업 훈련 교육을 통한 역량 쌓기

1) KOCW (www.kocw.net)

KOCW(Korea Open Course Ware)는 '강력 추천'하는 사이트이다. 국내 대학 및 해외 교육 자료 공개(OER: Open Educational Resources) 운동 협의체와 연계하여 강의 자료 정보를 공유하는 국가대표 '고등교육 교수학습자료 공동 활용 서비스'이다. 이러닝 콘텐츠 공동 활용을 통한 대학교육의 질을 제고하고 평생학습 기회를 확대하기 위해 만든 사이트인 만큼 질 높은 동영상 강의를 들을 수 있다.

특히 이공계열의 지원자는 부족한 전공 지식을 공부하는 데 매우 유용하다. 상황면접에서 직무에 필요한 개념도 물어보기 때문에 해당 사이트를 통해 부족한 지식을 보완하는 것이 좋다. 참고할 만한 자료도 다운로드받을 수 있다.

KOCW에서는 NCS 교육 과정도 운영하고 있다. 영역별로 강의를 시청할 수 있기 때문에 매우 유용하다. 반드시 한 번은 들러서 강의를 시청해 보고, NCS 외에도 자신의 관심 분야에 대한 강의를 찾아보면 좋을 것이다.

경로: [KOCW 메인] → [강의분류] → [테마강의] → [취업완전정복]

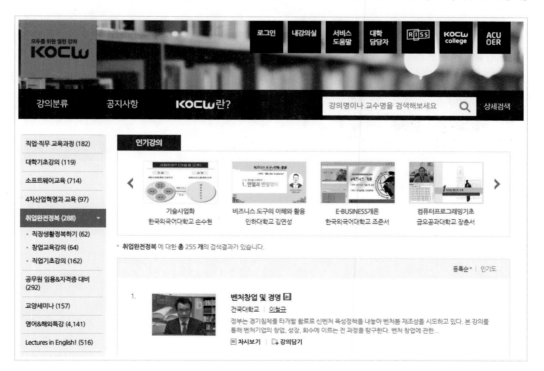

2) K-MOOC (www.kmooc.kr)

K-MOOC는 수강인원에 제한 없이(Massive), 모든 사람이 수강 가능하며(Open), 웹 기반으로(Online) 미리 정의된 학습목표를 위해 구성된 강좌(Course)를 말한다. 다양한 강좌가 제공되고 이수증도 받을 수 있다.

다양한 강의를 동시에 수강할 수 있으며, 온라인 학습으로서 직무 역량을 쌓기 효과적이다. 사무행정의 경우, 통계나 빅데이터와 관련된 강의를 들을 수 있으며 4차 산업혁명에 따른 교육 과정도 다양하다. 기술직 또한 공학 파트에서 자신이 원하는 강의를 들을 수 있으며, 수강한 강의를 이력서 작성 시 직업훈련과정에 기술하여 직무에 대한 준비도를 높이는 데 활용할 수 있다.

3) 고용노동부 HRD-Net (https://www.hrd.go.kr)

고용노동부에서 제공하는 직업훈련교육도 참가하는 것을 권한다. 국민연금공단의 경우에는 HRD-Net에서만 이수한 것을 직업훈련으로 인정해주고 있으므로 지원 희망 기업과 직무를 고려하여 준비할 수 있도록 한다. 직무와 관련한 다양한 훈련 과정을 수강할 수 있으며 온·오프라인 교육을 모두 진행하고 있다. 오프라인 교육의 경우는 훈련 기간이 긴 것도 있기 때문에 온라인 교육을 듣는 것도 시간을 절약할 수 있는 방법이다.

경로: [구직자 훈련과정 검색] → [원하는 훈련과정 입력]

또한 고용노동부는 국민내일배움카드제를 운영하고 있다. 이를 활용하는 것도 효과적이다. 국민내일배움카드는 실업, 재직, 자영업 여부에 관계없이 카드를 발급하고 일정 금액의 훈련비를 지원함으로써 직업능력개발 훈련에 참여할 수 있도록 하며, 직업능력개발 훈련 이력을 종합적으로 관리하는 제도이다. 2020년 1월 1일부터 구직자·재직자 내일배움카드가 국민내일배움카드로 일원화됐다. 국민내일배움카드는 국민이면 누구나 신청이 가능하며(다만 현직 공무원, 사립학교 교직원, 졸업예정자 이외 재학생, 연 매출 1억 5,000만 원 이상의 자영업자, 월 임금 300만 원 이상인 대기업 근로자(45세 미만)·특수형태근로종사자 등은 제외) 개인당 300~500만 원의 훈련 비용을 지원한다.

4) 휴넷 비즈니스 스쿨 (https://hbs.hunet.co.kr)

휴넷 비즈니스 스쿨은 직무와 관련된 다양한 교육을 제공하고 있다. 경영 분야부터 생산 분야에 이르기까지 다양한 직무교육 동영상을 확인할 수 있다.

경로: [휴넷 비즈니스 메인] – [전체강의] – [직무교육]

이처럼 다양한 이러닝을 활용하여 NCS 직업기초능력에 관한 교육과 직무능력 향상에 도움이 되는 교육을 손쉽게 이수할 수 있다. 따라서 직무능력을 쌓기에는 이미 늦었다고 좌절할 필요가 없다. 온라인을 통해 자신의 직무능력을 진단하고, 그에 적합한 교육을 받는다면 보다 쉽고 효율적인 방법으로 직무능력을 쌓을 수 있다.

시대 변화에 따른 요구사항에 대비하라!

    최근 공공기관에서 많이 요구하는 것은 단연 그린뉴딜, 디지털뉴딜이라고 볼 수 있다. 다양한 공공기관에서는 한국형 뉴딜 정책에 발맞춰 필요한 인재를 선발·육성하고자 노력하고 있다. 지원자 또한 이러한 흐름에 맞춰 대비해야 한다. 이에 다음과 같은 교육을 이수한다면 직무에 대한 적합성을 보다 높여 나갈 수 있다.

1) 사무, 기술 계열 공통 교육

교육 분야	대표 교육기관	사이트 주소	교육 이유
통계	통계교육원	https://sti.kostat.go.kr/coresti/site/main.do	금융, 고용보건복지 공기업 등 데이터 요구사항 증대
빅데이터	HRD-NET	https://www.hrd.go.kr	
ODA(공적원조)	코이카	https://oda.koica.go.kr	해외사업 확대를 위해 노력하는 공기업 지원 시 필요

2) 사무 계열 교육

교육 분야	대표 교육기관	사이트 주소	교육 이유
금융	금융투자교육원	https://www.kifin.or.kr	IB, 리스크 관리, 신용분석 등의 전문성 요구사항 증대
콘텐츠	에듀코카	https://edu.kocca.kr	마케팅, 교육운영기획, 문화예술 분야의 요구사항 증대
사무	에듀퓨어	edupure.net	경영, 경제, 행정, 법 전공 이외의 어문, 인문 계열 전공자의 사무직 지원 시 요구

3) 기술 계열 교육

교육 분야	대표 교육기관	사이트 주소	교육 이유
계측기	계량측정협회	https://www.kasto.or.kr	설비계측의 중요성이 증대
플랜트	한국플랜트산업협회	https://www.kopia.or.kr	에너지 분야 플랜트 이해도 필요
기술 교육	한국산업기술협회	http://www.kitanet.or.kr	정부출연기관 연계 교육으로서 기술 전문성 강화
신재생	한국전력거래소	https://new.kpx.or.kr	신재생에너지 관련 이해도 중요

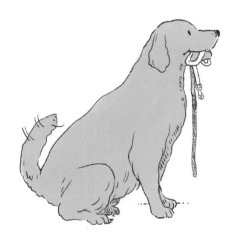

하고 싶은 일에는
방법이 보이고

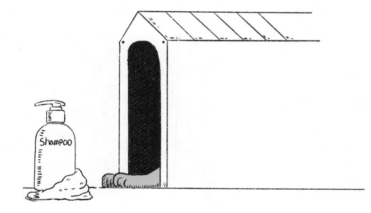

하기 싫은 일에는
핑계가 보인다.

– 필리핀 격언

쉽게 핵심만 작성하는
공기업 자소서

: 직업기초능력 항목별 키워드와 자소서 항목 핵심 빌드를 파악하자!

한눈에 보는 직업기초능력 항목별 자소서 항목

항목	키워드	자기소개서 항목
의사소통능력	• 역지사지 • 윈-윈의 대안	자신의 생각이나 의견을 상대방에게 성공적으로 설득했던 경험을 상황-행동-결과 중심으로 구체적으로 기술하시오.
수리능력	• 분석능력 • 사칙연산	정확한 분석력을 바탕으로 문제 상황을 효과적으로 해결했던 경험에 대해 구체적으로 기술해 주시기 바랍니다.
문제해결능력	• 문제의 난이도 • 창의적 해결	예상치 못했던 문제로 인해 계획대로 일이 진행되지 않았을 때, 책임감을 가지고 적극적으로 끝까지 업무를 수행해 내어 성공적으로 마무리했던 경험이 있으면 기술해 주십시오.
자기개발능력	• 변화 수용 • 미래지향	자신이 자기 개발을 꾸준히 하는 사람임을 입증할 수 있는 사례(경험)와 그 근거를 구체적으로 작성해 주시기 바랍니다.
자원관리능력	• 우선순위 • 인력 관리	제한된 자원(예: 시간, 비용, 인력 등)에도 불구하고 목표를 달성했던 경험을 상황-행동-결과 중심으로 구체적으로 기술하시오.
대인관계능력	• 역할과 책임 • 기여도	소속 조직의 공동과업을 달성하는 과정에서 발생된 어려움을 극복하기 위해 구성원들과 적극적으로 협력했던 경험에 대해 기술해 주십시오. 당시 어떠한 상황이었으며, 이를 해결하는 과정에서 발생한 어려움은 어떻게 극복했는지 구체적으로 기술해 주십시오.
정보능력	• 정보 수집 • 폴더 정리	업무를 수행함에 있어 정보를 수집하고 관리하는 자신만의 방법을 설명하고 그 사례를 기술하여 주십시오.
기술능력	• 기술이해 • 직무역량	귀하가 우리 공단에 기여할 수 있는 적합한 인재로서 보유한 능력은 무엇이며, 그 능력을 개발하기 위하여 어떤 노력을 하였습니까?
조직이해능력	• 경영이해 • 업무이해	본인이 알고 있는 ○○공사에 관한 내용에 대해 자세하게 기술해 주십시오. 어떠한 경로를 통해 그러한 정보를 얻게 되었는지 혹은 추가적인 정보를 얻기 위해 취한 행동/노력은 무엇이었는지를 기술해 주십시오.
직업윤리	• 원칙 준수 • 책임감	본인이 현실과 타협하거나 편법을 사용하지 않고, 원칙대로 일을 처리해서 좋은 결과를 이끌어 냈던 구체적인 사례를 기술해 주시기 바랍니다.

01

의사소통능력

의사소통능력 자소서 항목 핵심 빌드

1) 목표 제시, 의견 차이와 조율, 설득의 상황을 간략히 제시하기
2) 경청을 통해 상대방의 요구사항과 니즈를 파악하고 내용 정리하기
3) 의견 조율을 위해 자료와 근거를 제시하고, 의견의 장단점 분석을 통한 협의 과정 정리하기
4) 상대방의 이익을 고려하고, 서로 윈−윈하는 대안 구체화하기
5) 의견 합의의 결과와 목표 달성 내용 제시하기

의사소통능력이란?

조직 내에서 의사소통은 효율성과 목표 달성의 효과를 높이기 위한 목적으로 이루어진다. 즉, 조직 내의 성과 창출을 효과적으로 달성하는 수단이 바로 의사소통이다. 이러한 의사소통의 방식에는 언어나 매체를 통해 전달하는 언어적 요소뿐 아니라 상대방의 태도, 눈빛, 표정 등 비언어적인 요소도 포함된다. 따라서 언어적인 표현 외에도 상대방의 비언어적 요소까지 파악할 때 효과적인 의사소통이 가능하다. 이를 위해서는 무엇보다 나의 관점이 아닌 상대방의 관점을 잘 이해하는 것이 중요하다. 내가 가진 정보를 전달하는 데 있어 나의 관점에서만 전달하려고 한다면 성공적인 의사소통이 이루어지지 않는다. 상대방이 어떻게 받아들일지를 생각하는 의사소통이 필요하다.

의사소통능력의 구조

하위능력	정의	세부 요소
문서이해	업무를 수행함에 있어 다른 사람이 작성한 글을 읽고 그 내용을 이해하는 능력	• 문서 정보 확인 및 획득 • 문서 정보 이해 및 수집 • 문서 정보 평가
문서작성	업무를 수행함에 있어 자신이 뜻한 바를 글로 나타내는 능력	• 작성 문서의 정보 확인 및 조직 • 목적과 상황에 맞는 문서 작성 • 작성한 문서 교정 및 평가
경청	업무를 수행함에 있어 다른 사람의 말을 듣고 그 내용을 이해하는 능력	• 음성 정보와 매체 정보 듣기 • 음성 정보와 매체 정보 내용 이해 • 음성 정보와 매체 정보에 대한 반응과 평가
의사표현	업무를 수행함에 있어 자신이 뜻한 바를 말로 나타내는 능력	• 목적과 상황에 맞는 정보 조직 • 목적과 상황에 맞게 전달 • 대화에 대한 피드백과 평가
기초외국어	업무를 수행함에 있어 외국어로 의사소통할 수 있는 능력	• 외국어 듣기 • 일상생활에서의 회화 활용

의사소통은 어떤 특별한 능력을 요구하는 것이 아니다. 위의 하위능력들은 성장해 오면서 이미 자연스럽게 체득되었다고도 볼 수 있다. 따라서 의사소통능력에서 요구하는 것은 결국 현재 자신의 의사소통능력을 진단하고 개선하기 위한 방안이다.

1) 문서이해능력 및 문서작성능력

업무에 따라 실적관리표, 계약서, 약관, 제안서 등 다양한 문서를 다루게 된다. 그 안에 포함되어 있는 내용을 이해하고 능숙하게 자신이 해야 할 일을 파악하는 능력이 문서이해능력이다.

문서를 이해했다면 작성할 줄도 알아야 한다. 업무상 문서작성은 형식적인 면을 강조한다. 정해진 형식에 맞춰 문서를 작성할 때 통일성 있는 문서작성이 가능하기 때문이다. 따라서 형식에 맞는 문서작성능력을 함양해야 한다.

2) 경청과 의사표현능력

경청은 단순히 듣는 것을 넘어서 공감하는 능력을 포함하는 개념이다. 올바른 경청을 위해서는 상대방의 입장을 헤아리고 끝까지 듣기 위한 노력이 필요하다. 잘 듣는 것을 넘어 잘 표현할 줄도 알아야 한다. 의사표현은 자신의 이미지를 결정짓는 요소이다. 따라서 자신이 생각하는 바를 언어적, 비언어적인 요소를 바탕으로 표현할 수 있어야 한다. 의사표현능력은 회사 내에서 프레젠테이션을 할 때 필요한 요소인 만큼 훈련이 필요하다. 올바른 경청과 의사표현을 위한 훈련 방법은 다음과 같다.

올바른 경청의 전략	올바른 의사표현의 전략
① 들은 것을 적을 수 있게 준비하라. ② 상대방에게 주의를 집중하라. ③ 어떤 이야기를 할지 예측하라. ④ 나와 관련지어 공감대를 형성하라. ⑤ 질문하고 요약하고 반응하라.	① 올바른 화법을 위해 독서하라. ② 좋은 청중이 되어라. ③ 칭찬을 아끼지 마라. ④ 공감하고, 긍정적으로 보이게 하라. ⑤ 겸손은 최고의 미덕임을 잊지 마라. ⑥ 과감하게 공개하라. ⑦ '뒷말'을 숨기지 마라. ⑧ '첫마디' 말을 준비하라. ⑨ 이성과 감성의 조화를 꾀하라. ⑩ 대화의 룰을 지켜라. ⑪ 문장을 완전하게 말하라.

Q. 과제 및 업무 수행 상황에서 구성원들 간의 갈등을 중재하거나 효율적으로 과제 및 업무가 진행될 수 있도록 의사 발언을 한 경험이 있습니까? 상황을 설명해 주시고 본인이 생각하는 업무 효율성 또는 업무 성과를 높이기 위한 효과적인 의사소통 방법을 기술해 주십시오.

Q. 단체(학교, 회사, 동아리, 동호회 등)에서 대화나 토론을 통해 상호 입장과 상황을 정확히 이해함으로써 건설적으로 문제를 해결해 본 경험에 대해 아래 세부 항목에 따라 작성해 주십시오.

　1-1. 구성원들이 의견 차이를 보였던 견해에는 어떤 것들이 있었고 그 이유는 무엇인지, 그리고 본인의 입장은 어떠했는지 기술해 주십시오.

　1-2. 상대방을 이해하기 위해 어떤 노력을 하셨는지, 상대방을 설득하기 위해 본인이 사용한 방법이 무엇이고 그 결과는 어떠했는지 기술해 주십시오.

　1-3. 대화를 진행하는 과정에서 가장 중요하게 생각한 점은 무엇이었는지 기술해 주십시오.

Q. 본인과 다른 의견을 가진 사람들과 효과적으로 소통하여 긍정적인 결과를 얻었던 사례에 대해 기술해 주시기 바랍니다.

Q. 지원자의 메시지 전달능력, 타인 메시지 이해능력을 활용하여 상호 간 만족스러운 의사소통을 진행했던 경험에 대해 작성해 주십시오.

Q. 자신과 다른 의견을 가진 사람을 설득하여 본인이 원하는 방향으로 이끌었던 경험이 있습니까? 당시 상황을 간략하게 기술하고 설득하기 위해 했던 행동을 구체적으로 기술해 주시기 바랍니다.

Q. 자신의 생각이나 의견을 상대방에게 성공적으로 설득했던 경험을 상황 – 행동 – 결과 중심으로 구체적으로 기술하시오.

Best sample

◉ 합격 자소서 STEP

소속 단체 및 설득의 상황 제시

❶ 설득의 이유 제시
    설득의 명분이 필요하다. 이유 없는
    설득은 이후 그 신뢰성을 의심받기
    때문이다.

설득 과정

❷ 설득의 전략1: 감정적 호소
    감정에 호소하며 설득하는 전략으로
    연결 전략과 유사한 설득 전략이다.

❸ 설득의 전략2: 권위 전략 및 사회적
    입증 전략
    • 구체적인 데이터를 통해 신뢰성을
      확보하여 상대방을 설득하는 방법
      으로, 문서를 활용한 설득 전략이다.
    • 사회적으로 입증된 데이터를 바탕
      으로 설득하기 때문에 타당성을
      확보할 수 있다.

❹ 설득의 전략3: 희소성 전략
    차별화된 희소적 가치를 통해 성공
    에 대한 보상을 기대하도록 하는 설
    득 전략이다.

스토리 구조	행동 키워드	예시 답안
S(상황) T(과제)		○○기업 캠퍼스 리포터로 문화 파트의 팀장을 맡았습니다. 대학생 문화 트렌드를 파악하여 이를 기사화하고 홍보하는 활동을 하였습니다. 당시 총 100명을 30팀으로 나눠 서로 경쟁하는 구조로 활동이 진행되었기 때문에 팀원들과 콘텐츠 주제에 대해 회의를 할 때마다 의견이 분분하였습니다. ❶저는 단순 흥미 위주의 콘텐츠가 아니라 가치 있는 콘텐츠를 만들고 싶었고, 의견이 다른 팀원을 설득해야 했습니다.
A(행동)	• 감정적 호소 • 권위 전략 • 사회적 입증 전략 • 희소성 전략	설득을 위해 저는 3가지 방법을 활용했습니다. ❷첫째, 감정적 설득입니다. 현재 우리 사회에서 공유해야 할 가치는 어려운 사람들과의 나눔이라는 점을 강조했고, 그러한 나눔이 기업 이미지에 긍정적인 영향을 미친다는 것으로 팀원들을 설득하였습니다. ❸둘째, 자료를 바탕으로 설득하였습니다. 기업의 CSR 활동이 기업 매출에 긍정적으로 영향을 미친 실제 사례를 20페이지 분량으로 정리하여 배포하였습니다. 객관화된 데이터를 통해 신뢰도를 높일 수 있었습니다. ❹셋째, 차별화를 강조하였습니다. 다른 팀이 흥미 위주의 콘텐츠를 준비할 때, 오히려 사회적 나눔과 관련된 내용을 다룬다면 더 좋은 평가를 받을 수 있다는 의견을 제시하여 팀원들을 설득했습니다.

R(결과)		그 결과 많은 팀원이 저의 의견에 동의하였습니다. 이후 팀원들의 피드백을 참고하여 '20대 청춘 장애인 응원하기'라는 콘텐츠를 기획하였고, 최우수 콘텐츠팀으로 선정되는 결과를 얻을 수 있었습니다. 의사소통 과정 속에서 제 의견을 피력함으로써 팀원들의 동의를 이끌어 낸 값진 경험이었습니다.

의사소통능력은 단일 능력뿐만 아니라 다른 능력과 연결되어 활용된다. 갈등관리능력, 협상능력과도 밀접하게 연결된다. 대부분의 기관에서는 의사소통능력을 설득능력과 연결해 항목을 구성하고 있다. 따라서 설득을 위한 커뮤니케이션 전략에 대해서 이해하고 이를 적용하여 경험을 작성해야 한다.

설득의 방법은 대인관계능력에서 자세히 설명할 예정이다. 여러 종류의 전략이 존재하므로 경청과 공감, 호혜 전략, 데이터를 기반으로 설득하는 전략 등 다양한 방법으로 자신의 설득 경험을 작성하도록 한다. 특히 문서를 통한 소통도 의사소통능력의 하위능력 중 하나이기 때문에 데이터를 활용한 '사회적 입증 전략'을 활용하여 작성하는 것이 좋다.

☑ 이런 경험 없나요?

Check	경험을 떠올려 보세요
☐	계약서 및 제안서를 작성하거나 관리했던 경험
☐	업무 보고서를 보고 업무를 빠르게 파악하기 위해 노력했던 경험
☐	회의를 진행하면서 상대방을 이해시키거나 설득해야 했던 경험
☐	다른 생각을 가진 사람과 함께 일을 진행하면서 상대방의 말을 경청하고 자신의 의사도 정확하게 표현했던 경험

02
수리능력

수리능력 자소서 항목 핵심 빌드

1) 도표, 수치, 데이터 등을 활용하여 정보를 분석해야 하는 상황 제시하기
2) 당시 도표를 어떻게 분석했는지, 통계는 어떻게 작성했는지 등의 수리능력 발휘 과정 제시하기
3) 이를 통해서 목표 달성에 필요한 데이터를 어떻게 활용하였는지 제시하기

수리능력이란?

숫자 감각이라 일컫는 수리능력은 정확한 업무 수행을 위해 필요한 핵심 역량이다. 사칙연산부터 통계에 이르기까지 업무적으로 숫자를 다루는 경우가 많은 만큼 정확하고 꼼꼼한 수리능력이 기본적으로 필요하다. 그뿐만 아니라 업무상 겪게 되는 다양한 문서를 효율적으로 파악하기 위해서도 도표를 해석할 수 있는 능력과 작성할 수 있는 능력이 필요하다. 역량이 뛰어난 사람들은 굳이 데이터를 확인하지 않아도 머릿속으로 숫자를 정확하게 계산한다. 그러한 능력을 갖춰야 실적과 수익 분석, 가격 정책 수립, 손실 파악 등의 업무를 빠르게 수행할 수 있다. 하지만 수리능력은 공기업 자기소개서에서 많이 활용되고 있지는 않다. 따라서 방향성을 파악하는 정도로만 이해해도 충분하다.

수리능력의 구조

하위능력	정의	세부 요소
기초연산	업무를 수행함에 있어 기초적인 사칙연산과 계산을 하는 능력	• 과제 해결을 위한 연산 방법 선택 • 연산 방법에 따라 연산 수행 • 연산 결과와 방법에 대한 평가
기초통계	업무를 수행함에 있어 필요한 기초 수준의 백분율, 평균, 확률 등을 파악할 수 있는 통계능력	• 과제 해결을 위한 통계 기법 선택 • 통계 기법에 따라 연산 수행 • 통계 결과와 기법에 대한 평가

도표분석	업무를 수행함에 있어 도표(그림, 표, 그래프 등)가 갖는 의미를 해석하는 능력	• 도표에 제시된 정보 인식 • 정보의 적절한 해석 • 해석한 정보를 업무에 적용
도표작성	업무를 수행함에 있어 필요한 도표(그림, 표, 그래프 등)를 작성하는 능력	• 도표 제시 방법 선택 • 도표를 이용한 정보 제시 • 제시 결과 평가

1) 기초연산능력 및 기초통계능력

사칙연산을 통한 빠르고 정확한 계산능력이 요구된다. 경우에 따라 복잡한 수식도 계산할 수 있어야 한다. 통계는 사회 집단의 상황을 숫자로 표현한 것이다. 시간이 갈수록 업무에서 통계의 중요성이 증대되고 있다. 따라서 기본적으로 업무를 수행하기 위해 범위, 평균, 분산, 표준편차 등과 같은 기본적인 통계 기법의 개념을 파악하고 있어야 한다.

2) 도표분석능력 및 도표작성능력

깔끔하게 정리된 프레젠테이션 자료에는 글보다 도표가 더 많다. 그것이 시각적으로 더 효용성이 높기 때문이다. 자료의 종류에 따라 선 그래프, 막대 그래프, 원 그래프, 층별 그래프 등을 활용하여 한눈에 확인이 가능하도록 구성해야 한다. 각 그래프는 다음과 같은 상황에서 효과적이다.

구분	예시	개념
선(절선) 그래프		주로 시간의 경과에 따른 수량의 변화 상황을 절선의 기울기로 나타내는 그래프
막대 그래프		봉 그래프라고도 하며, 비교하고자 하는 수량을 막대 길이로 표시하고 그 길이를 비교하여 각 수량 간의 대소 관계를 나타내는 그래프

원 그래프	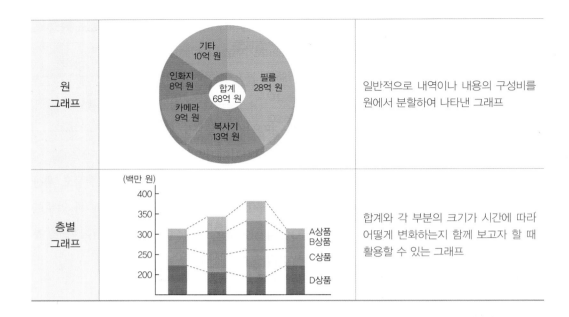	일반적으로 내역이나 내용의 구성비를 원에서 분할하여 나타낸 그래프
층별 그래프		합계와 각 부분의 크기가 시간에 따라 어떻게 변화하는지 함께 보고자 할 때 활용할 수 있는 그래프

자기소개서 ✓ 수리능력   대표 기출항목

🗒 **기출예제**

수리능력을 평가하는 자기소개서 ▶
항목의 출제 빈도는 낮다. 하지만
수리능력에는 분석적 역량도 포함
되기 때문에 이를 묻는 항목을 수리
능력과 관련된 것으로 볼 수 있다.
수리능력은 기본적인 사칙연산 외
에도 자료를 분석하고 통계를 낼 수
있는 역량도 포함하기 때문에 이와
관련된 경험을 물어볼 수 있다. 또
한 도표를 활용하여 프레젠테이션
자료의 가독성을 높였던 경험 등을
묻는 항목으로도 구성될 수 있다.

Q. 정확한 분석력을 바탕으로 문제 상황을 효과적으로 해결했
던 경험에 대해 구체적으로 기술해 주시기 바랍니다.

– 문제 상황에 대해 구체적으로 기술해 주시기 바랍니다.

– 그 문제를 해결하기 위해 어떤 점들을 고려하였습니까?

– 효과적으로 해결했다고 이야기할 수 있는 근거는 무엇인지 기
술하여 주시기 바랍니다.

Q. 복잡한 문제를 논리적이고 분석적으로 접근하여 해결했던
경험에 대해 서술해 주십시오.(발생한 문제와 그 난이도, 구
체적인 역할과 행동 및 기여 수준, 해결 과정 및 결과가 잘
드러나도록 기술)

Q. 정확한 분석력을 바탕으로 문제 상황을 효과적으로 해결했던 경험에 대해 구체적으로 기술해 주시기 바랍니다.

스토리 구조	행동 키워드	예시 답안
S(상황) T(과제)		친구 2명과 함께 핫팩 판매에 도전한 경험이 있습니다. 다른 사람에게 무언가를 판다는 것은 쉽지 않은 일이었지만 저는 정확한 분석과 전략만 있다면 판매에 성공할 수 있다는 자신이 있었습니다. 저는 마케팅 믹스인 4P를 활용하여 단계별 분석을 실시하였습니다.
A(행동)	• 계절 분석 • 가격 분석 • 통계 능력 • 고객 분석	❶첫째, 상품 선정입니다. 겨울이라는 특성을 고려하여 휴대가 간편한 '핫팩'으로 선정하였습니다. ❷둘째, 가격입니다. 30여 곳의 도매 상가 및 사이트를 검색하여 평균적으로 도매 가격이 100원에서 500원 사이였고, 핫팩의 품질에 따라 가격 차이가 많이 난다는 것을 파악하였습니다. 이후 가장 값이 싼 도매 사이트를 선정하여, 온도가 5시간 유지되는 제품으로 개당 100원에 물건을 공급받았고, 핫팩 한 개의 판매 가격을 500원으로 설정하였습니다. ❸셋째, 유통 채널입니다. 온도가 5시간 동안 유지되는 핫팩이 필요한 곳은 어디일까를 생각해 보았습니다. 저는 등산객을 대상으로 판매하기로 결정했고, 자료를 검색하여 연간 등산객 수가 가장 많은 북한산 등산로를 선택했습니다. ❹넷째, 판매 촉진 활동입니다. 하드보드지에 핫팩을 10개씩 부착하였습니다. 그리고 고객이 있는 방향으로 끊임없이 이동하면서 활기찬 웃음

❯ 합격 자소서 STEP

분석력이 필요했던 문제 상황 제시

문제 상황에 따른 분석 과정
❶ 분석1: 계절적 특성 분석
❷ 분석2: 가격 결정. 수리능력
   가격을 결정하기 위해 기본적인 통계를 활용하였다.
❸ 분석3: 유통 장소 선정
   등산객에 관한 자료 검색과 분석을 통해 판매 장소를 선정하였다.
❹ 분석4: 고객 분석
   고객의 특성을 분석해 프로모션 전략을 수립하였다.

		으로 고객에게 다가갔습니다. 특히 등산은 5명 이상이 함께 오는 경우가 많았기 때문에 2개 구매 시 한 개를 무료로 주는 프로모션을 진행하여 판매 수익을 높일 수 있었습니다.
수치적 결과 제시 과제를 해결함으로써 얻은 결과를 수치화하여 알기 쉽게 제시하였다.	R(결과)	이러한 노력의 결과, 2일 만에 360개의 핫팩을 모두 판매하여 15만 원의 매출과 9만 4천 원의 순수익을 얻을 수 있었습니다.

수리능력의 경우 자료를 수집하고 분석했던 경험을 묻는 질문이 제시될 수 있다.

제시된 예시 답안은 분석 과정에서 자신의 수리능력을 발휘한 경험을 위주로 작성되었으며, 판매 및 마케팅 과정에서 자료를 분석하여 전략을 세웠던 경험을 활용하고 있다.

☑ 이런 경험 없나요?

Check	경험을 떠올려 보세요
☐	매출 실적을 관리했던 경험
☐	재고를 파악하고 관리했던 경험
☐	통계를 활용하여 데이터를 분석했던 경험
☐	엑셀의 함수를 활용하여 원하는 시트를 완성했던 경험
☐	프레젠테이션 자료 제작 시 도표를 활용했던 경험
☐	다양한 도표나 수치가 포함된 자료를 분석했던 경험

문제해결능력

문제해결능력 자소서 항목 핵심 빌드

1) 목표 달성 과정에서 발생한 문제 파악하기
2) 해당 문제의 원인을 파악하기 위해 어떻게 노력하였는지 정리하기
3) 원인 파악을 기반으로 어떤 개선 방안을 제시했는지 정리하기
4) 이러한 해결 방안을 통해서 달라진 점은 무엇이고, 재발 방지 대책을 마련하였는지 파악 및 정리하기

문제해결능력이란?

'문제'는 우리의 삶 속에 늘 존재한다. 우리는 이러한 문제들을 하나씩 해결해 나가면서 성장·발전한다. 여기서 문제는 우리가 바로 직면하여 걱정하고 해결하기 위해 고민하는 '발생형 문제', 현재의 상황을 개선하거나 효율을 높이기 위해 고민하는 '탐색형 문제', 장래의 문제에 대해 앞으로 어떻게 해야 할지를 고민하는 '설정형 문제'로 나눌 수 있다. 지금 당장의 문제, 현재 개선이 필요한 문제, 그리고 미래에 발생할 문제들을 해결하기 위해서는 그 문제들을 해결하기 위한 전략과 사고방식이 필요하다.

문제해결능력의 구조

하위능력	정의	세부 요소
사고력	업무와 관련된 문제를 인식하고 해결함에 있어 창조적, 논리적, 비판적으로 생각하는 능력	• 비판적 사고 • 논리적 사고 • 창의적 사고
문제처리	업무와 관련된 문제의 원인과 특성을 파악하고, 해결안을 선택 및 적용하고 그 결과를 평가하여 피드백하는 능력	• 문제 인식 • 문제 도출 • 원인 분석 • 해결안 개발 • 실행 및 평가

1) 비판적 사고

비판적 사고란 어떤 논증, 추론, 증거, 가치를 표현한 사례를 타당한 것으로 보고 수용할 것인가 아니면 불합리한 것으로 여겨 거절할 것인가에 대한 결정을 내릴 때 요구되는 사고능력이다. 좀 더 쉽게 말해 현재의 상황에 문제가 있는지 없는지를 인식하는 사고방식 그 자체를 비판적 사고라 할 수 있다.

2) 논리적 사고

논리적 사고는 문제 상황에 대한 전후 관계를 파악하여 문제의 원인과 해결 방법을 모색해 나가는 방법이다. 연역적 사고와 귀납적 사고는 대표적인 논리적 사고방식이다. 논리적 사고를 개발하기 위해서는 '피라미드적 사고방식'과 'SO WHAT 기법'이 도움이 된다.

피라미드적 사고방식은 귀납적 사고와 같다. 하위의 사실이나 현상으로부터 사고하여 상위의 주장을 만들어 가는 피라미드식 구조로 논리적 결론을 이끌어 내는 방법이다. 반대로 SO WHAT 기법은 현재의 문제 상황에서 '그래서 어떻게 해야 할까?'라고 계속해서 자문자답하는 형식으로 결론을 도출하는 방법이다. 여기서 핵심은 '어떻게 해야 한다.'라는 방식으로 서술어가 명확하게 나타나야 한다는 점이다.

3) 창의적 사고

변화를 위해서 기존과는 다른 새로운 방식이 필요하다. 이를 위해서는 자신이 가지고 있던 개인적 경험과 지식을 동원해 새로운 가치를 만들어 내는 사고능력이 필요하다. 이것이 바로 창의적 사고이다. 창의적 사고를 하기 위해서는 발산적인 사고방식이 요구된다. 발산적 사고방식을 개발하기 위한 직업기초능력 학습서의 내용을 정리하면 다음과 같다.

구분	자유 연상법	강제 연상법	비교 발상법
개념	생각나는 대로 자유롭게 발상하는 방법	각종 힌트를 강제적으로 연결하여 발상하는 방법	주제의 본질과 닮은 것을 힌트로 발상하는 방법
예시 (신차 출시)	• 홍보를 어떻게 할까? • 요즘에 아이들과 함께하는 캠핑이 유행이라던데…. • 캠핑은 짐이 많은데….	[판매 방법에 대한 힌트] • 어떤 제품은 해외에 판매하더군. 신규 해외 진출을 모색하자! • 어떤 제품은 길거리에서 판매하더군. 길거리 홍보를 해 보자!	[타사의 새롭게 낸 제품] • 그렇다면 최근 신제품 홍보는 어떻게 이루어지고 있나? • 최근 신제품 비누가 나왔으니 이 비누의 홍보 방법을 비교·분석해 보자!
대표	브레인스토밍	체크리스트	NM법, Synectics

문제해결능력은 사고력과 문제처리능력으로 구분되는데, 각각 하나의 틀에서 이해하는 것이 좋다. 문제 상황에 직면하게 되면 우리는 '그것을 어떻게 해결할 수 있을까?'에 초점을 맞춘다. 그때 필요한 사고방식이 바로 비판적, 논리적, 창의적 사고방식이다. 이는 문제처리능력의 '문제 인식 – 문제 도출 – 원인 분석 – 해결안 개발 – 실행 및 평가'의 처리 과정 속에 그대로 적용된다. 즉, 문제를 인식하고 도출하는 과정에는 비판적 사고가, 원인을 분석하고 해결안을 개발하는 과정에는 논리적 사고가, 기존과는 다른 새로운 방식을 적용하는 과정에는 창의적 사고가 각각 관여하게 되는 것이다.

사고력	비판적 사고	논리적 사고	창의적 사고
	↕	↕	↕
문제처리능력	문제 인식 및 도출	원인 분석 및 해결안 개발	실행 및 평가

자기소개서 ✓ 문제해결능력　대표 기출항목

Q. 학업 과제 수행이나 업무 수행 중에 예상치 못한 문제를 해결해 본 경험이 있습니까? 그 문제를 해결하기 위해 어떠한 과정(문제 원인 도출, 해결 방안 탐색, 해결 방안 적용 등)을 거쳤으며 어떠한 점에서 그 해결책이 효과적이었는지를 기술하여 주십시오.

Q. 예상치 못했던 문제로 인해 계획대로 일이 진행되지 않았을 때 책임감을 가지고 적극적으로 끝까지 업무를 수행해 내어 성공적으로 마무리했던 경험이 있으면 기술해 주십시오.

Q. 타인의 요구사항을 사전에 파악하여 실천했던 경험에 대해 작성해주십시오.(타인의 요구사항 파악 내용, 실천 당시의 어려웠던 점과 해결 방안, 결과 등을 중심으로 서술)

Q. 본인이 지금까지 살아오면서 가장 어려웠던 문제나 난관에 부딪힌 사례와 그 일을 어떻게 극복하였으며, 그 결과를 통해 느낀 점을 적성하여 주십시오.

Q. 타인으로부터 큰 신뢰를 받은 경험이나 새로운 아이디어를 가지고 자신만의 창의적인 아이디어를 발휘하였던 경험을 기술해 주십시오.

Q. 어떤 일을 처리하며 발생한 문제의 해결 방안뿐만 아니라 재발방지책까지 마련했던 경험이 있습니까? 당시 상황을 간략하게 기술하고, 문제해결과 재발방지를 위해 어떤 노력을 했는지 행동 중심으로 구체적으로 기술해 주시기 바랍니다.

Q. 예상치 못했던 문제로 인해 계획대로 일이 진행되지 않았을 때, 책임감을 가지고 적극적으로 끝까지 업무를 수행해 내어 성공적으로 마무리했던 경험이 있으면 기술해 주십시오.

Best sample

▶ 합격 자소서 STEP

문제 상황 및 목표 제시
❶ 당시의 문제 상황에 대해서 기술 (상황을 제시할 때에는 언제, 어디서를 분명히 제시하고 문제가 무엇이었는지를 정확하게 기술)
❷ 문제 해결을 위한 목표가 무엇이었는지 작성

문제 원인 파악과 대안 마련
❸ 문제 해결을 위한 의견 수렴 과정과 원인을 피라미드 구조로 파악
❹ SO WHAT 기법과 브레인스토밍을 통해 문제의 대안 마련

스토리 구조	행동 키워드	예시 답안
S(상황) T(과제)	• 비판적 사고 • 책임감	20XX년 봄, 축구 동아리 활동을 하면서 예상치 못한 문제가 발생하게 되었습니다. ❶당시 축구 동아리에는 프런트 매니저로 여성 멤버의 충원이 필요한 상황이었지만, 여성 멤버들의 동아리 가입이 저조해 운영상의 문제가 발생했습니다. ❷매니저가 부족한 상황에서 많은 대회를 준비하기에는 무리가 있었기 때문에 이러한 문제를 해결하기 위해 최소한 5명의 여성 멤버를 모집하겠다는 목표를 세우고 책임을 다해 노력하였습니다.
A(행동)	• 논리적 사고 • 창의적 사고	저는 문제를 해결하기 위해 먼저 문제의 원인이 무엇인지를 파악하였습니다. 그래서 ❸현재 있는 여성 멤버들의 의견부터 들었습니다. 의견을 들어 본 결과, '여성 부원의 역할이 적다, 여성 부원들은 응원만 하고 적극적인 활동이 부재하다'라는 원인을 찾을 수 있었습니다. 저는 이러한 문제를 해결하기 위해 ❹'그래서 무엇을 해야 할까?'를 고민하였습니다. 다른 부원들과 함께 브레인스토밍을 통해 여러 방면의 아이디어를 제안하였고, 그 결과 여성들이 다이어트에 관심이 많다는 것에 착안하여 가두 모집 시 여성 멤버를 대상으로 하는 '축구 다이어트 프로그램'을 홍보하기로 하였습니다.

		이 문제를 해결해 나가면서 ❺문제의 원인에 좀 더 정확하게 접근하기 위해서는 논리적인 방식으로 다양한 부분을 고려해야 한다는 것을 배울 수 있었습니다. 또한 ❻문제 상황이 발생했을 때, 목표 달성을 위해 문제를 하나씩 해결하고자 하는 마음을 가진다면 해결하지 못할 일이 없다는 자신감도 가질 수 있었습니다. 그 결과 가두 모집을 통해 5명의 여성 부원 모집 목표를 달성할 수 있었습니다.
R(결과)		

결과 및 배운 점
❺ 문제 처리 스킬을 배움
❻ 문제 해결 경험을 통해 배운 교훈과 태도

문제해결 과정에서 필요한 사고방식을 자신의 경험 속에 녹여 내는 것이 관건이다. 단순히 자신의 생각만 나열하는 것이 아니라 논리적인 방법과 창의적인 방법을 어떻게 동원했는지 설명할 수 있는 형태로 경험을 작성하도록 한다. 배운 점을 작성할 때 주목할 것은 기술과 태도에 대한 부분이다. 문제해결 경험을 통해서 익힌 문제 처리 기술과 태도를 각각 작성하여 지식, 기술, 태도 중 기술과 태도 부분에 대한 자신의 역량이 드러나도록 해야 한다.

☑ 이런 경험 없나요?

Check	경험을 떠올려 보세요
☐	동아리의 위기를 극복하기 위해 창의력을 발휘했던 경험
☐	아르바이트 매장에서 매출 하락의 문제를 해결하기 위해 고객의 니즈를 파악하고 개선했던 경험
☐	팀 프로젝트 진행 시, 갑작스럽게 생긴 문제를 해결하기 위해 자료를 수집하여 창의적인 대안을 마련했던 경험
☐	상사의 지시를 무조건 수용하지 않고 비판적으로 생각하여 해결 방안을 모색했던 경험

04

자기개발능력

자기개발능력 자소서 항목 핵심 빌드

1) 새로운 시도와 더 높은 수준의 목표를 달성했던 사례 정리하기
2) 도전하게 된 상황과 당시의 목표 구체화하기
3) 이를 달성하기 위해 어떻게 열정을 발휘하였는지(몰입과 집중의 과정) 제시하기
4) 해당 과정에서 발생한 어려움(시간 부족, 인력 부족 등)과 극복 과정 제시하기
5) 이를 통해서 달성한 결과와 배운 점(근성, 끈기, 목표의식 등) 제시하기

자기개발능력이란?

자기개발은 직무수행과 전문성 향상을 위한 필수적 역량이다. 공부하는 직장인을 의미하는 샐러던트(Saladent)라는 말이 나오게 된 것도 직무수행과 학업을 통한 자기개발이 떼려야 뗄 수 없는 관계이기 때문이다. 따라서 지속적인 자기 혁신과 개발은 자신의 경쟁력과 기업의 경쟁력을 좌우할 수 있는 필수 요건이다. 직무수행을 위해서는 효과적으로 업무를 처리하기 위한 노력, 변화하는 환경에 적응하기 위한 노력이 필요하다. 이처럼 조직 차원에서의 자기개발뿐 아니라 인간관계를 형성하기 위한 노력, 자신의 목표를 달성하기 위한 노력 등 개인적인 차원에서의 자기개발 또한 필요하다. 현재에 안주하는 것이 아니라 꾸준히 자기를 개발하고 브랜드화하는 것이 조직과 개인의 발전에 있어 매우 중요한 능력 중 하나임을 알 수 있다.

자기개발능력의 구조

하위능력	정의	세부 요소
자아인식	자신의 흥미, 적성, 특성 등을 이해하고, 이를 바탕으로 자신에게 필요한 것을 이해하는 능력	• 자기 이해 • 자신의 능력 표현 • 자신의 능력 발휘 방법 인식
자기관리	업무에 필요한 자질을 지닐 수 있도록 스스로를 관리하는 능력	• 개인의 목표 정립(동기화) • 자기 통제 • 자기 관리 규칙의 주도적인 실천
경력개발	끊임없는 자기 개발을 위해서 동기를 갖고 학습하는 능력	• 삶과 직업 세계에 대한 이해 • 경력개발 계획 수립 • 경력개발 전략의 개발 및 실행

1) 자아인식

이 글을 읽고 있는 지금, 자신을 한 단어로 정의해 보거나 과일, 동물, 사물 등에 빗대어 표현해보자. 실제 면접에서도 많이 나오는 이 질문의 의도는 자신의 정체성, 즉 자기 자신에 대해 얼마나 잘 이해하고 있느냐를 파악하기 위한 질문이다. 자아인식은 자신이 잘하는 것과 못하는 것, 좋아하는 것과 싫어하는 것에 대해서 솔직하게 파악하는 것이다. '조해리의 창'은 자아를 인식하는 데 도움을 준다.

◀ 조해리의 창

	내가 아는 '나'	내가 모르는 '나'
타인이 아는 '나'	공개된 자아 Open Self	눈먼 자아 Blind Self
타인이 모르는 '나'	숨겨진 자아 Hidden Self	아무도 모르는 자아 Unknown Self

2) 자기관리

자아인식이 된 이후에는 자신을 관리하는 노력이 필요하다. 자기관리를 위해서는 자신을 잘 통제하며, 어려움 속에서도 목표를 달성하기 위해 근성과 끈기를 길러야 한다. 늘 긍정적인 사고를 통해 할 수 있다는 가능성을 믿고 어려움 속에서도 배울 수 있는 사람으로 성장해 나가야 한다. 업무에 필요한 것이 무엇인지 파악하고 부족한 점을 보완해 나가며, 미래를 준비하는 것도 자기관리의 방법이다.

3) 경력개발

　　우리의 환경은 항상 변화하기 때문에 자기개발은 일생에 걸쳐 지속적으로 해야 한다. 기업의 환경도 빠르게 변화하고 있다. 그렇기 때문에 어떠한 능력들은 시대 변화에 따라 무용지물이 되는 경우도 있다. 평생학습사회의 도래에 맞춰 자신의 경력 목표를 세우고 이를 달성하기 위해서는 일생 동안 자기개발이 필요하다.

자아인식(과거)		자기관리 (현재)		경력개발(미래)
자신에게 부족하다고 생각하는 KSA	⇨		⇦	미래의 직무 수행에 필요한 KSA

* KSA(Knowledge, Skill, Attitude)

자기소개서 ✔ 자기개발능력　　대표 기출항목

Q. 최근 3년 이내 본인이 주도적이고, 열정적으로 진행한 일에 대해 기술해 주십시오.

Q. 본인에게 있어서 절제가 잘 되지 않는 점이 무엇인지 기술하여 보시고, 과거에 이를 위해서 어떤 대비책을 발휘하였는지 작성해 주십시오.

Q. 학업, 취미, 업무 등을 하면서 과감한 도전과 변화를 통해 목표를 달성했던 사례에 대해 기술해 주시기 바랍니다.

Q. 높은 수준의 목표를 설정하고 이를 달성하기 위해서 노력했던 경험에 대해 기술하시오.

Q. 귀하가 지원한 직무를 수행함에 있어서 필요한 능력 세 가지와 선정한 사유를 기술하고 그 능력을 갖추기 위해 본인이 노력했던 점 및 그 성과에 대하여 기술하여 주십시오.

Q. 과거의 교육 과정이나 경력들을 통해 습득한 전공 지식 및 기술 경험들이 지원분야 내의 업무들과 어떠한 관련성을 맺고 있다고 생각합니까? 또 그러한 지식과 경험이 실제 업무 수행에 어떠한 방식으로 도움을 줄 수 있는지 구체적으로 기술하여 주십시오.

Q. 자신이 자기개발을 꾸준히 하는 사람임을 입증할 수 있는 사례(경험)와 그 근거를 구체적으로 작성해 주시기 바랍니다.

스토리 구조	행동 키워드	예시 답안
S(상황) T(과제)	• 자기 인식 • 과거의 관점 • 미래의 관점	❶ 대학 시절, 제게 부족한 점은 무엇이고 앞으로 필요한 부분은 무엇일지 생각해 보고 이와 관련된 자기개발 플랜을 실행한 적이 있습니다. 이때 ❷ 첫째, 공대생으로서 인문학적인 관점이 부족하다고 느꼈고 둘째, 안전 분야에 대한 이해가 필요하다고 느꼈습니다. 인문학적인 사고방식을 갖춘 엔지니어의 필요성이 증대되고 있는 만큼, 부족한 부분에 대한 보완이 필요했습니다. 또한 향후 설비 엔지니어로서 성장하는 데 있어 기계 공학 분야뿐 아니라 안전 관리 역량도 중요하기 때문에 이를 보완하기 위한 자기개발 계획을 세우고 실행에 옮겼습니다.
A(행동)	자기개발의 노력	먼저, 인문학 관련 책을 50권 선정하였습니다. 검색을 통해 대학생이 읽어야 할 인문학 서적을 체크하였고, 읽어 보지 못한 책을 차례로 읽고 있습니다. 처음에는 철학, 심리와 관련된 분야들을 읽는 것도 매우 힘든 일이었지만 지금은 새로운 분야를 배운다는 것에 흥미를 가지고 꾸준히 읽고 있습니다. 다음으로 안전 분야와 관련된 역량을 키우기 위해 산업안전 교육원에서 진행하는 3개월 교육 과정을 이수하고 있습니다. 현재는 재해 방지를 위한 과정을 이수 중에 있으며 교육 과정이 끝난 후에는 산업안전기사 자격증 취득을 목표로 하고 있습니다.

❯ 합격 자소서 STEP

❶ 자기개발능력 제시
  자신의 부족함과 앞으로 필요한 부분이 무엇인지 아는 능력
❷ 자기개발능력 2가지
  • 개인적인 차원과 조직적인 차원을 고려할 수 있는 것일수록 좋다.
  • 첫째는 개인적인 차원, 둘째는 조직적인 차원의 자기개발에 관한 내용이다.

		엔지니어로서 인문학에 대해 부족한 부분을 메
		우고, 앞으로 설비 엔지니어에게 필요한 안전 관
		련 지식을 쌓으며 보다 나은 저를 만들기 위해 노
R(결과)	개인과 조직의 변화	력하고 있습니다. ❸이러한 노력이 향후 ○○공
		사에서 '산업 재해 방지'라는 목표를 달성하고,
		조직원과의 소통과 협력에 있어 도움이 될 수 있
		도록 꾸준히 제 자신을 개발해 나가고 있습니다.

❸ 자기개발의 노력이 개인과 조직의 변화에 어떻게 기여할 수 있는지를 작성

자기개발은 개인적인 차원을 넘어 조직에도 기여할 수 있는 방향이 되어야 한다. 결국 자기개발은 직무를 위한 노력으로 이어지고, 이것은 기술능력과도 연결되는 부분이라고 할 수 있다. 자기개발은 자신의 부족함이 무엇인지를 인식하고, 앞으로 자신의 목표를 달성하기 위해서 필요한 것이 무엇인지를 파악하는 과정이다. 따라서 자기개발 관련 항목에 대한 답변을 작성하기 앞서, 지원 직무에서 자신이 가진 목표가 무엇인지를 정확히 인지하는 것이 중요하다.

Q. 최근 5년 동안에 귀하가 성취한 일 중에서 가장 자랑할 만한 것은 무엇입니까? 그 것을 성취하기 위해 귀하는 어떤 노력을 했습니까? (자기개발 관점에서의 성취)

 Best sample

스토리 구조	행동 키워드	예시 답안
S(상황) T(과제)	• 목표 설정 계기 • 목표의 구체화	제가 최근 성취한 일 중 가장 자랑할 만한 것은 빅데이터 교육을 수료한 것입니다. 저는 서점을 주 1회 이상 방문했는데, 그때마다 빅데이터와 관련된 이슈가 항상 눈에 띄었습니다. 특히 빅데이터는 향후 활용 범위가 넓기 때문에 제가 지원하는 통계 분야에서 활용도가 높다고 판단하였습니다. 이에 저는 '빅데이터 활용능력 향상'이라는 목표를 가지고 6개월의 교육을 이수하였습니다.
A(행동)	• 열정 • 근성 • 어려움 극복	빅데이터 교육 과정에서는 Hadoop과 R프로그램을 배웠습니다. 하지만 단순히 Hadoop과 R프로그램만 배운다고 되는 것은 아니었습니다. 제대로 이해하기 위해서 C언어, 자료 구조, 자바, JSP, 리눅스, 네트워크에 대한 지식을 따로 학습해야 했기 때문에 따로 시간을 내어 관련 서적을 읽고, IT 전공자에게 자문하며 공부하였습니다. 이를 통해 데이터 수집을 위한 Hadoop과 시각화를 위한 R프로그램을 능숙하게 다룰 수 있게 되었습니다.
R(결과)		성취를 위해서는 제 시간을 많이 할애해야 했기 때문에 다른 것을 제대로 챙기지 못하는 문제도 있었습니다. 하지만 발전 과정 속에서 큰 기쁨을 느낄 수 있었고, 결국 자랑할 만한 성취를 이룰 수 있었습니다.

　　자신의 업무를 이해하고, 장기적인 관점에서 차별화를 위해 노력했던 경험을 작성해야 한다. 자기개발에 있어서의 성취는 장기적인 관점에서 업무(경력개발)에 필요한 것이 무엇인지를 파악하고 노력하는 것이다.

　　위의 예시 답안에서는 빅데이터 교육 과정의 필요성을 인식하고, 이와 관련한 준비 과정과 성취의 결과를 보여 주고 있다. 여기서 주의할 점은 성취의 과정 속에는 항상 어려움이 존재한다는 것이다. 그 난관을 극복하고 성취해 낸 경험을 작성하는 것이 좋다.

☑ 이런 경험 없나요?

Check	경험을 떠올려 보세요
☐	자신의 부족한 점을 파악하고 이를 보완하기 위해 노력했던 경험
☐	앞으로 필요한 것이 무엇인지를 파악하여 미리 준비했던 경험
☐	주어진 일을 더 잘하기 위해 노력했던 경험
☐	인간관계를 개선하기 위해서 노력했던 경험
☐	스트레스를 잘 관리하여 원하는 목표를 달성했던 경험
☐	원하는 목표를 달성하기 위해 끊임없이 노력했던 경험

자원관리능력

자원관리능력 자소서 항목 핵심 빌드

1) 시간, 예산, 인력이 부족한 상황 제시하기
2) 이러한 과정에서 우선순위를 어떻게 세웠는지 정리하기
3) 인력을 어떻게 배치하고 주변에 어떻게 도움을 요청했는지 제시하기
4) 정해진 예산 내에서 최적의 지출을 어떻게 맞췄는지 제시하기
5) 이를 바탕으로 효율적으로 자원을 관리하여 달성한 목표는 무엇인지 제시하기

자원관리능력이란?

우리에게 주어진 시간과 돈, 인적·물적자원은 한정적이다. 시간이 돈이 되는 세상을 그려 관객들에게 시간의 소중함을 다시금 일깨워 준 영화 〈인 타임(In Time, 2011)〉만 봐도 알 수 있다.

이처럼 우리가 가진 자원은 한정적이기 때문에 이를 잘 활용하고 운용할 수 있는 역량이 필요하다. 비계획적인 행동, 편리성 추구, 자원에 대한 인식 부재, 노하우 부족으로 인해 자원을 낭비하지 않도록 유의해야 한다.

자원관리능력의 구조

하위능력	정의	세부 요소
시간관리	업무 수행에 있어 시간자원이 얼마나 필요한지를 확인하고, 이용 가능한 시간자원을 최대한 수집하여 실제 업무에 어떻게 활용할 것인지를 계획하고 할당하는 능력	• 시간자원 확인·확보 • 시간자원 활용 계획 수립 • 시간자원 할당
예산관리	업무 수행에 있어 자본자원이 얼마나 필요한지를 확인하고, 이용 가능한 자본자원을 최대한 수집하여 실제 업무에 어떻게 활용할 것인지를 계획하고 할당하는 능력	• 예산 확인 • 예산 할당
물적자원 관리	업무 수행에 있어 재료 및 시설자원이 얼마나 필요한지를 확인하고, 이용 가능한 재료 및 시설자원을 최대한 수집하여 실제 업무에 어떻게 활용할 것인지를 계획하고 할당하는 능력	• 물적자원 확인 • 물적자원 할당
인적자원 관리	업무 수행에 있어 인적자원이 얼마나 필요한지를 확인하고, 이용 가능한 인적자원을 최대한 수집하여 실제 업무에 어떻게 활용할 것인지를 계획하고 할당하는 능력	• 인적자원 확인 • 인적자원 할당

1) 시간관리

시간이 한정적인 만큼 시간관리는 직장인에게 꼭 필요한 스킬이다. 균형적인 삶, 스트레스 관리, 생산성 향상, 목표 달성을 위해서는 시간을 잘 관리해야 한다. 시간관리의 핵심은 최단 시간에 최선의 목표를 달성하는 데 있다. 이를 위한 기본적 원칙은 '60 : 40의 룰(Rule)'을 지키는 것이다. 이는 계획된 행동 60%, 비계획된 행동 40%(계획 외의 행동 20%, 자발적 행동 20%)를 의미한다.

계획된 행동 내에서 시간의 대부분을 활용하고, 융통성을 발휘하여 다른 시간을 확보하고 조율하는 능력이 필요하다. 다음에 제시된 시간관리 노하우를 체크해 보면서 자신의 시간관리 방식을 개선해 보는 것도 좋다.

노하우	내용
행동과 시간/저해 요인의 분석	어디에서 어떻게 시간을 사용하고 있는가를 확인
일·행동의 리스트(List)화	해당 기간에 예정된 행동을 모두 리스트화
규칙성-일관성	시간계획을 정기적·체계적으로 체크하여 일관성 있게 마무리
현실적인 계획	무리한 계획을 세우지 말고, 실현 가능한 것만을 계획
유연성	시간계획은 그 자체가 중요한 것이 아니고, 목표 달성을 위해 필요하므로 유연해야 함
시간의 손실	발생된 시간 손실은 미루지 않고 가능한 즉시 보상해야 함
기록	체크리스트나 스케줄표를 통해 계획을 반드시 기록하여 전체 상황을 파악
미완료의 일	꼭 해야만 할 일을 끝내지 못했을 경우, 차기 계획에 반영
성과	예정 행동만을 계획하는 것이 아니라 기대되는 성과나 행동의 목표도 기록
시간 프레임	적절한 시간 프레임을 설정하고 특정의 일을 하는 데 소요되는 꼭 필요한 시간만을 계획에 삽입
우선순위	여러 일 중에서 어느 일을 가장 우선적으로 처리해야 할 것인가를 결정
권한위임	• 기업의 규모가 커질수록 업무가 점점 복잡해지고 관리자가 모든 것을 다스리기 어려우므로 자신의 사무를 분할하여 일부를 부하에게 위임하고 그 수행 책임을 지움 • 권한위임(권한위양)은 조직을 탄력적으로 운용할 수 있게 하고, 조직을 구성하는 사람들의 근로 의욕을 높여주는 등의 효과가 있어 경영조직 원칙의 하나로 꼽힘
시간의 낭비 요인과 여유 시간	예상 못한 방문객 접대, 전화 등의 사건으로 예정된 시간이 부족할 경우를 대비하여 여유 시간 확보
여유 시간	자유롭게 된 시간(이동 시간 또는 기다리는 시간)도 계획에 삽입하여 활용
정리할 시간	중요한 일에는 좀 더 시간을 할애하고 그렇지 않은 일에 할애하는 시간을 단축하여 전체적인 계획을 정리
시간 계획의 조정	자기 외 다른 사람(비서, 부하, 상사)의 시간 계획을 감안하여 계획 수립

◀ 우선순위의 원칙

	급한 일	급하지 않은 일
중요한 일	1순위	2순위
중요하지 않은 일	3순위	4순위

※ 『에듀윌 NCS 모듈학습 2021 Ver. 핵심요약집』 발췌

2) 예산관리

신입 지원자의 경우 기업에서 예산을 관리하고 운영해 본 경험이 많지 않을 것이다. 하지만 기업은 예산을 책정하고 예산 안에서 돈을 사용할 수 있어야 한다. 제대로 예산이 책정되지 않는다면 실제 비용이 더 커질 수 있어 적자가 발생할 위험이 있다. 따라서 예산관리는 어쩌면 직장인에게 가장 중요한 요소일 것이다.

예산 계획은 2가지 축 '직접비'와 '간접비'를 구분하는 것에서부터 시작한다. 직접비는 제품 또는 서비스를 창출하기 위해 직접 소요되는 비용으로 재료비, 원료와 장비, 시설비, 출장비 및 잡비, 인건비 등을 말한다. 반면 간접비는 생산에 직접 관련되지 않는 비용으로 보험료, 건물 관리비, 광고비, 통신비 등이 해당한다.

3) 물적자원관리

과거 〈진짜 사나이〉라는 프로그램에서 군인의 보급품 분실에 대해 엄하게 처벌을 내리는 장면이 방영된 적이 있다. 이는 주어진 물품을 잘 관리하는 것이 중요하기 때문인데, 기업에서는 물적자원관리를 잘하는 것이 예상치 못한 비용을 줄이는 데 중요한 요소가 된다. 따라서 물적자원을 관리한다는 것은 '사용 물품과 보관 물품의 구분 – 동일 및 유사 물품의 분류 – 물품 특성에 맞는 보관 장소 선정'의 단계를 거치는 것을 의미한다. 반복 작업을 피하고 활용의 편리성을 확보하기 위해 사용 물품과 보관 물품을 구분한다. 그리고 동일 및 유사 물품으로의 분류는 물품 관리의 동일성 및 유사성 원칙에 따라 이루어져야 한다. 마지막으로 물품 특성에 맞는 보관 장소는 물품의 형상과 소재를 고려하여 안전한 보관 장소를 선정하여야 한다. 이처럼 물품 하나를 관리하는 것도 능력이다. 정리 수납 전문가가 정리 방법을 설명하는 방송과 개인 채널이 각광받고, 정리의 법칙을 다루는 책이 베스트셀러가 되는 데에는 그만한 이유가 있는 것이다.

4) 인적자원관리

　　인적자원관리란 쉽게 말해 인맥 관리이다. 나중에 남는 것은 사람밖에 없다는 말이 있는데 인적자원을 관리하는 것은 장기적인 보험을 드는 것과 마찬가지이기 때문이다. 인맥을 활용하여 각종 정보 및 소스를 획득할 수 있으며, 협조를 얻어 낼 수도 있다.

　　인적자원관리를 팀 단위로 옮겨 적용하면 인력 배치에 해당한다. 인력 배치의 3원칙은 적재적소주의, 능력주의, 균형주의이다. 적재적소주의는 팀원의 능력이나 성격 등에 적합한 위치에 배치하는 것이며, 능력주의는 개인에게 능력을 발휘할 수 있는 기회와 장소를 부여하고, 그 성과를 평가하여 그에 상응한 보상을 주는 것이다. 균형주의는 모든 팀원이 평등하게 고려되어야 한다는 것이다.

자원관리 측면에서 개인, 팀, 조직의 목표 달성	
시간 효율 ⇧	예산 소모 ⇩
적재적소, 능력, 균형의 인력 효율 ⇧	물품의 소모 ⇩

　　자원관리능력의 핵심은 목표를 달성하기 위해 개인적인 차원, 조직적인 차원에서 모두 이루어져야 한다는 것이다. 이를 위해서는 시간의 효율성은 높이고 비용은 줄여야 하며, 인력에 대한 효율은 높이고 물품에 대한 소모는 낮춰야 한다.

Q. 본인이 세운 목표를 최단시간 내에 달성하기 위해 투입비용을 최소화하고, 비용 대비 효과를 극대화하기 위해 가능한 자원, 기술, 인력 등을 동원한 경험이 있다면 그 과정과 결과에 대해 구체적으로 기술하여 주십시오.

Q. 주어진 자원의 부족함에도 불구하고 목표한 바를 달성했던 경험에 대해서 작성하시오.

Q. 학업, 팀 프로젝트 등 다양한 경험을 하면서 한정된 시간, 정보, 인력에도 불구하고 이를 이겨내고 주어진 업무나 과제를 성공적으로 마칠 수 있었던 경험이 있다면 구체적으로 기술해 주십시오.

Q. 함께 수행하는 과제 혹은 업무를 진행할 때, 자신의 약점을 구성원들의 강점을 통해 보완하여 좋은 성과를 낼 수 있었던 경험이 있습니까? 당시 상황을 간략하게 기술하고, 자신의 약점은 어떤 것이었는지, 왜 그렇게 생각했는지, 그리고 구성원들의 강점과 융합된 과정은 어떠했는지 구체적으로 기술해주시기 바랍니다.

Q. 제한된 자원(예: 시간, 비용, 인력 등)에도 불구하고 목표를 달성했던 경험을 상황 – 행동 – 결과 중심으로 구체적으로 기술하시오.

Q. 한정된 자원을 활용하여 최상의 결과를 얻었던 경험을 다음 세부적인 항목에 따라 작성해 주십시오.
　– 언제, 어디서 겪은 경험이었습니까?
　– 자원은 얼마나 부족하였으며 그 이유는 무엇이었습니까?
　– 한정된 자원을 어떻게 활용하고 이때 가장 중요하게 고려했던 점은 무엇이었습니까?
　– 어떤 결과를 얻었으며 이때 얻은 교훈은 무엇입니까?

Q. 제한된 자원(예: 시간, 비용, 인력 등)에도 불구하고 목표를 달성했던 경험을 상황
－행동－결과 중심으로 구체적으로 기술하시오.

Best sample

스토리 구조	행동 키워드	예시 답안
S(상황) T(과제)		3개의 자격증 취득을 동시에 진행하면서 시간과 비용의 벽에 부딪힌 경험이 있습니다. 저는 한 번에 여러 가지 일을 계획하고 진행하는 편이라 항상 바쁘게 살아왔습니다. ❶대학교 4학년이 되면서 그동안 취득하지 못한 자격증을 모두 준비하자는 취지로 약 8개월간 3개의 자격증 취득을 목표로 하였기 때문에 시간을 효율적으로 써야 했습니다. 비용 역시 문제였습니다. 자격증 시험에 필요한 비용을 마련하기 위한 계획도 같이 고민해야 했습니다.
A(행동)	•우선순위 선정 •행동 List up •시간확보 •예산 마련 •계획성	먼저 자격증 시험 일정을 체크하여 8개월간의 자격증 취득 기간에 대한 계획을 세웠습니다. 꼭 기간 내에 자격증을 취득해야 했기 때문에 철저한 시간관리가 중요하였습니다. 이를 위해 ❷제가 지금 당면해 있는 일의 To Do List를 작성하였습니다. 그리고 ❸그 일들의 우선순위를 급한 것과 중요한 것으로 나누었습니다. 자격증 준비는 항상 급하고 중요한 1순위로 두고 시간관리 계획을 세웠습니다. 　다음으로 장기적인 플랜이었던 만큼 주 단위로 계획을 세웠습니다. 지속적으로 해야 할 일을 점검하기 위해 다이어리를 항상 휴대하였습니다. ❹또한 부족한 시간을 보완하기 위해 아침 6시 기상을 목표로 노력하였고, 지금은 저의 습관으로 굳어졌습니다.

❍ **합격 자소서 STEP**

제한된 상황과 과제 제시
❶ 시간과 비용에 대한 목표 제시
목표는 구체적으로 제시한다. 되도록 숫자로 표현하는 것이 목표의 구체성을 높이는 데에 효과적이다.

❷ 시간관리: 행동 List up
자신이 해야 할 일의 리스트를 정리하는 것은 시간관리의 기본이다.
❸ 시간관리: 우선순위 결정
자신의 목표 달성을 중점으로 급하고 중요한 일을 우선으로 순위를 정한다.
❹ 시간관리: 시간 확보
주어진 시간을 더 많이 활용하기 위해 평소와는 다르게 시간을 확보하는 것도 시간관리에 중요하다.
❺ 예산관리: 예산 확보

		마지막으로 비용 문제를 해결했습니다. ❺주중에는 아르바이트를 할 수 없었기 때문에 웨딩홀 보조, 번역 도우미 등 주말에 단기적으로 할 수 있는 아르바이트를 위주로 하여 자격증 취득에 필요한 최소한의 비용을 마련하기 위해 노력하였습니다. 시간적 한계가 있었으므로 생활비가 아닌 자격증 취득에 필요한 비용만 벌겠다는 계획이었습니다.
	R(결과)	이러한 노력의 결과, 목표했던 ○○기사 자격증 외 2개의 자격증 취득에 성공할 수 있었습니다. 여러 가지 일을 동시에 진행하면서 하루하루 바쁘게 지냈던 시간이었지만 돌이켜보면 열정이 넘치는 시기였다고도 생각합니다. ❻시간과 비용의 한계 속에서도 계획과 관리를 통해 목표를 달성하는 방법을 배웠던 경험이었습니다.

결과 및 배운 점

❻ 배운 점의 경우에는 목표 달성 중심이 아니라 시간과 비용을 관리한 경험을 통해 배운 점을 작성

☑ 이런 경험 없나요?

Check	경험을 떠올려 보세요
☐	아르바이트, 학업 등 동시에 다양한 일을 진행할 때, 우선순위를 세워 계획적으로 진행했던 경험
☐	마감이 있는 업무를 진행하면서 계획을 세우고 진행하여 목표를 달성했던 경험
☐	여행, 캠핑 등의 계획을 세우고, 이와 관련된 비용을 관리했던 경험
☐	학생회 또는 동아리, 동호회 등의 조직에서 총무를 담당하며 예산을 관리했던 경험
☐	인턴, 동아리에서 비품을 잘 정리하고 운영했던 경험
☐	업무 진행 시 필요한 서류나 비품을 잘 관리하여 효율적으로 사용했던 경험
☐	인맥을 활용해 혼자서 할 수 없었던 업무에 대한 협조를 얻어 낸 경험
☐	공동의 목표를 달성하기 위해 팀원들의 능력과 역할에 맞춰 업무를 부여한 경험

06

대인관계능력

대인관계능력 자소서 항목 핵심 빌드

- **팀워크 관련**
  1) 팀 공동의 목표와 자신의 역할은 무엇이었는지 정리하기
  2) 역할을 잘 수행하기 위해 노력한 과정 제시하기
  3) 더 노력하고 헌신했던 부분 제시하기
  4) 2)와 3)을 통해서 팀 목표 달성에 어떻게 기여하였는지 구체화하기

- **갈등 관련**
  1) 갈등의 유형(성격 차이, 의견 차이, 무임승차 등) 구체화하기
  2) 갈등을 해결하기 위해서 상대방의 입장을 어떻게 이해했는지 제시하기
  3) 어떠한 대안(윈-윈하는 대안 등)을 어떻게 제시했는지 구체화하기
  4) 갈등 해결의 결과 제시하기

대인관계능력이란?

함께 일하고 싶다는 생각을 들게 하는 가장 핵심적인 역량은 대인관계능력이다. 함께 일하고 싶은 사람이 되는 것은 단순히 일만 잘한다고 되는 것은 아니다. 팀원들과 협조적인 관계를 유지하는 팀워크와 구성원 간의 갈등을 원만하게 해결하는 능력이 전제되어야 한다. 즉, 바른 성품과 따뜻함을 유지하고 이것을 업무에도 적용할 수 있어야 한다.

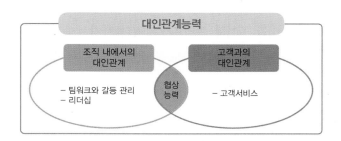

대인관계를 임의로 크게 두 가지로 구분한다면, 조직 및 팀 내에서의 대인관계와 고객과의 대인관계로 나눌 수 있다. 또 조직 및 팀 내에서의 대인관계는 팀워크와 갈등 관리, 리더십으로 나눌 수 있다. 여기서 팀워크와 갈등 관리를 따로 구분하지 않은 것은 대체적으로 팀워크와 갈등 관리 경험이 동일한 경우가 많기 때문이다.

한편 고객서비스는 고객과의 대인관계능력에 해당한다고 할 수 있다. 고객과의 대인관계와 팀이나 조직 내에서의 대인관계는 성격이 다르다.

협상능력의 경우는 조직 및 팀 내에서의 협상, 즉 설득뿐 아니라 거래처 및 고객과의 협상도 있기 때문에 두 대인관계능력 모두에 포함되는 것으로 본다.

대인관계능력의 구조

하위능력	정의	세부 요소
팀워크	다양한 배경을 가진 사람들과 함께 업무를 수행하는 능력	• 적극적 참여 • 업무 공유 • 팀 구성원으로서의 책임감
리더십	업무를 수행함에 있어 다른 사람을 이끄는 능력	• 동기부여 • 논리적인 의견 표현 • 신뢰감 구축
갈등 관리	업무를 수행함에 있어 관련된 사람들 사이에 갈등이 발생하였을 경우 이를 원만히 조절하는 능력	• 타인의 생각 및 감정 이해 • 타인에 대한 배려 • 피드백 제공 및 받기
협상	업무를 수행함에 있어 다른 사람과 협상하는 능력	• 다양한 의견 수렴 • 협상 가능한 실질적 목표 구축 • 최선의 타협 방법 찾기
고객서비스	고객의 요구를 만족시키는 자세로 업무를 수행하는 능력	• 고객의 불만 및 욕구 이해 • 매너 있고 신뢰감 있는 대화법 • 고객의 불만에 대한 해결책 제공

이처럼 대인관계능력은 다양한 하위능력을 포함하고 있다. 그만큼 조직 생활에 있어 대인관계능력이 중요하다는 것을 파악할 수 있다. 따라서 자기소개서에서도 많이 물어보는 항목이기 때문에 학습해야 하는 내용이 많더라도 주의 깊게 살펴볼 필요가 있다.

1) 팀워크

팀워크를 간단히 설명하자면 공동의 목표를 달성하기 위해 팀원들과 함께 협력하는 것이라고 할 수 있다. 팀워크를 잘 발휘하기 위해서는 협력, 통제, 자율이라는 기제가 필요하다. 공동의 목표를 달성하기 위해 서로 돕는 '협력', 팀 내의 규율을 따르는 '통제', 개인적 업무에 있어 책임을 다하는 '자율'이 바로 그것이다.

효과적인 팀을 만들기 위해서는 다음과 같은 특성이 필요하고, 특히 이것들은 자기소개서를 작성하는 데 필수적인 키워드가 되므로 천천히 확인하면서 자신의 경험에 비추어 생각해 보아야 한다.

- 팀의 사명과 목표를 명확하게 기술
- 창조적인 운영
- 결과에 초점
- 역할과 책임의 명료화
- 조직화가 잘 되어 있음
- 개인의 강점 활용
- 리더십 역량을 공유하며 구성원 상호 간에 전폭적 지원
- 팀 풍토를 발전시킴
- 의견의 불일치를 건설적으로 해결
- 개방적인 의사소통
- 객관적인 결정
- 팀 자체의 효과성을 평가

※ 「에듀윌 NCS 모듈학습 2021 Ver. 핵심요약집」 발췌

2) 리더십

서번트 리더십, 카리스마 리더십, 변혁적 리더십, 협조적 리더십 등 다양한 종류의 리더십이 있는데, 이는 각 조직의 특성에 맞추어 요구되는 리더의 능력이 다르기 때문이다. 하지만 리더십의 핵심은 한 가지다. 바로 명확한 비전을 제시하는 것이다. 비전을 제시하지 않는 리더는 리더가 아니라 관리자일 뿐이다. 리더라면 단순히 팀을 관리하는 것이 아니라 비전을 제시하고 팀원의 동기를 끌어내야 한다. 이를 위해서는 임파워먼트를 통해 팀원들의 의지를 북돋워야 한다. 임파워먼트(Empowerment)란 팀원의 잠재능력 개발을 통해 하이 퍼포먼스(High Performance)를 만들어 낼 수 있도록 이끌어 가는 것을 말한다. 일을 분배할 때 단순히 업무만 부여하는 것이 아니라 권한까지 부여해 일에 대한 책임감을 가지게 하는 것이 리더로서의 역할이다.

리더로서 동기를 부여하기 위해서는 다음과 같은 7가지의 방법을 활용할 수 있다. 리더로서의 역할은 자기소개서로 작성할 때 활용할 수 있는 키워드이다.

① **긍정적 강화법 활용**: 성과를 달성한 조직원에게 보상을 한다. ② **새로운 도전의 기회 부여**: 환경의 변화에 따라 새로운 업무에 대한 권한을 부여하고 도전 정신을 자극한다. ③ **창의적인 문제해결법 모색**: 실질적인 해결책을 팀원 스스로 찾도록 분위기를 조성한다. ④ **자신의 역할과 행동에 책임감 갖기**: 책임의 전가가 아닌 책임감의 무장을 통해 자신의 위치에 대한 사명감을 부여한다. ⑤ **코칭(Coaching)을 함**: 팀원에게 자신이 권한과 목적의식을 가진 중요한 사람임을 깨닫게 해 준다. ⑥ **변화를 두려워하지 않음**: 위험을 함께 감수해 나가며, 팀원에게 위험을 함께 극복한다는 자긍심을 부여한다. ⑦ **지속적인 교육**: 팀원들에게 성장의 기회를 제공한다.

※ 직업기초능력 교수학습자료 참고

3) 갈등 관리

갈등은 살면서 어쩔 수 없이 발생하는 현상이다. 하지만 갈등을 부정적으로만 인식할 필요는 없다. 갈등을 통해서 새로운 대안과 발전 방향을 모색할 수 있기 때문이다. 갈등을 회피하기보다는 적극적으로 대응하여 갈등을 해결하는 방법을 찾아내는 역량이 필요하다.

그렇다면 갈등을 원만하게 해결하기 위해서는 어떤 노력을 해야 할까? 다음의 방법을 적용하면 갈등을 빠르게 해결할 수 있다.

• 다른 사람들의 입장을 이해하고자 노력해야 함 • 사람들이 당황하는 모습을 자세히 살펴야 함 • 어려운 문제는 피하지 말고 맞서야 함 • 자신의 의견을 명확하게 밝히고 지속적으로 강화해야 함 • 사람들과 눈을 자주 마주쳐야 함 • 마음을 열어 놓고 적극적으로 경청해야 함 • 타협하고자 노력해야 함 • 어느 한쪽으로 치우치지 않아야 함 • 논쟁하고 싶은 유혹을 떨쳐내야 함 • 존중하는 자세로 사람들을 대해야 함

※ 『에듀윌 NCS 모듈학습 2021 Ver. 핵심요약집』 발췌

4) 협상

　　일상생활에서도 협상과 설득이 필요한 상황이 자주 발생한다. 물건값을 깎는 행위 하나도 협상의 한 형태이다. 비즈니스 상황에서도 당연히 협상의 과정이 펼쳐진다. 이때, 서로 갈등 상태에 있는 당사자들끼리 문제를 해결해 나가는 의사결정 과정에서 협상을 잘할 수 있는 능력이 필요하다. 협상능력은 대인관계능력에서 의사소통능력과도 연결되는 부분이 많다.

　　협상에는 많은 전략들이 요구된다. 협상의 전략을 파악하여 자신이 원하는 바와 상대방이 원하는 바를 모두 만족하는 Win-Win 전략을 구상해야 한다. 하지만 상황에 따라서는 다음의 전략 중 하나를 선택하여 협상을 진행할 수 있다.

	결과 중시	결과 불필요
관계 중시	• 협력전략(Win-Win) 서로의 신뢰 관계를 바탕으로 쟁점에 대한 대안을 마련하는 전략	• 유화전략(Lose-Win) 상대방과 장기적인 관점에서 우호 관계가 유리하다고 판단할 때 사용하는 전략
관계 불필요	• 회피전략(Lose-Lose) 협상 진행에서 불리하거나 협상에 시간을 들일 필요가 없다고 판단할 때 사용하는 협상 전략	• 강압전략(Win-Lose) 자신이 상대방보다 힘에 있어서 우위를 점유하고 있을 때 자신의 이익을 극대화하기 위한 공격적 전략

　　그렇다면 설득의 전략에는 무엇이 있을까? 진정한 설득이란 결국 자신의 생각을 타인에게 옮기는 것이 아니라 타인을 자신의 생각대로 행동하게 하는 것이다. 즉, 이해시키는 것이 아니라 행동하게 하는 것이다. 설득의 전략은 다양하지만 직업기초능력 학습서에 제시된 내용을 정리하면 다음과 같다.

① **'See-Feel-Change' 전략**: 'See(보고)-Feel(느끼고)-Change(변화한다)' 전략
② **상대방 이해 전략**: 협상 상대방을 설득하기 위해서는 설득에 장애가 되는 요인들을 제거해야 함
③ **호혜 관계 형성 전략**: 협상 당사자 간에 어떤 혜택들을 주고받은 관계가 형성되어 있으면 그 협상 과정상의 갈등 해결에 용이함을 의미함
④ **헌신과 일관성 전략**: 협상 당사자 간에 기대하는 바에 일관성 있게 헌신적으로 부응하여 행동하면 협상 과정상의 갈등 해결이 용이함을 의미함
⑤ **사회적 입증 전략**: 어떤 과학적인 논리보다도 동료를 비롯한 사람들의 말과 행동으로 상대방을 설득하는 것이 협상 과정에서 생기는 갈등 해결에 용이해짐을 의미함
⑥ **연결 전략**: 협상 과정에서 갈등이 발생했을 때 갈등 문제와 갈등 관리자를 연결하는 것이 아니라, 그 갈등을 야기한 사람과 관리자를 연결하면 갈등 해결이 용이해진다는 것임

⑦ **권위 전략**: 직위, 전문성, 외모 등을 이용하면 협상 과정에서 생기는 갈등 해결에 도움이 됨을 의미함

⑧ **희소성 해결 전략**: 인적·물적 자원 등의 희소성을 해결하는 것이 협상 과정에서 생기는 갈등 해결에 용이함을 의미함

⑨ **반항심 극복 전략**: 협상 과정상의 갈등 관리를 위해 자신의 행동을 통제하려는 상대방에게 반항하는 것과 관련이 있음

※ 『에듀윌 NCS 모듈학습 2021 Ver. 핵심요약집』 발췌

5) 고객서비스

고객서비스는 다양한 고객의 요구를 파악하여 불만을 해결해 주거나 필요한 것을 제공해 주는 것이다. 고객의 불만을 해결하는 것은 기관 및 기업에서 매우 중요한 부분이다. 다양한 고객 유형을 모두 만족시키기는 어렵지만 각 고객의 특성을 파악하여 이를 해결할 수 있는 서비스를 제공하도록 노력해야 한다. 고객 불만 처리 프로세스는 총 8단계이며 다음과 같은 순서로 이루어진다.

경청	• 고객의 항의를 경청하고 끝까지 들음 • 선입관을 버리고 문제 파악
감사와 공감 표시	• 일부러 시간을 내서 해결의 기회를 준 것에 감사를 표시함 • 고객의 항의에 공감을 표시함
사과	고객의 이야기를 듣고 문제점을 인정하며 잘못된 부분은 사과함
해결 약속	• 고객이 불만을 느낀 상황에 대해 관심과 공감을 보임 • 문제의 빠른 해결을 약속함
정보 파악	• 문제해결을 위해 꼭 필요한 질문만 하여 정보 수집 • 최선의 해결 방법을 찾기 어려우면 고객에게 문의
신속처리	잘못된 부분을 신속하게 시정
처리 확인과 사과	불만 처리 후 고객에게 처리 결과에 만족하는지를 질문
피드백	고객 불만 사례를 회사 및 전 직원에게 알려 재발 방지

※ 『에듀윌 NCS 모듈학습 2021 Ver. 핵심요약집』 발췌

 대표 기출항목

Q. 소속 조직의 공동과업을 달성하는 과정에서 발생한 어려움을 극복하기 위해 구성원들과 적극적으로 협력했던 경험에 대해 기술해 주십시오. 당시 어떠한 상황이었으며, 이를 해결하는 과정에서 발생한 어려움은 어떻게 극복했는지 구체적으로 기술해 주십시오.

Q. 자신이 활동했던 조직이나 단체에서 다른 사람과 갈등 상황이 생겼을 때 그 문제를 효과적으로 해결했던 경험을 상황-행동-결과 중심으로 구체적으로 기술하시오.

Q. 같은 목표를 위해 함께 협력해야 함에도 불구하고 서로의 이해관계가 맞지 않아서 어려움을 겪었던 경험이 있습니까? 당시 상황을 간략하게 기술하고, 어떤 방법을 통해 협력을 이끌어냈는지 행동을 중심으로 기술해 주시기 바랍니다.

Q. 협동 및 협업을 통해 문제를 해결한 사례에 대해 기술하시오.

Q. 팀 목표를 달성하기 위해 팀원으로서 본인은 주로 어떤 노력을 하였는지 최근 사례를 기반으로 기술해 주십시오.

Q. 타인과의 관계에서 가장 힘들었던 갈등 상황은 무엇이었으며, 이를 어떻게 극복하였는지 구체적으로 기술하시오.

Q. 고객의 서비스 만족을 위해 가장 중요한 역량은 무엇인지 서술하고, 해당 역량을 갖추기 위해 노력했던 경험 혹은 해당 역량을 발휘한 경험에 대해 구체적으로 작성해 주세요.

Q. 팀 목표를 달성하기 위해 팀원으로서 본인은 주로 어떤 노력을 하였는지 최근 사례를 기반으로 기술해 주십시오.
- 팀 목표는 무엇이었으며 본인은 어떤 역할을 수행했습니까?
- 팀 목표 달성을 위해 본인에게 주어진 역할 이외에 노력한 부분이 있다면 무엇이었습니까?

Q. 소속 조직의 공동과업을 달성하는 과정에서 발생한 어려움을 극복하기 위해 구성원들과 적극적으로 협력했던 경험에 대해 기술해 주십시오. 당시 어떠한 상황이었으며, 이를 해결하는 과정에서 발생한 어려움은 어떻게 극복했는지 구체적으로 기술해 주십시오.

Best sample

스토리 구조	행동 키워드	예시 답안
S(상황) T(과제)	공동 목표의 구체화	20XX년, 고강도 탄소강 제작 실습은 팀워크의 중요성을 배웠던 값진 경험이었습니다. 4명의 팀원과 함께 3개월간 진행해야 하는 프로젝트였기 때문에 팀원들과의 꾸준한 팀워크가 중요하였습니다. ❶무엇보다 오랜 시간 진행되는 프로젝트였던 만큼 팀의 목표를 지속적으로 유지하는 것이 중요했습니다. 따라서 기존보다 더 나은 고강도 탄소강을 제작하자는 목표를 더욱 구체화하기 위해 노력하였습니다.
A(행동)	• 역할과 책임의 명료화 • 개인의 강점 활용 • 효과 평가	❷팀 공동의 목표를 달성하기 위해 팀원들과의 회의를 거쳐 자료수집, 실습, 데이터 측정, PPT 작성 등 업무를 분담하고 서로 진행 사항을 공유했습니다. 무엇보다 팀원들이 각자의 역할에 충실하고 책임감을 가질 수 있도록 유도하였습니다. ❸하지만 여기서 문제가 발생하였습니다. 고강도 탄소강 제작 시 팀원 모두 열처리 사이클을 설계하고 실험해 본 적이 없었기 때문에 실험에 어려움이 발생한 것입니다. 이를 극복하기 위해 팀원 모두 각자의 역할에 충실하는 것은 물론, 함께 적극적으로 이 문제를 해결하기 위해 시간을 할애하였습니다.

◉ 합격 자소서 STEP

팀워크의 상황과 목표 제시
❶ **팀워크 전략: 공동목표의 구체화**
목표를 구체화하고 공유하는 것은 팀워크 관련 경험 작성 시 핵심 키워드이다.

팀워크를 통한 어려움 극복
❷ **팀워크 전략: 역할과 책임의 명료화&개인 강점 활용**
단순 업무 분담이 아니라 각자의 장점을 잘 활용하여 분담하되, 그에 대한 책임을 명료화하는 것이 중요하다.
❸ **어려웠던 상황 제시**
• 과제 수행에 있어 해결하기 어려웠던 문제나 갈등 상황을 제시한다.
• 어려운 상황을 갈등으로 제시하는 경우에는 팀워크와 갈등 해결이 함께 나타나는 내용으로 작성한다.

		❹첫째, 팀원들이 각자 도서, 논문, 교수님, 선배님으로 담당을 정하고 자료를 구하기 위해 노력했습니다. 둘째, 그 자료를 바탕으로 회의를 진행하였고, 기존의 방향을 개선하여 다시 실험 방향을 잡았습니다.	❹ 팀워크 전략: 팀 자체의 효과 평가 팀의 방향성을 항상 점검하고 개선하기 위해 노력하는 것도 팀워크에서 중요한 키워드이다.
R(결과)	• 갈등 해결 • 문제 상황 극복	이러한 노력을 통해 기존보다 개선된 고강도 탄소강을 제작할 수 있었습니다. 이때의 경험은 제게 팀워크의 중요성을 다시금 생각하게 했습니다. ❺팀원들과 함께 목표를 공유하고 각자의 역할에 책임을 다할 때 어려움 속에서도 문제를 해결할 수 있다는 자신감을 얻을 수 있었습니다.	**결과 및 배운 점** ❺ 배운 점의 경우에는 자기소개서 항목의 의도에 맞추어 작성

팀워크의 행동 키워드는 다양하다. 우선 공동의 목표는 어떤 소재의 경험이든 공통적으로 들어가야 하는 필수 키워드이다. 공동의 목표를 달성하는 과정에서 필요한 팀워크의 키워드는 헌신과 희생, 팀의 규칙 준수, 리더는 아니지만 리더라는 마인드, 개방적인 의사소통 등으로 상황에 따라 다양하게 활용할 수 있다.

위의 예시 답안에서는 역할과 책임의 명료화, 개인 강점에 따른 업무 분담, 팀 자체의 효과 평가 등을 활용하여 팀워크를 보여 주고 있다. 팀원 누구도 해 보지 않았던 어려운 프로젝트를 누구의 책임으로 전가하지 않고 팀원들끼리 합심하여 해결해 나가고 있다. 그 과정에서 개인의 장점을 활용한 업무 분담, 이후 팀 내의 문제점을 개선했던 효과 평가를 통해 실험의 방향성을 재정립함으로써 문제를 해결하고 있다. 즉, 개인적인 차원에서의 문제해결이 아니라 조직 차원에서의 문제해결을 다루고 있다.

문제해결이라는 표현으로 인해 문제해결능력과 혼동될 수 있다. 하지만 '문제'라는 표현은 어떤 상황에서도 사용할 수 있는 범용적인 표현이기 때문에 항목에서 무엇을 구체적으로 요구하는지를 파악하여 작성해야 한다.

☑ **대표 기출항목 작성 노하우**

Q. 자신이 활동했던 조직이나 단체에서 다른 사람과 갈등 상황이 생겼을 때 그 문제를
효과적으로 해결했던 경험을 상황-행동-결과 중심으로 구체적으로 기술하시오.

Best sample

❯ **합격 자소서 STEP**

갈등 상황 제시
❶ 갈등의 원인 파악
어떤 이유로 갈등이 시작되었는지
작성한다.

갈등 해결의 과정
❷ 갈등 해결 전략1: 역지사지
갈등 해결의 시작은 상대방의 입장
을 헤아리는 것부터 시작한다.
❸ 갈등 해결 전략2: 갈등에 직면하기
갈등을 피하지 않고 적극적으로 해
결해야 하는 것으로 인식하는 자세
가 필요하다.
❹ 갈등 해결 전략3: 명확한 의견 제
시와 지속적인 강화
무조건적인 양보는 갈등을 해결하
는 것이 아니라 피하는 것이다. 자
신의 의견을 명확히 하고 이를 지속
적으로 상대방에게 강화하는 것도
갈등 해결의 방법이다.

스토리 구조	행동 키워드	예시 답안
S(상황) T(과제)		○○기업에서 인턴으로 근무할 당시, 저의 고민은 업무 스타일이 다른 동료와의 문제였습니다. 인턴 과정 마지막에는 그 동료와 함께 '○○기업의 사업 전략 방안'에 대해서 발표해야 했습니다. ❶저는 '돌다리도 두들겨 가며' 일을 하는 스타일이었기 때문에 충분한 자료 조사와 분석을 선호하였습니다. 반면, 동료는 일단 부딪쳐 보는 스타일로 설문조사부터 시작하자는 의견을 피력하였습니다.
A(행동)	• 역지사지 • 갈등 직면	❷저는 먼저 상대방의 입장을 생각해 보았습니다. 동료의 입장에서는 제가 답답해 보일 수 있겠다는 생각이 들었습니다. 따라서 동료를 제 기준에서 판단하지 않으려고 노력했습니다. ❸이후에는 동료와 대화를 나누었습니다. 갈등을 피하기만 하는 것은 옳지 않다고 생각했기 때문입니다. 제 상황에 대해 솔직히 이야기를 나누며 서로의 다른 점을 이해해 보자고 동료를 설득하였습니다. ❹다음으로 당시 동료가 주장했던 현장 설문 조사에 대해, 필요한 부분이기는 하지만 많은 표본을 대상으로 할 수는 없다는 저의 의견을 제시했습니다. 대신, 이를 보완하기 위해 제가 준비한 자료를 바탕으로 사업 전략에 대한 아이디어를 제시하여 상대방의 동의를 구하고자 노력하였습니다.

		❺마지막으로 동료에게 제 아이디어에 대한 솔직한 피드백을 요청하고 동료의 생각을 경청하였습니다. 또한 서로의 성향에 맞게 업무를 분담하였습니다. 사업 전략과 관련된 아이디어를 구체화하는 과정은 제가 담당하기로 하고, 현장에 나가 시장조사를 해야 하는 부분은 추진력이 좋은 동료에게 위임하여 공동의 목표 달성을 위해 협업하기로 약속하였습니다.
의견 조율 대안 마련		
R(결과)		성향이 다른 사람과 함께 일을 진행하면서 갈등이 발생하였지만 역지사지의 자세와 갈등을 회피하지 않는 자세를 통해 하나씩 문제를 해결할 수 있었고, 사업 전략 발표에서 임원분들께 좋은 평가를 받을 수 있었습니다.

❺ 갈등 해결 전략4: 대안 마련
똑같은 이유로 갈등이 반복되지 않도록 합의 가능한 대안을 마련하는 것이 갈등 해결의 최종 목적지이다.

대인관계능력에서 갈등 관리는 의사소통능력과 동일한 면이 많다. 좀 더 자세히 구분해 본다면 갈등만 놓고 봤을 때 대인관계능력에서의 갈등 관리는 조직 내에서의 갈등 해결에 가깝다. 하지만 이를 구체적으로 따져 가며 작성할 필요는 없다. 의사소통능력은 어떤 상황에서든 필요한 범용적인 능력이기 때문이다.

위의 예시 답안에서는 조직 내에서 발생한 갈등을 다루었다. 따라서 대인관계능력에서 제시된 조직 내 갈등 해결 전략을 활용하여 작성하였다. 역지사지, 갈등에 직면하는 것, 그리고 자신의 주장을 명확히 하고 서로의 성향에 맞추어 대안을 마련하는 일련의 과정이 갈등을 해결하는 프로세스라고 볼 수 있다.

☑ 이런 경험 없나요?

구분	Check	경험을 떠올려 보세요
팀워크	☐	행사를 진행하면서 팀원들과 협업했던 경험
	☐	공모전이나 프로젝트, 학교 과제 수행 시 협업하여 일을 진행했던 경험
	☐	힘든 상황 속에서도 팀원들과의 협업을 통해 문제를 해결했던 경험
	☐	공동의 목표 달성을 위해 자신의 일에 책임을 다했던 경험
리더십	☐	리더로서 팀을 이끌어야 했던 경험
	☐	리더로서 목표를 설정하고 팀원들에게 동기를 부여했던 경험
	☐	팀의 위기를 리더로서 극복했던 경험
갈등 관리	☐	지나치게 감정적으로 행동하는 팀원으로 인한 갈등
	☐	자신의 의견을 무시하는 팀원과의 갈등 또는 의견 차이
	☐	편을 가르는 상황에서 발생한 갈등
	☐	서로 업무 방식이 달라서 겪었던 갈등
	☐	무임승차하는 팀원으로 인한 갈등
협상	☐	물건 판매에 있어 협상을 해야 했던 경험
	☐	팀원이나 타인을 설득해야 했던 경험
	☐	팀 내의 갈등 상황에서 다른 팀원과의 협상이나 설득이 필요했던 경험
	☐	주점 운영 시 도움을 받기 위해 상가의 사장님을 설득해야 했던 경험
고객서비스	☐	고객의 불만을 해결해 주었던 경험
	☐	고객의 필요를 미리 파악하여 서비스를 제공했던 경험
	☐	고객의 불만을 해결하고 이를 조직 내에서 매뉴얼화한 경험

정보능력

정보능력 자소서 항목의 핵심 빌드

1) 목표를 달성하기 위해서 어떤 정보가 필요했는지 정리하기
2) 정보를 얻기 위해서 신문, 책, 인터넷 등을 통해 어떤 정보를 얻었는지 구체화하기
3) 정보를 얻기 위해서 설문조사, 현장방문, 인터뷰 등을 통해 어떤 정보를 얻었는지 구체화하기
4) 얻은 정보를 활용하여 어떻게 정리하였고, 목표 달성에 어떻게 활용하였는지 제시하기

정보능력이란?

　우리는 수많은 정보에 둘러싸여 있으므로 다양한 정보 속에서 알짜 정보를 찾아낼 수 있는 능력이 필요하다. 목적에 맞는 정보를 찾아내기 위해서는 컴퓨터를 활용하여 정보를 수집하고 분석할 수 있는 역량이 요구된다. 빅데이터 분석 기술은 인터넷상의 다양한 정보를 목적에 맞게 재가공할 수 있도록 도와준다. 따라서 최근에는 빅데이터와 관련된 기술이 점점 더 발전해 나가고 있다.

　정보를 찾는 능력도 중요하지만 그것을 재구성하고 분석할 수 있는 역량도 중요하다. 구글 애널리틱스나 네이버 카페의 유입자 통계, 유튜브의 데이터 등 주어진 정보를 수집하고 분석하는 역량도 필수이다. 하지만 기업에서는 이러한 정보를 수집할 때 개인정보보호와 관련된 것은 철저히 지키는 것이 중요하다. 정보 수집에 필요한 전략과 정보처리능력 또한 갖추어야 한다.

정보능력의 구조

하위능력	정의	세부 요소
컴퓨터활용	업무와 관련된 정보를 수집, 분석, 조직, 관리, 활용하는 데 있어 컴퓨터를 사용하는 능력	• 컴퓨터 이론 • 인터넷 사용 • 소프트웨어 사용
정보처리	업무와 관련된 정보를 수집하고 분석하여 의미 있는 정보를 찾아내고, 이를 업무 수행에 적절하도록 재구성하고 관리하며, 업무 수행에 이러한 정보를 활용하는 능력	• 정보수집 • 정보분석 • 정보관리 • 정보활용

1) 컴퓨터활용

우리나라 취업준비생이나 직장인의 컴퓨터활용능력은 이미 수준급이다. 기본적인 문서 작성이 가능하고 원하는 정보를 키워드 검색을 통해 단시간에 찾을 수 있다. 문서를 작성할 때 기업에서 많이 사용하고 있는 소프트웨어는 엑셀이다. 하지만 대학생들은 엑셀을 사용하는 경우가 적기 때문에 이를 활용할 수 있는 능력을 갖추기 위해 노력해야 한다. 일반적인 문서 작성부터 함수, 피벗테이블, 매크로까지 다룰 수 있는 실력을 갖추는 것이 좋다.

2) 정보처리

목적에 맞는 정보를 수집하기 위해서 어떤 채널을 활용할 것인지 정해야 한다. 인터넷, 책, 잡지, 신문, TV, 국회도서관 논문 검색, 인터뷰 등 효율적이면서도 빠르게 정보를 수집할 수 있는 루트를 찾아야 한다. 하지만 이렇게 정보가 수집되었다고 해도 이를 제대로 가공하지 못하면 말짱 도루묵이다. 따라서 정보를 수집하는 것보다 정보를 가공할 수 있는 역량을 키우는 것이 더 중요하다.

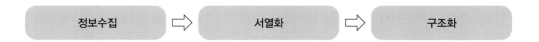

정보를 분석하는 과정은 먼저 수집된 정보들을 서열화하고 서열화된 정보를 다시 구조화하는 것이다. 정보들의 상하 관계를 파악하고 서로 간의 연결 고리를 만들어 내면 그것은 새로운 정보로서의 가치를 지닌다. 향후 빅데이터나 구글 애널리틱스 등을 활용하는 능력을 갖춘다면 정보에 대한 분석능력을 한층 끌어올릴 수 있을 것이다.

컴퓨터를 활용한 정보수집과 편집	수집된 정보의 분석
• 인터넷 검색 엔진 활용 • 인터넷 외 정보수집 채널의 다양화 • 소프트웨어를 활용한 정보 가공능력	• 서열화 • 구조화

자기소개서 정보능력 　　대표 기출항목

Q. 업무를 수행함에 있어 정보를 수집하고 관리하는 자신만의 방법을 설명하고 그 사례를 기술하여 주십시오.

Q. 본인이 알고 있는 ○○공사에 관한 내용(국내외 환경 변화, 조직 특성, 추진 업무 등)은 무엇이며 그 정보를 어떻게 얻게 되었는지 기술해 주시기 바랍니다. 또한 그중 어떠한 면에 이끌려 우리 공사에 지원하게 되었는지 기술하여 주시기 바랍니다.

Q. 꼼꼼하게 자료를 정리하여 실수 없이 일을 처리하였던 경험을 다음의 세부 항목에 따라 작성해 주십시오.
– 언제, 어디서 겪은 경험이었습니까?
– 그 일은 구체적으로 어떤 내용이었으며 귀하는 어떻게 그 일을 하게 되었습니까?
– 자료를 꼼꼼하게 정리하기 위해 본인은 어떤 노력을 하였습니까?
– 일의 결과는 어떠하였으며 이 경험에서 귀하는 어떤 교훈을 얻었습니까?

Q. 업무를 수행함에 있어 정보를 수집하고 관리하는 자신만의 방법을 설명하고 그 사례를 기술하여 주십시오.

Best sample

스토리 구조	행동 키워드	예시 답안
S(상황) T(과제)		홍보 대행사에서 근무하면서 해외 취업박람회의 홍보 업무를 담당했습니다. 당시 취업 준비생의 니즈를 파악하여 이에 맞는 홍보 전략을 수립해야 했습니다. 저는 정보를 수집하기 위해 다음과 같이 노력하였습니다.
A(행동)	• 폴더 정리 • 채널 확대 • 서열화 • 구조화	❶첫째, 먼저 해외 대학의 한인 학생회 채널과 접촉하였습니다. 해외 취업을 가장 원하는 대상은 해외에서 교육받은 경험이 있고, 그곳에서 생활하고 싶은 니즈가 많은 해외 유학생일 가능성이 높다고 생각했기 때문입니다. 이를 위해 해외 유학생들이 모이는 사이트 ○○에서 유학생들이 해외에서 취업할 수 있는 루트가 담긴 정보를 수집하였습니다. 둘째, 해외 취업과 관련된 동영상을 구하기 위해 노력하였습니다. 텍스트보다 영상이 더욱 효과적인 홍보 방안이라고 생각했기 때문입니다. 이를 위해 ❷유튜브 채널과 커뮤니티, SNS 등에서 '해외 취업, 취업' 등의 키워드를 검색하였고, 이와 관련된 영상 10여 건을 찾아 편집하였습니다. 또한 한 지상파 방송사에서 방영된 〈청년들, 세계로 나가다〉라는 다큐멘터리를 통해 해외 취업 현황에 대한 영상 자료도 충분히 수집할 수 있었습니다. 셋째, 이렇게 수집한 자료를 ❸국가별, 기업별, 종류별로 폴더를 만들어 구분함은 물론 엑셀

● 합격 자소서 STEP

정보수집의 과정
❶ 고객의 니즈를 파악한 채널 확보
   홍보 대상의 신뢰도를 높이고 홍보의 효과를 높이기 위한 노력이다.
❷ 정보수집 채널의 다양화
   텍스트와 동영상 정보를 파악하고 다양한 형태의 자료를 구했다.
❸ 자료의 서열화와 구조화
   수집한 자료는 폴더를 만들어 구분하고 엑셀을 활용한 DB 관리로 시간을 효율적으로 활용할 수 있었다.(컴퓨터활용능력 발휘)

		시트에 DB를 기록·관리하여 보다 쉽게 정보를 관리할 수 있도록 하였습니다. 이로 인해 빠른 시간 내에 효율적으로 홍보 자료를 제작할 수 있었습니다.
R(결과)		이러한 노력의 결과, 해외 취업박람회 관련 글의 댓글 수와 조회 수를 현저히 높일 수 있었고, 상사들의 의사 결정에 도움을 드릴 수 있었습니다.

정보수집능력은 컴퓨터활용과 정보처리로 나눠진다. 실제로 기업에서 컴퓨터를 활용하는 업무가 많기는 하지만 특별히 컴퓨터활용능력을 자기소개서 항목에서 묻고 있지는 않다. 자격 사항에서 그 역량을 이미 평가했기 때문이다. 따라서 컴퓨터활용능력은 정보를 수집하고 관리하는 용도로 어떻게 사용하였는지 작성해 주는 것이 좋다. 위의 예시 답안에서는 다양한 자료를 폴더로 구조화하고 서열화한 경험뿐만 아니라 엑셀 프로그램 활용 능력에 대해 작성하여 컴퓨터활용능력이 있음을 어필하고 있다.

정보수집에 있어 정보를 찾고 분석하는 일은 매우 중요하다. 특히, 정보의 신뢰성이 중요하기 때문에 신뢰도 높은 정보를 만들기 위해 노력해야 한다. 해외 취업박람회를 홍보하는 과정에서 고객의 니즈를 찾기 위해 직접 한인학생회 채널에 접촉한 것은 정보의 신뢰도를 높이기 위한 활동이라고 할 수 있다.

☑ 이런 경험 없나요?

Check	경험을 떠올려 보세요
☐	인턴 및 아르바이트를 하면서 사무보조 및 문서작성을 한 경험
☐	대학 시절 발표에서 전달력 높은 PPT를 만들어 좋은 결과를 얻은 경험
☐	효율적으로 관리하지 못했던 물품을 엑셀을 활용하여 관리·운영했던 경험 (물적자원관리능력+컴퓨터활용능력)
☐	보고서 작성 시 필요한 자료를 수집하고 이를 분석하여 좋은 평가를 받은 경험
☐	마케팅 방안 제안서 및 기획서 작성 시 필요한 자료를 찾아 새로운 정보를 제공했던 경험

08
기술능력

기술능력 자소서 항목의 핵심 빌드

1) 직무에 대한 지식을 쌓기 위하여 어떠한 노력(학교교육, 교육 이수, 언어능력 등)을 하였는지 제시하기
2) 직무에 대한 경험을 쌓기 위하여 어떠한 노력(인턴, 동아리, 아르바이트, 프로젝트 등)을 하였는지 제시하기
3) 직무에 필요한 태도를 쌓기 위하여 어떠한 노력(분석력, 꼼꼼함, 커뮤니케이션 능력 등)을 하였는지 제시하기

기술능력이란?

직업기초능력에서 기술이란 '제품이나 용역을 생산하는 원료, 생산 공정, 생산 방법, 자본재 등에 관한 지식의 집합체'를 일컫는다. 이를 넓은 의미로 확대해 보면 업무를 수행하기 위해 모든 사람이 갖추어야 할 능력이자 교양(기술 교양, Technical Literacy)에 해당한다. 인문학이 인간을 이해하는 기초적인 교양이라면 기술능력은 업무를 수행하기 위해 필수적으로 요구되는 교양인 셈이다.

하지만 기술이 기술직 종사자에게만 필요한 능력은 아니다. 영업에는 설득의 기술이, 구매 담당자에게는 협상의 기술이, 사무행정 분야에는 기획과 재무, 회계에 대한 기술이 필요하기 때문이다. 따라서 각 업무에 해당하는 기술능력을 쌓는다는 것은 업무적인 지식이나 기술을 갖추는 것과 같다. 이러한 기술을 갖추기 위해서 취업준비생들은 전문 연수원의 기술 과정이나 E-Learning, 대학 시절의 전공 학습 등을 통해 기술능력을 향상해 나가야 한다. 기술능력은 조직이해능력과 함께 구성되어 지원동기와 직무를 위해 준비한 노력 등의 항목으로 구성되기도 한다.

기술능력의 구조

하위능력	정의	세부 요소
기술이해	업무 수행에 필요한 기술적 원리를 올바르게 이해하는 능력	• 기술의 원리와 절차 이해 • 기술 활용 결과 예측 • 활용 가능한 자원 및 여건 이해
기술선택	도구, 장치를 포함하여 업무 수행에 필요한 기술을 선택하는 능력	• 기술 비교, 검토 • 최적의 기술 선택
기술적용	업무 수행에 필요한 기술을 실제로 적용하는 능력	• 기술의 효과적 활용 • 기술적용의 결과 평가 • 기술 유지와 조정

1) 기술이해

전공과 외부 교육, 대외활동 등을 통해 업무에 필요한 기술과 지식을 쌓았다면 이를 바탕으로 향후 기술의 선택과 적용이 가능하다. 무엇보다 기술 혁신을 위해서는 기존의 여러 가지 지식의 융합이 필요하다. 이 과정에서 실패하더라도 이를 밑거름 삼아 더 많은 지식을 얻을 수 있어야 한다.

2) 기술선택

기술선택이란 기업이 어떤 기술을 외부로부터 도입하거나 자체 개발하여 활용할 것인가를 결정하는 것이다. 기술을 선택하기 위해서는 '외부 환경 분석-중장기 사업 목표 설정-내부 역량 분석-사업 전략 수립-요구 기술 분석-기술 전략 수립-핵심 기술 선택'의 절차를 따라야 한다. 기술을 외부로부터 도입할 때에는 벤치마킹을 활용한다. 단순한 모방이 아닌 자사의 환경에 맞춰 재창조하는 방향으로 벤치마킹을 해야 한다.

3) 기술적용

기술적용은 기술선택에 따른 직접 적용과 개선 후 적용을 들 수 있고, 이는 기존의 기술 지식을 그대로 적용하거나 다른 방법으로 응용하는 것이라고 할 수 있다. 향후에는 비용과 기술 수명 주기, 기술의 전략적 중요도, 잠재적 응용 가능성을 평가하여 고려해야 한다.

구분	기술직	사무직
기술이해	'센서'에 대한 이해	경영학에서 '마케팅 전략'에 대한 지식 이해
기술선택	'포토센서', '이미지센서', '무게센서' 등을 필요한 기술에 맞춰 선택	마케팅 믹스 과정에서 필요한 기술을 선택
기술적용	라인트레이서 자동차 제작 시 '포토센서'를 적용	마케팅의 차별화 전략에서 '크로스셀링'과 '업셀링' 전략 적용

자기소개서 ✓ 기술능력　대표 기출항목

Q. 공사에 근무하기 위해 필요한 직무역량과 지식을 습득하기 위해 노력한 경험에 대하여 구체적으로 작성하여 주십시오.

　– 본인이 보유한 전문지식과 능력은 무엇입니까?

　– 전문지식과 능력을 보유하기 위해 어떤 노력을 하였습니까?

　– 전문지식과 능력을 ○○공사에서 어떻게 활용할 수 있습니까?

Q. 귀하가 우리 공단에 기여할 수 있는 적합한 인재로서 보유한 능력은 무엇이며, 그 능력을 개발하기 위하여 어떤 노력을 하였습니까?

Q. 자신의 전문성을 통해 어떤 성과를 이루었는지 기술하시오.

Q. 재단의 직무를 수행함에 있어 본인이 가지고 있는 차별화된 경쟁력이 무엇인지 기술해 주십시오.

Q. 귀하가 지원한 직무를 수행함에 있어서 필요한 능력 세 가지와 선정한 사유를 기술하고 그 능력을 갖추기 위해 본인이 노력했던 점 및 그 성과에 대하여 기술하여 주십시오.

Q. 귀하가 우리 공단에 기여할 수 있는 적합한 인재로서 보유한 능력은 무엇이며, 그 능력을 개발하기 위하여 어떤 노력을 하였습니까?

 Best sample

스토리 구조	행동 키워드	예시 답안
지식	기술이해	❶○○공단은 현재 고객 중심의 IT서비스를 제공하기 위해 노력하고 있습니다. 최근에 나온 ○○앱의 경우에는 보다 편리하게 공단의 서비스를 사용할 수 있도록 IT서비스를 제공한 것입니다. 저는 이러한 공단의 새로운 IT서비스 제공에 힘을 보태 ○○공단이 고객과 더 가까운 공단이 되는 데에 기여하고 싶습니다. 이를 위해 저는 다음과 같은 노력을 하였습니다. ❷첫째, 개발능력을 길렀습니다. 프로그래밍 언어를 습득해 왔으며 자바는 고급 수준의 활용능력을 갖추었습니다. DB와 관련하여 오라클 운용능력과 빅데이터 교육 과정을 이수하였습니다. 현재는 보안과 관련하여 전공과목을 수강하고 있으며 향후 CCNA, CCNP의 과정까지 이수함으로써 프로그래밍, DB, 보안과 관련한 전사적 인재가 되기 위해 노력하고 있습니다.
기술	• 기술선택 • 기술적용	❸둘째, 안드로이드를 기반으로 한 앱을 개발하였습니다. 지하철 자리 선정 앱이었고, 자바와 위치 기반 서비스를 활용한 앱이었습니다. 지하철을 이용하면서 느낀 불편은 언제, 어디에 자리가 비는지 알 수 없다는 것이었습니다. 승객들이 자리를 차지하기 위해 눈치 전쟁을 벌이는 것에 착안하여 각 승객들의 출발지와 도착지를 공유하고 이를 위치 기반으로 연결해 보겠다는 기획이었습니다. 이 과정에서 중요한 것은 기업의 입장이

➡ 합격 자소서 STEP

공단에 기여할 수 있는 부분 작성
❶ 공단의 현황, 공단의 비전, 공단의 사업을 중심으로 자신이 기여할 수 있는 부분을 찾고 이와 관련된 노력을 작성

직무에 필요한 지식(기술이해)
❷ 지식의 범위: 학과 전공, 자격증 취득, 교육 과정 이수(온라인 포함) 등

직무에 필요한 실무 경험, 스킬
❸ 경험의 범위: 인턴, 프로젝트, 학과 수업, 아르바이트, 동아리 활동 등
❹ 자신의 지식을 적용한 경험으로 작성. 또는 경험을 통해 배운 스킬을 작성

		아니라 고객의 입장에서 생각하여 기획하였다는 점입니다. ❹ 제가 가진 기술이 고객의 니즈와 합쳐져 개발로 이어진 값진 경험이었습니다.
태도	• 직무 역량 • 책임감	❺ 셋째, 전산직 담당자로서의 책임감을 길렀습니다. 실제 △△기업에서 DB 분야의 인턴으로 근무한 경험이 있습니다. 고객의 정보를 다루는 기업이었기 때문에 개인정보보호에 대해서만큼은 철저하게 지키고자 노력하였습니다. 이러한 경험을 통해 고객의 정보를 지켜야 한다는 책임감과 윤리성에 대해서 배울 수 있었고, 전산 담당자로서의 사명감을 가질 수 있었습니다.

직무에 필요한 태도
❺ 태도의 범위: 직업기초능력 관련 태도 및 직무별 핵심 역량

기술능력의 경우 자기개발능력과 함께 제시되는 경우가 많다. 단순히 기술능력만을 평가하는 것이 아니라 업무에 필요한 역량을 갖추기 위한 자기개발 노력까지 평가하기 때문이다. 따라서 기술능력 관련된 항목은 항상 직무기술서를 확인한 후 작성해야 한다. 지원 직무와 관련하여 쌓아 왔던 지식, 기술, 태도를 파악하고, 부족한 역량은 자기개발을 통해 보완하고 있다는 방향으로 작성하는 것이 좋다.

제시된 예시 답안에서는 IT 전산직 담당자로서 자신이 기관에 기여할 수 있는 지식, 지식 활용 경험, 전산직 담당자로서의 태도에 대해 작성함으로써 직무기술서를 바탕으로 자신이 기관에 필요한 기술능력을 갖춘 인재임을 보여 주고 있다.

☑ 이런 경험 없나요?

Check	경험을 떠올려 보세요
☐	전공과목 중 가장 재미있게 들었던 과목에서 배운 것을 실제로 적용한 경험
☐	프로젝트 수행 시 발생한 문제점을 해결하기 위해 지식을 총동원하여 문제를 해결한 경험
☐	선택 상황에서 기존의 지식을 바탕으로 올바른 선택을 내렸던 경험
☐	프로젝트 수행 시 발생한 문제를 벤치마킹을 통해 새로운 방법으로 해결했던 경험

09

조직이해능력

조직이해능력 자소서 항목 핵심 빌드

- **지원동기 및 포부**
  1) 어떤 목표 달성을 위해서 해당 기관에 지원하였는지 정리하기
  2) 왜 목표를 해당 기관에서 달성하고 싶은지 구체화하기
  3) 목표를 달성하기 위해 그동안 무엇을 준비해왔는지 제시하기
  4) 앞으로 목표 달성을 위해 어떻게 노력할 것인지 구체화하기

- **사업에 대한 이해도와 발전, 개선 방안**
  1) 알리오, 뉴스, 경영혁신 사례 등을 통한 기관의 대표 사업에 대한 현재의 현황 제시하기
  2) 이에 대한 해결 방안 3가지 제시하기
  3) 앞으로의 기대 효과 제시하기

조직이해능력이란?

　'잡호핑(Job-Hopping) 족'이란 말이 있다. 자신에게 맞는 조직을 찾아 이곳저곳 떠돌아다니는 사람을 일컫는 말이다. 조직에 대한 이해가 부족하면 원만한 조직 생활이 힘들어질 수도 있다. 적어도 자신이 지원하려는 기관 및 기업의 비전과 미션은 무엇인지, 핵심 가치는 무엇인지, 앞으로의 발전 방향은 어떻게 되는지 아는 것이 조직을 잘 이해하고 조직 생활에 잘 적응할 수 있는 원동력이 될 것이다.

조직이해능력의 구조

하위능력	정의	세부 요소
경영이해	사업이나 조직의 경영에 대해 이해하는 능력	• 조직의 방향성 예측 • 경영 조정(조직의 방향성을 바로잡기에 필요한 행위) • 생산성 향상 방법
체제이해	업무 수행과 관련하여 조직의 체제를 올바르게 이해하는 능력	• 조직의 구조 이해 • 조직의 규칙과 절차 파악 • 조직 간의 관계 이해

업무이해	조직의 업무를 이해하는 능력	• 업무의 우선순위 파악 • 업무 활동 조직 및 계획 • 업무 수행의 결과 평가
국제 감각	주어진 업무에 대한 국제적인 추세를 이해하는 능력	• 국제적인 동향 이해 • 국제적인 시각으로 업무 추진 • 국제적 상황 변화에 대처

조직을 제대로 이해하기 위해서는 조직의 경영과 체제에 대한 이해, 업무에 대한 이해, 그리고 이를 국제적 관점에서 바라볼 수 있는 안목이 중요하다.

1) 경영이해

조직의 목표를 달성하기 위해서는 구성원들 간의 의사결정(점진적 의사결정), 변화하는 환경에 따른 내외부 환경 분석, 경쟁 전략과 원가 우위 전략, 차별화 전략 등의 경영 전략에 대한 이해가 필요하다. 구성원들과 점진적인 의사결정 과정을 거쳐 공동의 목표를 설정하고, 내외부 환경 분석을 통한 경영 전략이 이뤄질 때 조직이 발전할 수 있다. 이러한 점에서 볼 때 조직이해능력에서는 경영학적인 지식과 분석적 역량이 필요하다.

2) 체제이해

하나의 조직은 상호 작용을 통해 서로 영향을 주고받는다. 개개인에게 각기 다른 업무가 부여되고, 그 업무에 대한 시너지로 조직이 이루어지기 때문에 조직 체제에 대한 이해가 필요하다. 또한 개인은 조직의 구성원으로서 생활 양식을 공유하면서 조직 문화를 형성하게 된다. 또한 이러한 조직 문화가 기반이 될 때 조직에 더욱 애착을 가지고 직장 생활을 할 수 있다. 이러한 체제와 상호 관계를 이해하면, 조직 내에서 효율적으로 적응 가능한 역량을 기를 수 있다.

3) 업무이해

자신이 하는 업무에 대한 지식, 기술, 태도를 갖추는 것과 계획을 세우는 것도 업무이해에서 중요하다. 효율적인 업무를 위해 우선순위를 세우고 자신만의 원칙대로 진행하는 것과 갈등이나 업무 상황에서의 스트레스를 잘 관리하는 것 또한 업무이해의 요소 중 하나이다.

4) 국제 감각

기업의 생존 법칙은 해외 진출이다. 세계 시장에 대한 이해는 조직의 성장과 발전에 있어 매우 중요한 요소이다. 글로벌 시대에 맞는 언어능력, 문화 이해, 그리고 국제 동향에 대해서 학습함으로써 조직의 성장·발전에 기여할 수 있어야 한다.

자기소개서 ✓ 조직이해능력 | 대표 기출항목

Q. ○○공사의 기업 이념은 '행복한 에너지 세상을 만듭니다'입니다. 본인이 생각하는 '행복한 에너지 세상'에 대한 정의를 내리고 그 이유를 설명하여 주십시오.

Q. ○○공사의 핵심 가치는 '도전, 열정, 상생'입니다. 본인의 지식과 경험에 기반하여 기술하여 주시기 바랍니다.
  - 위의 핵심 가치 중 신입 사원으로서 갖추어야 할 가장 중요한 가치는 무엇이라고 생각하십니까?
  - 그러한 핵심 가치를 선정한 이유는 무엇입니까? 공사의 사업, 경영 상황 등과 연계하여 기술하십시오.
  - 본인이 그러한 핵심 가치를 발휘한 사례를 경험에 비추어 기술하십시오.
  - 그러한 핵심 가치를 기반으로 ○○공사에서 성장하기 위한 포부를 구체적으로 기술하십시오.

Q. 자신 및 ○○공사의 가치를 높일 아이디어를 기술하시오.

Q. 우리 원에 입사지원한 동기 및 입사 후 본인이 수행하게 될 심사 및 평가 업무 등을 위해 어떤 준비를 하였는지 본인의 역량과 연계하여 작성해 주십시오.

Q. 본인이 알고 있는 ○○발전에 관한 내용(국내외 환경 변화, 조직 문화, 조직 특성, 추진 업무 등)에 대해 자세하게 기술해 주십시오. 어떠한 경로를 통해 그러한 정보를 얻게 되었는지 혹은 추가적인 정보를 얻기 위해 취한 행동/노력은 무엇이었는지를 기술해 주십시오.

Q. 최근 ○○공사의 주요 이슈에 대해 한 가지(선택)를 언급하고, 그것에 대한 본인의 의견을 기술하십시오.

Q. 미래 에너지 시장을 리딩하는 ○○공사의 새로운 핵심 가치는 다음과 같습니다. 1) 미래주도(Global leader) 2) 안전우선(Responsibility) 3) 열린사고(Expansion) 4) 소통협력(Engagement) 위 네 가지 중에서 본인의 역량과 부합하는 한 가지 항목을 선택하여 타인과 차별화 할 수 있는 본인의 핵심역량을 구체적 경험을 바탕으로 기술하여 주십시오. 또한 지속가능한 미래 에너지 기업인 ○○공사가 나아가야 할 방향도 함께 고려하여 입사 후 실천할 목표 및 자기개발 계획에 대해 구체적으로 기술해 주십시오.

🎓 Best sample

행동 키워드	예시 답안
핵심 가치: 소통과 협력	저는 소통과 협력에 부합하는 인재라고 생각합니다. 소통 및 협력과 관련한 경험으로 2년간 꾸준히 진행한 △△ 봉사활동 경험에 대해서 말씀드리겠습니다. 당시 제가 소속되어 있던 봉사단은 연합동아리로서 매년 회장이 바뀔 때마다 새로운 변화를 모색했습니다. 회장의 성향에 따라 때로는 장애인 봉사활동에 주력했고, 때로는 교육봉사로 활동의 방향이 변화되기도 하였습니다. 하지만 봉사단의 성장과 뚜렷한 정체성을 위해 봉사단 멤버들과 함께 소통하고 하나의 통일된 봉사 분야가 필요하다는 생각을 가지게 되었습니다.
핵심 가치와 자신의 적합성	이를 위해 저는 봉사단 멤버들의 의견을 수렴하였고, 이를 바탕으로 가장 선호도가 높은 봉사 분야를 선정하고자 노력하였습니다. 선정된 결과를 바탕으로 대표적인 활동을 3가지로 취합하고, 다시 의견을 수렴하여 최종적으로 동아리 활동의 방향을 저소득층을 위한 봉사활동으로 일치시킬 수 있었습니다. 또한 봉사단의 목표를 달성하기 위해 협력적인 태도를 보이기 위해 노력하였습니다. 매번 진행되는 행사에 봉사인원을 모집하는 일을 도와 봉사활동이 원활하게 이루어질 수 있도록 헌신하였습니다. 이를 바탕으로 봉사활동 연 12회 달성을 이루었고, 활동당 참여율 80% 이상의 결과를 내는 데 기여할 수 있었습니다.

경영이해를 기반으로 핵심 가치 적용	○○공사의 지속가능한 발전을 위해서는 이러한 소통과 협력이 매우 중요하다고 생각합니다. 지역주민들과의 소통과 협력을 통해 지속가능한 성장을 이루어내야 하기 때문입니다. 특히 ○○공사는 사회적 가치를 실현하기 위해서 일자리 창출과 중소기업과의 동반상생 협력을 만들어가기 위해 노력하고 있습니다. 무엇보다 ESG에 적극적인 모습을 통해 사회적인 가치를 실현하기 위한 탄소배출 관리와 온실가스 저감을 위해 노력하고 있습니다. 이와 관련하여 지역 주민 및 중소기업과의 소통과 협력을 위해 제가 목표하는 것은 상생 방안을 좀 더 발전시키는 것입니다. 이를 위해 제가 개발하고자 하는 영역은 다음과 같습니다.
업무이해를 기반으로 핵심 가치 개발	첫째, 온실가스 저감과 탄소배출권 관리에 대한 교육을 이수하겠습니다. 관련 교육 이수를 통해 ESG를 기반으로 한 경영평가에 기여하겠습니다. 둘째, 지역상생 협력 기구에서 활동하고 싶습니다. 이를 위해 지역별 분쟁 사례를 확인하고, 관련 해결 방안이 어떻게 나왔는지 모니터링하여 소통과 협력의 가치를 실천하겠습니다. 셋째, ODA에 대해서 학습하겠습니다. 이를 바탕으로 글로벌 ODA 사업에 대한 PM으로 활약하여 글로벌 ○○공사로 성장하는 데 기여하겠습니다.

조직이해능력과 관련한 항목은 이처럼 기업의 핵심 가치와 인재상에 얼마나 부합하는지, 그리고 기업의 미래 비전과 자신의 목표가 일치하는지, 이를 위해서 앞으로 어떻게 성장해 나갈 것인지를 종합적으로 묻고 있다.

지원동기와 입사 후 포부를 작성하기 위해서는 이처럼 경영에 대한 이해와 업무에 대한 이해가 선행되어야 한다. 단순히 최선을 다하겠다는 서술이 아니라 구체적으로 경영의 흐름과 업무의 요구사항에 맞춰 이렇게 준비하겠다는 메시지를 전달해야 한다. 자신이 추구하는 비전과 목표가 기업과 연결될 수 있다면 당연히 매력적인 지원자로 보일 수 있다. 따라서 조직에 대한 이해능력을 향상시키기 위해 기업 홈페이지부터 알리오 사이트에 이르기까지 다양한 채널을 통해 기업의 현재와 미래 사업을 파악하고, 이와 관련한 본인의 역량을 적용하는 연습을 미리 해 보도록 한다.

Q. 본인이 알고 있는 ○○공사에 관한 내용(국내외 환경 변화, 조직 문화, 조직 특성, 추진업무 등)에 대해 자세하게 기술해 주십시오. 어떠한 경로를 통해 그러한 정보를 얻게 되었는지 혹은 추가적인 정보를 얻기 위해 취한 행동/노력은 무엇이었는지를 기술해 주십시오.

Best sample

❷ 합격 자소서 STEP

❶ 지원 기관의 정보를 어디에서 얻게 되었는지를 작성

행동 키워드	예시 답안
• 경영이해 • 체제이해	❶알리오 사이트를 통해 ○○공사의 20XX 지속가능경영 보고서를 보면서 ○○공사에 입사하고 싶다는 생각이 더욱 강해졌습니다. ○○공사는 다양한 외부 환경의 변화 속에서도 10년 연속 흑자 경영을 이어 오고 있으며, 각종 서비스 평가에서도 1위를 수상하는 등 공항운영능력에 대해 높은 평가를 받고 있습니다. 특히, 저를 끌리게 했던 것은 지속가능성장을 위해 항공 안전과 보안을 최우선 가치로 삼고, 예방 중심의 활동을 비롯한 항공 안전 시스템의 세계화, 차세대 항행 기술 선진화 등을 통해 안전에 힘쓰는 점을 보며 △△직 지원자로서 ○○공사의 비전을 공유하고 싶다는 생각을 하게 되었습니다.
• 정보수집 • 업무이해	❷최근에는 추가적인 정보를 얻기 위해 항공 기술과 관련된 서적을 읽으면서 기술 변화와 트렌드에 대해서 파악하고 있습니다. 또한 글로벌 공사로서의 비전을 파악하고 다른 나라의 공항에서는 안전 관련 시스템을 어떻게 운영하고 있는지를 검색을 통해 확인하면서, 향후 ○○공사의 예방 및 안전 시스템에 빠르게 접근할 수 있도록 준비하고 있습니다.

❷ 지원 기관의 비전, 미션 방향성을 파악하고 이와 관련되어 기관에 대한 이해도를 높이기 위해 노력한 부분을 작성

대부분 지원동기를 묻는 항목은 조직이해능력을 확인하기 위한 것이라고 볼 수 있다. 기관에 대한 정보는 대부분 홈페이지와 알리오 사이트를 통해 확인할 수 있으니, 이를 잘 옮겨 적을 수 있으면 작성하는 데 큰 무리가 없다.

제시된 예시 답안은 조직이해능력과 더불어 정보능력을 파악하는 항목이다. 지원 기관에 대한 관심을 가지고 한 노력과 이후 업무에 대한 이해를 높이기 위해 현재 하고 있는 정보 수집의 노력과 관련된 경험을 작성하도록 한다.

Check	경험을 떠올려 보세요
☐	경제 변화 및 국제 이해와 관련된 스터디를 진행했던 경험
☐	모의투자 대회를 준비해 봤던 경험
☐	실제 글로벌 시장에서 무역 활동을 해봤던 경험
☐	인턴 경험을 통해서 업무 프로세스를 배웠던 경험
☐	인턴 및 조직 활동 중 회의에 참여하여 자신의 아이디어를 제안했던 경험
☐	아르바이트 또는 인턴 과정에서 빠르게 업무를 숙지하고 수행했던 경험
☐	해외 인턴십 과정을 통해서 글로벌 비즈니스를 배웠던 경험

직업윤리 자소서 항목 핵심 빌드

1) 편법이나 요령을 사용할 수 있었던 상황을 마주한 적이 있었는지 정리하기
2) 이러한 상황에서 편법을 사용하지 않은 이유 정리하기
3) 원칙과 규칙을 잘 지켜 어떤 손해나 이익이 있었는지 제시하기
4) 그럼에도 불구하고 윤리적으로 행동하는 것이 왜 중요한지 제시하기

직업윤리란?

　　최근 기업 및 기관에서는 직업윤리를 강조하고 있다. 직업윤리가 지속적으로 성장할 수 있는 기업이나 기관이 되는 데 필수적인 요소로 자리 잡았기 때문이다. 비윤리적 경영으로 인해 기업이 고객과 멀어지는 사건들을 어렵지 않게 찾을 수 있다. 하지만 기관 및 기업이 제 아무리 윤리를 강조한다고 하더라도 개개인까지 윤리적으로 변화되는 것은 아니다. 개개인이 윤리적인 규범을 지키고, 그 연장선에서 직업의 특수한 상황에 따라 윤리적 규범을 지켜나가는 것이 진정한 지속 성장의 핵심이 될 것이다.

직업윤리의 구조

하위능력	정의	세부 요소
근로윤리	업무에 대한 존중을 바탕으로 근면·성실하고 정직하게 업무에 임하는 자세	• 근면성 • 정직성 • 성실성
공동체윤리	인간 존중을 바탕으로 봉사하며, 책임 있고, 규칙을 준수하며 예의 바른 태도로 업무에 임하는 자세	• 봉사 정신 • 책임 의식 • 준법성 • 직장 예절

직업윤리의 하위능력은 근로윤리와 공동체윤리로 구분된다. 근로윤리는 직업윤리와 같은 개념으로 업무에 임하는 태도와 연결된다고 볼 수 있다. 그에 따른 세부 요소로 근면성과 정직성, 성실성을 들 수 있다.

1) 근면성

근면하다는 것은 직장에서 정해진 시간을 준수하며 생활하고, 보다 부지런하고 능동적이며 적극적인 자세로 행동함을 의미한다. 근면의 종류를 강요당한 근면과 자진하는 근면으로 나눌 수 있는데, 당연히 우선해야 하는 것은 자진해서 근면한 태도를 보이는 것이다.

2) 정직성

정직함은 기업에서 개인에게 요구하는 매우 중요한 윤리성이다. 정직함은 서로에게 신뢰를 구축하게 하고 원칙 안에서 행동하게 한다. 자신이 하는 일에 편법이나 요령을 사용하지 않고 책임을 다하는 자세가 직업에서의 정직함이라고 볼 수 있다.

> **◀ 정직과 신용 구축을 위한 4가지 지침**
> ① 정직과 신뢰의 자산을 매일 조금씩 쌓아 가자.
> ② 잘못된 것도 정직하게 밝히자.
> ③ 부정직한 것과 타협하거나 눈감아 주지 말자.
> ④ 부정직한 관행은 인정하지 말자.

3) 성실성

취업준비생이 가장 많이 어필하는 자신의 강점 중 한 가지가 성실함이다. 흔한 만큼 중요한 역량이라 할 수 있다. 성실함은 아주 기본이기도 하지만 그만큼 지키기 힘든 것이기도 하다. 모두 자신을 성실한 사람이라고 표현하지만 그중에 정말 성실한 사람이 몇 명이나 될지는 의문이다. 성실한 자세는 단기적으로 생각하기보다는 장기적인 관점에서 생각해야 한다. 짧은 순간의 성실함이 아니라 꾸준한 성실함을 보여 줄 때 비로소 자신의 가치를 드러낼 수 있다.

공동체윤리로는 봉사, 책임, 준법, 직장 예절 등이 있다. 이는 공동체 속에서 함께 더불어 살아가기 위한 필수적인 노력이라고 볼 수 있다.

1) 봉사 정신

봉사활동 경험을 작성하라는 이력서를 본 경험이 있을 것이다. 이로 인해 봉사활동이 8대 스펙 안에 들기도 했을 정도다. 하지만 스펙을 쌓기 위한 봉사활동이 되어서는 안 된다. 직업윤리에서의 봉사 정신은 자신보다 고객의 가치를 최우선으로 하는 '서비스'의 개념이다. 항상 고객을 위해 봉사한다는 의식과 자세가 공동체윤리에서 말하는 봉사활동의 핵심이다.

2) 책임 의식

책임 의식은 자신이 맡은 일에 대한 책임이다. 모든 일은 자신의 행동으로부터 발생하기 때문에 책임을 다하는 자세가 중요하다. 자신이 만드는 제품, 자신이 맡은 업무에 대한 책임이 없다면 결국에는 사회의 기본 질서가 무너질 것이다. 책임감은 직업윤리뿐 아니라 리더십과 팀워크에서도 중요한 요소로, 공동체 생활에서 반드시 갖춰야 할 덕목이다.

3) 준법성과 직장 예절

공동체에서 법을 지킨다는 것은 매우 중요한 원칙이다. 개인적인 이유 때문에 법을 어기는 것은 합당하지 않다.

직장에서의 예절이란 동료와 고객과의 관계 속에서 보이는 예절이다. 기본적인 인사나 전화 예절 등도 직장 예절에 속한다. 팀원들과의 상호 관계 속에서 예절을 지켜 나가고, 고객과의 만남에서도 반드시 예절을 지켜야 한다.

| 근로윤리 | ⇐ | 개인윤리 | ⇒ | 공동체윤리 |

개인의 윤리를 중심으로 회사와 공동체에서 필요한 윤리성의 확장

'SERVICE'의 7가지 의미 ▶

- S(Smile&Speed): 서비스는 미소와 함께 신속하게 하는 것
- E(Emotion): 서비스는 감동을 주는 것
- R(Respect): 서비스는 고객을 존중하는 것
- V(Value): 서비스는 고객에게 가치를 제공하는 것
- I(Image): 서비스는 고객에게 좋은 이미지를 심어 주는 것
- C(Courtesy): 서비스는 예의를 갖추고 정중하게 하는 것
- E(Excellence): 서비스는 고객에게 탁월하게 제공되어야 하는 것

※ 『에듀윌 NCS 모듈학습 2021 Ver. 핵심요약집』 발췌

Q. 사회 봉사 및 이타적 행동 경험에 대해 기술하시오.

Q. 공직자로서의 직업윤리가 왜 중요한지 본인의 가치관을 중심으로 작성하여 주십시오.

Q. 원만한 직장 생활을 위해 필요한 태도나 매너, 직업관(직업윤리)의 중요성에 대해 본인의 가치관을 중심으로 작성하여 주십시오.

Q. 귀하가 최근 3년 이내에 공동(조직) 또는 타인의 이익을 위하여 나에게 예상되는 손해(피해)를 감수하고 일을 수행한 경험이 있다면 구체적으로 그 과정과 결과에 대하여 기술하여 주십시오.

Q. 본인이 현실과 타협하거나 편법을 사용하지 않고, 원칙대로 일을 처리해서 좋은 결과를 이끌어 냈던 구체적인 사례를 기술해 주시기 바랍니다.

Q. 공공기관의 직원으로서 가장 중요하게 여기는 가치는 무엇입니까? 본인이 그러한 가치에 부합한다고 인정받았던 사례를 기술해 주십시오.

Q. 공직자로서의 '직업윤리와 청렴'에 대한 의식, 경험에 대해 기술하십시오.

Q. 어떠한 일을 진행할 때, 원칙 준수와 일의 효율성 사이에서 갈등했던 경험에 대해 서술하고, 갈등 해결을 위해 구체적으로 어떠한 노력을 하였는지 기술하여 주십시오.

Q. 본인이 현실과 타협하거나 편법을 사용하지 않고, 원칙대로 일을 처리해서 좋은 결과를 이끌어 냈던 구체적인 사례를 기술해 주시기 바랍니다.

Best sample

스토리 구조	행동 키워드	예시 답안
S(상황) T(과제)		학교 축제 중 공간 사용에 대한 유혹을 뿌리치고 원칙대로 일을 처리한 경험이 있습니다. 학교 축제에서는 주점과 같은 매장이 많은 만큼 어디에서 무엇을 파느냐가 매출의 관건이었습니다. 이와 관련된 질서를 세우고자 교내 공간조정위원회가 설치되었을 만큼 축제 당시의 공간 사용은 굉장히 민감한 사항이었습니다. ❶저는 슬러시 기계를 대여하여 판매하는 사업을 진행하였고 저 또한 좋은 공간이 필요한 상황이었습니다.
A(행동)	·원칙 준수 ·정직함	❷이 과정에서 공간조정위원회에 속한 친한 후배가 좋은 공간을 내주겠다며 제안해 왔습니다. 개인적인 친분이 있었기 때문에 저를 배려하고자 한 행동이었습니다. ❸이 상황에서 저 또한 솔깃한 마음이 들었습니다. 하지만 저는 이러한 편법과 타협이 떳떳하지 못한 행동이라고 생각했습니다. ❹평소에도 편법을 통해서는 좋은 결과를 가져올 수 없다는 가치관을 가지고 있었기 때문입니다. 공정하게 자리를 배치하기 위해 공간조정위원회가 존재했던 만큼, 저는 편법을 쓰고 싶지 않았습니다.

◗ 합격 자소서 STEP

정직함을 발휘하기 힘들었던 상황 제시
❶ 편법을 사용할 수밖에 없었던 상황을 먼저 제시

윤리 · 도덕적 행동과 자신의 가치관
❷ 개인적인 친분으로 인한 편법을 제안 받음
❸ 당시 자신의 생각과 감정을 솔직히 노출
❹ 윤리 · 도덕적 상황에서 평소 자신의 가치관을 노출하면서 원칙에 대한 소신을 드러냄

R(결과)	책임감	❺이로 인해 좋은 공간을 배정받지는 못했지만 오히려 책임감을 가지고 노력한 결과, 공간적인 제약을 극복할 수 있는 다른 방법을 찾았습니다. 직접 배달해 주는 서비스를 제공하여 목표했던 매출액을 달성할 수 있었던 것입니다. 편법을 사용하거나 타협하기보다는 원칙대로 일을 처리함으로써 제 스스로도 떳떳할 수 있었습니다.

윤리 · 도덕적 행동의 긍정적 결과
❺ 편법을 사용하지 않았을 때 돌아오는 손해를 감수하기 위한 책임감

☑ **이런 경험 없나요?**

Check	경험을 떠올려 보세요
☐	올바른 일을 하면서 손해를 봤던 경험
☐	편법이나 요령을 사용하지 않고 주어진 일을 책임감 있게 수행한 경험
☐	원칙을 지키기 어려운 상황에서 끝까지 자신의 가치관을 지킨 경험
☐	원칙을 지켜서 좋은 결과로 이어진 경험

일찍 책장을 덮지 말라.
삶의 다음 페이지에서 또 다른 멋진 나를 발견할 테니.

– 시드니 셸던(Sidney Sheldon)

공기업 채용이 열리는
분야 및 기업별 NCS 자소서 작성법
(feat. 경험/경력기술서)

첫 문장이 열리는
주요 공기업
합격 자소서 STEP

※ 한국수출입은행, 울산항만공사, 한국가스공사, 한국마사회, 한국농수산식품유통공사, 한국방송광고진흥공사, 한국장학재단 합격 자소서는 에듀윌 도서몰(book.eduwill.net) 내 부가학습자료를 통해 PDF로 확인하실 수 있습니다.

1   소제목은 반드시 작성해야 하나요?

소제목은 반드시 작성하는 것이 좋습니다. 자기소개서는 소제목을 작성하여 읽는 사람이 전체 내용을 한 번에 가늠할 수 있도록 해야 합니다. 물론 소제목을 작성하지 않아도 서류 전형에 통과하는 데 큰 문제는 없습니다. 하지만 면접 과정에서 자기소개서를 바탕으로 질문하며 지원자를 평가하게 되는데 이때, 소제목이 큰 역할을 합니다. 단, 글자 수가 500자 이상이면 되도록 작성하는 것이 좋지만, 400자 이내인 경우에는 생략해도 괜찮습니다. 400자 정도는 소제목이 없어도 글을 한 번에 파악할 수 있을 만한 분량이기 때문입니다.

2   자기소개서를 작성하려면 경험이 많아야 하나요?

경험 부족을 호소하는 분들이 많습니다. 그동안 열심히 살아오긴 했지만, 이렇다 할 경험치를 쌓지 못했다는 생각은 대부분의 취준생들이 느끼는 감정일 것입니다. 하지만 경험의 퀄리티나 양은 그리 중요한 것이 아닙니다. 자기소개서에서 경험을 구체적으로 작성하기를 요구하는 것은 성취, 팀워크, 갈등, 문제해결의 상황 속에서 지원자가 어떻게 행동했는지를 보고자 하기 때문입니다. 따라서 경험의 소재가 얼마나 특별하고 전문적인가보다, 경험 안에서 어떤 행동을 했는지를 잘 작성하는 것이 우선입니다.

다만, 제시된 항목과 구체적인 연결성이 있는 경험을 작성해야 합니다. 여행을 다녀왔던 경험은 성취 경험으로 적절하지 않습니다. 혼자서 떠난 여행은 지원자의 입장에서는 도전이 될 수 있지만, 평가자의 관점에서는 놀다 온 것 정도로 보일 수 있기 때문입니다. 요약하자면 경험의 퀄리티나 양이 중요한 것은 아니지만 의도에 부합하는 경험 소재는 필요합니다.

3   같은 경험이 중복되어 작성되어도 괜찮은가요?

3~6개가량의 자기소개서 항목에서 많은 경험을 요구하다 보니 때론 경험이 중복될 수도 있습니다. 되도록 각기 다른 경험으로 자기소개서를 작성하는 것이 좋습니다. 같은 경험 소재가 반복되면 지원자의 역량이 부족해 보일 수 있기 때문입니다. 그러나 같은 활동이지만 경험한 내용이 다른 경우에는 작성하셔도 됩니다. 예를 들어 동아리 내에서 진행한 공모전 활동과 학술제 활동은 같은 동아리 활동이지만, 다른 경험이므로 각각 작성해도 문제가 없습니다.

4   스펙초월 전형에서 자기소개서는 형식적인 것 아닌가요?

아무래도 어느 정도의 성의만 갖추면 서류를 통과시키는 스펙초월 전형의 자기소개서는 필기시험 등에 비해 부담이 덜한 것이 사실입니다. 하지만 무성의하게 작성한 자기소개서는 면접에서 큰 걸림돌이 될 수 있습니다. 또한 자기소개서를 작성하는 과정에서 지원 기관에 대한 이해도가 생기기 마련이며, 자신이 무엇을 하고 싶은지, 왜 지원하게 되었는지가 명확해지게 됩니다.

5   자기소개서 작성에 있어서 글쓰기 능력이 큰 영향을 줄 수 있나요?

자기소개서를 작성하면서 글쓰기 능력의 부족함을 호소하는 경우가 많습니다. 하지만 자기소개서는 자신에 대한 보고서라고 생각하는 게 좋습니다. 화려한 수사적 표현이나 평가자의 이목을 끌만한 세련된 문장을 자기소개서에 작성하는 게 중요한 것이 아닙니다. 그보다는 자신의 경험을 항목별 키워드에 맞춰 핵심을 간결하게 제시하는 것이 필요합니다. 자기소개서를 보고서라고 생각한다면 일정한 양식이 있고, 패턴이 있을 것입니다. 자기소개서 글쓰기의 이러한 특성을 이해하면 글 솜씨가 부족하더라도 충분히 매력적으로 작성할 수 있습니다.

6   자기소개서를 토대로 면접에서 꼬리 질문을 하는 경우가 많던데 어떤 부분에서 질문을 하나요?

자기소개서를 다 읽어보고 질문하는 경우도 있지만 대체로 자기소개서를 전체적으로 훑고, 눈에 잘 보이는 내용을 위주로 질문하는 경우가 많습니다. 소제목 부분과 첫 문장, 그리고 마지막 문장이 면접관의 시선이 잘 가는 부분입니다. 따라서 두괄식으로 자기소개서를 작성하는 것, 마지막에 경험과 역량에 대한 마무리 문장을 잘 작성하는 것이 중요합니다.

특히, 자기소개서에서는 경험을 통해 느낀 당시의 생생한 생각과 감정이 잘 노출되지 않는 경우가 많으므로 자기소개서에서 표현하지 못한 당시의 상황, 감정, 느낀 점 등을 잘 정리해서 면접에 임하시기 바랍니다. 더불어 자기소개서는 내용을 함축적으로 작성하기 때문에 미처 쓰지 못한 구체적인 디테일에 대해서도 질문이 나올 수 있습니다. 예를 들어 판매 경험을 작성했다면 당시 수익은 얼마였는지, 어떻게 판매했는지, 왜 그렇게 하려고 했는지에 대한 디테일을 정리하시기 바랍니다.

1) 한국철도공사

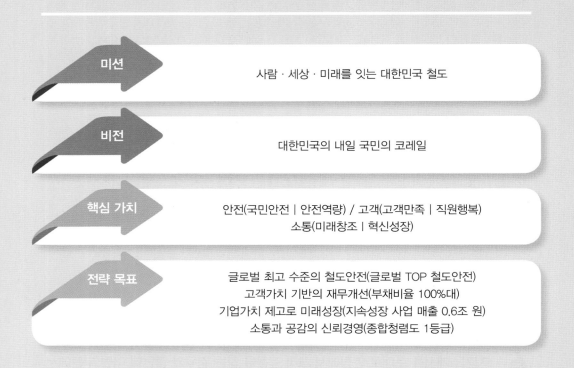

미션

사람 · 세상 · 미래를 잇는 대한민국 철도

비전

대한민국의 내일 국민의 코레일

핵심 가치

안전(국민안전 | 안전역량) / 고객(고객만족 | 직원행복)
소통(미래창조 | 혁신성장)

전략 목표

글로벌 최고 수준의 철도안전(글로벌 TOP 철도안전)
고객가치 기반의 재무개선(부채비율 100%대)
기업가치 제고로 미래성장(지속성장 사업 매출 0.6조 원)
소통과 공감의 신뢰경영(종합청렴도 1등급)

인재상

1 사람지향 소통인

사람 중심의 사고와 행동을 하는 인성, 열린 마인드로 주변과 소통하고 협력하는 인재

2 고객지향 전문인

고객만족을 위해 지속적으로 학습하고 노력하는 인재

3 미래지향 혁신인

한국철도의 글로벌 경쟁력을 높이고 미래의 발전을 끊임없이 추구하는 인재

※ 기업 소개 정보는 변경될 수 있습니다. 정확한 사항은 기업 홈페이지를 참고해 주세요.

한눈에 보는 자소서 특징

한국철도공사는 스펙초월 전형으로 진행되기 때문에 자기소개서에 대한 부담이 적다. 하지만 그렇다고 대충 작성해도 된다는 것은 아니다. 향후 면접에서 매우 중요한 역할을 하기 때문에 심혈을 기울여 작성해야 한다.

한국철도공사 자기소개서 항목의 핵심은 소통과 협력을 강조한다는 것이다. 한국철도공사는 많은 고객이 이용하는 시설이기 때문에 다양한 사람과 함께 소통하고 협력하여 목표를 달성하는 것이 중요하다. 자기소개서 각 항목의 작성 요구분량이 많지 않으므로 장황한 설명은 줄이고 핵심만 간결하게 작성할 수 있도록 한다.

한눈에 보는 기출 자소서 항목(2022년 상반기)

1. 한국철도에 지원하게 된 동기와 입사 후 10년 뒤 지원직무와 관련한 본인의 진로계획에 대해서 작성해 주십시오.(600byte 이상 1,000byte 이내)

2. 한국철도의 인재상(소통인, 전문인, 혁신인) 중 지원자에 부합하는 인재상은 무엇인지와 그 이유를 본인의 경험을 바탕으로 구체적으로 작성해 주십시오. (600byte 이상 1,000byte 이내)

3. 지원한 분야에서 타인과 차별화된 본인만의 경쟁력은 무엇이며, 그 이유가 무엇인지를 지원직무 분야와 관련한 사례 또는 경험을 바탕으로 작성해 주십시오.(600byte 이상 1,000byte 이내)

4. 한국철도의 일원이 되어 업무를 수행하는 데 있어서 가장 중요한 직업윤리가 무엇인지, 해당 직업윤리가 왜 중요한지 본인의 경험을 바탕으로 작성해 주십시오.(600byte 이상 1,000byte 이내)

Q. 한국철도에 지원하게 된 동기와 입사 후 10년 뒤 지원직무와 관련한 본인의 진로계획에 대해서 작성해 주십시오.

기출 항목 분석
&작 성 노 하 우 ──────────────────➤ [지원동기 + 조직이해능력]

　코레일 지원동기와 10년 뒤의 진로계획을 함께 작성하는 항목이다. 앞으로 이러한 항목이 나오면 10년 뒤의 목표가 먼저 드러나야 한다는 점을 기억하자. 전체적인 방향성은 입사 후 10년 뒤에 코레일에서의 목표가 있기 때문에 지원하게 되었다는 서술이 나와야 한다.

　입사 후 10년 뒤의 진로계획을 설정하기 위해서는 코레일의 [전략과제]를 잘 확인해야 한다. 코레일의 향후 전략과제와 자신의 진로계획이 일치할 때 조직의 가치와 개인의 가치가 맞아떨어진다고 파악되기 때문이다. 더불어 코레일 입사 후 보직 경로도 함께 파악해 보기 바란다.

[자료1] 2022 한국철도공사 전략과제

최적의 철도안전·방역체계 정립	고품질 철도서비스 확대	미래 핵심기술 내재화	디지털 기반의 열린경영 실현
철도 안전운행 인프라 구축	내부자원 생산성 향상	남북철도 및 지속성장사업 확대	상호존중의 조직문화 구축

ESG 경영			
공공 안전서비스	친환경 서비스 강화	사회적가치 실현	윤리경영 강화

[자료2] 한국철도공사 입사 후 보직경로

분야	담당업무	입사 후 보직경로
사무영업	일반사무, 전산, 여객, 화물영업, 열차조성	역무원, 여객전무, 부역장, 역장, 지역본부, 본사
운전	동력차 운전	부기관사, 기관사, KTX기장, 운용팀장, 소장, 지역본부, 본사
차량	철도차량의 정비	차량관리원, 기술원, 차량관리장, 차량팀장, 소장, 지역본부, 본사
토목	선로시설물의 유지 보수	시설관리원, 기술원, 시설관리장, 시설팀장, 소장, 지역본부, 본사
전기통신	전기통신 시설 및 신호제어설비의 유지 보수	전기원, 기술원, 선입전기장, 전기팀장, 소장, 지역본부, 본사
건축	건축시설물 유지 보수 등	건축원, 기술원, 선임건축장, 건축팀장, 소장, 지역본부, 본사

Best sample

기 출 항 목
합 격 가 이 드 ➤ ① 사무 직렬 Ver.

Q. 한국철도에 지원하게 된 동기와 입사 후 10년 뒤 지원직무와 관련한 본인의 진로 계획에 대해서 작성해 주십시오.

　한국철도공사에서 저의 10년 뒤의 모습은 디지털 기반의 서비스를 제공할 수 있는 역량을 갖추는 것입니다. 향후 한국철도공사는 디지털 기반의 스마트 서비스를 구축하여 더 나은 고객서비스 경험을 창출할 것으로 기대됩니다. 따라서 저는 이와 관련한 역량을 향상해 한국철도공사가 추구하는 스마트 철도에 기여하고자 지원하게 되었습니다. 이와 관련하여 제가 가진 진로 계획은 다음과 같습니다.

　첫째, 입사 후 5년 내 통계, 데이터 분석 역량을 완벽히 구축하겠습니다. 고객 성향 분석, 마케팅 전략 수립, 행정의 효율성을 고려했을 때, 데이터 분석에 대한 역량은 매우 중요한 경쟁력이 될 것입니다. 따라서 저는 이와 관련한 교육과 자격을 취득하고 업무 활용성을 높이는 데 주력하겠습니다.

　둘째, 10년 뒤에는 이를 바탕으로 본사 고객마케팅단의 서비스 혁신처에서 근무하고 싶습니다. 데이터 기반의 스마트 서비스를 기획하여 수많은 고객이 이용하는 철도서비스의 만족도 향상에 기여하고 싶습니다.

Best sample

기 출 항 목
합 격 가 이 드 ➤ ② 차량 직렬 Ver.

　한국철도공사의 차량 담당자로서 10년 뒤 달성하고 싶은 목표가 있다면 전동, 일반, 고속에 이르는 다양한 차량의 정비 전문가로서 성장하는 것입니다. 고객의 안전을 위해 가장 중요한 것은 차량 그 자체에 대한 안전성을 강화하는 것이라 생각합니다. 안전한 철도의 핵심인 차량의 유지보수를 통해 코레일의 안전 경영에 기여하고자 지원하게 되었습니다. 이를 위한 실천 계획은 다음과 같습니다.

　첫째, 입사 후 5년 차까지는 차량 관리원으로서 차량 유지보수 업무에 대한 정비 기준을 숙지하고 이와 관련하여 신뢰성 관리와 품질 검사에 대한 전문성을 강화하겠습니다.

　둘째, 입사 후 10년 차에는 차량 관리장으로서 고속철도에 대한 차량관리 전문성을 확보하겠습니다. 이를 바탕으로 ESG 기준에 맞춰 탄소 중립, 안전차량 관리를 책임질 수 있는 자리에서 기술 전문성과 안전 전문성을 동시에 확보할 수 있는 엔지니어로서의 성장을 기대하고 있습니다.

Q. 한국철도의 인재상(소통인, 전문인, 혁신인) 중 지원자에 부합하는 인재상은 무엇인지
와 그 이유를 본인의 경험을 바탕으로 구체적으로 작성해 주십시오.

기 출 항 목 분 석
&작 성 노 하 우 ⟶ [인재상 + 의사소통능력 + 문제해결능력]

한국철도의 인재상인 소통인, 전문인, 혁신인이 어떤 모습인지 파악해 볼 필요가 있다.

〈소통인〉은 사람 중심의 사고와 행동을 하는 인성, 열린 마인드로 주변과 소통하고 협력
하는 인재를 의미한다. 따라서 소통의 과정에서 열린 마인드를 가지고 서로 다름을 받아들였
던 경험을 바탕으로 작성해야 한다.

〈전문인〉은 내외부 고객의 만족을 위해 지속적으로 학습하고 노력하여 담당 분야의 전문
성을 갖춘 인재이다. 전문성의 목적이 고객을 향해 있음을 유념하여 작성해야 한다.

〈혁신인〉은 코레일의 글로벌 경쟁력을 높이고 현실에 안주하지 않고 끊임없이 발전을 추
구하는 인재이다. 이는 새로운 시도와 변화를 추구하는 모습으로 해석된다. 문자 그대로의
해석보다는 어떤 의미를 내포하고 있는지 확인하여 작성해야 한다.

🎓 Best sample

기 출 항 목
합 격 가 이 드 ⟶ ① 소통인 Ver.

Q. 한국철도의 인재상(소통인, 전문인, 혁신인) 중 지원자에 부합하는 인재상은 무엇
인지와 그 이유를 본인의 경험을 바탕으로 구체적으로 작성해 주십시오.

한국철도공사의 인재상 중 저와 가장 부합하는 것은 소통인입니다. 이러한 소통을
실현했던 경험 중 하나는 관광 관련 분야의 인턴 경험이었습니다. 당시 '지역관광 활
성화'라는 주제를 바탕으로 5명의 팀원이 함께 프로젝트를 진행하였습니다. 프로젝
트 진행 중 지역 내의 관광지를 선정하는 과정에서 마찰이 발생하였습니다. 저는 제
입장만이 아닌 모두의 의견이 반영될 수 있도록 열린 자세로 소통하였습니다. 이에
따라 당시 지역 명소가 아닌 삶이 묻어나는 시장 등을 관광지로 선정하였습니다. 더
불어 관광 활성화에 대한 중요 목표로서 코로나19로 인해 어려움을 겪고 있는 관광
지역 인근의 숙박 업주 및 상인들도 고려해야 한다는 추가 의견을 수렴하여 '시장,
숙박업소, 지역 상인을 고려한 관광 협력체계 구축'을 프로젝트 주제로 선정하게 되
었습니다. 그 결과 모두가 윈-윈 할 수 있는 대안을 도출하여 20페이지 분량의 관광
활성화 관련 기획안을 완성하여 제출할 수 있었습니다.

Best sample

기 출 항 목
─────────────── ➤ ② 전문인 Ver.
합 격 가 이 드

　한국철도공사의 인재상 중 저와 가장 부합하는 것은 전문인입니다. 현재 한국철도의 사업은 스마트 철도, 언택트 서비스의 확대 등 IT 기반의 서비스를 제공하기 위해 노력하고 있습니다. 저는 이러한 부분에서 고객 만족을 위해 IT에 대한 기본 역량과 컴퓨터활용능력, 데이터 분석 능력이 고객에게 스마트한 서비스를 제공하는 데 필요한 핵심역량이라고 생각합니다.

　저는 IT와 관련된 역량을 향상하기 위해 K-mooc에서 진행하는 빅데이터 교육을 이수하였습니다. 이후 앱 개발 공모전에 참가하여 최근 이슈인 언택트 기반의 홈트레이닝 서비스 앱을 기획하는 데 참여하였습니다. 이 과정에서 홈트레이닝에 대한 유저들의 요구사항을 분석함으로써 전문가와 유저를 1:1로 매칭하는 홈트레이닝 서비스를 제시할 수 있었습니다. 이러한 데이터 분석 능력은 결국 코레일의 고객 맞춤형 서비스를 기획·제시하는 데 활용되어 스마트 철도를 만들어가는 데 기여할 수 있을 것이라 기대합니다.

Best sample

기 출 항 목
─────────────── ➤ ③ 혁신인 Ver.
합 격 가 이 드

　저는 한국철도공사의 혁신인에 부합하는 인재라고 생각합니다. 4차 산업혁명을 기반으로 한국철도공사도 미래 사업을 준비하고 있습니다. 특히 차량 부분에서는 스마트 철도 안전 강화를 위해 노력하고 있으며, 사물인터넷과 인공지능 관련 서비스를 지속적으로 개발하고 있습니다. 한국철도공사의 안전을 책임지는 차량 담당자로 성장하기 위해 제 전공 이외에 타 전공자들과 함께 다수의 프로젝트를 진행해 왔습니다.

　특히 IT 분야의 전공자들과 함께 아두이노를 이용한 스마트 제어 시스템을 구축하는 경험을 통해서 스마트 팩토리 공모전에 참여한 적이 있습니다. 당시 저로서는 생소했던 개발 언어인 C언어를 공부해야 했고, 사물인터넷과 네트워크에 대한 지식도 필요한 상황이었기 때문에 따로 스터디를 할 정도로 노력하고 준비하였습니다. 그리고 이를 통해 스마트 팩토리 공모전에서 금상을 수상할 수 있었습니다. 새로운 혁신의 과정에서 제가 해야 할 영역을 넘어 더 나은 발전을 추구해 나가겠습니다.

한국철도공사

Q. 지원한 분야에서 타인과 차별화된 본인만의 경쟁력은 무엇이며, 그 이유가 무엇인지를 지원직무 분야와 관련한 사례 또는 경험을 바탕으로 작성해 주십시오.

기출 항목 분석
&작성 노하우 ⟶ [자기개발능력 + 기술능력]

차별화된 경쟁력이란 무엇일까? 남들보다 조금이라도 더 잘할 수 있는 영역을 의미한다. 따라서 남에게 없는 경쟁력이 아니라 지원직무에서 요구하는 지식, 기술, 경험, 태도 등에서 본인이 이것만큼은 가장 잘할 수 있다는 점을 어필하도록 한다. 자신의 강점이 어떻게 지원직무에서 활용될 수 있는지도 함께 작성하면 좋다.

차별화된 강점의 예시는 다음과 같다.

1) 제가 가진 차별화된 경쟁력은 일정관리 능력입니다. 저는 체계적으로 계획을 세워 기간 내에 업무를 마무리하는 능력을 갖추고 있습니다.
2) 적극적인 문제해결능력을 갖추고 있습니다. 저는 어떤 문제에 대해서 논리적으로 원인을 분석하고 해결하는 것에 능숙합니다.
3) 저는 고객 응대 능력에 대해서만큼은 주변에서도 인정받는 차별화된 경쟁력을 확보해 왔습니다.
4) 팀 내 화합과 협력체계를 구축하는 데 있어 차별화된 능력이 있습니다.
5) 정확한 업무처리 능력을 보유하고 있습니다.

기 출 항 목
직 접 써 보 기 ⟶

Best sample

기 출 항 목
합 격 가 이 드 ──➤ ① 사무 직렬 Ver.

Q. 지원한 분야에서 타인과 차별화된 본인만의 경쟁력은 무엇이며, 그 이유가 무엇인지를 지원직무 분야와 관련한 사례 또는 경험을 바탕으로 작성해 주십시오.

    사무영업 업무에서 가장 중요하게 생각하는 능력은 바로 창의적 사고라고 생각합니다. 그 이유는 한국철도공사의 전략과제를 볼 때 더 나은 여객서비스 실현을 위해 기존의 여객서비스를 개선하여 고객에게 더 나은 만족을 드려야 하기 때문입니다.

    이와 관련한 역량을 기르기 위해서 저는 다수의 마케팅 공모전과 내부 팀 조직의 개선을 위해 노력하였습니다.

    우선 창의적인 사고와 태도는 다양한 기획을 통해서 다져질 수 있다는 생각에 마케팅 공모전, 창업 아이디어 공모전 등에 참가하였습니다. 이 과정을 통해 라이브 커머스 기반의 창업 아이디어 공모전에서 수상할 수 있었습니다. 그뿐만 아니라 속해 있는 조직에서 운영 방식을 다수 개선했습니다. 동아리 신입부원 모집에서는 틱톡 15초 자기소개 방식을 적용하여 창의적인 멤버를 선발하고자 했던 요구사항에 부합하도록 하였습니다. 앞으로도 이러한 창의력을 바탕으로 사무영업에서 지속적으로 여객서비스를 개선해 나갈 수 있도록 노력하겠습니다.

Best sample

기 출 항 목
합 격 가 이 드 ──➤ ② 차량 직렬 Ver.

    차량 직무에서 가장 중요하게 생각하는 능력은 바로 유지보수에 대한 역량이라고 생각합니다. 규정과 지침에 따라 차량을 관리하고 사전에 결함을 파악하여 개선하는 것이 한국철도공사가 가장 중요하게 생각하는 안전을 만들어가는 핵심 경쟁력이 될 수 있기 때문입니다. 또한, 현재 유지보수의 첨단화를 위해 첨단기술을 접목하고 있기 때문에 스마트 유지보수를 위한 신기술에 대한 이해도도 필요하다고 생각합니다.

    저는 이와 관련해 6개월 동안 유지보수와 관련된 지식 중 계측기 관련 교육을 통해 측정 및 시험기기에 대한 사용 절차 지식을 함양하였습니다. KS Q ISO/IEC 17025 운영실무 교육(품질검사의 표준 매뉴얼화, 시험과정의 시스템화), 측정불확도 추정 교육(시험/교정)을 이수하였습니다.

    더불어 신기술 습득을 위해 파이썬과 R을 공부하는 스터디 모임을 운영하였습니다. 데이터 기반의 유지보수 업무 수행에 대해 향후 신기술을 적용하여 보다 정확한 유지보수가 가능하게 함으로써 글로벌 수준의 안전 철도가 될 수 있도록 노력하겠습니다.

Q. 한국철도의 일원이 되어 업무를 수행하는 데 있어서 가장 중요한 직업윤리가 무엇인지, 해당 직업윤리가 왜 중요한지 본인의 경험을 바탕으로 작성해 주십시오.

기출 항목 분석
&작성 노하우 ⟶ [직업윤리]

  직업윤리와 같은 항목은 자기소개서에 자주 반복되어 나타나는 항목이다. 기본적인 경험과 자신의 가치관을 미리 정리해 놓을 필요가 있다는 것이다. 하지만 단순히 직업윤리나 청렴으로만 접근하는 방식은 지양한다. 특히 '한국철도공사의 일원이 되어' 라는 전제가 있는 직업윤리 항목은 한국철도공사의 가치를 파악하여 작성해야 한다. 한국철도공사의 윤리적 지향점과 자신의 윤리적 지향점이 같음을 드러나도록 작성한다.

기 출 항 목
직 접 써 보 기 ⟶

Q. 한국철도의 일원이 되어 업무를 수행하는 데 있어서 가장 중요한 직업윤리가 무엇인지, 해당 직업윤리가 왜 중요한지 본인의 경험을 바탕으로 작성해 주십시오.

한국철도공사의 일원으로서 필요한 직업윤리는 상생하는 마인드라고 생각합니다. 한국철도공사는 여객을 대상으로 하는 사업뿐 아니라 광역철도, 물류, 해외사업, 자산개발에 이르기까지 다양한 분야에서 사업을 진행하고 있는 공기업입니다. 따라서 관련된 협력 업체, 지역, 개인 고객 모두가 만족할 수 있는 청렴 수준과 공익적 자세로 상생을 만들어가는 것이 필요하다고 생각합니다.

저는 이와 관련된 역량을 단과 대학 학생회장 경험을 통해서 발휘하였습니다. 코로나19로 인해 학교 근처의 상가들이 어려움에 처해 있는 상황이었습니다. 그리고 저는 학교에서 신입생과 재학생 대상의 온라인 수업 및 라이브 방송을 통해 교내 시설과 교육 프로그램을 알리는 홍보를 지속하고 있다는 정보를 알게 되었습니다. 그래서 온라인 강의 또는 라이브 방송을 통해 학교 앞 상가에서 미리 구입한 이용 쿠폰을 이벤트 당첨자에게 제공하자는 아이디어를 제시하였습니다. 이러한 상생 전략은 학생과 상가 모두에게 도움이 될 수 있는 방안이었습니다.

한국철도공사에서 가장 중요하게 생각해야 할 가치는 안전이라고 생각합니다. 안전을 지키기 위한 책임감과 규칙을 준수하는 태도는 매우 중요한 윤리적 태도라고 생각합니다. 저는 이 2가지의 행동 양식을 철저히 준수하고자 노력해 왔습니다.

우선 책임감 있는 태도입니다. 자동차 생산 공장에서 일할 당시 공정상의 작은 문제가 있었습니다. 품질에 문제는 없지만 지속하여 작은 흠이 발생할 수 있는 상황이었습니다. 저는 단기 아르바이트일 뿐이라는 책임감 없는 태도가 아니라 공정상 문제에 대해 책임자에게 설명함으로써 이를 해결하는 데 기여하였습니다.

다음으로는 정해진 규칙과 원칙을 따르는 태도입니다. 저는 편법이나 요령보다는 규칙과 원칙에 따라 행동하고자 노력해 왔습니다. 특히 농구동아리 운영 시 친분을 고려하지 않고 실력 위주의 선발 원칙에 따라 동아리를 운영함으로써 대회를 우승으로 이끌었습니다. 이러한 태도를 바탕으로 안전에 대해서만큼은 책임과 규칙을 철저히 수행하는 한국철도공사의 직원이 되겠습니다.

2) 한국수자원공사

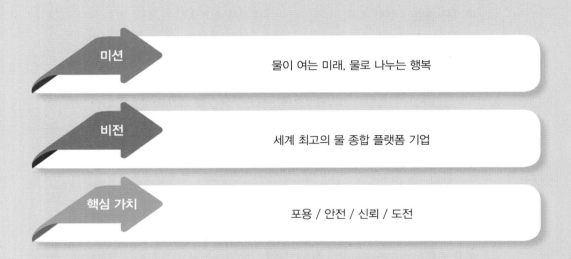

미션 물이 여는 미래, 물로 나누는 행복

비전 세계 최고의 물 종합 플랫폼 기업

핵심 가치 포용 / 안전 / 신뢰 / 도전

인재상

1 내실人

선택과 집중을 통해 핵심역량을 강화하고 효율적이며 생산적인 업무방식을 지향하는 인재

2 혁신人

창의적 사고와 한계를 뛰어넘는 과감한 도전의식을 지닌 미래 지향적 인재

3 신뢰人

청렴과 공익정신을 기반으로 국민 물복지 실현에 굳은 책임감을 지닌 인재

※ 기업 소개 정보는 변경될 수 있습니다. 정확한 사항은 기업 홈페이지를 참고해 주세요.

한눈에 보는 자소서 특징

한국수자원공사는 대인관계능력, 조직이해능력 등의 직업기초능력부터 인재상에 이르기까지 다양하게 자기소개서 항목을 구성하고 있어 지원자에 대한 요구수준이 매우 높다. 특별히 한국수자원공사의 사업을 이해해야 쓸 수 있는 항목은 없지만, 각 영역에서 요구하는 항목이 다른 기관과는 다른 특성을 보이는 것(직업윤리, 자원관리능력 관련 항목)도 있기 때문에 자소서 항목을 잘 파악하고 작성할 수 있도록 노력해야 한다.

한눈에 보는 기출 자소서 항목(2022년 상반기)

1. 자신이 지원한 분야에서 뛰어난 전문가가 되기 위해 기울이고 있는 노력에 대해 구체적으로 서술해주십시오.(최대 500자)

2. 다른 사람들과 함께 일을 했던 경험에 대해 설명하고, 그 경험 속에서 팀워크 형성과 협업을 이루기 위해 구체적으로 어떠한 노력을 하였는지 서술해주십시오.(최대 500자)

3. 중요한 일을 처리할 때 어떠한 방식으로 계획을 세워서 일을 처리하는지에 대해 개인적 경험을 기반으로 구체적으로 서술해주십시오.(최대 500자)

4. 어떠한 일을 진행할 때 원칙 준수와 일의 효율성 사이에서 갈등했던 경험에 대해 서술하고, 갈등 해결을 위해 구체적으로 어떠한 노력을 하였는지 서술해주십시오.(최대 500자)

5. K-water에 입사지원한 동기 및 입사 후 실천하고자 하는 목표를 K-water 인재상(포용, 안전, 신뢰, 도전) 중 자신과 가장 부합하는 역량과 결부시켜 작성해주십시오.(최대 500자)

Q. 자신이 지원한 분야에서 뛰어난 전문가가 되기 위해 기울이고 있는 노력에 대해 구체적으로 서술해주십시오.

기출 항목 분석
&작성 노하우 ──────────────────────────────▶ [자기개발능력]

직무기술서에는 지원자에게 필요로 하는 지식, 기술, 태도에 대한 내용이 기재되어 있는데, 전문성은 태도를 제외하고 지식과 기술에 관한 내용으로 작성한다. 특히 사무직에는 경영기획, 인사, 회계, 법무, 해외사업 등 다양한 업무가 있는데, 이때 특정 직무를 선택해서 역량을 작성해야 하는지 아니면 자신이 가진 역량에 부합하면 직무의 구분과 상관없이 작성해도 되는지 궁금해하는 경우가 있다. 결론적으로 말하면 특정한 직무에 맞춰 작성해야 하는 것은 아니고, 자신의 역량에 부합하는 것이 있으면 준비한 노력에 맞춰 작성하면 된다.

기 출 항 목 ──────▶
직 접 써 보 기

기 출 항 목
합 격 가 이 드 ➡

Q. 자신이 지원한 분야에서 뛰어난 전문가가 되기 위해 기울이
고 있는 노력에 대해 구체적으로 서술해주십시오.

[전문성 강화를 위한 노력: 물 산업 PM 교육과정 이수부터 설계
시공, 파이낸싱까지]

환경을 전공한 뒤, 물 산업에 대한 보다 전문적인 교육이 필
요함을 느끼게 되었습니다. ❶장기적으로 한국수자원공사는
물 산업 관련 대외 협력 및 해외사업을 진행하는 과정에서 PM
으로서의 역할을 담당할 수 있는 역량을 필요로 한다고 판단
하였습니다. 이와 더불어 환경공학도로서 부족했던 비즈니스
영역(파이낸싱, 기획) 등의 분야도 배울 수 있다는 점을 고려
하여 전문성을 함양하겠다는 목표를 가지고 교육을 듣게 되었
습니다.

저는 교육을 들으며 1) 물 산업 기초를 통해 프로젝트 전반
의 흐름에 따른 프로세스를 숙지할 수 있었습니다. 2) 비즈니
스 영역에서는 NCS 기반의 경영 · 회계 · 사무 영역을 학습하
고 직업기초능력에 따른 교육을 이수하여 운영역량 또한 향상
하였습니다. 3) 최종적으로는 물 산업 동향과 매니지먼트 역
량을 향상하기 위한 교육을 차례로 이수하며 장기적으로
물 산업 PM으로서의 역할을 증대하기 위해 준비하였습니다.
❷이러한 노력을 바탕으로 발전시켜 온 저의 능력은 향후 물
융합 서비스의 물 산업 오픈 플랫폼 구축에 크게 기여할 수 있
을 것이라고 자신합니다.

> ❂ **합격 자소서 STEP**
>
> ❶ 어떤 목표를 가지고 전문성을 쌓아
>   왔는지 설명
> ❷ 자신의 전문성이 한국수자원공사에
>   어떻게 기여할 수 있는지 작성

한국수자원공사

Q. 다른 사람들과 함께 일을 했던 경험에 대해 설명하고, 그 경험 속에서 팀워크 형성과 협업을 이루기 위해 구체적으로 어떠한 노력을 하였는지 서술해주십시오.

기출 항목 분석
&작성 노하우　　　　　　　　　　　　　　　　　　　⟶　[대인관계능력]

　팀워크 능력은 가장 빈번하게 출제되는 자소서 항목이다. 팀워크는 다양한 배경을 가진 사람들끼리 모여 공동의 목표를 달성해 나가는 과정이다. 따라서 구체적인 목표가 제시되어야 하며 목표 달성을 위해 자신이 어떻게 기여했는지가 잘 드러나야 한다. 단순한 '협조'가 아니라 '협력'임을 명심하도록 하자.

　협업을 이루는 구체화된 과정의 키워드는 공동의 목표 인식, 자신의 역할에 대한 책임감, 더 많은 것을 하려는 헌신적인 태도, 이를 기반으로 목표 달성에 얼마나 기여했는지 등이다. 협력적 태도를 작성할 때 실수하지 말아야 할 것은 '소통 중심의 서술'이다. 단순히 소통했다는 내용보다는 자신의 역할을 통해 팀의 목표 달성에 어떻게 기여했는가를 잘 드러내야 한다.

기 출 항 목
직 접 써 보 기　　⟶

Q. 다른 사람들과 함께 일을 했던 경험에 대해 설명하고, 그 경험 속에서 팀워크 형성과 협업을 이루기 위해 구체적으로 어떠한 노력을 하였는지 서술해주십시오.

[환경 지킴이 우수 서포터즈로 선발되기 위한 팀워크 역량 발휘]

환경 지킴이 서포터즈 활동을 통해서 팀워크를 형성하고, 협업을 이루었던 경험이 있습니다. 당시 서포터즈의 목표는 우수 서포터즈 선정이었고, 이를 위해 제가 맡았던 역할은 환경 문제가 발생하는 곳에 취재를 나가는 것이었습니다. 이 활동은 팀원들 간의 호흡이 매우 중요한 일이었습니다.

저는 팀워크를 형성하기 위해 우선 공동의 목표를 명확히 하였습니다. 환경 문제가 발생한 곳에 대한 알리미 활동을 통해 지역 환경을 보호할 수 있고, 열정적인 서포터즈 활동을 통해 우수 서포터즈로 선발되는 결실을 맺을 수 있다는 사실을 팀원들에게 명확히 인지시켰습니다.

다음으로는 협업의 체계를 만들었습니다. 이를 위해 업무를 기준에 따라 확실하게 분담하였습니다. 이에 환경 문제가 발생하는 지역을 직접 탐방하는 팀과 기사 자료 수집 및 환경과 관련 법조항을 조사하는 팀을 구분하였고, 기사 작성은 다 같이 모여서 진행하는 방식으로 협업 체계를 구축하였습니다. 또한 팀원 개개인에게 팀에 꼭 필요한 역할을 부여하여 책임을 강조하였습니다. 이렇게 공동의 목표와 책임 의식을 바탕으로 각자의 역할을 수행할 수 있었고, 그해 우수 서포터즈로 선정되는 좋은 결과도 이뤄냈습니다.

한국수자원공사

Q. 중요한 일을 처리할 때 어떠한 방식으로 계획을 세워서 일을 처리하는지에 대해 개인적 경험을 기반으로 구체적으로 서술해주십시오.

기출 항목 분석
&작성 노하우 ──────────────────▶ [자원관리능력]

중요한 일을 처리할 때는 1) 선택과 집중 2) 인력 활용을 통한 업무의 위임 3) 불필요한 업무 삭제 4) 자투리 시간 확보 등을 통해 완성도를 높일 수 있다. 중요한 일과 그렇지 않은 일을 구분하고, 혼자서 다 할 수 없는 일에 대해서는 도움을 요청함으로써 목표를 달성할 수 있다.

기 출 항 목
직 접 써 보 기 ──────▶

기 출 항 목
합 격 가 이 드 ➡

Q. 중요한 일을 처리할 때 어떠한 방식으로 계획을 세워서 일을 처리하는지에 대해 개인적 경험을 기반으로 구체적으로 서술해주십시오.

[졸업 프로젝트 진행, 시간과 인력 계획을 통해 목표 달성의 효율을 높이다]

중요한 일을 처리해야 할 때 저는 우선 시간 분배와 인력 분배에 대한 계획을 세웁니다. 중요한 일일수록 정해진 시간 내에 완료해야 하는 경우가 많기 때문입니다. 더불어 중요한 일에 집중하기 위해서는 덜 중요한 일은 누군가에게 요청하거나 분배해서 일을 처리하는 것이 효율적이라고 생각합니다.

졸업 작품 프로젝트를 진행하면서 이러한 방식으로 중요한 일을 처리했던 경험이 있습니다. 한 학기 동안 준비하는 졸업 프로젝트였던 만큼 장기간의 계획이 필요했고, 그 과정에서 과목별 프로젝트와 근로장학생 활동 등 여러 일을 병행해야 했습니다. ❶저는 가장 중요한 일 1순위로 졸업 프로젝트를 선정하고, 긴급하고 간단한 일들은 즉시 해결해서 향후에 문제가 되지 않도록 계획을 세웠습니다. 또한 자투리 시간을 활용하여 졸업 프로젝트에 대해서 정리하고 자료를 찾아 부족한 시간을 보충하였습니다.

그러나 그렇게 하더라도 제가 모든 일을 다 처리할 수는 없었기 때문에 ❷과목별 프로젝트에서 팀원에게 위임할 수 있는 일과 그렇지 않은 일을 구분하여 팀원과 균등하게 업무를 분담하였습니다. 근로장학생 활동은 다른 근로장학생과 근무 시간을 조율함으로써 보다 효율적으로 계획을 이행해 나갈 수 있었습니다.

> **합격 자소서 STEP**
>
> ❶ 긴급성과 중요성을 기준으로 한 시간자원 관리
> ❷ 인력 재배치, 업무 부탁 등을 통한 인적자원 관리

한국수자원공사

Q. 어떠한 일을 진행할 때 원칙 준수와 일의 효율성 사이에서 갈등했던 경험에 대해 서술하고, 갈등 해결을 위해 구체적으로 어떠한 노력을 하였는지 서술해주십시오.

기 출 항 목 분 석
&작 성 노 하 우 ————————————————————————→ [직업윤리]

   때로는 원칙이 비효율적일 수 있다. 원칙은 아니지만 여러 가지 면에서 더 효율적인 방식은 있을 것이다. 일의 성과로만 놓고 봤을 때는 효율적으로 일하는 것이 맞다. 하지만 원칙을 지키지 않는 상태에서 효율성을 우선하는 것은 더 큰 위험 요소가 될 수 있다.

   원칙은 그 일을 오랜 시간 수행한 전문가들이 다양한 시행착오를 거쳐 하나의 기준을 세운 것이기 때문에 예상치 못한 문제를 줄일 수 있다. 하지만 효율적으로 보이는 것은 지금 당장은 좋아 보일 수 있지만 예상치 못한 문제에 취약할 수 있다. 따라서 원칙을 따르되 그 안에서 최대한 효율을 높일 방안을 모색했던 경험을 작성하자.

> • 직업윤리의 핵심 키워드는 책임감 · 정직함으로, 편법과 요령을 사용하지 않고 책임감 · 정직함을 발휘한 사례를 작성하는 것이 중요하다.
> • 원칙과 효율 중 무엇이 더 중요한가? 바로 원칙! 이유는 원칙이 가장 효율적이기 때문이다.
> • 불편함을 감수하고도, '그럼에도 불구하고'의 사고방식이 중요하다. 원칙을 준수하면서 비효율적인 부분은 향후 어떻게 개선했는가를 포함하는 것이 좋다.

기 출 항 목
직 접 써 보 기 ————————————→

_____

_____

_____

_____

_____

Q. 어떠한 일을 진행할 때 원칙 준수와 일의 효율성 사이에서 갈등했던 경험에 대해 서술하고, 갈등 해결을 위해 구체적으로 어떠한 노력을 하였는지 서술해주십시오.

[환경 멘토링 실습, 현장 방문 vs 실내 측정 사이에서의 갈등]

멘토링 실습을 진행하는 과정에서 효율과 원칙 사이에서 고민한 경험이 있습니다. 당시 진행하던 멘토링은 고등학생들에게 환경의 중요성을 알려주는 활동이었습니다. 멘티들에게 환경문제에 대한 경각심을 고취하기 위해 원칙적으로는 수질 오염이 심각한 현장을 방문하고 현장에서 수질 오염도 측정 실습을 해야 했습니다. 하지만 현장에 매번 방문하는 것은 쉽지 않은 일이었고, 실내에서 유사한 환경을 만들어 수질 오염도 측정 실습을 하는 것이 오히려 시간적인 측면에서 더 효율적이었습니다.

처음에 저는 현장 실습에 대한 멘토링 활동이 비효율적임을 주최 측에 이야기하였습니다. 그러나 주최 측에서는 원칙대로 현장 실습 방문 멘토링을 진행할 것을 요구하였습니다. 이에 따라 저는 우선 주최 측이 그렇게 요구하는 이유를 생각해보았고, 멘토링 활동의 궁극적인 목표는 실습 방식이 아닌 환경 오염에 대한 경각심 고취에 있다는 점을 깨닫게 되었습니다. 주최 측의 입장을 파악한 뒤, 저는 원칙대로 현장 방문을 진행하되 수질 오염도 측정은 현장에서 채취한 물을 가지고 와서 실내에서 진행하면 어떨지 제안하였습니다. 주최 측에서도 저의 제안을 긍정적으로 받아들였고, 원칙 안에서 보다 효율적인 방법으로 멘토링 실습을 진행할 수 있었습니다.

Q. K-water에 입사지원한 동기 및 입사 후 실천하고자 하는 목표를 K-water 인재상(포용, 안전, 신뢰, 도전) 중 자신과 가장 부합하는 역량과 결부시켜 작성해주십시오.

기 출 항 목 분 석
& 작 성 노 하 우 ⟶ [조직이해능력]

　한국수자원공사의 인재상은 내실인, 혁신인, 신뢰인이다. 위 자소서 항목의 인재상으로 제시된 부분은 핵심 가치에 해당한다. 핵심 가치 안에 인재상 또한 포함된 것으로 볼 때 혁신인은 도전을 의미하며, 신뢰인은 표현 그대로 신뢰에 해당될 것이다. 내실인은 핵심역량을 강화하는 것이므로 안전과 연결할 수도 있을 것이다.

　지원동기와 입사 후 실천하고자 하는 목표가 함께 제시되면 목표를 먼저 제시해야 한다. 한국수자원공사는 그 목표를 인재상과 결부시켜 작성하라고 했기 때문에 가장 부합하는 역량을 선정하여 목표를 제시하자.

Best sample

기 출 항 목
합 격 가 이 드 ⟶ ① 인재상 '신뢰' Ver.

Q. K-water에 입사지원한 동기 및 입사 후 실천하고자 하는 목표를 K-water 인재상(포용, 안전, 신뢰, 도전) 중 자신과 가장 부합하는 역량과 결부시켜 작성해주십시오.

[한국수자원공사의 신뢰인에 부합하는 미래와 비전]

　한국수자원공사에서 요구하는 신뢰인에 부합한 인재가 되고자 착실히 준비하고 노력해왔습니다. 청렴과 공익 정신을 기반으로 물 복지를 실현하는 신뢰인이 되기 위해서 저는 그동안 환경 관련 멘토링, 서포터즈, 관련 교육 이수 등을 통해 우리 사회에서 물이 얼마나 중요한지를 알리는 데 주력해왔습니다. 이 과정에서 한국수자원공사의 물 관련 사업에 관심을 가지게 되었고, '물 인권'이라는 말에 주목하였습니다. 물 인권을 높일 수 있는 한국수자원공사에서 저는 다음과 같은 신뢰인의 모습을 이루어 나가겠습니다.

　첫째, 신뢰를 구축하기 위해 사회적 가치를 실현하는 데 책임을 다할 것입니다. 특히 물 인권 관련 사업인 지역 취약계층 물 위생 환경 지원 업무를 수행하고 싶습니다.

둘째, 항상 청렴한 자세와 공익적인 태도를 기반으로 상생협력을 만들어가는 데 기여하고 싶습니다. 편법과 요령이 아닌 책임감 있는 태도를 바탕으로 청렴윤리 고도화에 모범이 될 수 있도록 노력하겠습니다.

🎓 **Best sample**

기 출 항 목
합 격 가 이 드 ⟶ **② 인재상 '포용' Ver.**

[한국수자원공사의 내실인에 부합하는 미래와 비전]

한국수자원공사에서 포용력을 바탕으로 고객 서비스의 질을 높이는 데 기여하고자 지원하게 되었습니다. 한국수자원공사는 모두가 누릴 수 있는 물 복지 실현을 위한 노력을 집중적으로 추구해나가고 있습니다. 저 또한 사무 업무를 수행하며 포용력을 바탕으로 고객 서비스 역량을 향상해 왔습니다. 인바운드 상담을 통해서 고객 맞춤형 설명을 제공하였고, 텔레마케팅 업무를 통해서는 고객 니즈를 파악하는 능력과 설득력을 향상할 수 있었습니다. 저는 국민과 지역 발전을 위한 맞춤형 물 복지를 한국수자원공사에서 실현하겠다는 목표 의식을 바탕으로 앞으로 다음과 같은 포부를 실현해 나가겠습니다.

첫째, 지역발전을 위한 노력입니다. 한국수자원공사는 전략과제로 지역 참여형 수상태양광 개발, 수변공간 이용 가치 제고를 위해서 노력하고 있습니다. 따라서 저는 국민 맞춤형 서비스 능력을 발휘하여 지역경제 활성화를 위해 지속적으로 아이디어를 제공할 수 있도록 노력하겠습니다.

둘째, 안심확인제 전국 확대 지원을 통해 수돗물에 대한 신뢰도를 높이는 데 기여하겠습니다. 수돗물에 대한 인식 변화를 위해 노력함으로써 국민들이 수돗물을 믿고 마실 수 있도록 함께 노력하겠습니다.

3) 한국토지주택공사

미션	국민주거안정의 실현과 국토의 효율적 이용으로 삶의 질 향상과 국민경제 발전을 선도
비전	든든한 국민생활 파트너, LH
슬로건	혁신을 통한 새로운 도약 / 신뢰를 향한 New Start LH
핵심 가치	[TRUST] 청렴공정(Transparency) / 미래혁신(Revolution) / 소통화합(Unification) / 안전신뢰(Safety-Faith) / 상생협력(Together)

전사적 경영목표

1	2	3	4	5
주택공급 146만 호	주거복지 242만 호	도심정비 45만 호	집중사업 투자비율 75%	일자리 121만 개 창출

6	7	8	9	10
동반성장 우수기관 달성	재난·안전관리 공기업 최고수준	고객만족도 최고등급	이자부담 부채비율 130%	투기비리 발생 Zero 및 청렴도 최고등급

※ 기업 소개 정보는 변경될 수 있습니다. 정확한 사항은 기업 홈페이지를 참고해 주세요.

한눈에 보는 자소서 특징

한국토지주택공사는 공사의 사업에 대한 이해도를 평가하는 질문이 많다. 사업에 대한 이해를 바탕으로 지원자에게 공사에 어떻게 기여하고 싶은지를 묻는다. 그리고 이를 통해 지원하는 목표가 뚜렷한 지원자를 선발하고자 하는 의지가 보인다. 더불어 다른 공공기관과는 다르게 윤리 항목이 조금 까다로운 것도 특징이다. 자신의 편익과 공공의 이익 사이에서 자신이 희생했거나 잘 조율했던 경험을 각각 준비해야 하기 때문에 소재를 잘 선별하는 것이 중요하다. 자기소개서가 서류 통과에 많은 영향을 끼치는 만큼 자소서에 공을 많이 들여야 하는 것이 특징이다.

한눈에 보는 기출 자소서 항목(2022년 상반기)

1. 한국토지주택공사의 어떤 사업에 관심이 있으며 어떤 부분에 기여하고 싶은지, 본인의 주요 직무 역량 및 강점을 기반으로 기술해 주십시오.(최대 500자)
2. 본인의 전문성 또는 역량 향상에 가장 도움이 되었던 경험, 경력, 활동을 먼저 기술하고, 귀하가 지원한 직무를 수행하는 데 어떻게 활용(도움)이 될 수 있는지 기술해 주십시오.(최대 500자)
3. 본인의 편의(이익)와 공공의 이익 사이에서 고민했던 경험을 아래의 순서에 따라 기술해 주십시오.(최대 700자)
4. 대인관계에 있어서 본인의 특장점을 아래의 순서에 따라 기술해 주십시오.(최대 600자)
5. 본인 또는 속해있는 단체(집단)가 당면했던 문제를 본인의 창의적인 방법으로 해결했던 경험을 기술해 주십시오.(최대 600자)

Q. (지원포부) 한국토지주택공사의 어떤 사업에 관심이 있으며 어떤 부분에 기여하고 싶은지, 본인의 주요 직무 역량 및 강점을 기반으로 기술해 주십시오.

기출 항목 분석
&작성 노하우 ──────────────────▶ [조직이해능력 + 지원동기]

한국토지주택공사의 사업에 대한 관심을 파악하기 위해서는 홈페이지에서 주요 사업과 열린 경영 부분에 있는 LH 혁신 계획을 함께 살펴야 한다. 혁신 계획에서 중점 과제를 살펴보고 작성해야만 사업에 대해서 좀 더 자세히 접근할 수 있다.

이러한 항목에서 중요한 것은 자신의 관심 사업과 직무 역량 및 강점이 연결되어야 한다는 점이다. 따라서 중점 사업이기 때문에 선택하는 것이 아니라 자신의 강점을 먼저 정의할 수 있어야 한다. 그 강점을 바탕으로 어떤 사업에 어떻게 기여하고 싶은지는 주요 사업 내용과 혁신 계획의 내용을 보고 작성한다.

기 출 항 목
직 접 써 보 기 ──────────▶

Best sample

기 출 항 목
─────────────→ ① 자소서 Ver. 1
합 격 가 이 드

Q. (지원포부) 한국토지주택공사의 어떤 사업에 관심이 있으며, 어떤 부분에 기여하고 싶은지, 본인의 주요 직무 역량 및 강점을 기반으로 기술해 주십시오.

[전세임대 사업에 대한 주거복지에 관심, 실무 경험과 고객응대 역량 강화]

❶한국토지주택공사의 전세임대 업무에 관심이 있습니다. 전세임대는 단순히 주거만을 제공하는 것이 아닙니다. 그리고 행복한 사회를 만들어가는 일의 시작이 주거 안정에서 시작된다고 생각합니다. 청년과 신혼부부를 대상으로 하는 주거복지 제공은 제가 추구하는 사회적 기여에 매우 중요한 가치를 제공해 줄 수 있는 일이라 생각합니다.

이러한 전세임대 업무에 기여할 수 있는 저의 강점은 전세임대 관련 기관에서의 인턴 경험과 고객응대 역량입니다. 당시 신혼부부, 대학생, 소년소녀 가장을 대상으로 자격에 따른 대상자를 선정하며 지원절차를 안내하고, 추후 계약에 따른 물건 권리 분석, 서류 검토 및 문서작성을 하였습니다.

또한 ❷고객을 대상으로 상세하게 상품을 설명하고 계약이 원활히 진행될 수 있도록 도움으로써 '고객응대서비스 우수직원'으로 선정되기도 하였습니다. 전세임대 업무를 수행하기 위한 역량으로 고객 행복을 함께 만들어 가겠습니다.

❯ **합격 자소서 STEP**

❶ 관심 사업과 왜 관심을 가지게 되었는지를 설명

❷ 자신의 강점에 대한 설명 시 성과와 결과를 드러낼 수 있다면 좋음

한국토지주택공사

기 출 항 목
합 격 가 이 드 ──────▶ ② **자소서 Ver. 2**

[주택관리 업무에 기여하기 위한 의견 조율 역량 및 자료수집 능력]

1) 공공임대 200만 호 시대에 맞게 국민의 거주 환경 만족도를 높이는 데 기여하고 싶습니다. 그 이유는 임대주택에 대한 거주 환경의 쾌적함이 결국 LH임대주택에 대한 사업의 만족도로 연결될 수 있기 때문입니다.

2) 이와 관련해 LH에서 현재 종합관리정보시스템 구축, 관리업체 선정, 평가 강화 등의 노력을 하고 있는 만큼 제가 가진 자료정리 역량과 커뮤니케이션 능력은 업무에 기여할 수 있는 강점이라 생각합니다.

3) 학창 시절 학교 이미지 개선 프로젝트를 했던 경험이 있습니다. 설문조사를 통해 학교의 이미지를 정확히 파악하고, 어떠한 변화가 필요한지 조사했습니다. 학생들은 학교에서 딱딱한 이미지를 떠올렸고, 새로운 문화 시설이 필요하다는 이야기를 했습니다. 저는 관련된 설문조사 데이터를 활용하기 위해 엑셀로 옮겨 구조화하였습니다. 더불어 새로운 문화시설에 대한 관심사가 무엇인지를 파악하고 스포츠센터 설립에 대한 의견을 제시하였습니다.

기 출 항 목
합 격 가 이 드 ──────▶ ③ **자소서 Ver. 3**

[도시재생 사업에 대한 관심, 최적의 설계능력을 통한 재생 사업에 기여]

1) LH의 도시재생 사업에 관심을 가지고 있습니다. 현시점에서 토지의 효율적인 재생은 지역경제를 활성화할 수 있는 핵심 사업이라 생각하기 때문입니다. 특히 LH에서 사업을 진행한 행정중심복합도시의 단지 설계, BRT 체계 등을 보고 효율적인 디자인과 시스템이 생활의 편의성을 개선한다는 것을 느꼈습니다.

2) 토목공학을 전공하면서 구조, 측량, 지반 등 전공 지식을 쌓았고 학부에서 CAD와 BIM 설계와 관련된 다수의 프로젝트를 진행해 왔습니다. 전공 공부는 안정성, 사용성 등 설계의 기본이 되는 지식의 밑바탕이 되었고 팀 프로젝트를 하면서 설계 기준을 찾아보기도 하고 이견을 조율하면서 더 나은 결과를 얻는 법을 배웠습니다. 또한 방학 동안 용역업체에서 공사현장 경험을 통해 도시재생 현장 사업관리에 있어 제가 가진 경험을 적용하고 현장의 갈등을 관리할 수 있도록 준비해 왔습니다.

Q. (경험 및 경력 활동) 본인의 전문성 또는 역량 향상에 가장 도움이 되었던 경험, 경력, 활동을 먼저 기술하고, 귀하가 지원한 직무를 수행하는 데 어떻게 활용(도움)이 될 수 있는지 기술해 주십시오.

기출 항목 분석
&작성 노하우 ➡ **[경험 및 경력 활동 + 자기개발능력]**

앞의 1번의 내용과 소재가 겹칠 수도 있지만 크게 문제가 되지 않는다. 하지만 되도록 다른 경험과 소재로 작성해 보는 것을 추천한다. 1번 항목은 LH의 사업과 접점을 만들 수 있는 역량에 가깝고 2번 항목은 직무수행 내용과 접점을 만들어야 한다.

전문성은 업무에 대한 지식과 기술에 대한 부분, 역량은 필요 태도에 대한 부분으로 구분된다. 지식과 기술에 대한 부분은 자격증 취득, 교육 이수, 스터디 진행, 프로젝트, 인턴 실무 경험 등이며, 역량에 대한 부분은 동아리, 아르바이트, 해외경험, 학생회 활동 등의 소재를 활용해서 작성할 수 있다. 직무를 수행하는 데 어떻게 활용될 수 있는지에 대한 부분은 직무기술서에서 직무수행 내용을 참고하여 작성한다.

기 출 항 목 ➡
직 접 써 보 기

Q. (경험 및 경력 활동) 본인의 전문성 또는 역량 향상에 가장 도움이 되었던 경험, 경력, 활동을 먼저 기술하고, 귀하가 지원한 직무를 수행하는 데 어떻게 활용(도움)이 될 수 있는지 기술해 주십시오.

[도시재생 공모전 참가, 현장 소통과 브랜딩 전략 구축]

　　○○구청에서 주최한 도시재생 공모전에 참가한 경험은 도시재생 관련 업무를 수행하는 데 가장 도움이 되었던 경험이라 생각합니다. 당시 단지 설계, 도시계획, 토지이용계획, 도시공학실습, 도시탐방 등 실습수업을 통해 직접 대상지를 선정하고, 지역을 위한 개발까지 계획하며 발전적인 대안을 제시함으로써 공모전을 준비했습니다. 당시 저는 서울 소재의 ○○구와 ○○동 일대의 도시재생 사업을 위해 실행한 ○○구청 공모전에서 자료수집 및 분석을 주도적으로 맡았습니다. 실습에서 가장 중요한 것은 현재의 가치만 보는 것이 아닌 과거에서부터 전해져 온 가치를 찾아내 발굴하는 것이라고 생각하여 도시재생에서의 브랜딩에 대한 영역을 고심하였습니다. 이를 위해 현장에도 직접 자주 방문하여 지역 주민분들과 소통하며 어떻게 브랜딩을 해야 할지를 파악하였습니다.

　　저는 이러한 경험을 통해서 도시재생에서 요구하는 현장 분석에 대한 역량을 갖출 수 있었고 도시재생을 통한 브랜딩과 마케팅뿐만 아니라 현장의 재정비 조합 위원장과의 미팅을 통해 현장의 목소리를 들은 경험으로, 향후 협상과 소통 관련 업무를 진행하는 데 역량을 발휘할 수 있을 것이라 기대합니다.

❯ **합격 자소서 STEP**

직무기술서상에 나타난 협상능력과 분석능력을 연결한 사례

Q. 본인의 편의(이익)와 공공의 이익 사이에서 고민했던 경험을 아래의 순서에 따라 기술해 주십시오.

- 본인의 편의(이익)와 공공(공동체)의 이익이 상충되었으나 두 가지를 적절하게 조율하여 해결하였던 사례
- 본인의 손해나 불편함을 감수하고 공익적 선택을 했던 사례와 그 이유

기 출 항 목 분 석
&작 성 노 하 우 ➔ [직업윤리]

편의와 공공의 이익이 상충하는 두 가지의 사례를 작성하는 항목이다.

하나는 편의와 공공의 이익이 상충하는 상황에서 적절하게 조율한 사례를 적는 것이며, 다른 하나는 상충하는 상황에서 자신의 손해를 감수하고 공익적 선택을 한 사례를 적는 것이다. 따라서 둘의 방향이 조금 다르기 때문에 이 항목은 두 가지의 사례를 작성해야 한다.

첫 번째 사례는 개인의 이익과 공동체의 이익을 잘 조율한 사례이기 때문에 서로 WIN-WIN의 결과물이 존재해야 한다. 따라서 전체 조직이나 팀에도 도움이 되는 새로운 대안을 제시했다는 내용이 나오도록 작성한다. 이어 두 번째 사례는 자신의 손해를 감수하고 공익을 선택한 LOSE-WIN의 사례로서 집단의 이익을 더 추구한 사례를 제시해야 한다. 팀을 위해 희생·헌신한 경험을 작성해도 무방하다.

기 출 항 목
직 접 써 보 기 ➔

기 출 항 목
합 격 가 이 드 ──────▶ ① 자소서 Ver. 1

Q. 본인의 편의(이익)와 공공의 이익 사이에서 고민했던 경험을 아래의 순서에 따라 기술해 주십시오.

– 본인의 편의(이익)와 공공(공동체)의 이익이 상충되었으나 두 가지를 적절하게 조율하여 해결하였던 사례
– 본인의 손해나 불편함을 감수하고 공익적 선택을 했던 사례와 그 이유

◉ 합격 자소서 STEP

❶ 서로 상충되는 상황 제시
❷ WIN–WIN을 통해 조직의 이익과 개인의 이익을 조율한 사례

[편하게 일할 수 있는 상황 속에서도 양심을 지킨 결정]

❶ 카페 한 곳에서 4년간 아르바이트를 하였습니다. 그동안 매장에 인력이 부족하여 혼자서 여러 역할을 수행해야 했지만 새로운 신입 멤버가 채용되어 제가 그동안 해 왔던 일을 넘겨줌으로써 업무의 부담을 줄이고 편의를 도모할 수 있는 상황이 되었습니다. 하지만 카페에 손님이 많을 때는 신입 멤버에게만 일임할 수 있는 상황이 안 되었기 때문에 원활한 카페 운영을 위해서는 제 편의를 포기해야 하는 경우가 발생하였습니다.

❷ 이러한 상황에서 제가 선택한 것은 바로 카페와 제가 모두 윈–윈 할 수 있는 대안을 제시하는 것이었습니다. 따라서 저는 신입이 감당하기 어려운 악성 컴플레인의 해결 및 난도 높은 음료의 제조 등을 담당하였고, 기존에 진행했던 재고 관리 및 청소 업무 등을 신입과 분담하여 부담을 줄이는 대안을 제시하였습니다. 더불어 신입의 실력이 지속적으로 향상될 수 있도록 꾸준히 교육하여 빠르게 업무를 수행할 수 있게 되었고 더불어 카페의 업무 효율도 함께 향상할 수 있었습니다.

기 출 항 목
합 격 가 이 드 ⟶ ② 자소서 Ver. 2

[100% 전력을 다하지 않아도 되는 프로젝트에서 가장 앞에 나서다]

❶ 대학생 때 과제로 지역사회 개선 프로젝트를 진행한 적이 있습니다. 저는 이 프로젝트에 100%의 에너지를 쏟지 않아도 되었습니다. 그 이유는 졸업반이었고, 당시 팀원인 후배들이 그런 저의 상황을 배려해 주겠다고 했기 때문입니다. 따라서 어느 정도의 요령을 부려도 크게 불이익이 되지 않는 상황이었습니다. 물론 저 또한 그것이 당연한 수순이라는 생각을 가졌기 때문에 후배들에게 양해를 구하고 졸업 준비를 위해 더 우선해야 하는 일을 해야겠다고 생각하였습니다.

❷ 이러한 생각에서 제 태도를 180도 바꾸어 '유종의 미'를 거두자는 생각이 들었습니다. 그리고 후배들에게 제가 할 수 있는 역할을 요청하였습니다. 저는 지역 사회의 축제 행사, 산업시설, 관광지 등의 개선안에 대해서 자료 조사를 시작하였고, 관광공사의 자료와 지역의 홍보 자료를 요약 · 정리하여 개선안에 필요한 자료를 제공해주었습니다. 많은 시간이 소요되는 일이었지만 팀을 우선하는 것, 그리고 공정하게 학점을 얻는 것이 더 값진 것이라 생각하였습니다. 그리고 선배로서, 팀의 일원으로서 당연히 짊어져야 할 책임이라는 생각으로 임했습니다. 이를 통해 개선 프로젝트의 평가에서 A+ 학점을 받을 수 있었고, 제 스스로도 책임을 다한 떳떳한 학점으로 기억하고 있습니다.

❯ **합격 자소서 STEP**

❶ 개인의 편의를 유지해도 되는 상황 제시
❷ 조직의 이익을 위해 자신의 편의를 희생한 사례

한국토지주택공사

Q. 대인관계에 있어서 본인의 특장점을 아래의 순서에 따라 기술해 주십시오.

- 대인관계에 있어서 본인의 특장점이 무엇이며, 그 특장점이 돋보였던 사례
- 해당 특장점이 회사 생활 및 직무수행에 어떻게 도움이 될 수 있는지

기출 항목 분석
&작성 노하우 ──────────────────────────────▶ [대인관계능력]

특장점이란 특징과 장점을 합친 말인 만큼 자신의 특징과 장점을 활용하여 회사 생활 또는 직무수행에 어떻게 도움이 될 수 있는지를 작성하면 된다. 여기에서 회사 생활은 인간관계로, 직무수행은 업무 강점으로 생각해도 좋다.

대인관계에 해당하는 하위능력은 리더십, 팀워크, 갈등관리, 협상 능력, 고객서비스이다. 이것을 대인관계에 있어 다음과 같이 회사 생활과 직무수행에 도움이 될 수 있다는 특장점으로 연결할 수 있다.

- 리더십을 선택한다면?
  → 동기부여를 잘한다.
- 팀워크를 선택한다면?
  → 목표 달성에 기여하기 위해 헌신한다.
- 갈등관리를 선택한다면?
  → 업무/조직 내 인간관계에서 발생하는 갈등을 빠르게 조율할 수 있다.
- 협상 능력을 선택한다면?
  → 설득을 통해 의견 합의를 잘 이끌어낸다.
- 고객서비스를 선택한다면?
  → 상대방을 배려하고 감동하게 하여 고객 만족을 달성할 수 있다.

Q. 대인관계에 있어서 본인의 특장점을 아래의 순서에 따라 기술해 주십시오.

– 대인관계에 있어서 본인의 특장점이 무엇이며, 그 특장점이 돋보였던 사례
– 해당 특장점이 회사 생활 및 직무수행에 어떻게 도움이 될 수 있는지

[WIN-WIN의 관계를 만들어 가는 것]

서로 WIN-WIN 할 수 있는 관계를 만들어가는 것이 대인관계에서 가장 중요하다고 생각합니다. 자신의 이익만 생각하는 것이 아니라 공동의 이익을 도모하고자 노력하는 태도가 좋은 대인관계를 형성하는 기본이라는 것을 경험을 통해 깨달을 수 있었습니다. 평소에도 업무를 진행할 때 제가 해야 할 일만을 생각하지 않도록 노력합니다. 팀원들에게 도움을 줄 수 있는 방법을 생각하려고 합니다. 국유지를 무단으로 점유한 자의 인적 사항을 파악하여 팀원에게 전달하고 변상금을 부과할 수 있도록 도와줌으로써 담당자와 실태조사원 사이의 업무 시너지를 창출할 수 있었습니다. 이처럼 서로 좋은 영향을 주고받을 수 있는 WIN-WIN의 관계 형성은 향후 회사 생활에 있어 부서 간의 협업을 만들어 가는 데 적용할 수 있다고 생각합니다

❯ 합격 자소서 STEP

구체적인 업무 상황 또는 회사 생활을 가정해도 좋음

Q. 본인 또는 속해 있는 단체(집단)가 당면했던 문제를 본인의 창의적인 방법으로 해결했던 경험을 기술해 주십시오.

기출 항목 분석
&작성 노하우 ⟶ **[문제해결능력]**

집단의 문제를 해결하는 것이므로 팀 내에서 발생한 문제가 있었는지를 잘 파악해야 한다. 팀 내에서 발생할 수 있는 문제는 다음의 예시를 참고해도 좋다.

- 문제를 철저하게 분석하지 않는 경우
  - 어떤 문제가 발생하면 직관에 따라 성급하게 판단하는 경우
- 고정관념에 얽매이는 경우
  - 개인적인 편견이나 경험, 습관으로 증거와 논리에도 불구하고 정해진 규정과 틀에 얽매여서 새로운 아이디어와 가능성을 무시해 버리는 상황
- 너무 많은 자료를 수집하려고 노력하는 경우
  - 무계획적인 자료수집으로 너무 많은 정보, 불필요한 정보로 인해 원인을 파악 못 하는 상황

이러한 창의력 항목에서는 창의적인 대안이 돋보여야 하는 것은 아니다. 문제의 원인 분석이 더 중요하다. 원인을 잘 분석하고 분석한 결과에 대한 대안이 더 잘 도출되어야 한다. 창의성은 기존과 조금이라도 다르면 창의적이라고 할 수 있다.

기 출 항 목
합 격 가 이 드

Q. 본인 또는 속해 있는 단체(집단)가 당면했던 문제를 본인의 창의적인 방법으로 해결했던 경험을 기술해 주십시오.

[직관이 아닌 전략으로 판매 부진의 원인을 파악하다]

컴퓨터 소모품 판매 사이트에서 근무할 당시, 판매 부진에 대한 원인을 제대로 파악하지 못해 어려움을 겪은 경험이 있습니다. 당시 매출이 오르지 않는 문제를 파악하기 위해 다른 유사 사이트에서 같은 제품의 판매가를 확인하였습니다.

1) 이를 통해 직관적으로 매출이 떨어지는 이유를 가격 경쟁력 부족으로 판단하고 최소 마진으로 가격을 내렸지만 판매 부진은 여전하였습니다.

2) 저는 판매 부진의 문제를 새로운 관점에서 접근해 보고자 하였습니다. 눈에 보이는 가격이 아니라 큰 그림을 그리면서 접근하였고, 컴퓨터 소모품을 구매하는 소비자의 입장이 되어보고자 노력하였습니다. 또한, 주변의 지인들에게 온라인에서 컴퓨터 용품을 구매할 때 어떤 것을 기준으로 제품을 선택하는지 물어보면서 내외부 자원을 적극 활용하여 문제의 원인을 다시 재점검하였습니다.

3) 이렇게 얻은 정보를 통해서 판매 부진의 원인이 단순히 가격의 문제가 아니라 바로 신뢰도에 있다는 것을 확인할 수 있었습니다. 이후 신뢰도를 높일 수 있도록 사용 후기를 올리고, 제품에 대한 시각적 자료를 좀 더 세부적으로 만들어서 사이트에 올렸습니다. 그때부터 부진하던 매출이 서서히 상승하였고, 문제를 해결할 수 있었습니다. 문제의 원인을 파악할 때는 직관에 의존하지 않고 전략적으로 사고해야 한다는 것을 배운 경험이었습니다.

4) 서울교통공사

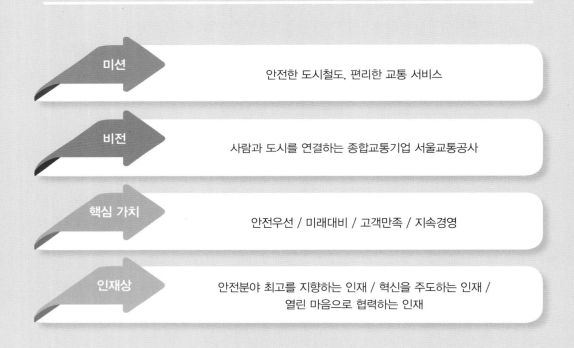

미션 안전한 도시철도, 편리한 교통 서비스

비전 사람과 도시를 연결하는 종합교통기업 서울교통공사

핵심 가치 안전우선 / 미래대비 / 고객만족 / 지속경영

인재상 안전분야 최고를 지향하는 인재 / 혁신을 주도하는 인재 / 열린 마음으로 협력하는 인재

전략목표

1
시스템 기반 최고 수준의 안전운행

2
미래 성장동력 지속 발굴 및 강화

3
더 나은 서비스를 통한 고객만족도 제고

4
지속가능한 혁신 경영관리 체계 구축

※ 기업 소개 정보는 변경될 수 있습니다. 정확한 사항은 기업 홈페이지를 참고해 주세요.

한눈에 보는 자소서 특징

서울교통공사의 자소서 항목은 인재상과 직무 준비 노력, 도전 등 일반적인 형태의 질문들로 구성되어 있다. 다만 자소서 4번 항목의 경우에는 타인과의 관계에서 힘들었던 사항을 요구하고 있다. 이는 조직 내에서 갈등이 발생했을 때 어떻게 해결할 것인지를 파악하기 위한 항목이기 때문에, 갈등을 어떻게 풀어나갔는지 구체적인 과정을 제시하면서 작성하도록 한다.

한눈에 보는 기출 자소서 항목(2021년 하반기)

1. 자신이 왜 서울교통공사의 인재상에 부합되는 인물이라고 생각하는지 구체적으로 기술하시오.(1,000Bytes 이내)
2. 지원분야의 직무를 수행함에 있어서 요구되는 역량이 무엇이라 생각하며, 이 역량을 갖추기 위한 노력 또는 특별한 경험을 구체적으로 기술하시오. (1,000Bytes 이내)
3. 자신이 변화와 도전으로 목표를 달성했던 사례를 구체적으로 기술하시오. (1,000Bytes 이내)
4. 타인과의 관계에서 가장 힘들었던 갈등 상황은 무엇이며, 이를 어떻게 극복하였는지 기술하시오.(1,000Bytes 이내)
5. 공사 입사 후 본인의 비전과 목표는 무엇이며 그것을 이루기 위한 자신만의 계획에 대하여 구체적으로 기술하시오.(1,000Bytes 이내)

📋 2021년 하반기 1

Q. 자신이 왜 서울교통공사의 인재상에 부합되는 인물이라고 생각하는지 구체적으로 기술하시오.

기출 항목 분석
&작성 노하우 ⟶ [인재상]

서울교통공사의 인재상은 열정과 도전 정신을 갖춘 인재이며 핵심 가치와 슬로건은 안전 우선, 미래 대비, 고객만족, 지속경영으로 나눠 볼 수 있다. 이를 바탕으로 자신과 부합하는 키워드를 선정하여 자신의 경험을 기반으로 해당 자소서 항목을 작성한다. 하나의 인재상을 설정하여 작성할 수도 있고, 2개 이상을 선택하여 작성할 수도 있다. 한 가지 주의해야 할 점은, 자소서 3번 항목에서 도전했던 경험을 묻고 있으므로 도전 경험에 대한 내용은 되도록 피해서 소재를 선정하도록 한다. 마지막 문단에서는 이러한 인재상과 관련된 역량을 서울교통공사에서 어떻게 실천할 수 있는지 제시하면서 마무리하면 좋다.

기 출 항 목
직 접 써 보 기 ⟶

━━━━━▶ ① 약속 이행 Ver.

Q. 자신이 왜 서울교통공사의 인재상에 부합되는 인물이라고 생각하는지 구체적으로 기술하시오.

[약속 이행, 요령을 부리지 않고 철저하게 원칙을 준수하다]

　고객을 위해 약속을 철저하게 이행할 수 있는 저는 서울교통공사의 인재상에 부합한다고 생각합니다. 공사의 직원이라면 시민의 안전을 최우선으로 생각하여 서비스를 제공할 의무가 있습니다. 비영리 교육기관에서 현장 실습 교육 기획 및 운영 업무를 수행했을 때, 교육이 원활히 진행될 수 있도록 규정과 절차에 따라 꼼꼼하게 문서를 작업하고, 책임감 있게 모든 업무를 기한 내에 완수했습니다. 또한, 발생할 수 있는 위기 상황에 대비하여 과정장으로서 매 교육 전 학습자에게 안전 수칙을 친절하게 안내하고, 현장을 점검하며 성실히 근무한 경험이 있습니다. 위 경험을 바탕으로 공사 규정을 지키면서 맡은 자리에서 책임을 다하고, 고객의 안전과 편의를 최우선으로 성실히 근무하여 우리 공사 및 고객과의 약속을 이행하는 직원이 되겠습니다.

━━━━━▶ ② 행복 나눔 / 최고 추구 Ver.

[행복 나눔, 이웃 사랑을 실천한 3년간의 봉사활동]

　저는 서울교통공사의 인재상 중 행복 나눔에 부합합니다. ○○장애학교와 △△의 다문화 가정 교육 센터에서 3년간 행복 나눔을 실천하고 있습니다. 특히, 다문화 가정 교육 활동은 월 2회 꾸준히 진행하고 있습니다. 의무감을 넘어서 제가 사회에 조금이나마 보탬이 되고 싶다는 생각과 실천, 그것이 서울교통공사에 부합하는 태도라고 생각합니다.

[최고 추구, '이 정도면 되겠지'라는 태도 지양]

　제가 가장 자신하는 저의 강점은 최고를 지향해 나간다는 것입니다. 저는 최고 수준의 목표를 달성하기 위해 '적당히'라는 자세를 배척하고 있습니다. 전기 관련 전공자로서 전기기사 취득만을 목표로 하지 않았습니다. 안전사고가 많은 것을 대비해 전기 안전 부분에 대한 60시간의 교육을 이수하였습니다. 여기서 머무르지 않고 철도의 스마트화에 대한 비전을 바탕으로 4차 산업혁명과 관련한 보고서를 정리하고, 스마트그리드 교육, 통신 분야 등에 대한 스터디를 진행하면서 기술 분야에 있어 최고 수준을 달성하기 위해 노력하고 있습니다.

Q. 지원분야의 직무를 수행함에 있어서 요구되는 역량이 무엇이라 생각하며, 이 역량을 갖추기 위한 노력 또는 특별한 경험을 구체적으로 기술하시오.

기출 항목 분석
&작성 노하우 ──────────────────────→ [**자기개발능력**]

　해당 자소서 항목에는 지식과 기술에 대한 역량을 작성하면 물론 좋겠지만, 직무수행태도에 집중해서 작성해도 무방하다. 지원하는 직무가 어떤 업무 내용인지 해당 기업의 직무기술서, 직무수행태도 등을 탐색하고, 이를 바탕으로 본인이 준비한 노력을 작성하도록 한다. 다음은 사무, 차량 직렬의 직무수행태도 중 일부이다.

〈사무 직렬 직무수행태도〉
(공통) 고객에 대한 서비스 마인드, 파트너십 구축·관리에 대한 의지, 고객의 반응에 대해 편견 없이 대하는 객관적 태도, 산출된 정보를 고객에게 제공하려는 적극적 자세, 내외부 부서의 요청에 대한 정확한 분석 의지, 고객의 다양성을 인정하는 자세, 치밀하고 꼼꼼한 자세, 요청 내용을 적극적으로 경청하는 태도, 정밀하게 자료를 분석하려는 노력, 현금 관리 규정을 준수하는 태도, 안전사고를 예방하기 위한 강력한 의지, 비품·소모품을 정확하게 파악하려는 노력, 안전 수칙 및 응급조치 매뉴얼 준수, 문제발생에 대한 해결 의지

〈차량 직렬 직무수행태도〉
(공통) 안전 기준 준수 의지, 시스템 운전 및 고장사례 개선 의지, 도면 및 규격서 면밀한 검토, 문제발생 사례를 조사하여 설계에 반영하는 적극성, 고객 요구사항 적극 수용, 작업 기준을 준수하려는 태도, 작업환경 준수 태도, 생산일정 수시 확인, 다양한 공급선 확보 노력, 구매업체의 납기준수 여부 사전 확인, 차량공급사와 인수소속 간의 원활한 소통 의지, 차종별 취급 매뉴얼 숙지 노력, 정확하고 세밀한 성능평가 노력, 유지보수지침 준수, 성실한 업무수행 태도, 원형 유지보수로 품질확보를 위한 노력, 고장예방을 위한 책임감, 기술기준 준수, 이례사항에 대한 준비성, 정비품질 확보 준수 등

Q. 지원분야의 직무를 수행함에 있어서 요구되는 역량이 무엇이라 생각하며, 이 역량을 갖추기 위한 노력 또는 특별한 경험을 구체적으로 기술하시오.

[민원 업무를 빠르게 해결하기 위한 노력]

　서울교통공사의 사무 및 역무 업무를 수행하기 위해서는 민원 처리 프로세스를 파악하고 대처하는 민원 응대 역량이 필요하다고 생각합니다. 이를 위해 비영리 교육 기관에서 행정 업무를 수행하며 다음과 같은 노력을 했습니다.

　첫째, 절차와 규정에 따라 민원을 처리하는 방법을 터득했습니다. 저는 민원 처리가 학습자의 만족도에 영향을 미친다는 것을 파악했습니다. 이후 민원인의 요구를 분석하여 규정과 절차에 따라 개선 조치 후에 학습자에게 공지했습니다. 또한, 민원 내용과 처리 결과를 데이터 베이스로 정리하여 상급자에게 보고 후 피드백을 받으며 역량을 키웠습니다. 그 결과 학습자 만족도가 상승하여 5점 만점에 평균 4.85점을 달성하는 성과를 거둘 수 있었습니다.

　둘째, 고객 성향을 파악하고 응대했습니다. 서비스경영능력 관련 외부 교육을 수강하며 고객서비스 마인드를 함양했습니다. 이후 민원을 적극적으로 경청했고, 학습자의 성별, 연령대 외에도 개개인의 성향을 파악하여 고객 맞춤형으로 민원을 응대하였습니다. 덕분에 학습자의 신뢰를 얻을 수 있었고, 신뢰를 바탕으로 협조적인 태도를 끌어내어 11건의 우수 사례를 발굴할 수 있었습니다.

Q. 자신이 변화와 도전으로 목표를 달성했던 사례를 구체적으로 기술하시오.

기출 항목 분석
&작성 노하우 ➤ [도전 정신 + 인재상]

도전 경험은 자발적인 시도를 통해서 달성될 수 있다. 자발적이라는 것은 스스로 변화를 만들기 위해 행동했음을 의미한다. 따라서 이에 부합하는 도전 경험으로 적합한 것은 다음과 같다.

> 1) 기존에 해보지 않은 새로운 시도로 변화를 준 경험
> 2) 기존에 했던 경험이라도 더 높은 수준의 달성 목표를 세워서 도전한 경험 등

도전의 과정에서는 반드시 어려움과 그에 대한 극복 과정을 포함하여 작성한다. 또한 해당 경험에 대한 결과와 배운 점도 작성하면 좋다.

기 출 항 목 ➤
직 접 써 보 기

기 출 항 목
합 격 가 이 드 ➜

Q. **자신이 변화와 도전으로 목표를 달성했던 사례를 구체적으로 기술하시오.**

[기부를 위한 중고 물품 라이브커머스 진행. 쇼 호스트로 변화와 도전을 시도하다]

　살면서 새로운 시도를 통해 변화를 만들고자 도전했던 경험은 기부를 위한 라이브커머스를 진행한 것입니다. 당시 비대면 수업으로 수업에 참여하지 못하는 저소득층 학생들을 위해 태블릿 PC 기증을 목표로 수익을 창출할 방법이 필요했습니다.

　단순히 기부금을 모으는 방식이 아니라 수익을 창출할 수 있는 방법을 고민하던 중, 줌 프로그램을 활용해 대학 내에서 중고 물품 판매를 진행하는 아이디어를 떠올렸습니다. 하지만 장소를 섭외하고, 중고 물품을 기증받는 것은 생각보다 쉬운 일이 아니었습니다.

　저는 이러한 문제를 하나씩 해결하기 위해 먼저 장소 섭외의 경우, 학교 측에 상황을 말씀드려 영상실을 대여받았습니다. 또한 참가자들이 가지고 있는 물품만으로는 수익을 내기가 어려웠으므로 학교 게시판을 통해 홍보를 부탁하였습니다. 이를 통해 비대면 교육 때문에 집에 내려가 있는 학우들이 택배로 중고 물품을 기증받을 수 있었습니다. 이렇게 모인 전공서적과 생활용품 등을 줌을 이용한 라이브커머스 방식으로 실시간 판매했습니다. 처음에는 쇼 호스트로서 처음 진행하는 라이브커머스가 어색했지만 판매 결과, 중고 태블릿 PC 5대를 구매할 수 있는 약 100만 원의 수익을 올려 목표한 바대로 기부를 할 수 있었습니다.

서울교통공사

Q. 타인과의 관계에서 가장 힘들었던 갈등 상황은 무엇이며, 이를 어떻게 극복하였는지 기술하시오.

기출 항목 분석
&작성 노하우 ────────────────────▶ [대인관계능력(갈등관리)]

조직 생활을 하다보면, 의견 차이뿐만 아니라 다양한 양상의 갈등이 발생한다. 오랜 시간 함께 근무해야 하는 동료와 상사 간의 관계적인 문제로 업무에 피해를 주어서는 안 되므로 이를 빠르게 해결했던 갈등 상황을 떠올려보자. 이때 왜 그러한 갈등이 벌어지게 되었는지, 갈등 해결을 위해 본인이 어떠한 노력을 했고 어떻게 극복했는지 잘 드러나도록 작성해야 한다.

기 출 항 목
직 접 써 보 기 ────────────────────▶

Q. 타인과의 관계에서 가장 힘들었던 갈등 상황은 무엇이며, 이를 어떻게 극복하였는지 기술하시오.

[영상 제작 공모전. 극과 극의 성격을 가진 팀원과 갈등이 생기다]

영상 제작 공모전에 참가했을 때 성향이 다른 팀원과 갈등이 발생한 경험이 있습니다. 저는 매우 꼼꼼한 성격 덕분에 디테일한 사항까지 확인하고 넘어가는 성향이었습니다. 그러나 다른 팀원은 추진력이 있었고, 업무 처리 속도를 중시하다 보니 하나하나 꼼꼼하게 짚어가며 진행하는 저와 업무 방식이 달랐습니다. 하지만 각자의 방식이 옳다는 생각을 굽히지 않았기 때문에 성격의 차이로 인한 갈등은 좀처럼 좁혀지지 않았습니다. 이로 인해 영상 공모전의 진행 속도가 나지 않았고, 주제나 방향성도 잘 정리되지 않아 팀 목표 달성에 피해가 가는 상황이 발생하였습니다.

공모전 진행을 위해 빠르게 갈등을 해결하는 자세가 필요한 상황이었습니다. 이에 따라 저는 우선 갈등을 빚었던 팀원과 대화를 시도하였습니다. 저도 한 발 양보하며 제 방식만이 올바르다는 저의 태도에 대해서 사과하였습니다. 이렇게 대화를 시도하니 상대방 또한 자신의 잘못에 대해서도 미안함을 표현하며 서로 더 좋은 방안을 낼 수 있는 대화의 물꼬를 틀 수 있었습니다. 이후 서로의 장점을 살려서 저는 자료수집을 담당하고, 추진력이 장점인 팀원은 영상 촬영 장소 섭외와 연출을 담당함으로써 훨씬 빠르게 일을 처리할 수 있었습니다. 관계의 어려움을 해결하는 것은 결국 상대방을 이해하고 먼저 한 발 더 다가가는 것으로부터 시작된다는 것을 배울 수 있었습니다.

Q. 공사 입사 후 본인의 비전과 목표는 무엇이며 그것을 이루기 위한 자신만의 계획에 대하여 구체적으로 기술하시오.

기출 항목 분석
&작성 노하우 ⟶ [조직이해능력]

　해당 자소서 항목에는 공사의 비전과 본인의 목표에 대한 일치성을 높여나가기 위한 계획이 드러나야 한다. 서울교통공사의 경영 혁신과 사업 전략을 확인하기 위해서는 클린아이 사이트에서 경영혁신 사례를 확인하고 홈페이지를 통해 혁신 과제를 확인하여 포부와 계획을 작성한다. 서울교통공사의 혁신 계획을 간략히 살펴보면 다음과 같이 공통, 소통, 상통, 능통으로 정리할 수 있다.

> - '공통'가치를 위한 사회적 책임 경영
> - '소통'하는 참여협력 경영
> - '상통'하는 지역상생 경영
> - '능통'한 적극혁신 경영

이 중에서 '능통한 적극혁신 경영'의 내용을 정리하면 다음과 같다.

> - 일 · 가정 양립을 위한 유연근무제 등 확대 시행
> - 통합시너지 극대화를 위한 전사 디지털혁신(PI) 과제 실행
> - 빅데이터 기반 업무체계 구축으로 합리적 의사결정 지원
> - 업무 프로세스 개선, 기술 도입 등을 통한 업무 효율성 강화
> - 해외사업 적극 추진을 위한 리스크관리위원회 운영
> - 혁신 지향 조직설계를 통한 경영 개선 및 조직역량 강화
> - 서울시 투자기관 최초 주거래은행 도입, 자금 운용 효율화
> - 유관기관 협력을 통한 노후 지하철 효율적 개량
> - 도심 공동물류 플랫폼 사업을 통한 생활물류 서비스 제공
> - 국내 최초 MaaS App '하이무브' 개발로 주민 이동편의성 향상
> - 고객편의 향상을 위한 역사환경 개선
> - 진취적 업무환경 조성을 위한 적극행정 면책제도 운영
> - 불합리한 규제 정비를 통한 지역 · 시민 불편 해소

기 출 항 목
합 격 가 이 드   ▶ ① **자소서 Ver. 1**

Q.   **공사 입사 후 본인의 비전과 목표는 무엇이며 그것을 이루기 위한 자신만의 계획에 대하여 구체적으로 기술하시오.**

[안전의 스마트화 구축을 위한 계획]

저의 비전은 서울교통공사가 스마트 철도 안전 부분에서 글로벌 벤치마킹의 대상이 되는 것입니다. 아직 뚜렷하지는 않지만 앞으로 도시철도는 시설과 설비의 스마트화가 이루어질 것이며, 해당 과정에서 이를 관리·운영할 수 있는 역량을 갖춘 인재가 필요할 것이라고 생각합니다. 안전의 스마트화를 구축하기 위한 저의 계획은 다음과 같습니다.

첫째, 노후시설 개선을 통해서 지속적으로 안전성을 높여나가겠습니다. 특히 노후시설을 빠르게 파악할 수 있는 스마트 시스템에 대해서 연수 및 교육을 받아 선제적 조치가 진행될 수 있도록 하겠습니다.

둘째, 안전 5중 방호벽 구축에 기여할 것입니다. 이에 따라 현장 중심의 자율 안전 활동 정착을 위해 노력하겠습니다. 안전한 환경, 위험 요소 제거, 안전 체계 유지, 실수방지 시스템 등으로 구분된 방호벽에 맞춰 직무 안전 교육을 성실히 이수하고 현장에 위험 요소를 제거함으로써 서울 시민의 안전을 책임지겠습니다.

기 출 항 목
합 격 가 이 드   ▶ ② **자소서 Ver. 2**

[문화예술 공간의 활성화 사업+스마트팜 사업을 통한 랜드마크로의 도약]

600만 명의 인구가 서울교통공사와 매일 마주하고 있습니다. 역사는 하나의 공간이자 랜드마크가 될 수 있다고 생각합니다. 그래서 저는 무엇보다 서울교통공사가 서울 시민의 쉼터가 될 수 있도록 만들고 싶습니다.

이를 위해서 저는 문화예술 공간의 활성화 사업에 참여하고 싶습니다. 역사 환경 개선은 역사가 단순한 이동수단 플랫폼이 아니라 문화 플랫폼으로 탈바꿈되는 것이라고 생각합니다. 저는 이것이 역사를 통한 지역 시민의 만족도를 높이는 일일뿐만 아니라, 제2의 수익 창출의 연결고리가 될 것이라 생각합니다.

다음으로는 스마트팜 사업과 연계하여 자연친화적이면서도 수익을 창출할 수 있는 신사업에 참여해보고 싶습니다. 저는 최근 답십리역에 방문하여 스마트팜 사업을 확인해보았고, 역사 내에서 이러한 새로운 접근의 공간 활용을 보인다는 것에 놀랐습니다. 저 또한 역사 내에 혁신적인 플랫폼을 만들어가는 데 기여하겠습니다.

5) 부산교통공사

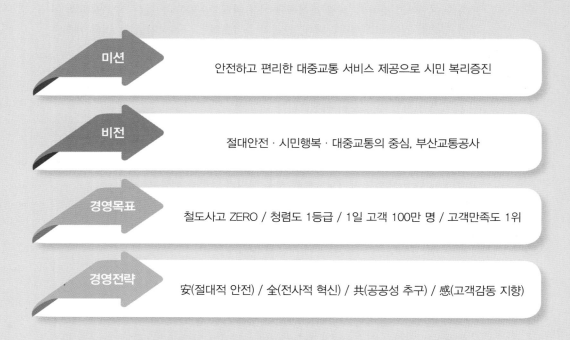

미션
안전하고 편리한 대중교통 서비스 제공으로 시민 복리증진

비전
절대안전 · 시민행복 · 대중교통의 중심, 부산교통공사

경영목표
철도사고 ZERO / 청렴도 1등급 / 1일 고객 100만 명 / 고객만족도 1위

경영전략
安(절대적 안전) / 金(전사적 혁신) / 共(공공성 추구) / 感(고객감동 지향)

인재상

1
미래의 환경변화에 대처하는 도전을 추구하는 진취적인 '창조인'

2
주인의식으로 공사와 자신의 미래를 준비하고 발전시키는 '애사인'

3
긍지와 자부심을 가지고 최고를 추구하는 '전문인'

※ 기업 소개 정보는 변경될 수 있습니다. 정확한 사항은 기업 홈페이지를 참고해 주세요.

한눈에 보는 자소서 특징

부산교통공사의 자소서 항목은 자세히 들어다보면 까다로운 항목이 많다. 지원 동기와 직업관을 연결해야 한다는 점, 직무 역량보다는 예상되는 어려움을 작성해야 한다는 점 등이 일반적인 자소서 항목과 다른 점이라고 할 수 있다. 따라서 각 자소서 항목에서 확인하고자 하는 의도를 명확하게 파악하고 작성해야 한다.

한눈에 보는 기출 자소서 항목(2022년 상반기)

1. 부산교통공사에 지원한 동기와 본인의 직업관에 대해 기술하시오.(350~500자)
2. 전문성 측면에서 본인이 지원한 직무의 적임자라고 말할 수 있는 이유를 기술하시오.(350~500자)
3. 목표를 달성하거나 문제를 해결하기 위하여 리더십 또는 창의력을 발휘했던 경험에 대해 기술하시오.(350~500자)
4. 지원분야 업무를 수행함에 있어 예상되는 직무상 어려움과 어떻게 해결할 것인지 기술하시오.(350~500자)

Q. 부산교통공사에 지원한 동기와 본인의 직업관에 대해 기술하시오.

기출 항목 분석
&작성 노하우 ──────────────────────────▶ [조직이해능력 + 인재상]

　해당 자소서 항목은 자신의 직업관에 부산교통공사가 어떤 면에서 부합하는가를 작성하는 항목이다. 직업관은 부산교통공사의 핵심 가치, 인재상, 전략과제, 주요 사업 등을 파악하여 설정한다.

　인재상과 연결하여 자신의 직업관을 설정하고, 부산교통공사의 새로운 도전과 변화에 대한 모습이 직업관과 부합한다는 방식으로 서술한다. 직업관을 설정할 때 특별한 기준이 있는 것은 아니다. 다만 그 직업관이 부산교통공사가 추구하는 것과 동일 선상에 있는지를 확인하고 작성하도록 한다.

기 출 항 목
직 접 써 보 기 ──────────▶

기 출 항 목
합 격 가 이 드 ───────────►

Q. 부산교통공사에 지원한 동기와 본인의 직업관에 대해 기술하시오.

[사회적 가치 실현의 직업관, 부산교통공사에서 빛을 발하다]

부산교통공사에서 시민에게 더 나은 서비스를 제공하며 저와 공사의 가치를 함께 높이고자 지원하게 되었습니다.

평소 저의 직업관은 사회적 가치를 실현할 수 있는 일을 하자는 것이었습니다. 평소 봉사 동아리 활동을 통해서 사회의 변화를 만들어가는 일에 대한 보람을 많이 느꼈습니다. 특히 축제 기간에 친구들과 함께 기부금 100만 원 마련을 위해 팥빙수를 판매한 경험이 있습니다. 당시 400그릇 이상을 판매하여 복지관 학생들에게 100만 원의 기부금을 제공할 수 있었습니다.

부산교통공사 또한 다양한 사회적 가치를 만들어가기 위해 노력하고 있습니다. 사회에 대한 봉사 정신을 바탕으로 휴메트로 봉사단 활동과 급여 우수리 사업, 재능기부 활동에 이르기까지 교통공사로서의 안전을 책임지는 본질을 넘어 더 가치 있는 결과를 만들어가기 위해 노력하고 있습니다. 무엇보다 지역과의 상생을 위해 노력하여 지역을 대표하는 공기업의 역할을 하고 있다는 점을 고려하였을 때, 부산교통공사는 제가 가진 직업관을 실천할 수 있는 최적의 환경이라고 생각하였습니다.

부산교통공사

Q. 전문성 측면에서 본인이 지원한 직무의 적임자라고 말할 수 있는 이유를 기술하시오.

기출 항목 분석
&작성 노하우 ➜ [자기개발능력]

　전문성은 직무기술서에서 지식과 기술에 해당되는 내용이다. 직무기술서의 직무수행태도를 제외하고 지식과 기술 부분에서 본인이 가진 경쟁력을 확인한다. 하지만 자신이 전문성을 갖춰왔던 것이 지식과 기술 부분에 없을 수도 있다. 그렇다면 자신의 전문성이 현재 부산교통공사에 어떻게 적용될 수 있는지를 제시하여 연결하는 작업을 할 필요가 있다.

　다음으로 직무의 적임자라고 할 수 있는 이유를 작성하기 전에 업무의 수행 내용과 부산교통공사의 주요 사업을 확인해야 한다. 사업의 내용은 클린아이에서 경영혁신 사례를 기반으로 확인할 수 있다. 지원자가 준비한 지식과 기술이 실제 사업에 어떻게 적용될 수 있는지를 설명할 수 있다면 적임자로서 본인의 경쟁력을 보여줄 수 있을 것이다.

기 출 항 목
직 접 써 보 기 ➜

기 출 항 목
합 격 가 이 드 ━━━━━▶ ① 단일 경험 Ver. 1

Q. 전문성 측면에서 본인이 지원한 직무의 적임자라고 말할 수 있는 이유를 기술하시오.

[미디어홍보 분야의 전문성, 부산교통공사의 대외 홍보 적임자]

제가 전문성을 높여왔던 분야는 미디어홍보 분야입니다. 이 분야에 대한 전문성을 쌓을 수 있었던 것은 미디어홍보 관련 동아리 활동을 하면서 학교의 대외적 홍보 마케팅 업무를 수행한 경험 덕분입니다. 당시 신입생 모집을 위한 홍보 영상을 제작하면서 기존과는 다르게 TED 형식으로 콘텐츠를 구성하였습니다. 각 단과 대학의 학생들이 15분 안에 다채로운 방식으로 학과를 설명하는 영상을 유튜브로 생중계하며 재미와 의미를 동시에 충족할 수 있었고, 동시 접속자 1,000명과 댓글 3,000건을 달성하는 결과를 만들어 냈습니다.

이러한 경험을 바탕으로 부산교통공사가 진행하고 있는 '휴튜브' 채널의 운영 및 대외 홍보에 저의 역량을 발휘할 수 있다고 생각합니다. 언택트 시대에 걸맞은 홍보 전략을 통해 부산교통공사의 지역경제 활성화, 미래형도시철도 개발, 사회공헌활동 등을 알리는 데 활용하겠습니다.

기 출 항 목
합 격 가 이 드 ━━━━━▶ ② 다수 경험 Ver. 2

[OA 작업과 통계에 대한 전문성, 사무행정 업무의 적임자]

부산교통공사에 입사하기 위해 다음과 같이 ○○공사 청년인턴 경험과 통계 동아리 활동을 통해 필요한 역량을 갖춰왔습니다.

첫째, ○○공사 청년인턴으로 근무하며 회사 내부의 소모품 관리부터 타 부서의 요구사항을 모니터링하는 업무를 지원하였습니다. 또한 결재서류 문서 작성 및 비품 DB를 관리하는 ERP 시스템 운영과 OA 작업을 하였습니다. 이러한 공사 인턴 경험을 통해 공기업의 조직 구성과 체계에 대해서 보다 빨리 적응하여 민원 업무를 신속하게 처리할 수 있습니다.

둘째, 통계 동아리 활동을 통해 SPSS, SAS 등의 통계 툴을 다룰 수 있도록 학습을 해왔습니다. 또한 동아리 조직 내에서 교육을 담당하면서 다양한 통계 사례 분석, 통계자료 검토 등을 진행하였습니다. 통계 툴을 다룰 수 있는 역량을 통해 향후 DB 관리, 각종 통계자료의 수치적 해석 업무에 있어 경쟁력을 발휘할 수 있을 것입니다.

부산교통공사

Q. 목표를 달성하거나 문제를 해결하기 위하여 리더십 또는 창의력을 발휘했던 경험에 대해 기술하시오.

기출 항목 분석
&작성 노하우 ⟶ [자기개발능력 + 자원관리능력]

　목표를 달성하기 어려웠다는 것은 쉬운 도전이 아니었음을 의미한다. 그동안 해보지 않았던 새로운 시도, 더 높은 수준의 목표를 달성해야 했을 때, 그리고 새로운 것을 적용하거나 개선해야 했을 때 등이 어려운 도전에 해당한다.

　특히 목표 달성 과정에서 어려운 상황이 발생하는 이유는 자원이 부족하기 때문이다. 시간이 부족하거나, 주변에 도움을 받을 수 있는 환경이 아니었거나, 여건이 마련되지 않았을 때, 자금이 부족할 때 등이 목표를 달성하는 과정에서 자원이 부족한 어려움에 해당한다. 두 가지 사항의 조합을 통해 소재를 선정하고 작성해보도록 하자.

기 출 항 목
직 접 써 보 기 ⟶

기 출 항 목 ────────▶
합 격 가 이 드

Q. 목표를 달성하거나 문제를 해결하기 위하여 리더십 또는 창의력을 발휘했던 경험에 대해 기술하시오.

[비대면 기숙사 오픈 데이를 기획하라]

수행했던 업무 중 가장 목표를 달성하기 어려웠던 과제는 코로나19로 인한 비대면 프로그램을 진행했을 때라고 생각합니다. 코로나19 이전부터 정기적으로 진행해왔던 기숙사 오픈데이 행사는 가족들과 지인들을 초청하여 기숙사를 탐방하고 식사를 대접해드리는 행사였습니다. 하지만 코로나19로 인해서 오프라인 행사는 취소되고 이를 비대면으로 할 수 있는 방안을 제시하라는 지시가 있었습니다. 당시에는 익숙하지 않았던 비대면 행사를 진행해야 한다는 점에서 부담이 컸습니다. 가장 어려웠던 부분은 '기숙사의 생활 모습을 어떻게 보여줄 수 있는가?'였습니다. 이를 위해 영상 촬영 경험이 많은 기숙사생을 섭외하여 영상 송출 방법을 배웠습니다. 이와 동시에 다수가 접속할 때 발생할 수 있는 문제에 대비하여, 실시간으로 행사 오프닝과 준비된 행사 일정을 부모님께서 보실 수 있도록 영상을 송출하였습니다. 중간에 영상이 끊겨 문제가 발생하기도 했지만 바로 대처하여 비대면 행사를 성공적으로 완료할 수 있었습니다. 새로운 시도는 항상 어렵지만 그 과정을 잘 이겨낸다면 한 층 더 성장할 수 있는 기회가 된다는 것을 배운 경험이었습니다.

Q. 지원분야 업무를 수행함에 있어 예상되는 직무상 어려움과 어떻게 해결할 것인지 기술하시오.

기출 항목 분석
&작성 노하우 ────────────────────▶ 【조직이해능력(업무이해)】

지원 업무를 수행하는 과정에서 예상되는 어려움이기 때문에 단순히 인간관계에서 발생한 갈등은 의미하지 않는다. 이러한 어려움을 파악하기에 좋은 것은 직무기술서의 직무수행 내용을 확인하는 것이다. 예를 들어 운영직 직무기술서 중 고객관리와 사무행정에 대한 부분을 확인해보면 다음과 같다.

> • (고객관리) 역에서의 고객 안내 등의 업무를 수행, 역사 및 열차를 이용하는 고객의 민원 사항을 해결하는 등 원활한 도시철도 운행을 위한 업무 수행
> • (사무행정) 부서(팀) 구성원들이 본연의 업무를 원활하게 수행할 수 있도록 문서관리, 문서작성, 데이터 관리, 사무자동화 관리운용 등 조직 내부와 외부에서 요청하거나 필요한 업무를 지원하고 관리

고객관리에서는 다양한 민원 사항을 해결하는 어려움이 예상될 수 있으며, 사무행정 업무에서는 다양한 업무 요청이 발생했을 때 빠르게 그 요청에 대응하는 것이 예상할 수 있는 어려움이 된다. 이를 바탕으로 예상되는 어려움을 작성해보고, 아래의 내용도 확인하여 직무상의 어려움을 예상해보자.

> 〈사례 1〉 운영직 업무 중 지인이 원칙에 어긋나는 행동을 보일 때 이를 처리하는 과정에서의 어려움이 발생할 수 있다고 생각합니다. 물건을 판매하는 잡상인이 지인일수도 있으며, 지하철 내 포교 활동을 하는 분들도 같은 종교를 가지고 있다면 그것을 제지하는 데 있어 어려움이 있다고 생각합니다.
> 〈사례 2〉 개발사업 과정에서 발생하는 민원 문제가 직무상의 어려움이라고 생각합니다. 예를 들어 시공 과정에서는 분진과 소음 등의 문제가 지속 발생할 수 있기 때문에 지역 주민의 피해가 발생할 수 있고, 이로 인해 지속적인 민원 문제가 발생할 수 있을 것입니다. 이를 해결하기 위해서는 다음과 같은 방법이 있을 것입니다.
> 〈사례 3〉 전문성의 부족으로 발생할 수 있는 어려움이 예상됩니다. 빅데이터를 기반으로 한 사업전략과 경영전략이 필요한 시기인 만큼 실제로 업무 수행 시 빅데이터를 기반으로 해결해야 하는 사업이 주어졌을 때 빠르게 대처하지 못하는 상황이 발생할 수 있을 것이라 생각합니다.

기 출 항 목
합 격 가 이 드 ———▶ ① 자소서 Ver. 1

Q. 지원분야 업무를 수행함에 있어 예상되는 직무상 어려움과 어떻게 해결할 것인지 기술하시오.

[민원 업무 처리의 어려움과 그에 대한 해결 방안]

　지원분야 업무를 수행함에 있어 민원 업무 처리의 어려움이 예상됩니다. 예를 들어 현재 코로나 팬데믹 상황에서 마스크 미착용으로 시민의 불편을 초래하는 민원인을 응대하는 사례 등이 발생할 수 있다고 생각합니다. 저는 민원으로 인한 어려움을 다음과 같은 방향으로 해결하고자 합니다.

　첫째, 마스크를 미착용한 민원 대상인의 입장을 잘 헤아려보도록 노력하겠습니다. 모든 문제는 경청만으로도 90%가 해결된다는 말에 따라 고객의 말에 공감하고 경청하겠습니다. 둘째, 마스크 착용의 중요성에 대해서 말씀드리며 정해진 원칙과 규정을 준수해야 하는 이유를 설명드리겠습니다. 해당 과정에서 무조건적인 강요가 아니라 마스크 착용이 자신의 건강을 지키는 데도 매우 중요하다는 관점에서 설득하겠습니다. 마지막으로, 재발방지 대책을 강구하여 같은 문제가 발생할 시 대응할 수 있는 매뉴얼을 구축하겠습니다.

기 출 항 목
합 격 가 이 드 ———▶ ② 자소서 Ver. 2

[시공 과정에서 발생하는 민원 처리 문제 해결의 어려움과 해결 방안]

　토목 업무 과정에서 지역 주민분들의 동의를 구하고 소음과 분진 등의 피해를 최소화하는 과정의 협의가 가장 어려울 것이라 생각합니다. 특히 연약 지반의 경우에는 공사로 인해 집이 기울거나 지속된 진동 때문에 거주 환경이 망가질 수 있다는 우려가 많이 발생합니다. 해당 과정에서 주민의 항의를 최소화하면서도 일정에 맞춰 공사를 진행하는 데 어려움이 예상됩니다.

　이를 해결하기 위해 저는 지역 주민들과 소통 창구를 마련할 것입니다. 협의체를 구성하고 소음과 진동에 대한 모니터링을 강화함으로써 지속적으로 시민들에게 안전한 시공 과정을 공개하겠습니다.

　또한 소음, 진동, 분진 등을 줄일 수 있는 공법에 대해서 지속적으로 연구하겠습니다. 공법에 대한 지속적인 개선 방안을 강구하면서 피해를 최소화할 수 있는 방법을 찾겠습니다. 이에 따라 공사가 기일 안에 완료될 수 있도록 노력하겠습니다.

부산교통공사

6) 인천국제공항공사

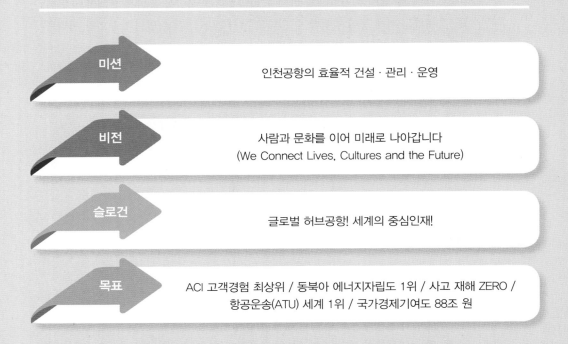

미션
인천공항의 효율적 건설 · 관리 · 운영

비전
사람과 문화를 이어 미래로 나아갑니다
(We Connect Lives, Cultures and the Future)

슬로건
글로벌 허브공항! 세계의 중심인재!

목표
ACI 고객경험 최상위 / 동북아 에너지자립도 1위 / 사고 재해 ZERO /
항공운송(ATU) 세계 1위 / 국가경제기여도 88조 원

인재상

1 Active(도전)
비상을 위해 드넓은 활주로를 힘차게 달리는 도전의식을 가진 사람

2 Innovation(혁신)
하늘 저 너머의 새로운 세상에 대한 무한한 호기심과 꿈을 가진 사람

3 Respect(존중)
1등 공기업의 사명을 갖고 회사와 고객을 존중할 수 있는 사람

글로벌 가치창조형 인재

※ 기업 소개 정보는 변경될 수 있습니다. 정확한 사항은 기업 홈페이지를 참고해 주세요.

한눈에 보는 자소서 특징

인천국제공항공사는 서류 전형이 적부로서 채용 인원의 200배의 인원이 통과된다. 자소서에는 코로나19로 인한 공항 운영의 어려움과 앞으로의 방향을 제시하는 항목, 미래 도전을 위한 노력 등을 작성하는 항목이 등장하고 있다. 더불어 인생관이나 단점의 보완 노력 등 윤리와 자기개발에 관련한 항목도 있다. 난도는 높지 않지만 항목의 의도를 잘 살펴 작성해야 하는 것이 특징이다.

한눈에 보는 기출 자소서 항목(2022년 하반기)

1. 인천국제공항공사가 현시점에서 가장 중요하게 역점을 두고 나아가야 할 방향은 무엇이라고 생각하십니까? 본인이 우리 공사에 입사하려는 이유는 무엇입니까?(최대 600자)

2. 본인이 지금까지 취업을 위해 중요하게 개발한 직무 역량은 무엇이며 어떠한 과정을 통하여 이 역량을 개발해 왔는지, 이 역량을 통해 이룬 구체적인 성과가 있다면 무엇이고 입사 후 우리 공사에 어떻게 기여할 수 있을지 기술해 주십시오.(최대 600자)

3. 본인의 장점과 단점에 대해 기술하고 그중 단점을 극복하기 위한 본인의 노력과 단점을 극복하여 성공적으로 일을 처리한 경험을 구체적인 사례로 기술해 주십시오.(최대 600자)

4. 본인이 생각하는 〈나의 인생 가치관〉은 무엇이며 지금까지의 삶에서 자신의 가치관이 흔들리거나 충돌한 경험 또는 가치관 때문에 어려움을 겪은 경험과 이를 어떻게 극복하였는지 구체적인 사례로 기술해 주십시오.(최대 600자)

5. 공사의 인재상 AIR − Active(도전), Innovation(혁신), Respect(존중) 중 본인에게 가장 부합하는 키워드 하나를 선택하고 그 이유에 대해 구체적인 사례를 바탕으로 기술해 주십시오.(최대 600자)

Q. 인천국제공항공사가 현시점에서 가장 중요하게 역점을 두고 나아가야 할 방향은 무엇이라고 생각하십니까? 본인이 우리 공사에 입사하려는 이유는 무엇입니까?

기출 항목 분석
&작성 노하우
⟶ [조직이해능력]

인천국제공항공사의 CEO 인사말에 따르면 포스트 코로나 시대를 선도하는 가장 중요한 경쟁력은 4차 산업혁명 기술에서 판가름 날 것이라고 말하고 있다. 첨단 IT기술과 융합하여 차별화된 혁신적인 공항서비스를 지속개발하여 앞으로 심화될 허브화 경쟁에서 우위를 선점해 나갈 계획을 포부로 밝히고 있다. 즉 현재 인천국제공항공사가 중요하게 생각하고 있는 사업의 모멘텀을 스마트 공항으로 보고 있는 것이다.

더불어 최근에는 UAM(도심 항공 모빌리티)과 같은 차세대 모빌리티, 스마트 안전 플랫폼, 부대시설 확대를 통한 사업 다각화에 이르기까지 다양한 사업을 펼쳐나가고 있다. 따라서 이러한 인천국제공항공사의 변화를 위해 자신은 어떤 준비가 되어 있으며, 향후 어떤 목표를 가지고 입사하는지를 밝히며 작성한다.

기 출 항 목
직 접 써 보 기
⟶

기 출 항 목
합 격 가 이 드

Q. 인천국제공항공사가 현시점에서 가장 중요하게 역점을 두고 나아가야 할 방향은 무엇이라고 생각하십니까? 본인이 우리 공사에 입사하려는 이유는 무엇입니까?

[공항서비스의 다양화를 통해 위기 극복]

인천국제공항공사가 현시점에서 가장 중요하게 역점을 두어야 할 방향은 부대시설 확대와 서비스 구축입니다. 코로나19로 인해 인천국제공항도 다양한 리스크를 겪게 되었습니다. 면세 사업과 공항 운영의 어려움 등이 발생하였기 때문에 이를 극복할 방법은 신사업이라고 생각합니다.

따라서 공항은 단순히 항공기가 뜨고 내리는 공간이 아닌, 물류, 문화, 관광, 상업 등 높은 부가가치를 창출하는 거대한 산업으로 변화하고 있습니다. 인천국제공항도 동북아시아의 대표적인 관광·비즈니스 허브로 자리매김한다는 목표 아래 공항복합도시(Airport City) 개발을 추진하고 있습니다. 평소 저는 관광상품 기획 관련 경험을 바탕으로 콘텐츠를 어떻게 상품화할 수 있는가에 대한 대외 활동에 참여해 왔습니다. 따라서 사업을 기획하고 운영하는 것에 관심이 많으며 이와 관련하여 공항은 공항의 역할을 넘어서는 서비스가 필요한 곳이라 생각해 왔습니다. 제가 그동안 학습하고 공부했던 비즈니스에 대한 지식과 경험을 바탕으로 인천국제공항공사의 역점 사업을 더욱 활성화하여 장기적으로 공항복합도시로의 전환을 이루는 데 기여하고자 입사를 희망하게 되었습니다.

Q. 본인이 지금까지 취업을 위해 중요하게 개발한 직무 역량은 무엇이며 어떠한 과정을 통하여 이 역량을 개발해 왔는지, 이 역량을 통해 이룬 구체적인 성과가 있다면 무엇이고 입사 후 우리 공사에 어떻게 기여할 수 있을지 기술해 주십시오.

기 출 항 목 분 석
&작성 노하우 ⟶ [자기개발능력]

직무기술서를 기반으로 한 직무 역량을 작성하거나 개인적으로 생각하는 중요한 직무 역량을 선택하여 작성할 수 있는 항목이다. 역량이 있다는 것을 증명하기 위해서는 성과를 드러내야 한다. 따라서 성과를 드러낼 수 있는 역량을 중심으로 작성한다. 성과란 정량적 성과와 정성적 성과로 나눌 수 있다. 예를 들어 보고서를 작성하는 프로젝트라면 '중국 시장 관련 보고서 20페이지 완성'은 정량적 성과라 볼 수 있다. 여기서 정성적 성과는 '자료수집 및 분석 능력'으로 볼 수 있다.

입사 후 공사에 기여할 수 있는 방안으로는 직무기술서의 직무수행 내용이나 홈페이지의 주요 사업 내용을 확인하는 것이 좋다. 대부분 기여 방안에 대해서 막연하게 생각할 수 있지만, 현재 해당 기업이 하고 있는 사업에 대해서 어떤 부분을 개선하고 발전시키겠다는 방향으로 작성해보도록 한다.

기 출 항 목
직 접 써 보 기 ⟶

기 출 항 목
합 격 가 이 드

Q. 본인이 지금까지 취업을 위해 중요하게 개발한 직무 역량은 무엇이며 어떠한 과정을 통하여 이 역량을 개발해 왔는지, 이 역량을 통해 이룬 구체적인 성과가 있다면 무엇이고 입사 후 우리 공사에 어떻게 기여할 수 있을지 기술해 주십시오.

[데이터 기반의 마케팅 역량 강화, 공항서비스 개선에 기여]

직무 역량 중 마케팅 역량을 강화해 왔습니다. 특히 스타트업 인턴 경험을 통해 데이터를 기반으로 한 온라인 마케팅 경험은 인천국제공항공사에 기여할 수 있는 역량이라고 생각합니다. 저는 제빵 관련 스타트업 회사에서 인턴으로 근무하며 고객 데이터를 기반으로 한 상품 기획과 구성, 마케팅에 참여한 경험이 있습니다.

당시 통계 툴을 활용하여 고객이 어떤 상품에 반응하는지를 파악하였습니다. 날씨, 시간대, 요일 등의 외부 데이터와 고객의 반응 데이터를 비교해 보니 비가 오는 날에는 기름기가 많은 햄버거나 피자빵 등이 잘 팔린다는 것, 그리고 날씨가 좋은 날에는 샌드위치 종류가 잘 팔린다는 결론을 도출할 수 있었습니다. 이를 바탕으로 날씨에 따라 메인 요리로 제공할 빵의 종류를 선택하고 이를 마케팅에 적용하는 고객 맞춤형 서비스를 제공함으로써 판매량 30% 증가를 이루었습니다. 이후 저는 이러한 통계적 마케팅에 대한 직무 역량을 꾸준히 강화하기 위해 SQLD와 같은 자격을 취득했으며, 시장 환경의 변화와 트렌드를 파악하기 위한 데이터 시각화도 공부하고 있습니다.

품격 높은 면세 쇼핑과 여객 니즈에 부합하는 맞춤형 환승 서비스, 공항 안팎에서 펼쳐지는 다채로운 문화 공연과 다양한 F&B 서비스 등 인천국제공항은 여객들에게 비교할 수 없는 만족을 선사하며 세계 공항 서비스의 새로운 패러다임을 열어가고 있습니다. 따라서 데이터 기반의 글로벌 마케팅 전략 수립을 통해 고객 맞춤형 서비스 개선에 기여하겠습니다.

❯ 합격 자소서 STEP

자신의 직무 역량에 대해서 주요 사업과 연계하여 기여 방안 작성

인천국제공항공사

Q. 본인의 장점과 단점에 대해 기술하고 그중 단점을 극복하기 위한 본인의 노력과 단점을 극복하여 성공적으로 일을 처리한 경험을 구체적인 사례로 기술해 주십시오.

기출 항목 분석 &작성 노하우 ──────────────────────► [자기개발능력]

장점과 단점에 대한 부분은 평소 자주 작성하는 항목이지만 이 항목에서는 단점을 극복하여 성공적으로 일을 처리한 경험을 요구하고 있다. 단점을 보완하기 위한 노력뿐 아니라 성공적인 결과를 만들어야 하므로 다소 어려움이 있을 수 있다. 하지만 이는 자기개발능력에 해당된다. 단점이 무엇인지를 고려하기보다는 현재 자기개발을 위해 무엇을 노력하고 있는지를 먼저 고려하고 작성한다. 자기개발은 꼭 지식이나 기술적인 면뿐 아니라 태도에 대한 부분도 자기개발의 영역이 될 수 있다.

기 출 항 목 직 접 써 보 기 ──────────────────────►

기 출 항 목
합 격 가 이 드 ⟶

Q. 본인의 장점과 단점에 대해 기술하고 그중 단점을 극복하기 위한 본인의 노력과 단점을 극복하여 성공적으로 일을 처리한 경험을 구체적인 사례로 기술해 주십시오.

[주도적이지 못한 단점, 유튜브 구독자 1,000명 달성을 통해 극복하다]

제가 가진 장점은 열린 마인드입니다. 저는 편견 없이 사람을 대하며 다양한 의견과 아이디어, 심지어 저에 대한 상대방의 충고도 겸허히 받아들이고 이해하는 마인드를 갖춰 왔습니다. 이러한 장점은 외국인 교환학생의 국내 정착을 돕는 봉사활동을 진행하면서 인정받았습니다. 이슬람 문화권 사람이었던 교환학생을 위해 식단 등 라마단 문화를 파악하고 이에 대해서 한국의 문화에 따라야 한다기보다는 라마단 문화를 존중하고 이해하며 식당과 장소를 알려주기도 하였습니다.

반면 단점으로는 주도적이지 못하다는 점입니다. 수용적 자세는 주도적이지 못하다는 비판을 받을 수 있는 태도였습니다. 실제로 저는 이러한 태도로 인해 환경 서포터즈 활동 당시 의견을 수렴하지 못하고, 카드뉴스 업데이트 일정을 놓치는 경우가 있었습니다.

저는 이러한 단점을 극복하기 위해 더 높은 수준의 목표를 세웠습니다. 유튜브 개설을 주도적으로 진행하여 구독자를 높이겠다는 생각이었습니다. 저는 국내 관광, 맛집 등 일상의 이야기를 업데이트하며 이를 해외에서도 볼 수 있도록 영어 자막도 추가하는 등 주도적으로 일을 진행하였습니다. 수동적인 자세에서 유튜브 개설과 직접 답사를 하는 적극적인 태도로의 변화를 통해서 유튜브 구독자 1,000명을 달성하는 결과를 얻을 수 있었습니다.

> **◐ 합격 자소서 STEP**
>
> 단점에 대한 극복 방안을 구체적으로 작성

인천국제공항공사

Q. 본인이 생각하는 〈나의 인생 가치관〉은 무엇이며 지금까지의 삶에서 자신의 가치관이 흔들리거나 충돌한 경험 또는 가치관 때문에 어려움을 겪은 경험과 이를 어떻게 극복하였는지 구체적인 사례로 기술해 주십시오.

기출 항목 분석
&작성 노하우 ────────────────────────────────▶ [직업윤리]

가치관이 흔들리거나 충돌할 수 있는 상황은 직업윤리와 관련있는 상황에 해당한다.

자신의 가치관과 조직의 가치관이 부합하지 않을 때 발생하는 갈등 또는 자신이 중시하는 책임감, 꼼꼼함이라는 가치관에 대해서 '적당히'를 추구하는 동료, 조직, 팀과의 갈등 등이 예시가 될 수 있다. 이러한 내용을 작성할 때는 반드시 상대를 비난하여 나쁘게만 설정하지 않고 점차 서로 조율하고 윈-윈 할 수 있는 방안으로 맞춰 가는 모습을 보여야 한다. 가치관의 차이는 조직 내에서 빈번히 발생하는 것이기 때문에 자신의 가치관에 상대가 맞추기를 바랐다는 것이 아니라 서로 타협하고 조율했던 방향으로 설정하여 작성한다. 단, 윤리적인 가치관의 충돌인 경우는 더 상위의 가치나 조직의 가치를 우선하고, 자신의 신념을 지킨 경험으로 작성할 수도 있다.

기 출 항 목
직 접 써 보 기 ────────────▶

기 출 항 목
합 격 가 이 드 ⟶

Q. 본인이 생각하는 〈나의 인생 가치관〉은 무엇이며 지금까지의 삶에서 자신의 가치관이 흔들리거나 충돌한 경험 또는 가치관 때문에 어려움을 겪은 경험과 이를 어떻게 극복하였는지 구체적인 사례로 기술해 주십시오.

[적을 만들지 말자는 가치관의 위기, 동기부여를 통해 극복]

제 인생의 가치관은 적을 만들지 말자는 것입니다. 하지만 이러한 가치관이 흔들린 경험이 있습니다. 바로 프랜차이즈 레스토랑 아르바이트를 진행할 때에 함께 하는 동료의 일탈 때문이었습니다. 동료의 늦은 교대로 인해 저 또한 제 일정을 제대로 수행하지 못한 적이 있었고, 무단으로 나오지 않아 어쩔 수 없이 제가 업무를 해야만 했던 상황도 있었습니다.

사람들과 갈등 상황을 일으키지 않고 서로 좋은 관계를 맺기 위해 노력하자는 저의 가치관이 흔들렸습니다. 하지만 이러한 과정에서 관계가 서먹해지거나 오히려 갈등이 생기게 되면 전체 조직에 큰 피해가 발생하고, 이러한 분위기로 인해 고객에게도 좋지 않은 서비스를 제공할 수 있다는 생각이 들었습니다.

갈등보다는 화합을 생각하며 동료의 그런 행동에 대해 이해해보고자 노력하였습니다. 그리고 저의 솔직한 심정에 대해서 털어놓으며 서로의 감정을 솔직하게 노출하였습니다. 이어 저는 동료의 행동을 나무라기보다는 동료에게 동기를 부여하고자 노력하였습니다. 당시 고객에게 일정 프로모션 메뉴를 추천하고, 고객이 이를 구입하면 인센티브를 제공하는 제도가 있었기 때문에 이 인센티브를 공동의 목표로 제시하여 적극적으로 참여할 수 있도록 동기를 부여하고 관계를 회복해 나갈 수 있었습니다.

> **❷ 합격 자소서 STEP**
>
> 갈등보다는 화합의 과정을 통해 가치관을 조율해 나가는 태도

인천국제공항공사

Q. 공사의 인재상 AIR − Active(도전), Innovation(혁신), Respect(존중) 중 본인에게 가장 부합하는 키워드 하나를 선택하고 그 이유에 대해 구체적인 사례를 바탕으로 기술해 주십시오.

기출 항목 분석
&작성 노하우 ──────────────────────────────────────▶ [인재상]

인천국제공항공사의 인재상은 도전, 혁신, 존중으로서 도전은 꿈을 향한 도전을 의미하며, 혁신은 무한한 호기심과 꿈을 가지고 변화를 추구하는 것, 마지막으로 존중은 회사와 고객을 존중하는 태도를 의미한다. 각각 의미하는 바가 무엇인지를 살펴보고 작성한다.

기 출 항 목
직 접 써 보 기 ──────────────▶

기 출 항 목
합 격 가 이 드

Q. 공사의 인재상 AIR − Active(도전), Innovation(혁신), Respect(존중) 중 본인에게 가장 부합하는 키워드 하나를 선택하고 그 이유에 대해 구체적인 사례를 바탕으로 기술해 주십시오.

[존중의 태도로 고객의 무리한 요구에 대응하다]

저는 존중의 의미에 가장 부합하는 인재입니다. 존중한다는 것은 단순히 태도의 문제가 아니라 자신의 마음까지도 고객을 위해 최선을 다하는 자세라고 생각하였습니다. 이러한 존중의 태도를 보여 준 제 경험 사례는 쇼핑몰 인턴 당시, 회사 측의 입장과 고객 측의 입장을 모두 존중하여 문제를 해결했던 것입니다.

고객의 불만은 배송 지연에 관한 것이었는데, 당시는 설 연휴가 포함된 기간이라 상품 배송이 늦어질 수 있었다는 것이 회사 측의 입장이었지만, 고객의 경우 연휴에 맞춰 부모님께 제품을 배송해야 한다는 입장이었기 때문에 두 견해가 충돌한 상황이었습니다. 저는 양측의 입장을 모두 고려해야 했습니다. 따라서 고객의 상황을 충분히 이해하고 존중하였습니다. 현재 회사 측의 입장을 설명드리고 최대한 빠르게 배송이 이뤄질 수 있도록 방법을 찾아보고 해결하겠다고 약속하였습니다. 더불어 회사 측에도 고객의 상황을 설명하면서 회사에 대한 신뢰를 위해서 가능한 방법을 찾아보았습니다. 이러한 노력을 통해 현재 재고 수량을 파악하여 약속된 배송 일정을 맞추기는 어렵지만 연휴 마지막 날까지는 배송이 가능할 것 같다는 말씀을 드렸고, 이에 대해 고객도 양해를 해주셔서 원만하게 문제를 해결할 수 있었습니다.

연휴라는 상황이 있었기 때문에 고객의 불만을 신경 쓰지 않고 넘길 수도 있었지만, 고객 존중의 태도와 마인드를 바탕으로 문제해결에 적극적으로 임했습니다. 이를 통해 회사에 대한 신뢰를 깨트리지 않는 결과도 얻어 회사와 고객 모두의 상황을 존중할 수 있었습니다.

인천국제공항공사

1) 국민건강보험공단

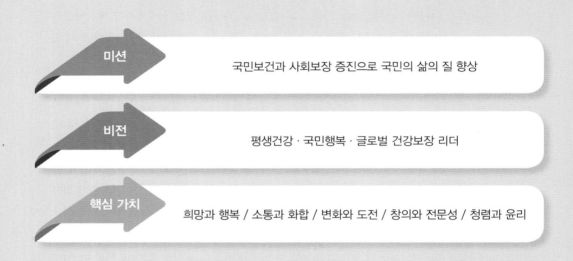

미션
국민보건과 사회보장 증진으로 국민의 삶의 질 향상

비전
평생건강 · 국민행복 · 글로벌 건강보장 리더

핵심 가치
희망과 행복 / 소통과 화합 / 변화와 도전 / 창의와 전문성 / 청렴과 윤리

인재상

1 국민을 위하는 인재
- 국민의 희망과 행복을 위해 봉사, 책임을 다하는 행복 전도사
- 공공기관의 가치를 이해하고 국민과 소통하는 커뮤니케이터

2 정직으로 신뢰받는 인재
- 공직자 사명감을 바탕으로 매사 정직하게 업무를 처리하는 공단인
- 높은 청렴도와 윤리의식을 겸비하여 국민으로부터 신뢰받는 공직자

3 혁신을 추구하는 인재
- 더 나은 가치를 창출하기 위해 열정을 쏟는 도전가
- 열린 마음과 유연한 사고를 바탕으로 조직 혁신을 위한 선도자

4 전문성 있는 인재
- 우수성, 전문성을 갖추기 위해 평생학습하고 성장하는 주도자
- 새로운 시각을 기반으로 창의적 정책을 제시하는 탐색자

※ 기업 소개 정보는 변경될 수 있습니다. 정확한 사항은 기업 홈페이지를 참고해 주세요.

한눈에 보는 자소서 특징

우선 국민건강보험공단 자기소개서의 특징은 매번 항목의 요구사항이 달라진다는 것이다. 국민건강보험공단은 서류 전형 합격 배수가 7배수이기 때문에 자기소개서에 공을 들여야 한다. 최신 채용에서의 국민건강보험공단 자기소개서 항목은 철저히 인재상 중심이었다. 이전 국민건강보험공단 자기소개서 항목을 보게 되면 항목이 매우 구체적이고 작성 시 고려해야 할 요소가 많았던 반면에 이번에는 매우 쉽게 쓸 수 있도록 구성되어 있다. 다만 각각의 인재상이 무엇을 의미하는지를 잘 파악해서 작성해야 하는 만큼 국민건강보험공단의 인재상을 먼저 분석한 후 자기소개서를 작성하는 것이 바람직하다.

한눈에 보는 기출 자소서 항목(2022년 상반기)

1. 자신의 이익보다 공공의 이익(사회공동체 또는 조직구성원의 이익 등)을 우선적으로 생각하고 행동했던 경험에 대해 구체적으로 기술해 주세요.(1,000Bytes 이내)

2. 지원자가 생각하는 정직한 사람들의 공통적인 특징을 간략히 기술하세요. 그리고 실제 본인이 그러한 특징을 보이거나, 실천한 경험에 대해 구체적으로 기술해 주세요.(1,000Bytes 이내)

3. 지금까지 살아오면서 가장 도전적인 목표를 설정하고, 그것을 달성하기 위해 노력한 경험과 그 결과에 대해 구체적으로 기술해 주세요.(1,000Bytes 이내)

4. 전문성 향상을 위해 스스로 부족한 점을 개선하고, 지속적으로 자기개발을 진행했던 분야와 그 경험에 대해 현재까지의 성과를 포함하여 구체적으로 기술해 주세요.(1,000Bytes 이내)

Q. 자신의 이익보다 공공의 이익(사회공동체 또는 조직구성원의 이익 등)을 우선적으로 생각하고 행동했던 경험에 대해 구체적으로 기술해 주세요.

기출 항목 분석
&작성 노하우 ⟶ [직업윤리 – 공동체윤리]

인재상 중 '국민을 위하는 인재'와 연결된 항목이다.

> ※ 국민을 위하는 인재
> – 국민의 희망과 행복을 위해 봉사, 책임을 다하는 행복 전도사
> – 공공기관의 가치를 이해하고 국민과 소통하는 커뮤니케이터

공기업인이라고 해서 개인의 이익을 무조건 포기하고 공공의 이익만을 우선해야 한다는 것은 아니다. 자신의 생각과 가치를 모두 포기하는 것이 아니라 다소 조금 손해를 보고 본인이 불편하더라도, 또는 요령을 사용해도 아무도 모르는 상황이더라도 공공의 이익과 공동체를 우선적으로 생각하는 것이 우리가 말하는 헌신이자 윤리적인 태도라고 볼 수 있다. 국민건강보험공단은 국가 공동체의 국민건강을 실현하는 기관인 만큼 더 상위의 가치를 위해 자신의 이익을 포기한 사례로 접근해 보기 바란다.

기 출 항 목
직 접 써 보 기 ⟶

Q. 자신의 이익보다 공공의 이익(사회공동체 또는 조직구성원의 이익 등)을 우선적으로 생각하고 행동했던 경험에 대해 구체적으로 기술해 주세요.

[기숙사 충장으로 공동체의 행복을 우선하다]

 기숙사의 충장으로 역할을 수행할 당시, 한 기숙사생의 일탈을 모른 척할 수 있었지만 공공의 이익을 위해 바로잡은 경험이 있습니다. 충장은 기숙사의 인원 점검이나 관리를 보조하는 역할로서 충장의 중요한 역할 중 하나는 통금시간에 인원을 점검하는 것입니다. 하지만 같은 과의 동료나 선후배들의 경우에는 충장을 담당하고 있는 저와의 친분을 믿고 정해진 통금을 어기는 경우가 있었습니다. 저 또한 당시에는 인간관계를 매우 중시하고 있었고, 다른 충장들도 비슷한 상황을 그냥 눈감아 주는 경우가 종종 있었기 때문에 크게 문제 삼지 않는 것이 저에게는 이익이었습니다.

 제 편안함을 우선하여 선후배들과 괜한 트러블을 남기지 않는 선택을 할 것인지, 아님 이러한 모든 리스크를 감수하고 정확하게 통금 관리를 해야 하는 것인지에 대한 가치의 충돌에서 저는 공동체의 이익을 우선하는 것으로 선택하였습니다. 그 이유는 그래야 같은 층에 있는 다른 기숙사생의 불만이 생기지 않기 때문이었습니다. 하지만 개인적인 인간관계까지 그르치고 싶지 않았기 때문에 학교에 건의하여 통금 관련 지문 시스템을 설치해 달라는 건의를 드렸습니다. 이를 통해 공정한 통금 관리가 가능해져 공동체의 이익을 만들어 낼 수 있었습니다.

Q. 지원자가 생각하는 정직한 사람들의 공통적인 특징을 간략히 기술하세요. 그리고 실제 본인이 그러한 특징을 보이거나, 실천한 경험에 대해 구체적으로 기술해 주세요.

기출 항목 분석
&작성 노하우 ⟶ [직업윤리 – 근로윤리]

인재상 중 '정직으로 신뢰받는 인재'와 관련한 항목이다.

> ※ 정직으로 신뢰받는 인재
> – 공직자 사명감을 바탕으로 매사 정직하게 업무를 처리하는 공단인
> – 높은 청렴도와 윤리의식을 겸비하여 국민으로부터 신뢰받는 공직자

앞의 1번 항목은 공동체의 행복을 위한 자기희생을 작성하는 것이라면 2번의 항목은 자신의 일에 대한 사명감과 청렴함을 요구하는 항목이라 볼 수 있다. 정직과 신용을 위한 4가지 지침도 함께 확인하자.

> ※ 정직과 신용을 구축하기 위한 4가지 지침
> 하나, 정직과 신뢰의 자산을 매일 조금씩 쌓아가자.
> 정직은 돈보다 소중한 자산임을 항상 염두에 두고 돈을 아끼고 모으듯, 매사에 정직한 태도를 지녀 자산을 차곡차곡 축적하자. 티끌 모아 태산은 물자나 돈에도 해당되지만 신뢰의 축적에도 해당되는 말이다. 하루하루 당신의 자산이 쌓여간다고 생각해 보자. 생각만 해도 신나고 즐거운 일이 아니겠는가?
> 둘, 잘못한 것도 정직하게 밝히자.
> 잘못한 것, 실패한 것, 실수한 것에 대하여 정직하게 인정하고 밝히는 것은 잘못을 줄이고 더 큰 잘못을 막기 위한 최고의 전략이다. 고객에게나 동료에게나 상사에게나 마찬가지이다. 모든 일은 투명하고 남이 알 수 있도록 진행하며 사실 그대로 보고하고 사실 그대로 알려주어야 한다. 누구나 모든 것에 완벽할 수 없다.
> 셋, 타협하거나 부정직을 눈감아 주지 말자.
> 개인적인 인정에 치우쳐 부정직을 눈감아 주거나 타협하는 것은 결국 내 자신의 몰락은 물론, 또 다른 부정을 일으키는 결과를 가져온다. 조그마한 구멍에 물이 새면 구멍이 점점 커지듯이 관행화되고, 결국 전체에게 피해를 주게 된다.
> 넷, 부정직한 관행은 인정하지 말자.
> 누가 강요했든, 관행이 어찌 되었든 내가 한 행위는 나의 책임이다. 부정직한 관행을 깨는 것에도 도전 정신이 필요하다.

기 출 항 목
합 격 가 이 드

Q. 지원자가 생각하는 정직한 사람들의 공통적인 특징을 간략히 기술하세요. 그리고 실제 본인이 그러한 특징을 보이거나, 실천한 경험에 대해 구체적으로 기술해 주세요.

[사소한 것에도 정직하고 성실한 태도로 불필요한 낭비를 없앤다]

정직한 사람의 특성은 관행을 바꾸기 위해 노력하는 태도를 보인다는 점입니다. 관행적이더라도 그것이 자신에게 피해가 되지 않는다면 모르는 척할 수 있지만 정직한 태도는 그것을 변화시키고자 노력하도록 합니다. 병원 근무 당시 정확한 비품 관리로 비용의 낭비를 줄인 경험이 있습니다. CT실에서는 조영제 주사기 연장 기구를 눈대중으로 파악해 발주하는 것이 관행이었습니다. 이로 인해 수량이 정확하게 관리되지 않아 추가 발주하는 일이 자주 생겼고, 추가 발주로 인해 남는 수량은 버려지기도 했습니다. 이와 같은 방법을 처음 인수 · 인계 받았을 때 한편으로는 시간을 절약하는 장점이 있었지만, 다른 한편으로는 작은 비용이 누적되면 큰 낭비라는 생각을 하게 되었습니다. 이에 시간도 절약하며 효율적으로 수량을 파악하는 방법을 생각했습니다.

먼저, 근무 시간 중 자투리 시간을 활용하여 개수 파악이 쉽도록 고무줄로 해당 기구를 20개씩 묶어 놓기 시작하였습니다. 다음으로, 하루에 예상되는 환자 수에 맞춰 필요한 양만큼 서랍에 꺼내 놓았습니다. 마지막으로 나머지는 100개씩 한 상자에 보관하여 물품 보관실에 두었습니다. 이렇게 한 결과, 짧은 시간 내에 보다 정확한 수량 파악이 가능했고, 불필요한 발주를 줄일 수 있었습니다. 또한 물품 재고 공간도 깔끔하게 넉넉히 사용할 수 있게 되었습니다.

Q. 지금까지 살아오면서 가장 도전적인 목표를 설정하고, 그것을 달성하기 위해 노력한 경험과 그 결과에 대해 구체적으로 기술해 주세요.

기출 항목 분석
&작성 노하우 ➔ [자기개발능력]

인재상 중 '혁신을 추구하는 인재'와 관련한 항목이다.

> ※ 혁신을 추구하는 인재
> – 더 나은 가치를 창출하기 위해 열정을 쏟는 도전가
> – 열린 마음과 유연한 사고를 바탕으로 조직을 혁신하기 위한 선도자

도전적인 목표는 그동안 해보지 않은 일이나 그동안 해왔던 것보다 더 높은 수준의 목표를 달성해야 했던 사례를 작성해야 한다. 또한 달성하기 어려웠던 소재를 활용해서 작성해야 그 과정에서의 어려움을 잘 작성할 수 있다. 특별히 도전적인 경험이나 성과물이 있는 경험이 없더라도 해당 항목을 작성할 수 있다. 자신의 목표가 꼭 공모전 1등이 아니라 공모전에 참가하는 것이었다면 공모전 참가 자체만으로도 도전이며 목표를 달성한 셈이 된다. 따라서 결과물의 성취가 중요한 것이 아니라 그러한 도전을 실행으로 옮겼다는 태도가 더 중요하다. 또한 더 나은 가치를 창출했는가도 중요하다. 더 나은 가치란 본인이나 타인, 고객, 조직에게 더 나은 결과나 의미를 부여했는가를 말한다. 이러한 점이 잘 결합된 소재로 항목을 작성해 보자.

기 출 항 목
직 접 써 보 기 ➔

기 출 항 목 ────────→
합 격 가 이 드

Q. 지금까지 살아오면서 가장 도전적인 목표를 설정하고, 그것을 달성하기 위해 노력한 경험과 그 결과에 대해 구체적으로 기술해 주세요.

[병원 고객만족도 평가 기간, 만족도 우수를 달성하다]

　병원 근무 당시 동료 간호사들의 사기를 끌어올려 병원 평가 점수를 높이는 목표를 달성한 경험이 있습니다. 당시 정기적인 고객만족도 평가에 있어 간호사들의 역할이 중요하였습니다. 하지만 환자 간호와 각종 사무 업무처리, 고객 민원의 문제를 동시에 해결하는 것이 어려웠고, 이로 인해 사기가 저하되면서 자포자기의 상황이 발생하게 되었습니다.

　저는 이러한 문제를 개선하기 위해 보상과 책임감을 강화하는 대안을 제시하였습니다. 먼저 책임감을 고취했습니다. 현재 다양한 업무를 수행하는 상황에서 고객의 민원을 일일이 처리하는 것이 힘들 수 있다는 점에 공감하였습니다. 그러면서도 단순히 평가로서가 아닌 간호사가 갖춰야 할 당연한 환자 서비스에 대해서 설명하며 책임감을 가지도록 하였습니다.

　하지만 책임감만을 강조한다면 이 또한 부담이 될 수 있다는 반응이 있었습니다. 따라서 동기를 부여하는 가장 효과적인 방법인 긍정적인 보상을 제시하였습니다. 환자 평가가 좋은 간호사들은 공개적으로 칭찬하고, 힘들고 어려움이 있는 간호사는 다그치지 않고 따뜻한 말로 힘을 주면서 긍정적인 강화를 사용하고자 노력하였습니다. 그뿐만 아니라 고객만족도 평가가 끝난 후에는 제 권한 내에서 일정 정리, 회식 제공 등의 보상에 대해서도 말하며 일한 뒤의 성취감을 가질 수 있도록 하였습니다. 이러한 노력을 통해 간호사들의 사기를 높일 수 있었고, 고객만족도 평가에서도 우수 평가를 받을 수 있었습니다.

Q. 전문성 향상을 위해 스스로 부족한 점을 개선하고, 지속적으로 자기개발을 진행했던 분야와 그 경험에 대해 현재까지의 성과를 포함하여 구체적으로 기술해 주세요.

기출 항목 분석
&작성 노하우 ⟶ [기술능력 + 자기개발능력]

인재상 중 '전문성 있는 인재'와 관련한 항목이다.

※ 전문성 있는 인재
- 우수성, 전문성을 갖추기 위해 평생학습하고 성장하는 주도자
- 새로운 시각을 기반으로 창의적 정책을 제시하는 탐색자

전문성은 학교교육과 직업훈련 교육, 경험 및 경력을 통해 얻은 지식과 기술에 대한 것을 의미한다. 스스로 부족한 점을 찾아내기 위해서는 우선 지원한 행정, 요양, 건강, IT 직렬에서 요구하는 지식과 기술이 무엇인지를 파악해야 한다. 다음으로 자신이 부족한 점을 파악하고, 이를 위한 목표를 세우고 노력한 점을 작성해야만 현재까지의 성과를 제시할 수 있다. 따라서 핵심 키워드는 '목표'이며 그에 따른 성과를 잘 보여 줄 수 있는 역량과 경험을 선택해야 한다.

기 출 항 목 ⟶
직 접 써 보 기

기 출 항 목 →
합 격 가 이 드

국민건강보험공단

Q. 전문성 향상을 위해 스스로 부족한 점을 개선하고, 지속적으로 자기개발을 진행했던 분야와 그 경험에 대해 현재까지의 성과를 포함하여 구체적으로 기술해 주세요.

[부족한 통계 능력 강화, SPSS 툴을 활용한 시계열, 상관관계 분석 능력 향상]

통계 능력의 부족함을 깨닫고 이를 보완하기 위해 노력하고 있습니다. 최근 건강보험과 관련한 데이터를 기반으로 관리와 분석 업무가 많다고 알고 있습니다. 하지만 저의 경우 이러한 데이터 관련 역량을 갖추지 못했기 때문에 스스로 데이터 분석과 통계에 대한 다양한 분석적 접근이 가능하게 하자는 목표를 가지고 다음과 같이 노력하였습니다.

우선, 관련 자격을 찾아보았습니다. 사회조사 분석사 2급을 취득하여 측정의 타당성과 신뢰성을 분석할 수 있는 역량을 쌓았습니다. 더불어 가설검증, 회귀분석, 분산분석 등의 통계분석 설계 기술, 통계표본 추출 기술, 통계분석 기술을 익힘으로써 역량을 향상해 왔습니다.

다음으로 SPSS 툴의 사용능력을 바탕으로 실제 코로나19 유행으로 인한 상황과 우울증의 상관관계 분석을 진행한 적이 있습니다. 상관관계 분석을 시행한 결과 우울증과 범 불안장애의 상관성은 $r=0.848$로 매우 높은 양의 상관관계(+)가 있는 것으로 나타났고, 코로나19로 인한 스트레스와 우울증은 $r=0.380$로 유의한 상관관계가 있는 것으로 분석되었습니다. 즉, 코로나19의 상황은 국민 정신건강에 직접적으로 부정적인 영향을 미치고 있다는 것을 통계적으로 확인할 수 있었습니다. 그리고 이러한 관계 분석을 통해 코로나 시대 우울증에 대한 개선이 필요함을 입증할 수 있었습니다.

2) 국민연금공단

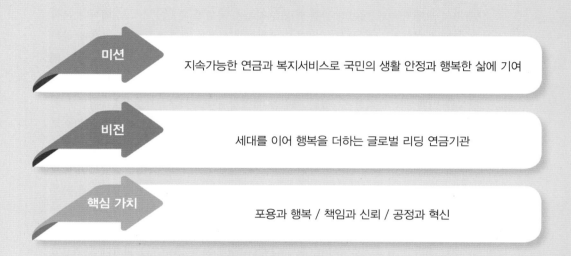

미션	지속가능한 연금과 복지서비스로 국민의 생활 안정과 행복한 삶에 기여
비전	세대를 이어 행복을 더하는 글로벌 리딩 연금기관
핵심 가치	포용과 행복 / 책임과 신뢰 / 공정과 혁신

인재상

1 실천적 윤리인

최고의 직업윤리를 갖춘 연금인

2 자율적 혁신인

혁신과 신기술의 스마트 연금인

3 글로벌 전문인

글로벌 전문성을 높이는 연금인

※ 기업 소개 정보는 변경될 수 있습니다. 정확한 사항은 기업 홈페이지를 참고해 주세요.

한눈에 보는 자소서 특징

2022년 국민연금공단의 자기소개서 항목은 이전과는 많이 달라진 양상이다. 이전에는 세대 갈등에 대한 부분과 국민연금 고갈 이슈와 연관하여 논술하는 항목이 늘 나왔던 반면, 2022년 자기소개서의 항목은 공기업 자기소개서의 기본 요구사항인 직업윤리, 문제해결, 직무 전문성, 갈등 해결 등을 항목으로 구성하고 있다. 국민연금공단의 인재상이 고민하고 있는 부분을 함께 공유할 수 있는 인재에서 기본적인 윤리와 전문성을 갖추고 소통할 수 있는 인재로 전환된 것을 확인할 수 있는 부분이다.

한눈에 보는 기출 자소서 항목(2022년 상반기)

1. 책임감, 준법정신 등 자신의 가치관이나 신념을 발휘했던 사례 중 가장 기억에 남는 사례는 무엇이며, 그 경험에서 얻은 교훈이 무엇인지 기술하여 주십시오.(600자 이상 800자 미만)

2. 예상치 못한 문제에 부딪혀 과제나 업무가 계획대로 진행되지 못했을 때, 이를 해결하기 위해 노력했던 경험과 그 결과를 구체적으로 작성하여 주십시오.(600자 이상 800자 미만)

3. 자신의 직무 분야에 대한 전문성을 향상시키기 위해 어떠한 노력을 하였는지, 성과 등을 포함하여 구체적으로 기술하여 주십시오.(600자 이상 800자 미만)

4. 소속 집단의 공동 과업을 달성하는 과정에서 발생하는 갈등과 어려움을 극복하기 위해 노력했던 사례나 경험을 구체적으로 작성하여 주십시오.(600자 이상 800자 미만)

Q. 책임감, 준법정신 등 자신의 가치관이나 신념을 발휘했던 사례 중 가장 기억에 남는 사례는 무엇이며, 그 경험에서 얻은 교훈이 무엇인지 기술하여 주십시오.

기출 항목 분석
&작성 노하우 ⟶ [직업윤리]

책임감과 준법성이라는 키워드가 왜 나왔는지를 잘 이해해야 한다. 핵심은 둘 다 직업윤리 중 공동체윤리에 해당하는 키워드라는 점이다. 따라서 다양한 가치관과 신념들 중에서도 공동체윤리의 관점에서 이 항목의 키워드를 접근하도록 한다. 이러한 면에서는 국민연금공단의 핵심 가치를 활용하는 것도 좋다. 포용과 행복, 책임과 신뢰, 공정과 혁신이라는 핵심 가치를 기반으로 자신의 가치와 신념을 동일시하는 것도 고려해 보자. 또한 자신의 가치관이나 신념을 지키기 어려웠던 상황도 같이 나타나야 한다. 그래야 신념을 발휘할 수 있는 상황이 만들어지기 때문이다.

기 출 항 목
직 접 써 보 기 ⟶

기 출 항 목
합 격 가 이 드

Q. 책임감, 준법정신 등 자신의 가치관이나 신념을 발휘했던 사례 중 가장 기억에 남는 사례는 무엇이며, 그 경험에서 얻은 교훈이 무엇인지 기술하여 주십시오.

　저는 어떠한 상황에서든 긍정적으로 생각하자는 신념을 가지고 있습니다. 저는 부정적인 생각이 타인에게 부정적인 영향을 주고 긍정적인 생각은 타인에게 좋은 영향으로 전달된다고 믿습니다. 따라서 이러한 신념과 가치를 늘 유지하고자 노력해 왔습니다. 특히 사회복지 실습을 갔을 때, 이러한 신념을 잘 발휘한 경험이 있었습니다. 당시 어느 복지관에서 치매 노인을 대상으로 4주간의 실습을 진행했습니다. 하지만 치매 노인 분들의 돌발 행동으로 인해 실습 과정에서 정신적으로나 육체적으로 많은 어려움이 있었습니다. 더불어 같이 실습을 진행하는 동료의 경우 사회복지 이외의 진로를 이미 설정한 탓에 졸업을 위한 실습에는 적극성을 보이지 않는 상황이었습니다. 이 모든 상황은 저의 신념인 늘 긍정적으로 생각하고 실천하자는 태도를 지키지 못하게 하는 원인이 되었습니다.

　저 또한 실습을 위한 실습으로 큰 노력을 기울이지 않는 태도로 일관할 수 있었지만, 그것은 올바른 행동이 아니라 생각했고 어려움 속에서도 늘 밝게 행동하신 주무관님들을 보면서 다르게 생각하게 되었습니다. 이 과정이 저에게는 훈련의 기간이라 생각했고, 이를 잘 이겨냄으로써 어떤 힘든 상황도 지나가리라는 긍정으로 생각을 전환하였습니다. 이 경험을 통해서 외부의 환경을 탓하는 것이 아니라 상황을 긍정하고 상대방을 이해하는 것이 포용과 행복의 시작이라는 교훈을 배울 수 있었습니다.

국민연금공단

Q. 예상치 못한 문제에 부딪혀 과제나 업무가 계획대로 진행되지 못했을 때, 이를 해결하기 위해 노력했던 경험과 그 결과를 구체적으로 작성하여 주십시오.

기출 항목 분석
&작성 노하우 ⟶ [**문제해결능력**]

예상치 못한 문제란 갑작스럽게 발생한 급한 문제만을 의미하지 않는다. 우리가 당면한 모든 문제가 모두 예상치 못한 문제이다. 중요한 것은 계획이라는 키워드이다. 즉 계획이 성립되려면 어느 정도는 계획을 세워서 일을 진행하는 과정이 있어야 한다. 따라서 어떤 계획을 가지고 업무를 진행하는 과정에서 발생한 문제를 토대로 작성해야 한다.

일이 계획대로 진행되지 못하는 경우에는 다음과 같은 것들이 있다.

- 목표를 달성하는 과정에서 필요한 인력의 이탈 문제가 발생했을 때
- 계획상으로 100명 모집을 예상했는데 애초 예상했던 인원보다 적게 모집되었을 때
- 개발 과정에서 오류가 발생하여 마감 기한을 맞추지 못하는 상황이 발생할 때
- 동아리 운영에서 행사 진행 시 예상보다 운영 비용이 초과됐을 때

위의 예시에서 볼 수 있듯이 계획은 미리 세워져 있으며 그 계획을 실행하는 단계에서 문제가 발생된 점이라는 것을 꼭 참고하여 자기소개서를 작성해야 한다.

기 출 항 목
직 접 써 보 기 ⟶

Q. 예상치 못한 문제에 부딪혀 과제나 업무가 계획대로 진행되지 못했을 때, 이를 해결하기 위해 노력했던 경험과 그 결과를 구체적으로 작성하여 주십시오.

신입생 환영회와 관련하여 야외 행사를 계획하던 중 코로나19의 유행으로 행사가 전면 무효가 되는 상황이 발생하였습니다. 당시 원래 계획은 야외 행사를 통한 교수님과의 대화, 선후배 간의 마니또 등의 행사를 준비하기로 되어 있었습니다. 행사의 주 목적은 신입생들의 학과 행사 참여 이탈률을 줄이기 위한 것으로, 초기 신입생 관리가 안 되면 신입생들이 학교를 이탈하고 부적응하는 경우가 있어서 이와 같은 현상을 줄이기 위해 서로 친밀한 관계를 만들어 주자는 계획에 차질이 발생한 것입니다.

이에 따라 신입생 환영회의 목표를 달성하기 위한 새로운 대안이 필요하였습니다. 저는 우선 교수님과의 대화를 ZOOM을 통해 진행하는 것으로 계획을 변경하였습니다. 당시 이미 코로나19로 인해 각자 집으로 돌아간 학생들도 있었기 때문에 이것이 가장 효과적인 방법이었고, 다과 및 식비에 대한 비용을 줄일 수 있는 방안이었습니다.

이렇게 남은 비용은 신입생 전용 오픈 채팅방 운영 비용으로 활용하였습니다. 채팅방에서의 선물하기 이벤트를 통해서 지속적으로 대화의 창구를 마련하여 신입생을 유입하였습니다. 또한 랜선 회식을 주최하여 신입생과의 관계 형성을 위해 노력하였습니다. 대면을 비대면으로 전환하는 과정에서 남은 비용을 효과적으로 운영할 수 있었고, 이후 위드코로나 시기인 때 선후배 간의 어색함이 없게 하는 데 기여할 수 있었습니다. 즉 이러한 문제해결 방법을 통해 신입생 환영회의 본질적인 목표인 관계 형성이라는 목표를 달성할 수 있었고, 이후 신입생의 학과 행사 참여 이탈률을 전년 대비 줄일 수 있었습니다.

국민연금공단

Q. 자신의 직무 분야에 대한 전문성을 향상시키기 위해 어떠한 노력을 하였는지, 성과 등을 포함하여 구체적으로 기술하여 주십시오.

기출 항목 분석 &작성 노하우 ────────────────────────────► [자기개발능력]

　자신의 전문성과 성과가 국민연금공단의 핵심 전략 사업 비전 등에 어떻게 부합하는지를 잘 연결하여 작성할 필요가 있다. 특히 직무기술서 부분에서 〈필요 기술〉 부분을 잘 참고하여 전문성을 제시하는 것이 좋다.

　핵심은 성과다. 성과는 꼭 정량적인 성과만을 의미하지 않는다. 역량 수준과 달성 수준으로 나눠서 성과를 제시할 수 있다.

〈역량 수준과 달성 수준〉

– 역량 수준: (예) 엑셀 프로그램에서 함수와 피벗테이블, 매크로를 사용할 수 있다는 것을 의미
– 달성 수준: (예) 시장 분석 보고서를 20페이지 작성했다는 것을 의미

　실제로 국민연금공단에서 근무한 지원자가 아니고서는 연금과 관련한 경험이나 전문성을 가질 수 없다. 따라서 직무 지식과 기술 부분에서 자신이 전문성으로 어필할 수 있는 영역을 찾아 그것을 통한 성과를 제시해 보도록 하자.

기 출 항 목 직 접 써 보 기 ────────►

Q. 자신의 직무 분야에 대한 전문성을 향상시키기 위해 어떠한 노력을 하였는지, 성과 등을 포함하여 구체적으로 기술하여 주십시오.

국민연금을 통해 제도 및 복지 서비스의 사각지대를 해소하고 연금에 대한 인식 변화를 통해 기금 1,000조 시대를 위한 노력에 함께 하고 싶습니다. 이를 위해 제가 가진 전문성은 다음과 같습니다.

첫째, 행정학 전공과 ESG 공모전 입상 경력

저는 행정학을 전공하면서 행정조직론, 비교행정론, 정책사례연구, 행정조사방법론 등의 수업에서 행정업무 수행을 위한 지식적인 역량을 쌓아 왔습니다. 특히 행정사례 연구를 통해서 우수행정 사례에 대해 학습하였습니다. 최근에는 ESG 경영과 관련하여 ○○기관에서 진행하는 공모전에서 입상하였습니다 이러한 경험을 바탕으로 향후 ESG 경영에 기여할 수 있을 것입니다.

둘째, 홍보업무 수행을 통해 쌓은 컨텐츠 제작 능력

국민연금의 인식 변화를 위해서는 적극적인 홍보가 중요하다고 생각합니다. 기금 1,000조를 달성하기 위한 홍보에 저의 경험을 적극 활용할 수 있을 것입니다. 이후에는 ○○기관의 서포터즈 활동을 하면서 카드뉴스 제작, SNS 팔로워 늘리기 등의 온라인 홍보활동을 진행한 경험이 있습니다. 특히 ○○기관의 특성인 친환경 에너지와 관련하여, 지역주민들에게 발전소가 어떻게 친환경 발전을 위해 노력하는지에 대한 콘텐츠를 '나 혼자 산다' 프로그램을 패러디한 유튜브 동영상으로 제작하여 조회 수 10,000건을 넘긴 경험이 있습니다. 향후에는 국민연금공단 온에어를 통해 콘텐츠를 제공하고 이를 개편해 나가는 데 기여하겠습니다.

앞으로도 이러한 역량을 바탕으로 국민연금공단에서 연금 제도의 혁신을 많은 사람들에게 알리고, 더 많은 사람들이 연금에 대해 신뢰를 가질 수 있도록 함께 노력하겠습니다.

Q. 소속 집단의 공동 과업을 달성하는 과정에서 발생하는 갈등과 어려움을 극복하기 위해 노력했던 사례나 경험을 구체적으로 작성하여 주십시오.

기출 항목 분석   ➜ [대인관계능력]
&작성 노하우

　갈등 상황에 대해 작성할 때 유의하여 적어야 할 부분은 갈등을 해결해야 하는 이유이다. 갈등이 발생하면 회피할 수도 있겠지만 갈등을 해결해야 하는 이유는 목표를 달성해야 하기 때문이다. 따라서 공동 과업이 무엇이며 어떤 목표가 있었는지를 잘 드러내야 한다. 갈등의 유형이나 해결 방식은 다른 기업의 갈등 항목에서 설명되어 있기 때문에 참고하여 갈등의 유형을 작성한다.

기 출 항 목   ➜
직 접 써 보 기

기 출 항 목
합 격 가 이 드 →

Q. 소속 집단의 공동 과업을 달성하는 과정에서 발생하는 갈등과 어려움을 극복하기 위해 노력했던 사례나 경험을 구체적으로 작성하여 주십시오.

치매노인 위치 파악 애플리케이션 개발을 목표로 하는 과정에서 갈등이 발생하였습니다. 당시 4차 산업혁명과 복지라는 주제를 가지고 프로젝트를 진행하는 과정에서 앱을 개발하게 되었습니다. 이 과정에서 발생한 갈등의 원인은 앱 개발 과정에서 기획팀과 개발팀 간의 업무 투입시간의 편차가 크다는 것이었습니다. 기획팀은 앱의 구조나 서비스만을 기획하고 개발 단계에는 참여할 수 없다 보니 개발팀 입장에서는 1) 구현이 불가한 요청 사항이 많다는 점, 2) 기획팀이 개발 과정에 대한 이해가 적다는 점이 갈등의 이유였습니다.

당시 저는 기획팀으로서 사회복지에 대한 이해도는 있었지만 개발 과정에 대한 이해가 적었기 때문에 개발팀에서 불만이 나올 수 있다는 점에 대해 충분히 공감이 되었습니다. 하지만 어떻게 갈등을 해결할지에 대한 실마리를 찾기 어려웠기에 이 접점을 찾기 위해 노력하였습니다. 우선 '비개발자의 IT 지식' 이라는 책을 읽으며 개발 언어를 이해하고자 노력하였습니다. 단시간에 모든 내용이 이해되진 않았지만, 기본적인 용어나 개념을 학습한 것만으로도 왜 개발자가 기획팀이 제시한 것을 모두 구현할 수 없는지 알 수 있었습니다. 따라서 기존 서비스 기능을 대폭 축소하여 가장 핵심적인 기능만을 구현하는 것으로 조율하였습니다. 더불어 기획팀에서 디자인 부분에 대한 역할을 추가 수행하며 업무의 비중을 동일하게 가져갈 수 있도록 하였습니다. 이를 통해 목표로 했던 치매노인 위치 파악 앱 개발을 완료할 수 있었습니다.

국민연금공단

3) 건강보험심사평가원

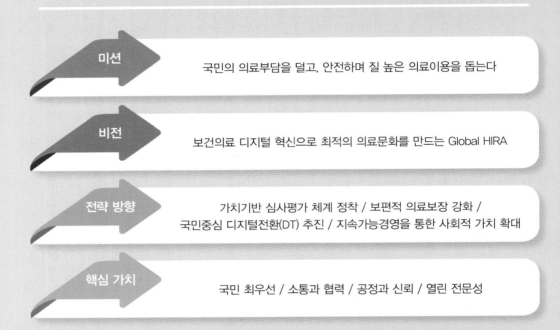

미션 국민의 의료부담을 덜고, 안전하며 질 높은 의료이용을 돕는다

비전 보건의료 디지털 혁신으로 최적의 의료문화를 만드는 Global HIRA

전략 방향 가치기반 심사평가 체계 정착 / 보편적 의료보장 강화 / 국민중심 디지털전환(DT) 추진 / 지속가능경영을 통한 사회적 가치 확대

핵심 가치 국민 최우선 / 소통과 협력 / 공정과 신뢰 / 열린 전문성

인재상

1 국민을 위하는 인재
국민 안전과 건강 증진을 최우선으로 생각하는 인재

2 소통하고 협력하는 인재
상호존중의 자세로 내·외부와 협력하는 인재

3 공정함으로 신뢰받는 인재
공정하고 균형 잡힌 업무 수행으로 신뢰받는 인재

4 열린 전문성을 갖춘 창의적 인재
열린 사고로 전문성을 키우고 창의성을 발휘하는 인재

창의성과 열린 전문성을 갖추고 공정한 업무 수행으로 국민에게 신뢰받는 심평인

※ 기업 소개 정보는 변경될 수 있습니다. 정확한 사항은 기업 홈페이지를 참고해 주세요.

한눈에 보는 자소서 특징

건강보험심사평가원(심평원)의 자기소개서 항목은 얼핏 보아도 작성하기 까다로운 항목이 많은 편이다. 다른 기관에서 작성하는 일반적인 경험이 아닌 실수, 동료와의 관계, 전문성의 판단 기준, 탁월한 성과 등 새로운 소재의 항목을 제시하고 있다. 다분히 자신의 경험과 성과가 잘 나타나야 하는 항목이기 때문에 자신의 경험 그리고 그것을 통해 얻은 정량적, 정성적 결과를 잘 정리하여 작성해야 한다.

한눈에 보는 기출 자소서 항목(2022년 상반기)

1. 조직(단체) 활동 시 가장 기억에 남는 본인의 실수와 이를 통해 얻을 수 있었던 교훈을 서술해 주십시오.(1,400Bytes 이내)
2. 동료와 좋은 관계를 유지하기 위해 본인이 활용하는 다양한 방법을 모두 서술해 주십시오.(1,400Bytes 이내)
3. 봉사 정신을 발휘했던 본인의 경험과 이를 통해 무엇을 얻을 수 있었는지 구체적으로 서술해 주십시오.(1,400Bytes 이내)
4. 본인이 생각하는 전문성의 정의와 판단 기준을 기술하고 그 전문성을 활용하여 우리원 입사 후에 해낼 수 있는 일은 무엇인지 서술해 주십시오.(1,400Bytes 이내)
5. 우리원 직무와 관련된 본인의 경험을 기술하시고, 해당 경험이 우리원 지원동기에 영향을 준 부분을 구체적으로 서술해 주십시오.(1,400Bytes 이내)
6. 탁월한 성과를 내기 위해 꾸준히 노력한 경험과 이를 통해 발전시킨 본인만의 차별화된 강점을 구체적으로 서술해 주십시오.(1,400Bytes 이내)

Q. 조직(단체) 활동 시 가장 기억에 남는 본인의 실수와 이를 통해 얻을 수 있었던 교훈을 서술해 주십시오.

기출 항목 분석
&작성 노하우 ⟶ [자기개발능력]

우선 실수의 유형부터 살펴보는 것이 필요하다. 실수란 다른 말로 휴먼 에러라는 표현을 사용하기도 한다. 자신의 실수로부터 무엇을 배웠는지만 잘 서술하면 되기 때문에 교훈을 작성하는 것은 어렵지 않다.

실수의 유형		개선 및 교훈
자신의 능력 초과	→	자신의 능력을 파악, 계획을 통한 업무 진행
규칙 무시	→	규칙과 원칙 준수의 중요성 파악
시간 압박으로 인한 실수	→	우선순위를 통한 업무 누락 방지
편견으로 인한 실수	→	편견이나 선입관을 가지지 않고 동등하게 판단
피로감으로 인한 실수	→	무리하지 않는 태도와 꾸준한 자기관리
잘못된 가정에 의한 실수	→	늘 자신이 옳다고 판단하지 않고 자신의 가정을 다시 점검하고 수정
맹목적으로 다 할 수 있다고 생각하는 실수	→	업무를 잘 분배하는 효율성에 대한 고찰
잘못된 습관으로 인한 실수	→	습관의 수정, 안일한 태도를 최소화

기 출 항 목
합 격 가 이 드

Q. 조직(단체) 활동 시 가장 기억에 남는 본인의 실수와 이를 통해 얻을 수 있었던 교훈을 서술해 주십시오.

가장 기억에 남는 실수가 있다면 많은 일을 한꺼번에 계획하여 시간 압박으로 실수가 발생한 것이었습니다. 졸업할 때가 되면서 그동안 여러 이유로 하지 못한 것을 한 번에 해결하려 한 적이 있습니다. 당시 자격증 2개 취득과 대외 공모전, 취업 관련 스터디 활동 2개, 아르바이트 등을 3개월 안에 달성하는 무리한 계획을 세웠습니다. 맹목적으로 모든 것을 다 할 수 있다고 생각하는 실수로 인해 저는 스터디를 중도 이탈하게 되었고, 공모전에서도 이렇다 할 성과를 얻지 못하게 되었습니다. 또한 시간의 압박이 있다 보니 오히려 더 전전긍긍하게 되고, 자격증도 일반적인 취득 예상 기간보다 더 오랜 기간이 걸려 취득하게 되었습니다. 명백한 저의 실수였습니다.

저는 이러한 실수와 관련해서 제가 얻은 교훈은 실수를 인정하는 자세를 가져야 한다는 것입니다. 자신의 실수를 그냥 잘못된 계획 정도로만 생각하고 넘어가는 것이 아니라 시간 관리에 대한 기존의 잘못된 습관을 수정하는 것까지 나가야 한다고 생각하였습니다. 이러한 생각은 실수를 인정하는 것부터 시작한다는 것을 알게 되었고, 이후 계획에 있어 달성 가능한 수준과 분량을 설정하고, 선택과 집중을 할 수 있게 되었습니다.

Q. 동료와 좋은 관계를 유지하기 위해 본인이 활용하는 다양한 방법을 모두 서술해 주십시오.

기출 항목 분석
&작성 노하우 ─────────────────────────▶ [**대인관계능력**]

동료와의 좋은 관계를 유지할 수 있는 방안과 그것을 활용한 사례가 같이 제시되어야 하는 항목이다. 관계 유지의 방법을 체크해 보면 다음과 같다.

※ NCS 대인관계능력: 대인관계 향상 방법

① 상대방에 대한 이해심

　다른 사람을 진정으로 이해하기 위해 노력하는 것이다.

② 사소한 일에 대한 관심

　약간의 친절과 공손함은 매우 중요하다. 사람들은 매우 상처받기 쉽고 내적으로 민감하다.

③ 약속의 이행

　책임을 지고 약속을 지키는 것은 대인관계의 핵심이다.

④ 기대의 명확화: 동기부여하기

　거의 모든 대인관계에서 나타나는 어려움은 역할과 목표에 대한 갈등과 애매한 기대 때문에 발생한다. 우리는 새로운 상황에 직면할 때마다 자기에게 부과되는 기대를 파악하여야 한다.

⑤ 언행일치

　언행일치는 정직 그 이상의 의미를 갖는다. 정직은 사실대로 말하는 것으로 우리가 하는 말을 사실과 일치시키는 것이다. 언행일치는 사실을 우리의 말에 일치, 즉 실현시키는 것으로 약속을 지키고 기대를 충족시키는 것이다.

⑥ 진지한 사과

　진지한 사과는 감정은행계좌에 자신에 대한 신뢰를 예입하는 것이다.

Q. 동료와 좋은 관계를 유지하기 위해 본인이 활용하는 다양한 방법을 모두 서술해 주십시오.

첫째, 동료의 관점에서 이해하는 것입니다. 대학 시절 다양한 환경에 처해 있는 사람들과 함께 대외활동을 진행한 적이 있습니다. 대외활동을 같이하는 동료의 전공, 자라온 환경, 취미 등 모든 것이 다른 사람들과의 만남에서 상대방이 틀렸다는 관점이 아니라 나와 다르다는 관점을 이해하고 받아들이면 관계가 빨리 형성된다는 것을 배웠습니다.

둘째, 사소한 일에 대해 관심을 가지는 것입니다. 특히 경조사를 잘 챙기는 것은 제가 잘하는 관계 형성법 중 하나입니다. 동료와의 관계를 다시 회복하거나 좀 더 친밀함을 형성하는 방법으로 동료의 기쁜 일과 슬픈 일에 함께 참여하는 것이 중요하다는 생각을 가지고 있습니다.

셋째, 항상 동기를 부여하고, 칭찬의 화법을 사용합니다. 저는 학생회 활동을 하면서 잘못을 탓하기보다는 동기를 부여하여 적극적인 참여를 이끌어냈습니다. 또한 칭찬을 통해 상대방을 기분 좋게 했던 노하우로 향후 어려운 미션이 주어졌을 때 동료가 더 열심히 참여하도록 변화시킬 수 있었습니다.

마지막으로 약속을 잘 지키고, 이를 바탕으로 신뢰를 형성합니다. 동료와 공감대를 만들고 칭찬하는 방법으로 친밀한 관계까지는 만들 수 있지만 겉으로만 친한 관계가 아닌 진심으로 신뢰하는 관계로 나아가기 위해서는 약속과 언행일치를 통한 신뢰를 주는 것이 중요하다고 생각합니다. 따라서 약속을 철저히 지켜 나가는 태도로 동료들에게 신임을 얻어 같은 목표를 가지고 같은 어려움을 함께 이겨내는 관계를 형성할 수 있었습니다.

Q. 봉사 정신을 발휘했던 본인의 경험과 이를 통해 무엇을 얻을 수 있었는지 구체적으로
서술해 주십시오.

기출 항목 분석
&작성 노하우 ──────────────────────────────▶ [직업윤리]

봉사 정신이라는 것이 꼭 사회적 봉사만을 의미하지 않는다. 어떤 의미로는 타인, 동료,
가족을 위해 희생하고 헌신하는 것도 봉사 정신의 하나다. 아르바이트를 진행하면서 고객
에게 봉사한 경험, 친구의 논문 작업을 도와준 사례, 자신의 시간을 할애하여 팀을 위해 좀
더 희생한 사례, 프로젝트 과정에서 팀원들에 비해 더 많은 역할을 자청했던 사례 등 봉사
활동 이외에 자신이 좀 더 희생한 사례를 찾아보자.

무엇을 얻을 수 있었는지에 대한 부분은 봉사의 정의를 통해 유추해 보자. 봉사란 나라나
사회 또는 남을 위하여 자신의 이해를 돌보지 아니하고 몸과 마음을 다하여 일하는 것을 의
미한다. 즉 자신보다 고객의 가치, 타인의 가치를 최우선으로 하는 서비스의 개념이다. 결
국 봉사를 통해 무엇을 얻을 수 있었는지는 희생의 가치를 배웠다는 방향으로 정리해 볼 수
있을 것이다.

🎓 Best sample

기 출 항 목
합 격 가 이 드 ──────────▶ ① 행정직 Ver.

Q. 봉사 정신을 발휘했던 본인의 경험과 이를 통해 무엇을 얻을 수 있었는지 구체적
으로 서술해 주십시오.

[봉사의 부메랑 효과]

제가 봉사 정신을 발휘했던 경험은 엑셀 사용 능력이 부족하신 상사님에게 엑셀
을 가르쳐드렸던 것입니다. ○○기관에서 의료 데이터 관련 사무보조 업무를 진행
하는 과정에서 문서작업에 대한 역량이 부족하신 상사님과 일하게 된 적이 있었습
니다. 당시 데이터 정리를 위해서는 함수나 피벗, 매크로까지 이해할 수 있어야 했
기 때문에 기본 기능을 이용하는 것만으로는 업무를 수행하기 어려운 상황이었습니
다. 이때 제가 빠르게 도움을 드려서 일을 진행한다면 더 효율적으로 작업을 완료할
수 있을 것이라 생각하였습니다. 하지만 저 또한 엑셀 작업에 능숙하지 못했고 오류

도 많이 발생했던 터라 이를 수정하는 데 시간이 많이 걸렸으나 인터넷과 책을 찾아가며 함수를 사용한 시트를 만들었습니다. 더불어 제 시간을 할애하여 사무 업무에 사용할 수 있는 재고관리 시트, 인사관리 시트, 세금 계산 시트를 완성하였고 이를 상사에게 제공하여 업무의 효율성을 높이는 데 기여할 수 있었습니다. 제가 먼저 이러한 태도를 보여 드리니 상사님께서도 자신의 업무에 대한 노하우, 앞으로의 커리어 등에 대해서도 상담을 해주시거나 관련 자료나 다른 기관의 사무 업무를 소개해 주시는 등 더 많이 신경을 써 주시기도 하셨습니다. 저는 아무 대가가 없을 거라 생각했던 봉사가 결국 마이너스가 아닌 플러스가 되는 행동임을 깨달았고, 이러한 태도를 통해서 팀에 희생하고 헌신하는 것이 저에게 더 큰 이익을 가져다준다는 것을 배울 수 있었습니다.

기 출 항 목
합 격 가 이 드 ▶ ② 심사직 Ver.

[지방 출장 검진을 도맡아 했던 봉사 정신]

　대학병원에서 근무하던 중 지방 출장 검진을 도맡아 진행함으로써 봉사 정신을 발휘한 경험이 있습니다. 병원에서 거리가 먼 산간 지역으로 출장을 가야 하는 경우였기 때문에 대부분 출장 검진에 대해서 소극적인 태도를 보이는 상황이었습니다. 저 또한 지방으로 출장 검진을 간다는 것이 쉬운 결정은 아니었고, 손해를 보는 것은 아닐까 하는 생각이 들었지만 누군가는 해야 할 일이라는 생각으로 자진해 출장 검진을 가게 되었습니다. 출장 검진의 경우 장비 여건이나 상황이 좋지 않기 때문에 버스 안에서 최대한 실수가 발생하지 않도록 주의하며 업무를 수행하였습니다. 또한 검사 프로세스를 문서로 작성하여 비치해 둠으로써 다른 분이 출장 검진을 나오시더라도 바로 파악 가능하도록 대비해 두었습니다. 이러한 봉사 정신을 바탕으로 팀 내에서 신뢰를 얻을 수 있었고, 자청해서 갔던 출장 검진이었기 때문에 현장에서 더 많은 환자들에게 더 나은 검진 서비스를 제공할 수 있었습니다.

Q. 본인이 생각하는 전문성의 정의와 판단 기준을 기술하고 그 전문성을 활용하여 우리원 입사 후에 해낼 수 있는 일은 무엇인지 서술해 주십시오.

기출 항목 분석
&작성 노하우 ⟶ [기술능력]

전문성이란 개인의 판단 기준에 따라 다를 수 있다. 다만 심평원에서는 전문성을 어떻게 정의하고 있는지를 한 번 살펴볼 필요가 있다.

'열린 전문성을 갖춘 창의적 인재'

열린 전문성이란 융합적인 지식을 의미하며 창의적 인재란 새로운 변화를 시도하는 인재로 해석할 수 있다. 이를 통해 유추할 수 있는 전문성의 정의는 '새로운 것을 받아들이고 그것을 통해 더 나은 변화를 만들어가는 것'이라고 정의할 수 있다.

이러한 전문성을 판단할 수 있는 기준은 다음과 같이 설명할 수 있다.

- 융합적인 지식을 가지고 있는가?
- 주도적으로 변화를 위해 노력하는가?
- 새로운 것을 적용하고 변화하기 위해 노력하는가?

기출 항목
직접 써 보기 ⟶

기 출 항 목 ───────────▶
합 격 가 이 드

Q. 본인이 생각하는 전문성의 정의와 판단 기준을 기술하고 그 전문성을 활용하여 우리원 입사 후에 해낼 수 있는 일은 무엇인지 서술해 주십시오.

[변화를 주도할 수 있는 전문성, 심사 분석 혁신에 기여]

제가 생각하는 전문성이란 '새로운 변화를 주도할 수 있는가?'이며 이에 대한 판단 기준은 주도성, 융합적 지식의 탐구, 창의적 개선이라고 생각합니다. 저는 열린 전문성을 바탕으로 창의적 인재를 추구하는 심평원에서 다음과 같은 분야에 제 전문성을 발휘할 수 있다고 생각합니다.

첫째, 융합적인 지식을 탐구해 왔습니다. 심평원은 데이터를 기반으로 의료 정보를 관리하고 있습니다. 따라서 이러한 데이터 역량을 갖추기 위해 저는 엑셀 통계뿐 아니라 통계 교육원에서 데이터 SQL 교육을 통한 간호 지식과 융합적 지식을 구축하기 위해 노력해 왔습니다.

둘째, 항상 창의적으로 개선을 이뤄내기 위해 노력하였습니다. 병원 근무 당시, CT 검사실에서 조영제 부작용 테스트를 위해 검사 전 불필요했던 진료 단계를 환자 정보 이력 관리 데이터를 바탕으로 개선하여 시간을 단축한 경험이 있습니다.

이러한 전문성을 바탕으로 제가 해낼 수 있는 영역은 다음과 같습니다.

우선 지역 심사 업무를 수행하면서 심사 업무에 대한 프로세스를 숙지할 것입니다. 의약품, 의료기기 관리에 대한 적정 기준과 가격을 파악하여 데이터화하고 통계적 역량을 기반으로 의료 데이터를 관리하겠습니다.

다음으로 심사평가혁신 부서에서 역량을 발휘하고 싶습니다. 저의 역량을 바탕으로 분석심사시스템 개발·운영·고도화에 참여하여 심사 과정의 업무 혁신 및 조정에 대한 업무를 수행하는 데 기여하고 싶습니다.

Q. 우리원 직무와 관련된 본인의 경험을 기술하시고, 해당 경험이 우리원 지원동기에 영향을 준 부분을 구체적으로 서술해 주십시오.

기출 항목 분석
& 작성 노하우 ────────────────────────────▶ [**조직이해능력**]

직무와 관련된 본인의 경험을 기술하는 과정에서 중요한 것은 심평원과의 특별한 인연을 기술해 달라는 것은 아닐 것이다. 우선 심사직의 경우 이러한 경험을 작성하는 것이 크게 어렵지는 않을 수 있다. 간호 경험을 통해서 충분한 지원동기를 가지고 있기 때문이다.

반면 행정직과 전산직은 조금 다르게 접근하는 것도 필요하다. 꼭 의료 및 의약품 관련 경험을 작성하지 않더라도 자신의 경험과 역량을 바탕으로 심평원의 직무를 잘 수행할 수 있다는 것을 어필하면 된다.

기 출 항 목
직 접 써 보 기 ────────────▶

기 출 항 목
합 격 가 이 드

Q. 우리원 직무와 관련된 본인의 경험을 기술하시고, 해당 경험이 우리원 지원동기에 영향을 준 부분을 구체적으로 서술해 주십시오.

　코로나19로 인해 병원 관련 진료 서비스를 알아보던 중 심평원에서 제공받은 정보를 통해 동네 병원에서 진료를 받을 수 있었습니다. 확진을 받았던 상황에서 의료 관련 정보를 얻기 위해서 여러 번 사이트에 방문하며 필요한 내용을 찾아보게 되었고 이때 의료 데이터의 중요성을 다시금 실감하였습니다.

　저 또한 데이터크롤링을 이용한 쇼핑몰 최저가 분석 시뮬레이션을 통해 데이터 기반의 마케팅을 경험하면서 정보 정리가 업무 효율을 높이는 데 매우 중요함을 알게 되었습니다. 이와 관련한 역량을 높일 수 있도록 파이썬을 배웠고, 현재는 태블로, R 등의 시각화 프로그램 온라인 강의를 수강하고 있습니다.

　이러한 과정에서 심평원이 현재 빅데이터를 기반으로 한 DNA 혁신을 위해 노력하고 있다는 것을 알게 되었습니다. 저는 평소 이와 관련하여 향후 더 많은 국민들에게 의료 데이터를 효율적으로 제공하고 이를 기반으로 국민들이 건강한 삶을 살아가는 데 기여하고자 지원하게 되었습니다.

Q. 탁월한 성과를 내기 위해 꾸준히 노력한 경험과 이를 통해 발전시킨 본인만의 차별화된 강점을 구체적으로 서술해 주십시오.

기출 항목 분석
&작성 노하우 ──────────────────────────────➤ [자기개발능력]

성과란 자신의 역량을 발휘하여 얻은 결과물이기 때문에 성과가 있다는 것은 해당 분야에 대하여 역량을 갖췄다는 것을 증명하는 방법이기도 하다. 따라서 필자는 자기소개서에서 가장 중요한 것은 바로 성과라고 강조한다. 성과를 이뤄내는 방법은 다양하다. 특히 '꾸준히 노력한 경험'이라는 항목의 의도를 보면 근성, 끈기를 요구하는 항목으로 해석할 수 있다. 목표 의식, 분석, 팀워크, 소통, 자원관리 등 직무기술서상에 나타난 직무수행태도를 확인하여 작성해 보자.

[행정직]
다양한 가능성을 검토하는 개방적 사고, 문제해결 의지, 객관적 분석을 위한 전략적 사고와 통찰력, 새로운 아이디어를 개발하고자 하는 창의적 사고, 전략적 및 분석적 사고, 조정 능력 및 개방적 의사소통, 정확하고 세밀한 일처리, 분석적 태도, 협업적 태도, 정보수집을 위한 적극적 노력, 논리적 태도, 예산의 효율적 집행을 위한 관리자적 자세

[심사직]
데이터에 대한 분석적 태도, 총괄적인 관점에서 업무를 바라보는 태도, 문제해결 의지, 설득적 의사소통, 정확하고 세밀한 일처리 능력, 긍정적 마인드, 논리적 태도, 업무 표준화 및 정형화에 능숙한 태도, 협업 능력, 원활한 의사소통

[전산직]
책임감을 갖고 업무를 완결하려는 의지, 장애 요소의 정확한 파악, 시스템 분석 및 기술 습득에 대한 능동적 태도, 적극적인 태도, 기술과 비즈니스의 연관성에 대한 이해 노력, 정보기술 실태 파악 의지, 아키텍처 실태를 명세화하려는 태도, 사용자 요구 수집에 대한 적극적 태도, 주변 환경에 대한 전략적 관찰 태도

Q. 탁월한 성과를 내기 위해 꾸준히 노력한 경험과 이를 통해 발전시킨 본인만의 차별화된 강점을 구체적으로 서술해 주십시오.

[유튜브 고군분투기]

제가 꾸준히 도전해 왔던 분야는 유튜브 활동이었습니다. 유튜브 개설의 목적은 제 관심 분야였던 '자기개발'에 대해서 공유하고 싶다는 생각 때문이었습니다. 『미라클 모닝』이라는 책을 읽고 저 또한 새벽 시간을 활용한 미션 수행을 주제로 유튜브를 개설하였습니다. 새벽 5시 기상 이후 자격증 공부나 책 읽기 등을 시작하는 영상을 올렸습니다. 쉬운 도전이 아니었기에 전날 잠들기 전에 반드시 꼭 일어나겠다는 생각을 가졌고, 중도에 그만두지 말자는 다짐을 했지만 채 한 달이 되지 않아 조금씩 영상을 올리지 못하는 날이 발생하였습니다.

이러한 제 자신에 대해서 실망감이 들었고, 이로 인해 오히려 자존감이 떨어지기도 했습니다. 하지만 중도에 포기하지는 말자고 다시 다짐했습니다. 조금 늦게 일어나는 상황이라도 다시 영상을 올렸고, 꾸준히 노력하는 모습을 영상에 담았습니다. 이러한 노력이 오히려 인간적이라는 댓글도 달리면서 뭐든 시작에 앞서 완벽함을 추구하기보다는 우선 시작한 것은 끝까지 하자는 생각을 가지게 되었습니다. 현재 구독자는 3,200명으로 앞으로도 꾸준히 자기개발과 관련한 영상을 업로드하며 도전을 이어나갈 계획입니다.

이러한 경험을 통해서 제가 가진 차별화된 강점은 추진력과 끈기라고 생각합니다. 중도에 포기하지 않고 끝까지 해내는 태도를 통해서 행정직에서 성과를 달성할 수 있도록 노력하겠습니다.

03 농림환경 공기업

1) 한국환경공단

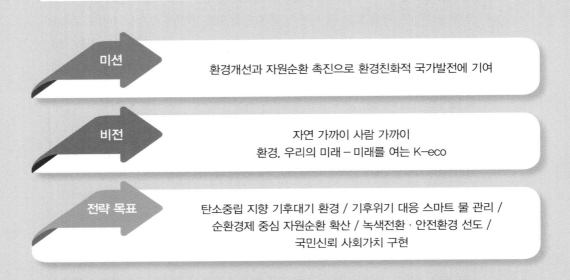

미션
환경개선과 자원순환 촉진으로 환경친화적 국가발전에 기여

비전
자연 가까이 사람 가까이
환경, 우리의 미래 – 미래를 여는 K–eco

전략 목표
탄소중립 지향 기후대기 환경 / 기후위기 대응 스마트 물 관리 /
순환경제 중심 자원순환 확산 / 녹색전환 · 안전환경 선도 /
국민신뢰 사회가치 구현

핵심 가치

1 안전

인간 존중의 철학을 바탕으로 직원, 협력업체, 고객, 국민의 생명과 안전 보호

2 공정

투명한 경영과 청렴한 업무처리로 고객과 국민의 신뢰 확보

3 소통

직원, 고객, 국민과 더불어 환경의 가치와 환경보전의 편익을 공유

4 전문성

환경보전 기술과 노하우를 발전시켜 국민이 체감하는 깨끗한 환경 조성

※ 기업 소개 정보는 변경될 수 있습니다. 정확한 사항은 기업 홈페이지를 참고해 주세요.

한눈에 보는 자소서 특징

한국환경공단의 경우, K-eco인에 부합하는 인재를 선발하기 위한 항목으로 구성되어 있다. 갈등, 창의, 사업이해, 인재상 등의 항목 구성을 통해 환경 사업에 대한 이해와 그 안에서 발생하는 다양한 이해관계자들과의 갈등 해결능력을 평가하고자 한다. 큰 틀에서 볼 때 대표적인 경험 항목 위주로 구성되어 있지만 사업에 대한 이해와 K-eco인으로서의 자질을 중시하고 있기 때문에 항목 작성 시 환경 전반의 사업적인 이해를 기반으로 작성할 수 있도록 한다.

한눈에 보는 기출 자소서 항목(2022년 상반기)

1. 한국환경공단에 지원하게 된 동기에 대해서 구체적으로(경력/경험/활동 등) 기술하여 주시기 바랍니다.(300자 이상 600자 이내)
2. 한국환경공단의 인재상 「참여와 열정, 창의와 융합, 책임과 존중의 K-eco 人」과 부합하는 지원자만의 강점에 대해서 구체적으로 기술하여 주시기 바랍니다. (300자 이상 600자 이내)
3. 조직 내 구성원과의 갈등 문제를 적극적으로 해결했던 경험에 대해서 구체적으로 기술하여 주시기 바랍니다.(300자 이상 600자 이내)
4. 기존 관습대로 처리해 오던 방식이 아닌 자신만의 창의적이고 독창적인 생각을 통해 주어진 문제 또는 과제를 효과적으로 해결하기 위해 노력했던 사례가 있으면 구체적으로 기술하여 주시기 바랍니다.(300자 이상 600자 이내)
5. 지원자가 생각하는 한국환경공단 주요 사업 중 관심 있는 한 사업을 선택하고, 해당 사업을 선택한 이유와 이에 대한 전문가로 성장하기 위한 본인의 향후 계획을 구체적으로 기술하여 주시기 바랍니다.(300자 이상 600자 이내)

Q. 한국환경공단에 지원하게 된 동기에 대해서 구체적으로(경력/경험/활동 등) 기술하여 주시기 바랍니다.

기출 항목 분석
&작성 노하우 ────────────────▶ [조직이해능력 + 자기개발능력]

지원동기를 자신이 준비한 노력과 경험을 기반으로 하여 기술해야 하는 항목이기 때문에 자신의 경험과 지원동기의 연관성을 잘 만들어가야 하는 항목이다. 지원동기를 작성하는 방식은 다양하지만 자신의 경험과 연결하여 설명할 때는 되도록 환경공단의 사업이나 비전, 미션에 대한 공감을 표현하고 이와 관련한 자신의 경험을 서술하는 것이 좋다.

지원동기에 목표를 작성하기 위해서는 한국환경공단의 중점 사업과 경영혁신 사례 등을 파악해야 한다. 중점 사업 및 경영혁신 사례 등과 연관하여 자신이 기여할 수 있다고 생각하는 경력과 경험, 활동을 매칭하는 것이 중요하다. 예를 들어 ESG와 관련한 내용을 지원동기로 언급했다면 자신의 경험에서 ESG와 연계할 수 있는 경력과 경험을 연결하는 것이다.

특히 단순히 회사를 선택하는 기준으로 시작을 해서는 안 된다. 다음은 한국환경공단의 중점 사업에 대한 내용으로, 지원동기 작성 시 참고해서 작성해야 한다. 더불어 기업의 지속가능경영보고서 정도는 꼼꼼히 읽어보는 것이 이러한 항목을 작성하는 데 도움이 되므로 홈페이지(www.keco.or.kr)에서 자료(공단소개→지속가능경영보고서)를 다운받아 꼭 확인해 보기 바란다.

기 출 항 목
합 격 가 이 드

Q. 한국환경공단에 지원하게 된 동기에 대해서 구체적으로(경력/경험/활동 등) 기술하여 주시기 바랍니다.

[온실가스 감축과 탄소배출 최소화에 기여하겠습니다]

한국환경공단에서 대기질 향상을 위해 함께 성장하고자 지원하게 되었습니다. 연일 보도되는 환경 이슈 중 가장 관심을 가지게 된 분야는 대기질 부분이었습니다. 노후 자동차 배출가스 억제 관련 프로젝트를 진행하면서 대기 환경 개선에 관한 전문적인 업무를 수행해보고 싶다는 의지가 강해졌습니다. 환경 분야의 전문성을 획득할 수 있는 한국환경공단에서의 업무는 그만큼 제가 집중하고 열정을 다할 수 있는 업무라 생각합니다.

현재 한국환경공단은 기업과 연계하여 ESG 관련 사업을 진행하고 있으며, 온실가스 저감과 목표제를 운영하면서 국제적 환경 사업에 주력하고 있는 공기업인 만큼 환경에 대한 모니터링을 통해 보다 나은 환경을 제공한다고 생각합니다. 기후 환경 사업은 환경을 지킬 수 있는 가장 중요한 사업이라 생각합니다.

❶ 저는 온실가스관리 전문인력양성 교육을 이수하였습니다. 480시간의 장기 교육을 이수하면서 온실가스 배출권 거래 및 에너지 목표관리제에 대한 사례와 현장 실습을 병행하며 교육을 수행하였습니다. 이를 바탕으로 그린뉴딜의 실천에 한 발짝 더 다가갈 수 있도록 노력해 왔습니다.

❷ 앞으로의 계획은 그린뉴딜과 ESG의 흐름에 맞춰 기업의 환경 모니터링을 강화하고 온실가스 감축 목표관리가 진행될 수 있도록 노력하는 것입니다. 보다 정확한 분석을 위해 전문역량을 강화하고 해외환경 사업에 참여하여 대기 환경 전문가로 성장하겠습니다.

한국환경공단

❖ 합격 자소서 STEP

❶ 자신이 노력해 온 과정과 경험
❷ 목표를 제시하며 한국환경공단에 기여할 수 있는 부분을 제시

Q. 한국환경공단의 인재상 「참여와 열정, 창의와 융합, 책임과 존중의 K-eco 人」과 부합하는 지원자만의 강점에 대해서 구체적으로 기술하여 주시기 바랍니다.

기출 항목 분석
&작성 노하우 ⟶ [인재상 + 자기개발능력]

한국환경공단의 인재상은 2022년도 인재육성 전략 수립에 따라 신(新) 인재상을 정립했다. 참여와 열정, 창의와 융합, 책임과 존중을 기반으로 K-eco에 부합하는 역량과 강점을 요구하고 있다.

'참여와 열정'은 적극적인 도전과 열정을 의미한다. 환경 관련 직무에 대한 자신의 경험과 도전을 연결하여 강점을 작성한다.

'창의와 융합'은 새로운 분야와 스마트 환경과의 연계된 융합형 인재를 의미한다. 새로운 분야와의 융합과 기존의 문제를 해결했던 경험을 찾아 강점으로 작성한다.

'책임과 존중'은 말 그대로 자신이 맡은 일에 책임감을 가지고 임하는 자세이며 존중 또한 상생을 통한 성장을 의미한다. 사회적 책임감을 발휘한 경험을 작성한다.

모든 인재상에 부합하는 내용을 작성하지 않아도 괜찮다. 각각 인재상에 부합하는 강점을 작성해도 되지만 하나의 인재상과 관련된 내용을 자세히 작성해도 되며, 구체적인 서술을 요구하므로 오히려 하나의 인재상을 선택하고 구체적으로 서술하는 것이 좋은 방법일 수 있다.

기 출 항 목
직 접 써 보 기 ⟶

기 출 항 목
합 격 가 이 드

Q. 한국환경공단의 인재상 「참여와 열정, 창의와 융합, 책임과 존중의 K-eco 人」과 부합하는 지원자만의 강점에 대해서 구체적으로 기술하여 주시기 바랍니다.

['창의와 융합'에 부합하는 인재로서 융합적 가치를 지향해 왔습니다]

저는 한국환경공단의 인재상 중 '창의와 융합'에 부합하는 강점을 가지고 있다고 생각합니다. 환경을 전공하며 대기 수질에 대한 실험 평가에 대한 부문뿐 아니라 데이터를 기반으로 한 분석 능력을 향상해 왔기 때문입니다. SPSS와 SAS 등의 통계 프로그램을 활용하여 분산 분석부터 회귀, 군집 분석 등 통계에 대한 기본기를 쌓아왔습니다. 더불어 빅데이터 교육을 함께 준비하는 과정에서 대기 오염도를 측정하는 애플리케이션 개발에 참여하고 대기오염물질 배출량 데이터를 바탕으로 오염 정보를 제공하는 프로그램도 개발했습니다.

K-eco에 부합하는 대기 수질 모니터링 업무 및 똑똑한 물 관리 등의 사업에 이러한 저의 경쟁력을 발휘할 수 있도록 기여하겠습니다. 더불어 세계화 시대에 발 맞춰 나아가고자 교환학생 경험 및 교환학생 정착 동아리 활동을 통해 여러 국가의 학우들과 교류해 왔습니다. 이러한 글로벌 역량을 바탕으로 향후 국제협력 업무 수행에 있어 글로벌 환경 전문가로서의 성장을 기대하고 있습니다. 새로움을 추구하는 한국환경공단에서 '창의와 융합'의 인재상에 부합하는 인재가 되도록 성장해 나가겠습니다.

한국환경공단

Q. 조직 내 구성원과의 갈등 문제를 적극적으로 해결했던 경험에 대해서 구체적으로 기술하여 주시기 바랍니다.

기출 항목 분석 ──────────────────────────────▶ [대인관계능력]
&작성 노하우

한국환경공단은 소통을 매우 중요한 가치로 여기고 있다. 'K-eco를 부탁해' 행사를 통해 MZ세대와 CEO의 리버스멘토링 행사를 진행하기도 한다. 조직 내 구성원과의 갈등의 범위를 동료뿐 아니라 세대적인 부분도 잘 포괄하고 있음을 알 수 있다.

조직 구성원과의 갈등과 관련된 항목은 자주 나오는 내용이므로 좀 더 디테일하게 예시를 만들어 놓을 필요가 있다. 한국환경공단의 경우 다양한 사업을 진행하는 과정에서 갈등의 문제가 발생한다. 또한 외부의 갈등이 아닌 구성원과의 갈등이므로 갈등의 유형을 먼저 파악해야 한다.

갈등을 적극적으로 해결했다는 것은 어떤 의미일까? 바로 갈등을 회피하지 않고 직면하여 해결 방법을 제시했다는 것이다. 따라서 단순히 공감과 이해만으로 갈등을 해결한 사례가 아닌 해결 방법과 결과물이 제시된 소재여야 한다. 갈등을 제시할 때 '대면 → 공감과 이해 → 서로 윈-윈 할 수 있는 대안'의 세 가지 과정을 잘 제시해야 한다.

기 출 항 목 ──────▶
직 접 써 보 기

기 출 항 목
합 격 가 이 드

Q. 조직 내 구성원과의 갈등 문제를 적극적으로 해결했던 경험에 대해서 구체적으로 기술하여 주시기 바랍니다.

[플로깅과 뮤직비디오 촬영 서포터즈 활동에서의 갈등]

환경서포터즈 활동 과정에서 조직 내 구성원과 의견 차이로 갈등이 빚어졌던 사례가 있습니다. 갈등은 서포터즈 활동을 기획하는 과정에서 발생하였습니다. 환경의 중요성을 알리는 일이었기 때문에 가장 우선시해야 할 것을 정하는 데 있어 두 가지 의견에서 대립이 있었습니다. 플로깅과 같이 실제 현장에서 환경 지킴을 실천하자는 의견, 그리고 유튜브와 같이 영향력 있는 채널을 활용해 뮤직비디오를 만들어 환경 지킴을 홍보하자는 의견이 충돌하였습니다. 서포터즈 활동에 모두 의욕적이었기 때문에 서로의 의견 차를 좁히는 과정이 쉽지 않았습니다. 결국 각자 생각대로 2가지 방법을 모두 해보자는 의견도 제시되었지만 그렇게 되면 오히려 갈등을 회피하는 것이라 생각했고, 서포터즈 활동 과정에서 응집력이 발휘되기 어렵다는 생각을 밝혔습니다. 그리고 저는 우선 이와 관련하여 뮤직비디오 제작과 플로깅이라는 2가지 의견을 모두 충족할 수 있는 방안을 제시하고자 했습니다. 따라서 플로깅과 같은 활동을 우선 진행하고 활동의 장면을 영상으로 남기는 방식을 제안했습니다. 그리고 이러한 활동 영상을 편집하고 자체 제작한 환경 송을 삽입하여 뮤직비디오를 만들자고 하였고, 이와 같은 합의점이 받아들여져 갈등을 조율하고 환경 서포터즈 활동을 원활히 진행할 수 있었습니다.

한국환경공단

Q. 기존 관습대로 처리해 오던 방식이 아닌 자신만의 창의적이고 독창적인 생각을 통해 주어진 문제 또는 과제를 효과적으로 해결하기 위해 노력했던 사례가 있으면 구체적으로 기술하여 주시기 바랍니다.

기출 항목 분석
& 작성 노하우 ———————————————————▶ [**문제해결능력**]

　매우 창의적이고 독창적일 필요는 없다. 핵심은 독창성이나 창의성보다는 문제를 효과적으로 해결했다는 점에 있다. 기존보다 좀 더 효과적으로 변화를 주었던 것을 의미한다. 효율과 효과에는 차이가 있다. 효율은 정해진 시간 내에 많은 일을 하는 것이고, 효과는 정해진 시간 내에 성과를 낼 수 있는 일에 집중하는 것이다. 따라서 단순히 아이디어를 제시하고 개선한 내용만을 작성하기보다는 그 대안이 얼마나 효과적이었는지가 설명될 수 있도록 사례를 작성해야 한다.

기 출 항 목
직 접 써 보 기 ———————————————————▶

Q. 기존 관습대로 처리해 오던 방식이 아닌 자신만의 창의적이고 독창적인 생각을 통해 주어진 문제 또는 과제를 효과적으로 해결하기 위해 노력했던 사례가 있으면 구체적으로 기술하여 주시기 바랍니다.

[역발상으로 야외 키즈 펜션의 문제를 개선한 아이디어]

야외 수영장을 겸비한 키즈 펜션에서 아르바이트 중 역발상으로 문제를 해결한 경험이 있습니다. 당시 근무했던 키즈 펜션의 가장 큰 문제점은 다음 2가지였습니다.

1) 야외 수영장이라는 특성상 장마철에 고객 유입이 줄어든다는 점

2) 이에 수영장이 실내에 있는 경쟁 키즈 펜션으로 고객이 유출된다는 점

따라서 장마철에는 수익 감소를 감수해야만 하는 상황이었습니다. 저는 이 과정에서 역발상을 발휘했습니다. 장마철에 비를 피하는 방법이 아니라 비를 활용하는 방법을 제시하는 것이었습니다. 첫째는 비가 오면 부침개 재료를 제공하여 아이들과 부침개를 직접 해먹을 수 있도록 밀키트를 제공하였습니다. '비 오늘 날에는 부침개'라는 정서를 활용하는 방식이었습니다. 둘째는 비가 오게 되면 '물통에 빗물 많이 받기' 등과 같은 행사를 열어 부모님과 아이들이 함께할 수 있는 프로그램을 기획하였습니다. 이러한 내용을 사진과 함께 블로그에 게시하고 장마철 기간에 예약을 망설이는 부모님들을 설득하고자 했습니다. 처음부터 쉽지는 않았지만 아이들과 추억을 함께하고 싶은 부모님들을 설득하는 요인이 되었고, 조금씩 행사의 후기 사진과 만족도 높은 평가 결과가 이어지면서 경쟁 키즈 펜션과는 차별화된 콘텐츠를 갖춘 키즈 펜션이 될 수 있었습니다.

Q. 지원자가 생각하는 한국환경공단 주요 사업 중 관심 있는 한 사업을 선택하고, 해당 사업을 선택한 이유와 이에 대한 전문가로 성장하기 위한 본인의 향후 계획을 구체적으로 기술하여 주시기 바랍니다.

기출 항목 분석
&작성 노하우 ⟶ [조직이해능력]

  한국환경공단의 이슈를 파악하는 과정에서 사업과 연계한 주요 이슈 및 최근 환경 관련 문제점을 분석하여 작성 소재를 선정한다. 자신의 의견을 기술하기 위해서는 발전 방안, 대안, 활성화 방안 등의 대책이 마련되어야 한다. 단순히 생각을 전달하는 것에 그치지 않고 개선 방안, 발전 방안을 제시하도록 한다.

기 출 항 목
직 접 써 보 기 ⟶

기 출 항 목
합 격 가 이 드 →

Q. 지원자가 생각하는 한국환경공단 주요 사업 중 관심 있는 한 사업을 선택하고, 해당 사업을 선택한 이유와 이에 대한 전문가로 성장하기 위한 본인의 향후 계획을 구체적으로 기술하여 주시기 바랍니다.

[ESG로 인한 한국환경공단의 역할 강조]

ESG는 현재 매우 중요한 이슈라고 생각합니다. 한국환경공단은 SK에너지와 함께 '배출가스 점검 서비스 및 미세먼지 절감 캠페인'으로 사회적 가치 창출을 위한 업무협약(MOU)을 체결하였습니다. 이는 환경보전에 적극적인 기업만이 앞으로 지속가능한 발전을 이룰 수 있다는 것이기에 매우 중요한 협약이라고 생각합니다. 이와 관련하여 제가 가진 의견은 다음과 같습니다.

첫째, 기업과의 협약을 체결하여 배출가스 최소화를 위한 프로세스를 구축할 수 있어야 합니다. 기존에 진행하던 사업과 연계하여 ESG 공시에 있어 한국환경공단에서 인증받았다는 인증제도를 도입한다면 한국환경공단의 역할 또한 커질 수 있다고 생각합니다.

둘째, 스마트 서비스를 강화해야 할 것입니다. 이렇게 ESG가 보편화된다면 이를 자동으로 처리할 수 있는 스마트 환경 서비스 강화의 중요성이 높아질 것입니다. 따라서 이와 관련한 빅데이터, 사물인터넷을 통한 점검 서비스를 강화하여 신뢰도와 효율성을 더욱 높일 수 있다고 생각합니다.

앞으로도 ESG에 따른 한국환경공단의 역할을 강화하고 고객, 국민이 모두 함께 환경보전에 앞장서는 데 기여할 수 있도록 지속적인 노력이 필요합니다.

2) 한국농어촌공사

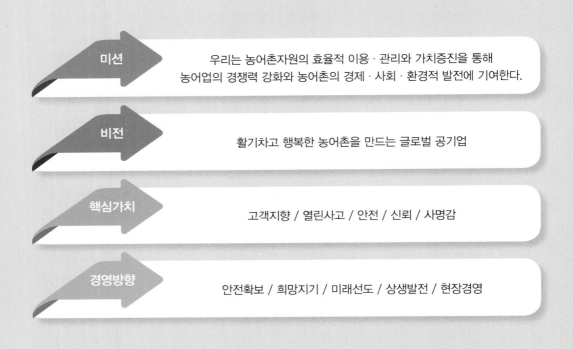

미션
우리는 농어촌자원의 효율적 이용 · 관리와 가치증진을 통해
농어업의 경쟁력 강화와 농어촌의 경제 · 사회 · 환경적 발전에 기여한다.

비전
활기차고 행복한 농어촌을 만드는 글로벌 공기업

핵심가치
고객지향 / 열린사고 / 안전 / 신뢰 / 사명감

경영방향
안전확보 / 희망지기 / 미래선도 / 상생발전 / 현장경영

인재상

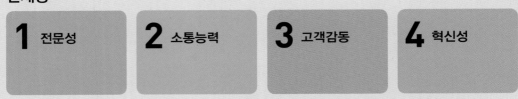

1 전문성　　**2** 소통능력　　**3** 고객감동　　**4** 혁신성

※ 기업 소개 정보는 변경될 수 있습니다. 정확한 사항은 기업 홈페이지를 참고해 주세요.

한눈에 보는 자소서 특징

한국농어촌공사의 자기소개서는 공사와 지원자의 적합성을 파악하기 위한 항목이 많은 것이 특징이다. 인재상과 연계하여 강점을 작성하는 항목이나 사업에 대한 이해를 바탕으로 의견을 제시하는 항목은 한국농어촌공사에 대한 이해 없이는 작성하기 어렵다. 따라서 알리오를 통해서 한국농어촌공사에 대해 공부한 뒤 자신의 역량과 공사의 부합도를 매칭하는 작업을 하도록 한다.

한눈에 보는 기출 자소서 항목(2022년 상반기)

1. 우리 공사에 지원하게 된 이유는 무엇인지 기술하고, 본인의 역량 및 강점을 공사의 4가지 인재상(전문성, 소통능력, 고객감동, 혁신성)과 연계하여 구체적으로 기술해 주십시오.(최소 250자, 최대 500자)

2. 지원분야와 관련하여 전문성을 향상시키기 위한 본인의 노력과 성과에 대해 구체적으로 기술해 주십시오.(최소 250자, 최대 500자)

3. 공동의 목표를 달성하기 위해 의견이 다른 구성원과 소통하여 성공적으로 협업을 이루었던 경험에 대해 기술해 주십시오.(최소 250자, 최대 500자)

4. 우리 공사의 주요 사업인 농어업 분야 관련 이슈 중 관심 있는 한 가지를 선택하고, 해당 이슈에 대해 본인의 의견과 공사의 역할에 대해 기술해 주십시오.(최소 250자, 최대 500자)

Q. 우리 공사에 지원하게 된 이유는 무엇인지 기술하고, 본인의 역량 및 강점을 공사의 4가지 인재상(전문성, 소통능력, 고객감동, 혁신성)과 연계하여 구체적으로 기술해 주십시오.

기출 항목 분석
&작성 노하우 ──────────────────────────────▶ [조직이해능력]

　평소 관심이 있는 사람이 있으면 그 사람이 무엇을 좋아하는지 싫어하는지 등에 대해 더 알고 싶어진다. 기업도 마찬가지다. 관심이 있다면 그 관심이 얼마나 있는지를 보여줘야 한다. 처음 만나는 사람과의 친밀감을 높이기 위해서 상대에 대해 잘 이해해야 하는 것처럼 기관에 대해서도 잘 알아야 한다. 그리고 잘 알아야 무엇을 더 해줄 수 있는지, 무엇이 필요한지도 알 수 있게 된다.

　한국농어촌공사의 홈페이지와 알리오의 정보를 바탕으로 내용을 정리하되, 자신이 지원한 분야와 연관성이 높은 사업을 우선적으로 선택한다. 다양한 사업을 모두 정리할 수 없을 뿐더러, 직무 준비 노력이 함께 작성되어야 하기 때문이다.

기 출 항 목
직 접 써 보 기 ──────────▶

Q. 우리 공사에 지원하게 된 이유는 무엇인지 기술하고, 본인의 역량 및 강점을 공사의 4가지 인재상(전문성, 소통능력, 고객감동, 혁신성)과 연계하여 구체적으로 기술해 주십시오.

[글로벌 한국농어촌공사의 토목인으로서 ODA 사업에 참여하고 싶습니다]

❶ 한국농어촌공사를 글로벌 농어촌공사로 만들어 나가는 데 기여하고자 지원하게 되었습니다. 한국농어촌공사는 최근 이란에 스마트 물 관리 시스템을 수주하고, 아시아 및 아프리카 15개국에 농촌개발의 노하우를 전수하는 등 글로벌 공기업을 목표로 사업 영역을 확장해 나가고 있습니다.

❷ 이러한 한국농어촌공사의 글로벌 전략과 관련하여 저는 토목 관리 역량과 함께 ODA 관련 역량을 쌓아왔습니다. 먼저, KOICA에서 진행하는 ODA 교육을 수강하였고, ODA 사업관리와 관련된 프로젝트 기획 및 수행 과정을 이수함과 동시에 PDM 작성 실습도 수강하였습니다. 이를 통해 ODA 사업에 대한 중요성을 인식하고, 사업의 추진 절차 및 구성 요소, 주요 관리 영역, 관리 방법 등의 사업관리에 대한 역량을 갖추었습니다. ❸ 향후에는 지역 교육 이수를 통해 동남아, 중남미, 아프리카 등지의 ODA 사업에 대한 전문성을 쌓아나갈 계획을 가지고 있습니다. 한국농어촌공사에서 지역 전문가로서 해외사업 확대에 기여하는 인재가 되기 위해 꾸준히 노력하겠습니다.

> ◉ **합격 자소서 STEP**
> ❶ 한국농어촌공사의 비전과 주요 사업을 파악하고 이에 부합하는 포부 제시
> ❷ 준비를 위해 준비해 온 노력: 지식
> ❸ 앞으로 업무에 필요한 경력을 쌓기 위한 자기개발의 노력

Q. 지원분야와 관련하여 전문성을 향상시키기 위한 본인의 노력과 성과에 대해 구체적으로 기술해 주십시오.

기출 항목 분석
&작성 노하우 ⟶ [자기개발능력]

　자신이 갖춘 전문성을 바탕으로 한 행동이 성과로 이어진 경험을 요구하고 있다. 전문성에 대한 부분은 높은 수준의 전문성을 요구하는 것이 아니다. 직무기술서에 나타난 지식과 기술을 활용하여 성과를 달성한 경험을 찾아보도록 한다.

🎓 Best sample

기 출 항 목
합 격 가 이 드 ⟶

Q. 지원분야와 관련하여 전문성을 향상시키기 위한 본인의 노력과 성과에 대해 구체적으로 기술해 주십시오.

[내진설계 경진대회 참가, 폐타이어를 이용한 내진설계 아이디어 제시]

　○○기업 인턴으로 근무하던 당시, 내진설계에 대한 실습을 진행한 경험이 있습니다. 내진구조, 제진구조, 면진구조에 대해서 각각의 장단점을 파악할 수 있는 기회였고, 이때를 기점으로 내진설계에 대한 전문성을 갖게 되었습니다. 이후 경주 및 포항 지진으로 인해 다시 내진설계에 대한 중요성이 강조되면서 교내에서 지진에 강한 설계 팀 프로젝트를 진행하였습니다. 저는 당시 설계를 진행할 때 팀의 목표를 달성하기 위해 건물을 어떻게 설계할 것인가를 정하는 역할을 담당했습니다. 내진 구조의 경우 어느 정도의 지진에서는 철근콘크리트 내진벽과 같은 부재를 설치하여 대비할 수 있지만 강한 규모에서는 취약점을 가지고 있다는 사실을 어필하였습니다. 이에 따라 작은 규모의 지진만을 대비하는 것이 아니라 강한 지진에도 견딜 수 있도록 고무 블록 및 고무 베어링을 설치하는 면진구조로 설계를 진행하도록 이끌었습니다. 특히 면진구조의 단점은 비용이 많이 들어가기 때문에 최소의 비용으로 해결할 수 있는 방법인 폐타이어를 떠올렸고, 그 결과 최종 프로젝트 평가에서 단점을 보완한 안전한 내진설계라는 평가를 받을 수 있었습니다.

Q. 공동의 목표를 달성하기 위해 의견이 다른 구성원과 소통하여 성공적으로 협업을 이루었던 경험에 대해 기술해 주십시오.

기출 항목 분석
&작성 노하우 ──────────────▶ [대인관계능력 + 의사소통능력]

　2인 이상 모이면 항상 의견 차이가 발생한다. 의견 차이를 좁히기 위해서는 자신의 의견에 대해 논리성과 객관성을 확보해야 한다. 무작정 우기기만 하는 소통은 큰 의미가 없다. 따라서 자신의 의견에 객관성을 확보하고 이를 다른 구성원과 어떻게 조율했는지 작성해 볼 수 있도록 한다. 소통의 객관성은 자료와 해결 방법을 포함한 의견 제시 등을 통해서 확보할 수 있다.

Best sample

기 출 항 목
합 격 가 이 드 ──────────────▶

Q. 공동의 목표를 달성하기 위해 의견이 다른 구성원과 소통하여 성공적으로 협업을 이루었던 경험에 대해 기술해 주십시오.

[토목환경 모형대회 참가, 해결 방법을 구체화하여 의견의 신뢰도를 높이다]

　교내 토목환경 모형대회에서 팀장을 맡아 '광화문 지역의 침수방지 대책'이라는 주제로 수상했습니다. 그러나 주제를 선정하는 과정에서 다른 팀원과 의견 차이가 발생하였습니다. 저는 당시 이슈였던 광화문 지역의 침수 문제를 조사해 구현하고 싶었고, 다른 팀원은 댐과 교량 등의 구조물을 주제로 하고 싶다고 주장하였습니다. 이에 따라 저는 조금은 까다롭더라도 다른 팀이 시도하지 않는 새로운 주제로 접근하여 대회 입상이라는 공동의 목표를 달성하면 좋겠다고 주장하였습니다.

　이 과정에서 다른 팀원들은 새로운 주제를 가지고 어떻게 진행할지, 관련된 내용을 좀 더 설득력 있게 제시해주길 원했습니다. 이를 위해 저는 종로구청에서 광화문 지역의 하수관망도를 열람하여 침수의 원인을 파악하였고, C자형 배수관에 쌓인 슬러지 때문에 침수가 발생함을 파악하였습니다. 그리고 해당 내용을 공유하여 함께 해결 방법을 찾아보자는 팀원들의 합의를 이끌어 낼 수 있었습니다. 이후에는 모형의 아래층에 C자형 배수관을 직선화하여 해결 방법을 찾았고, 빗물 침투형 배수구를 자체적으로 개발한 모형도 제작할 수 있었습니다. 그리고 이를 바탕으로 모형대회에서 2위로 입상했습니다.

Q. 우리 공사의 주요 사업인 농어업 분야 관련 이슈 중 관심 있는 한 가지를 선택하고, 해당 이슈에 대해 본인의 의견과 공사의 역할에 대해 기술해 주십시오.

기출 항목 분석
& 작성 노하우 ➡️ [조직이해능력]

농어업 관련 사업을 지속적으로 추진하고 있는 한국농어촌공사의 일원이 되기 위해서는 관련 이슈에 대한 관심과 고민이 필요하다. 하고 싶은 일에 관심이 생기면 이는 열정으로 이어진다. 즉, 농어업 분야에 대한 관심을 가지고 있는 것, 또는 자기소개서를 작성하는 시점에서라도 농어업 분야에 관심을 가지고 고민하는 마음이 드러나도록 해당 이슈를 자기소개서에 포함해야 한다.

농어업 분야에 대한 이슈를 파악하기 위해 알리오에서 기관의 경영혁신 사례를 참고하는 것도 도움이 된다. 농어업의 현실을 파악하고, 이를 위해 현재 하고 있는 한국농어촌공사의 노력을 엿볼 수 있기 때문이다. 다음은 2021년 한국농어촌공사의 경영혁신 사례이다. 다음 내용 중 지원자가 지원한 직무에 해당되는 내용이 있거나, 평소에 조금이나마 관심을 가지고 있었던 영역이 있다면 선택하여 작성해보도록 한다.

〈2021년 한국농어촌공사 경영혁신 사례〉

1. 중 · 소규모 건설 현장에 스마트필드를 구축하여 안전보건 사각지대 해소
2. 상생형 온실가스 감축사업 활성화를 통한 농어민 부가소득 확대
3. IoT 기반 스마트 물 관리 기술로 한국판 뉴딜사업 해외시장 진출
4. 농업용수 통합 물 관리 거버넌스 운영
5. 100원 택시 농촌 어르신들의 발이 되다
6. ESG 경영 민간기업 확산을 위한 평가지표 신설
7. 농업 분야 미래인재 육성을 위한 오픈캠퍼스 확대
8. With KRC, 개도국 신재생에너지 문제해결에 공사가 함께하다
9. 공사 ESG 경영 노력과 성과에 대한 대국민 공감 확대
10. 농촌재생 프로젝트, 자연을 닮고 자연을 담는 고운마을 만들기

기 출 항 목
합 격 가 이 드

Q. 우리 공사의 주요 사업인 농어업 분야 관련 이슈 중 관심 있는 한 가지를 선택하고, 해당 이슈에 대해 본인의 의견과 공사의 역할에 대해 기술해 주십시오.

[농어촌 지역 주민들의 열악한 생활 환경 개선]

최근 접했던 농어업 분야 관련 이슈는 '농어촌 주민의 생활 환경'입니다. 농어촌 지역의 청소년들의 도박 발생률이 도시 지역의 청소년들보다 높고, 그 원인이 상대적으로 고립된 환경에서의 오프라인 문화 부족, 그리고 초기에 도움을 받을 기회의 부족이라는 기사를 보았습니다. 청소년뿐만이 아니라 모든 농어촌 지역의 주민들이 의료 지원 부족, 열악한 주거 환경 등 고립되고 취약한 환경에서 살아가고 있습니다.

우리나라의 농어업을 보존하고 활성화하기 위해 농어촌 지역 주민의 생활 여건 개선은 매우 중요하다고 생각합니다. 그리고 한국농어촌공사는 취약 지역 주민들의 주거 환경 개선, 지역 개발 등의 사업을 통해 농어촌 지역 개발을 지원하며 농어업인들이 더는 열악한 생활 환경에서 살아가지 않도록 이바지해야 한다고 생각합니다. 또한 농어촌 공동체 활성화 및 교육 프로그램 시행 등을 통하여 농어촌 지역 청소년들이 더 나은 생활을 해나갈 수 있도록 환경을 개선해야 한다고 생각합니다.

한국농어촌공사

1) 한국전력공사

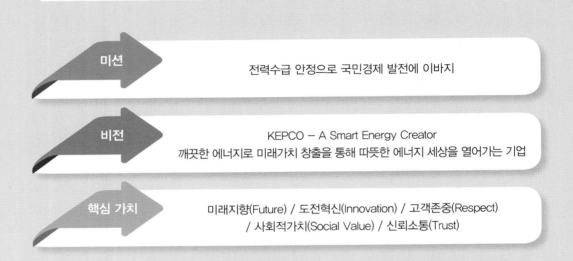

미션	전력수급 안정으로 국민경제 발전에 이바지
비전	KEPCO – A Smart Energy Creator 깨끗한 에너지로 미래가치 창출을 통해 따뜻한 에너지 세상을 열어가는 기업
핵심 가치	미래지향(Future) / 도전혁신(Innovation) / 고객존중(Respect) / 사회적가치(Social Value) / 신뢰소통(Trust)

인재상

1 기업가형 인재 (Entrepreneur)

회사에 대한 무한 책임과 주인의식을 가지고 개인의 이익보다는 회사를 먼저 생각하는 인재

2 통섭형 인재 (Generalist)

융합적 사고를 바탕으로 Multi-specialist를 넘어 오케스트라 지휘자와 같이 조직 역량의 시너지를 극대화하는 인재

3 도전적 인재 (Passionate Challenger)

뜨거운 열정과 창의적 사고를 바탕으로 실패와 좌절을 두려워하지 않고 지속적으로 새로운 도전과 모험을 감행하는 역동적 인재

4 가치창조형 인재 (Value Creator)

현재 가치에 안주하지 않고 글로벌 마인드에 기반한 날카로운 통찰력과 혁신적인 아이디어로 새로운 미래가치를 충족해 내는 인재

※ 기업 소개 정보는 변경될 수 있습니다. 정확한 사항은 기업 홈페이지를 참고해 주세요.

한눈에 보는 자소서 특징

한국전력공사 자소서 항목에서는 본인이 한국전력공사의 4가지 인재상에 적합하는지 여부를 매년 물어보고 있다. 그만큼 채용 과정에서 인재상에 대한 적합도를 많이 참고한다고 볼 수 있다. 더불어 이슈에 대한 내용도 물음으로써 지원자의 에너지 발전 산업에 대한 기본적인 이해도를 확인하는 에너지 발전 공기업 자소서의 특성도 보여주고 있다. 한국전력공사는 매번 자소서 3번 항목에 조금씩 변화를 주고 있다. 이번에는 직업윤리와 관련된 경험을 요구함으로써 인재상 이외에 갖춰야 할 태도에 대해 묻고 있다. 큰 틀에서 인재상, 산업이해도와 비전, 윤리의식을 골고루 묻고 있는 항목으로 구성되어 있다.

한눈에 보는 기출 자소서 항목(2022년 상반기)

1. 한국전력공사의 4가지 인재상 중 본인과 가장 부합된다고 생각하는 인재상을 두 가지 선택하여 그렇게 생각하는 이유를 본인의 가치관과 연계하여 교육 사항, 경험/경력 등 구체적인 사례를 들어 기술하여 주십시오.(300~700자)
2. 한국전력공사에 지원하게 된 동기, 입사 후 희망하는 직무와 직무수행을 위한 역량개발(교육, 경험, 경력 등) 노력을 작성해 주십시오. 그리고, 최근 한국전력공사의 이슈 1가지에 대해 본인의 견해와 해당 이슈에 대해 본인이 기여할 수 있는 사항을 연계하여 구체적으로 기술하여 주십시오.(300~700자)
3. 한국전력공사의 직원으로서 갖춰야 할 직업윤리 의식 및 고객 만족을 위해 필요하다고 생각하는 역량이 무엇인지 설명하고, 본인의 경험/경력 등 구체적인 사례를 들어 기술하여 주십시오.(300~600자)

Q. 한국전력공사의 4가지 인재상 중 본인과 가장 부합된다고 생각하는 인재상을 두 가지 선택하여 그렇게 생각하는 이유를 본인의 가치관과 연계하여 교육 사항, 경험/경력 등 구체적인 사례를 들어 기술하여 주십시오.

기출 항목 분석 ─────────────────────────────────────➤ [인재상]
&작성 노하우

　인재상의 경우 어떠한 유형을 선택해도 큰 문제가 되지 않는다. 작성에 특히 유의해야 할 부분은 인재상과 경험의 적합성이다. 때론 인재상에서 요구하는 내용이 아님에도 불구하고 경험을 적다 보니 인재상과 경험이 부적합한 내용으로 연결되는 경우가 많다. 더불어 1번 항목에서도 교육, 경험, 경력 사항을 물어보며, 2번 항목에서도 준비해 온 노력을 묻고 있기 때문에 이를 구분해서 작성할 필요가 있다. 1번은 인재상에 기반하여 준비한 노력에 해당되기 때문에 이와 관련된 준비 노력은 2번 항목과 겹치지 않도록 작성해야 한다.

기 출 항 목 ────────➤
직 접 써 보 기

기 출 항 목
합 격 가 이 드

Q. 한국전력공사의 4가지 인재상 중 본인과 가장 부합된다고 생각하는 인재상을 두 가지 선택하여 그렇게 생각하는 이유를 본인의 가치관과 연계하여 교육 사항, 경험/경력 등 구체적인 사례를 들어 기술하여 주십시오.

[가치창조형 인재]

교내 에너지 융합 공모전에 참가한 경험이 있습니다. 공모전의 주제는 '에너지를 활용한 사회문제 해결 방안'이었고, 해결하고자 했던 사회 문제는 '초등학교 하교 시간에 발생하는 교통사고'였습니다. 그래서 팀원들과 아이디어 회의를 통해 태양광 에너지를 활용한 안전펜스를 구상했습니다. 기술적인 부분을 구상한 후, 추가로 더 필요한 것이 없을까 생각하다가 직접 초등학교를 찾아가 설문조사를 실시하여 안전펜스의 필요성에 관한 정보를 수집하였습니다. 그뿐만 아니라 경찰서를 직접 방문하여 자문하고 안전펜스의 설치가 교통 법규에 어긋나지 않는지 확인하였습니다. 사회가 요구하는 새로운 가치를 만들어가기 위해 동분서주하며 자료를 찾고 변화를 만들기 위해 노력하였습니다. 그리고 이를 통해 공모전에서 은상을 받을 수 있었습니다.

[도전형 인재]

교내에서 진행하는 해외챌린지 프로그램에 참여하여 '독일의 통일 당시 전력망 관리와 현재 신재생에너지 현황'을 주제로 하여 발표를 했습니다. 그러나 경쟁이 매우 치열해서 최종 후보로 선정되지는 못했습니다. 하지만 이를 계기로 신재생에너지에 관심을 더 깊게 가지게 되었습니다. 그리고 신재생에너지와 관련된 전공과목을 수강하였습니다.

그 이후로 교내에서 미국의 태양광과 풍력을 견학 체험을 할 수 있는 프로그램이 열렸고, 신재생에너지와 관련된 전공과목을 이수한 덕분에 프로그램 대상자로 선발될 수 있었습니다. 그렇게 미국이 진행하고 있는 태양광 단지와 풍력 단지를 견학함과 더불어 전문가들에게 직접 질의응답할 수 있는 기회를 통해 많은 것을 배울 수 있었습니다.

Q. 한국전력공사에 지원하게 된 동기, 입사 후 희망하는 직무와 직무수행을 위한 역량개발(교육, 경험, 경력 등) 노력을 작성해 주십시오. 그리고, 최근 한국전력공사의 이슈 1가지에 대해 본인의 견해와 해당 이슈에 대해 본인이 기여할 수 있는 사항을 연계하여 구체적으로 기술하여 주십시오.

기출 항목 분석
&작성 노하우 ──────────────────▶ [조직이해능력 + 기술능력]

한국전력공사의 지원동기와 직무 준비 노력, 그리고 한국전력공사에 기여 방안을 모두 묻고 있는 항목이다. 해당 자소서 항목처럼 다양한 내용을 묻는 경우에는 지원동기와 기여 방안, 준비 노력을 통일성 있게 작성하는 것이 중요하다. 그러기 위해서는 먼저 한국전력공사의 사업에 대한 이해가 필요하다. 신년사, 전자공시시스템 확인 및 뉴스공시, 알리오의 통합보고서 중 국회지적사항 등을 체크하고, 마지막으로 한국전력공사 홈페이지의 사업 내용을 확인하여 한국전력공사에서 진행하는 사업을 완벽히 이해할 수 있도록 한다. 일일이 모든 사업을 다 확인할 필요는 없고, 자신이 지원하는 직무와의 연관성을 고려하여 파악하면 된다.

〈2022년 한국전력공사 신년사의 일부〉

"'제로 포 그린(ZERO for Green)'이라는 '탄소중립' 비전을 선포한 지난해가 '계획의 시간'이었다면, 올해는 탄소중립 선도를 위한 '실행의 원년'이 되어야 하며, 탄소중립의 달성은 한전의 지속가능한 성장, 그리고 차별화된 미래 경쟁력을 담보하고 견인하게 될 것이다."

〈뉴스공시를 통한 최근 이슈 파악〉

• 한전, 빅데이터 활용해 고독사 막는다, 한전 '1인 가구 안부 살핌 서비스' 확대
• 한전의 비전…최대 에너지기업 넘어 'ESG 베스트'로 빛난다
• 한전, ODA 통해 에너지밸리 입주기업 해외진출 돕는다
• 한국전력, 연료비 원가 공개로 전기요금제 투명화

다음으로는 직무기술서를 통해 직무에 필요한 역량을 파악해야 한다. 직무기술서 중에서도 특히 필요지식과 필요기술 부분을 확인해야 한다. 직무수행태도를 작성하게 되면 기여 방안이 다소 추상적으로 서술되기 때문이다. 따라서 직무기술서를 확인하여 자신의 준비 노력과 기여 방안을 연결하고 구체적으로 작성하자. 일례로 사무직의 필요기술 중 〈비즈니스 영문 레터 작성 및 비즈니스 영어 회화 구사 능력〉을 활용하여 '향후 한전의 해외사업에 기여한다'와 같은 연결고리를 만들어 작성할 수 있다.

Best sample

기 출 항 목
합 격 가 이 드 ➡

Q. 한국전력공사에 지원하게 된 동기, 입사 후 희망하는 직무와 직무수행을 위한 역량개발(교육, 경험, 경력 등) 노력을 작성해 주십시오. 그리고, 최근 한국전력공사의 이슈 1가지에 대해 본인의 견해와 해당 이슈에 대해 본인이 기여할 수 있는 사항을 연계하여 구체적으로 기술하여 주십시오.

[ESG의 스탠다드를 만들어 가는 한국전력공사에서 신재생에너지 전문가로 성장]

❶한국전력공사는 지금껏 우리 생활에 필요한 전기를 공급하는 것에만 의미를 둔 것이 아니라 사회적 공헌과 일자리 창출 등의 사회적 가치를 높임으로써 국민적 신뢰를 확보해 왔습니다. 그리고 이러한 신뢰를 더욱 견고히 하고자 ESG 위원회를 설립하고, 친환경에너지 및 에너지마켓 사업 등을 통해 이를 실천하고 있습니다. 한국전력공사가 향후 글로벌 에너지 공기업으로 성장하는 것을 목표로 하는 만큼 저의 역량을 개발하여 ESG에 부합하는 기업을 함께 만들어가고자 지원하게 되었습니다.

❷이를 위해 학교에서 연료전지, 태양전지를 이용하여 생성된 에너지의 변화 과정과 그 과정에 따른 에너지 효율 실험, 독립형 인버터 실험, DC/DC 컨버터 실험 등을 수행하며 기초적인 전력 변환에 대해 학습하였습니다. 이와 더불어 외국어 능력을 꾸준히 함양하여 비즈니스 과정에서 필요한 영어능력을 갖추었습니다.

❸이러한 준비를 바탕으로 한국전력공사의 ESG를 위한 노력 중 친환경 신재생에너지 사업에 기여하고 싶습니다. 저는 ESG를 선도하는 공기업으로서의 역할을 한국전력공사가 수행해야 한다고 생각합니다. 한국전력공사 신년사에서 언급된 바와 같이 2050년 탄소중립을 위해서 앞으로 스마트그리드와 태양광, 풍력 발전에 대한 해외사업 확대에 참여하여 글로벌 에너지 공기업으로의 성장에 함께 하겠습니다.

❯ 합격 자소서 STEP

❶ 한국전력공사의 사업 이슈와 그 과정에서 자신의 목표 언급
❷ 목표를 달성하기 위한 자신의 지식과 기술 부분에 대한 준비 노력 작성
❸ ESG의 이슈를 기반으로 자신의 견해와 기여 방안 작성

Q. 한국전력공사의 직원으로서 갖춰야 할 직업윤리 의식 및 고객 만족을 위해 필요하다고 생각하는 역량이 무엇인지 설명하고, 본인의 경험/경력 등 구체적인 사례를 들어 기술하여 주십시오.

기출 항목 분석
& 작성 노하우 ──────────────────────▶ [직업윤리]

　　한국전력공사의 직원으로서 갖춰야 할 직업윤리 의식이란 무엇일까? 최근에는 직업윤리와 관련해서 단순히 윤리적인 경험을 작성하기보다는 해당 기업에 더 중요한 직업윤리란 무엇인지를 묻는 경우가 늘고 있다. 봉사 정신, 정직, 책임감, 근면성실 등 다양하나 지금 한국전력공사의 상황을 고려하여 키워드를 선정해야 할 필요가 있다. 한국전력공사의 현재 상황에 왜 그 역량이 필요한지를 연결하여 작성하도록 한다. 앞의 자소서 항목에 해당하는 인재상, 직무준비 노력과 관련한 역량을 중복하여 작성하지 않도록 신경 써야 한다.

기 출 항 목 ──────▶
직 접 써 보 기

기 출 항 목
합 격 가 이 드

Q. 한국전력공사의 직원으로서 갖춰야 할 직업윤리 의식 및 고객 만족을 위해 필요하다고 생각하는 역량이 무엇인지 설명하고, 본인의 경험/경력 등 구체적인 사례를 들어 기술하여 주십시오.

한국전력공사 직원으로서 가장 중요한 직업윤리는 책임감이라고 생각합니다. 최근 전력 비용의 상승으로 인해 전기료 인상이 불가피한 만큼 전력공급의 안정화와 신재생에너지로의 전환, 저렴한 비용으로의 전력공급이라는 공공성을 확보하기 위해서는 자신의 맡은 바 소임을 다하는 책임감이 전제되어야 한다고 생각합니다.

저는 이러한 책임감 있는 태도를 ○○서포터즈로 활동하며 발휘한 적이 있습니다. 당시 카드뉴스 제작을 진행하면서 디자인에 대한 아쉬움이 많았습니다. 하지만 디자인을 더 신경 쓰다 보면 일정이 촉박하여 제때 업로드를 하기 어려운 상황이었기 때문에 고민이 되는 것도 사실이었습니다. 그러나 카드뉴스의 가장 주 목적은 공공기관의 정보를 효율적으로 전달하기 위함이라는 점, 그리고 정보를 효율적으로 전달하기 위해서는 카드뉴스의 가독성을 높일 수 있는 디자인이 필수적이라는 점에서 디자인을 공부해서라도 디자인 퀄리티를 높이는 것이 중요하다고 생각하였습니다. 속성으로 포토샵과 일러스트의 기본 툴을 숙지하고 동시에 늦은 시간까지 남아 디자인 작업과 폰트 수정을 거침으로써 10페이지의 카드뉴스 제작을 완료할 수 있었습니다. 카드뉴스에 대한 '좋아요' 개수가 증가하는 등 좋은 반응과 큰 관심을 받으며 책임감 있는 태도의 중요성을 절감할 수 있었습니다.

2) 한국중부발전(feat. 남동, 동서, 서부, 남부)

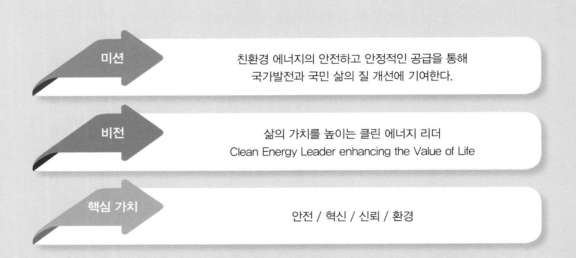

미션	친환경 에너지의 안전하고 안정적인 공급을 통해 국가발전과 국민 삶의 질 개선에 기여한다.
비전	삶의 가치를 높이는 클린 에너지 리더 Clean Energy Leader enhancing the Value of Life
핵심 가치	안전 / 혁신 / 신뢰 / 환경

인재상

1 Creative Challenger

혁신적 사고와 열정으로 새로운 가치창출에 도전하는 인재

2 Performance Leader

강한 자부심과 책임감으로 자기업무에 주도적인 인재

3 Global Communicator

상호 존중과 배려로 세계와 소통하는 인재

※ 기업 소개 정보는 변경될 수 있습니다. 정확한 사항은 기업 홈페이지를 참고해 주세요.

한눈에 보는 자소서 특징

발전 에너지 공기업의 경우 스펙초월 전형으로 진행한다. 스펙초월 전형의 자기소개서는 불성실의 수준을 판가름할 뿐 서류 합격에 큰 영향을 미치진 않는다. 하지만 그렇다고 아무렇게나 작성해도 된다는 것은 아니다. 향후 직업기초능력 면접을 수행할 때 자기소개서를 활용하기 때문에 신경 써서 작성해야 한다. 즉, 자기소개서가 곧 나의 포트폴리오라는 마음으로 작성하도록 한다.

공사의 사업과 에너지 산업에 대한 관심도를 묻는 항목이 많다.(남동발전, 서부발전 등) 따라서 탄소중립, ESG, 신재생에너지, 안전 중시 등의 이슈를 사전에 파악하고 있어야 한다. 또한 이와 관련하여 자신이 기여할 수 있는 부분과 목표를 함께 고려해야 한다. 문제해결, 갈등 관리, 직업윤리 영역의 자기소개서 항목이 공통적으로 구성되는 편이며, 자기소개서에서 세부적인 디테일을 중요하게 생각한다. 또한 짧은 글자 수 안에 내용을 담아야 하기 때문에 핵심만 간결하게 작성할 수 있어야 한다.

한눈에 보는 기출 자소서 항목(2022년 상반기)

1. 지원자가 한국중부발전 및 지원분야에 관심을 가지게 된 계기는 무엇이며, 이를 위해 그동안 어떤 노력을 했는지 기술해 주시기 바랍니다.(500자 이내)
2. 지원자 본인이, 현실과 타협하거나 편법을 사용하지 않고, 원칙대로 일을 처리하는 사람임을 가장 잘 나타내는 최근 5년 이내의 사례를 기술해 주시기 바랍니다.(500자 이내)
3. 지원자 본인이, 변화를 두려워하지 않고 통찰력과 창의적인 사고로 꾸준히 혁신하고 변화를 주도하는 사람임을 가장 잘 나타내는 최근 5년 이내의 사례를 기술해 주시기 바랍니다.(500자 이내)
4. 지원자 본인이, 진정성과 소통을 바탕으로 신뢰를 구축하는 사람임을 가장 잘 나타내는 최근 5년 이내의 사례를 기술해 주시기 바랍니다.(500자 이내)
5. 지원자 본인이, 자신의 소속 집단뿐만 아니라 주변 사람/집단까지 고려하고 배려하는 사람임을 가장 잘 나타내는 최근 5년 이내의 사례를 기술해 주시기 바랍니다.(500자 이내)

Q. 지원자가 한국중부발전 및 지원분야에 관심을 가지게 된 계기는 무엇이며, 이를 위해 그동안 어떤 노력을 했는지 기술해 주시기 바랍니다.

기출 항목 분석
&작성 노하우 ⟶ [조직이해능력 + 자기개발능력]

한국중부발전 지원동기는 지원하는 직무와의 연결성을 잘 찾아야 한다. 한국중부발전의 주요 사업을 파악하여 자신이 관심 있는 분야에서 수행할 수 있는 역할에 대해 찾아보도록 하자. 준비한 노력을 작성할 때는 직무기술서에 나타난 필요지식과 기술 부분을 참고하도록 한다. 예를 들면 직무수행 내용 중 화학물질분석, 화력발전설비운영, 환경관리에 대한 업무를 파악한 후 각 세부 내용에 대한 업무 지식과 기술 중 자신이 들은 전공과목, 교육 이수(온라인 교육 포함) 등의 준비 사항을 작성한다.

이러한 지원동기와 직무 준비 노력은 항상 목표를 앞세우고, 이러한 목표를 왜 한국중부발전에서 달성하고 싶은지 사업과 연관하여 작성한다. 그리고 직무 준비 사항을 회사의 사업과 연계하여 작성함으로써 글이 전체적으로 통일성을 갖출 수 있도록 해야 한다.

〈2021년 하반기 한국남부발전 1번 항목〉

한국남부발전 지원동기에 대해 기술해 주시고, 자신의 직무 역량과 관련하여 한국남부발전의 미래 발전 및 성장동력 확보에 기여할 수 있는 바에 대해 아래 내용을 포함해 작성해 주시기 바랍니다.

(한국남부발전에 관심을 갖게 된 계기/지원자의 회사 선택 기준/한국남부발전이 해당 기준에 어떻게 부합하는지/한국남부발전의 발전 방향/본인이 가지고 있는 직무 역량/ 해당 역량을 활용한 구체적 기여 방안)

〈2021년 하반기 한국동서발전 1번 항목〉

귀하가 한국동서발전㈜에 지원하게 된 계기를 아래 "가)", "나)"의 내용에 맞춰 기술해 주시기 바랍니다.

　가) 당사의 인재상과 본인이 얼마나 부합하는지를 기술

　나) 당사가 추진하는 주요 사업 내용 중 가장 관심이 있는 분야와 본인이 어떤 부분에서 기여할 수 있을지를 구체적으로 기술

기 출 항 목
합 격 가 이 드

Q. 지원자가 한국중부발전 및 지원분야에 관심을 가지게 된 계기는 무엇이며, 이를 위해 그동안 어떤 노력을 했는지 기술해 주시기 바랍니다.

[중부발전 견학에서 비롯된 친환경 설비에 대한 관심과 입사를 위한 노력]

우연한 계기로 한국중부발전을 견학하면서 한국중부발전이 CDM 사업과 같은 친환경 경영에 힘쓰고 있는 것을 확인하였습니다. 이를 통해 제가 관심을 가져온 친환경 신재생에너지 분야에 대한 비전을 중부발전에서 이룰 수 있겠다는 생각을 가지게 되었습니다. 그리고 저는 화학직 업무를 수행하기 위해 다음과 같은 노력을 해왔습니다.

❶첫째, 20XX년 2학기에 10주간 플랜트 전반에 관련된 교육을 이수하였습니다. 이를 통해 화력발전설비운영과 관련한 탈황, 탈질 설비에 대해 학습하였고, 다양한 폐기물 관리법에 대해서도 교육받을 수 있었습니다.

❷둘째, 환경관리 분야와 관련된 준비입니다. 준비된 환경엔지니어로 성장하기 위해 전공과목 중 공정시험법을 수강하면서 시험분석 능력을 길렀습니다. 이후에도 온실가스 산업기사 자격을 취득함으로써 환경 경영에 있어 필수적 역량을 쌓기 위해 노력하였습니다. 이러한 노력을 바탕으로 향후 한국중부발전의 친환경 경영이란 비전을 함께 달성해 나가기 위해 노력하겠습니다.

❸ 합격 자소서 STEP

❶ 교육 이수: 화력발전설비운영 (자기인식에 따른 부족한 점 보완)
❷ 전공과목 수강: 환경관리운영의 시험분석, 데이터 수집 분석 능력 (환경 분야의 전문성을 강화하기 위한 미래적 관점의 준비)

Q. 지원자 본인이, 현실과 타협하거나 편법을 사용하지 않고, 원칙대로 일을 처리하는 사람임을 가장 잘 나타내는 최근 5년 이내의 사례를 기술해 주시기 바랍니다.

기출 항목 분석
&작성 노하우 ➤ **[직업윤리]**

직업윤리 항목이다. 편법과 원칙 사이의 갈등 속에서도 일관되게 자신의 신념을 지켜나가는 것이 직업윤리의 핵심이다. 그것이 이후에는 더 좋은 결과를 만들어내는 가장 합리적인 방법이다. 올바른 선택을 하면서 손해를 본 경험과 다르게 자신의 신념을 지켜 좋은 결과로 이어진 경험을 작성해야 한다. 딜레마 상황을 정확히 제시하고 자신의 신념이 무엇인지를 작성하도록 한다.

> 〈2022년 상반기 한국남동발전 자소서 5번 항목〉
> 한국남동발전 입사 후 업무를 수행함에 있어 가장 중요한 원칙과 사회생활을 함에 있어 가장 중요한 원칙은 각각 무엇이며, 그렇게 생각하는 이유를 본인의 가치관과 경험을 바탕으로 구체적으로 기술해주십시오.

기 출 항 목 ➤
직 접 써 보 기

기 출 항 목 ➡
합 격 가 이 드

Q. 지원자 본인이, 현실과 타협하거나 편법을 사용하지 않고, 원칙대로 일을 처리하는 사람임을 가장 잘 나타내는 최근 5년 이내의 사례를 기술해 주시기 바랍니다.

[정확한 계산 과정을 통한 오차 없는 보고서 완성]

학과 수업 중 실험수업의 경우 올바른 데이터 값을 얻어야만 제대로 된 점수를 받았습니다. ○○실험을 할 때였습니다. 실험의 목적은 분석 능력과 오염물질처리 과정을 살펴보는 것이었습니다. ❶결괏값에만 연연한 나머지 잘못된 수치를 수정하는 경우도 있었습니다. 약간의 수정은 눈을 감아주는 분위기도 있었습니다. 하지만 이러한 편법을 사용하면서까지 부끄러운 결과를 만들고 싶지는 않았습니다. ❷저는 이를 조원들에게도 설명하면서 느리게 가도 올바른 길로 가자며 설득하였습니다. 저는 정직한 계산으로 정확한 값이 나올 수 있도록, 다시 올바른 값이 나올 때까지 실험을 하였습니다. ❸결과적으로 타 조에 비해 오차가 적은 데이터 값을 얻었고 제출된 보고서는 신뢰도 부분에서 가산점까지 받았습니다. 쉽게 가는 것보다 더 중요한 것은 정직한 방법이란 신념을 꼭 지키면서 살겠습니다.

> ❷ **합격 자소서 STEP**
>
> ❶ 딜레마의 상황 제시
> ❷ 자신의 신념을 제시
> – 올바른 가치관을 바탕으로 딜레마의 상황 속에서도 흔들리지 않는 윤리성 강조
> ❸ 올바른 가치관을 통해 얻은 결과

Q. 지원자 본인이, 변화를 두려워하지 않고 통찰력과 창의적인 사고로 꾸준히 혁신하고 변화를 주도하는 사람임을 가장 잘 나타내는 최근 5년 이내의 사례를 기술해 주시기 바랍니다.

기출 항목 분석
&작성 노하우 ━━━━━━━━━━━━━━━━━━▶ [**문제해결능력**]

한국남동발전, 한국서부발전 등에서도 공통적으로 나타나는 자소서 항목이다. 한국남동발전은 문제의 원인을 철저히 규명한 것에 포커스를 맞추고 있으며 한국서부발전은 문제해결 과정에서 어려움을 극복하는 것에 포커스를 맞춰 문제해결 역량에 대한 항목을 구성했다. 한국중부발전은 통찰력을 가지고 혁신을 주도하는 태도를 강조하고 있으므로 원인 파악이나 어려움에 대한 부분보다 자신이 변화를 주도했던 상황과 관련한 경험이 드러나야 한다.

〈2021년 상반기 한국남동발전 자소서 3번 항목〉
당면한 문제를 해결하기 위해 시도했던 경험 중 원인을 철저히 규명하여 문제를 해결했던 사례에 대해 구체적으로 기술해 주십시오. 당시 문제가 되는 상황은 무엇이었으며, 어떠한 과정을 통해 원인을 규명하였는지, 그렇게 문제를 해결한 이유는 무엇이었는지 상세하게 기술해 주십시오.

〈2021년 상반기 한국서부발전 자소서 2번 항목〉
기존 방식이나 현상에 대해 문제의식을 갖고 새로운 방식을 시도하여 성과를 낸 경험을 다음의 세부 항목에 따라 작성해주십시오.
  2-1. 기존 방식이나 현상에 대해 문제의식을 가지게 된 계기와 해당 문제를 해결한 새로운 방식은 무엇인지에 대하여 작성해주십시오.
  2-2. 새로운 방식을 시도함에 있어서 겪었던 어려움과 이를 해결하기 위하여 어떤 노력을 하였으며, 해당 방식을 통해 개선된 결과는 어떠하였는지 작성해주십시오.

기 출 항 목
합 격 가 이 드 ▶

Q. 지원자 본인이, 변화를 두려워하지 않고 통찰력과 창의적인 사고로 꾸준히 혁신하고 변화를 주도하는 사람임을 가장 잘 나타내는 최근 5년 이내의 사례를 기술해 주시기 바랍니다.

[스노보드 동아리의 한계, 여름엔 이탈 인원 발생]

　스노보드 동아리 활동을 하면서 예상치 못한 팀원 이탈의 문제를 겪어야만 했습니다. ❶전체 인원 30명 정도의 규모로 운영되던 동아리가 20XX년 1학기를 기점으로 13명이나 이탈하는 문제가 발생한 것입니다. 이로 인해 신입 부원으로만 동아리를 운영해야 했고, 정식 동아리로 인정받지 못해 지원금을 받지 못할 위기에 처했습니다. ❷이러한 문제의 원인을 도출하기 위해 껄끄럽지만 이탈한 팀원들을 만나 이유를 들어보았습니다. 도출된 원인은 크게 첫째, 무의미한 동아리 활동, 둘째, 여름 시즌의 시스템 부재로 나타났습니다. 이에 따라 저는 운영진과의 회의를 통해 해결 방법을 탐색하였습니다.

　❸첫째, 스노보드가 겨울 스포츠였기 때문에 여름에도 즐길 수 있는 서핑보드를 결합한 동아리로 변화를 제안했습니다. ❹둘째, 특별히 배우는 것이 없는 동아리인 것 같다는 의견을 보완하기 위해 스노보드 교실 등의 수익 사업을 제안하였습니다. 이러한 해결 방안을 제시한 후, 기존 이탈 멤버를 설득하고, 추가로 신규 멤버를 유입하여 문제를 해결해 나갔습니다. 이를 통해 동아리 멤버 8명이 추가되었고, 동아리 지원금 확보와 활성화에 대한 문제를 해소할 수 있었습니다.

　❺동아리 이탈의 문제를 단순한 '변심'으로 생각하지 않고 주도적으로 동아리의 생태계를 변화시키고자 노력했던 것이 좋은 결과를 가져왔다고 생각합니다. 미온적 태도를 타파하고 주도적으로 미래의 한국중부발전을 만들어가는 데 함께 하겠습니다.

❯ 합격 자소서 STEP

❶ 동아리 운영의 문제인식
❷ 문제 원인 파악: 소통을 통한 파악
❸ 해결 방안 1: 약점을 보완하는 대안
❹ 해결 방안 2: 보상을 제공하는 대안
❺ 변화 주도에 대한 본인의 생각과 다짐

Q. 지원자 본인이, 진정성과 소통을 바탕으로 신뢰를 구축하는 사람임을 가장 잘 나타내는 최근 5년 이내의 사례를 기술해 주시기 바랍니다.

기출 항목 분석
&작성 노하우 ⟶ [의사소통능력 + 직업윤리]

진정성이란 진심을 다하는 것이다. 진심을 다해 자신을 상대에게 드러내면 상대는 그것을 신뢰로 돌려준다. 이처럼 진정성을 바탕으로 소통할 수 있는 상황적 예시는 다음과 같다.

- 자신의 실수에 대해 진정성을 가지고 사과하고 개선하고자 하는 노력을 통해 신뢰를 구축
- 자신이 맡은 역할에 최선을 다하고 팀원들과 소통하여 팀에 대한 기여도를 높여 신뢰를 구축
- 윤리적 딜레마 상황에서 진정성 있는 태도를 선택하여 신뢰를 구축
- 상대방의 말에 공감하고 경청하여 상대로 하여금 속마음을 내비칠 수 있을 정도의 신뢰를 구축

이러한 상황과 유사했던 경험을 떠올려보고 신뢰를 구축한 행동을 중심으로 해당 항목을 작성하자.

기 출 항 목
직 접 써 보 기 ⟶

Q. 지원자 본인이, 진정성과 소통을 바탕으로 신뢰를 구축하는 사람임을 가장 잘 나타내는 최근 5년 이내의 사례를 기술해 주시기 바랍니다.

[무리한 주장에 대한 사과와 인정, 이후 더욱 진심을 다한 노력으로 신뢰 구축]

창의적 공학설계 프로젝트를 진행하면서 진정성을 가지고 소통하여 신뢰를 구축한 경험이 있습니다. 당시 공학설계는 3D 프린팅을 주제로 할 것인지, 제작이 편리한 이동식 캐리어를 주제로 할 것인지에 대해서 의견이 갈리게 되었습니다. 저는 3D 프린팅을 주제로 하자고 강하게 주장하였습니다. 저의 강력한 주장에 다른 멤버들은 주어진 기간 내에 달성할 수 있을지 걱정하였지만 한 번 해보자고 하였습니다.

하지만 막상 실행에 옮기니, 생각보다 부족한 정보와 기술력으로 이를 구현하는 데 번번히 실패하게 되었습니다. 저는 팀원들에게 피해를 준 것 같아 미안한 마음이 들었고, 솔직히 제 잘못을 인정하였습니다. 그리고 계획 수립이 잘 되지 않은 상태에서 대안 없이 밀어붙였던 진행 과정의 문제점을 파악하고, 이를 개선하기 위해 팀원들과 논의하여 세부적인 계획을 수립하였습니다. 그 후 얼마 남지 않은 시간이지만 이동식 캐리어를 만드는 데 진심을 다해 더 많은 시간과 노력을 투자하여 이동식 캐리어 제작에 성공할 수 있었습니다. 잘못을 인정하고, 빠른 소통과 협의를 바탕으로 열정을 다하며 노력하는 모습을 통해 오히려 더 끈끈한 신뢰를 구축할 수 있었습니다.

Q. 지원자 본인이, 자신의 소속 집단뿐만 아니라 주변 사람/집단까지 고려하고 배려하는 사람임을 가장 잘 나타내는 최근 5년 이내의 사례를 기술해 주시기 바랍니다.

기출 항목 분석
&작성 노하우 ⟶ [대인관계능력 + 직업윤리]

배려의 의미를 다시금 생각해 볼 필요가 있다. 배려는 자신이 가진 자원을 타인이나 주변 사람들에게 제공하는 것이라고도 생각할 수 있다. 자원이란 시간, 인적(재능), 비용, 물건 등이며 이것을 주변 사람/집단 − 친구, 지인, 친목회, 동창회, 스터디, 봉사활동, 아르바이트 멤버 등을 위해 사용한 것을 의미한다. 무엇보다 배려에는 희생이라는 개념이 뒤따른다. 자신이 배려할 수 있는 상황이었기 때문에 배려했다는 것이 아니라 자신의 손해나 희생을 감수하고 타인을 배려했음을 증명할 수 있는 경험을 찾아 작성해야 한다.

〈2021년 하반기 한국남부발전 4번 항목〉

사회적 책임감을 가지고 공동체에 변화를 일으키거나 선한 영향력을 전달하기 위해 노력했던 경험에 대해 아래 내용을 포함해 작성해 주시기 바랍니다.(사회적 책임감의 내용/해당 사회적 책임감을 가지게 된 이유/해당 책임감을 실현하기 위한 지원자의 노력/과정 중에 발생한 갈등 및 어려움/갈등 및 어려움을 극복하기 위한 행동/본인이 미친 영향력의 범위를 포함하여 작성)

〈2021년 하반기 한국동서발전 6번 항목〉

공공의 이익(환경보호, 사회적 약자배려, 공동체 발전 등)을 위해 자발적으로 노력한 경험에 대해 아래 "가)", "나)"의 내용에 맞춰 기술해 주시기 바랍니다.

　가) 당시 상황을 간략히 기술

　나) 자신이 한 행동의 내용과 이유를 구체적으로 기술

Q. 지원자 본인이, 자신의 소속 집단뿐만 아니라 주변 사람/집단까지 고려하고 배려하는 사람임을 가장 잘 나타내는 최근 5년 이내의 사례를 기술해 주시기 바랍니다.

[암환자 봉사활동, 사회에 조금이라도 도움이 되기 위한 실천]

암환자를 위한 봉사 단체를 만들고 운영해왔습니다. 고등학교 시절 암에 걸리신 지인의 힘들어하시는 모습을 보면서 암이라는 질병이 얼마나 힘들고 외로운 싸움인지 이해할 수 있었습니다 이에 대학교에 입학해서는 이들을 돕기 위한 봉사 단체를 조직하였습니다.

현재는 총 15명의 회원이 있습니다. 저희는 주로 암센터에서 투병중인 환자들을 위한 봉사활동 프로그램을 운영하여 왔습니다. 암환자를 위한 말벗 되어주기, 산책 시켜주기, 거동이 불편한 분에게 목욕시켜 주기, 그들이 불편해 하고 있는 것을 체크하여 간호사에게 의견을 전달하는 일 등을 했습니다. 이를 통해서 환자뿐만 아니라 환자 가족들이 치유되는 것을 확인할 수 있었습니다. 또한 봉사를 하는 대학생들에게도 누군가를 도와주고 있다는 뿌듯한 마음을 줄 수 있었습니다. 암환자를 배려하는 마음에서 시작한 활동이지만 이 활동을 3년간 지속하면서 오히려 제가 배려받고 있다는 느낌이 들기도 하였습니다. 앞으로도 규모를 늘려 더 많은 암환자를 돕기 위해 노력할 예정입니다.

☑ <추가 자료> 에너지 공기업 공통 유형 자소서 항목

📋 2022년 상반기

발전 에너지 공기업은 유사 항목도 많이 있지만 기업별로 조금씩 다른 항목들이 있어 추가적으로 이에 대한 정리를 진행하고자 한다. 제시된 공기업의 경험 사항과 역량에 대해서 동일한 부분을 체크하면서도 각 공기업마다 특징적인 항목을 함께 살핀다면 5대 발전 에너지 공기업 자소서 작성을 보다 효율적으로 할 수 있으리라 기대한다.

〈한국남동발전 자소서 2번 항목〉

Q. 국내외 에너지 산업 및 남동발전의 사업환경 분석을 통하여 앞으로 남동발전이 나아가야 할 목표 및 목표 달성을 위한 전략을 제시하고, 그렇게 제시한 이유를 구체적으로 기술해주십시오.

기출 항목 분석
&작성 노하우 ⟶ [조직이해능력]

국내외 에너지 산업에 대한 정보는 한전경영연구원에서 전력산업경영환경 전망 보고서를 통해서 충분히 확인할 수 있다. 에너지 산업과 그 안에서 남동발전의 사업을 연계하여 어떤 목표를 설정하고 이를 위해 어떻게 노력해나갈 것인지를 작성한다.

기 출 항 목
직 접 써 보 기 ⟶

기 출 항 목
합 격 가 이 드

Q. 국내외 에너지 산업 및 남동발전의 사업환경 분석을 통하여 앞으로 남동발전이 나아가야 할 목표 및 목표 달성을 위한 전략을 제시하고, 그렇게 제시한 이유를 구체적으로 기술해 주십시오.

에너지 산업과 사업환경에 대한 PEST 분석은 다음과 같습니다.

❶ 정치적인 요인으로는 탈원전의 흐름이 진행되고 있으며 Re100과 같은 그린뉴딜 정책과 연관한 변화가 이어지고 있습니다. 경제적으로는 유가 등 물가가 상승하여 전력 생산 비용 또한 높아지고 있습니다. 사회적으로는 코로나로 인한 소비 위축과 저소득층의 어려움이 가중하고 기술적으로는 빅데이터를 기반으로 한 디지털 전환이 발생하고 있습니다. 이러한 분석의 결과 두 가지 방향성을 제시할 수 있다고 생각합니다. 첫째는 비용 절감, 둘째는 사회적 기여입니다.

❷ 첫째, 남동발전의 핵심 경쟁력은 친환경 에너지 생산에 대한 비용 절감이라고 생각합니다. 그 이유는 아직 석탄 화력이 남동발전의 전력 생산량의 많은 부분을 차지하고 있기 때문입니다. 탄소 포집 및 저장 기술을 빠르게 확보하여 설치와 운영의 경제성을 개선하고 에너지 효율의 획기적 향상을 위한 소재, 부품, IT 제어장치의 개발과 빅데이터를 기반으로 한 업무 효율성을 제고하여 생산 및 운영 비용의 절감을 위해 노력해야 할 것입니다.

둘째, 이렇게 비용이 줄어들게 되면 저소득층을 대상으로 한 전력 공급이 요금 인상 없이 안정적으로 가능해질 것입니다. 또한, 지속해서 유가나 물가가 상승하므로 풍력이나 수력발전으로의 전환도 빠르게 가져가야 할 것입니다. 더불어 해외사업 확대를 통해 비용 절감과 더불어 수익을 창출할 수 있도록 하여 비용 절감과 수익 창출의 두 마리 토끼를 잡을 수 있을 것입니다.

◑ 합격 자소서 STEP

❶ 에너지 산업에 대한 PEST 분석
❷ 에너지 산업 분석을 기반으로 한 대안 제시

한국중부발전
(feat. 남동, 동서, 서부, 남부)

〈한국서부발전 자소서 1번 항목〉

Q. 한국서부발전이 '세계 최고의 종합에너지 기업'으로 성장하기 위하여 나아갈 방향과 본인이 기여할 수 있는 방법에 대하여 다음의 세부 항목에 따라 작성해주십시오.

Q 1-1 한국서부발전이 '세계 최고의 종합에너지 기업'으로 성장하기 위해 나아가야 할 방향이 무엇이라고 생각하는지에 대하여 작성해주십시오.

Q 1-2 이를 위해 본인이 기여할 수 있는 방법을 구체적으로 작성해주십시오.

기출 항목 분석
&작성 노하우 ━━━━━━━━━━━━━━━━━━➤ [조직이해능력]

세계 최고의 종합에너지 기업으로서의 성장은 무엇보다 기술력과 전문성, 글로벌화에 있다. 이러한 항목을 작성할 때 ESG가 빠지지 않고 나온다. 결론은 당연히 ESG를 작성해도 된다. ESG가 흔하다고 생각할 수 있는데 그것은 크게 중요치 않다. 자신의 포부와 연결할 수 있다면 상관없다.

아래는 서부발전이 나아가야 할 방향에 대해서 직렬별로 간략히 제시해 본 예시이다.

- 사무 – 신사업 추진과 해외사업 개발, 신재생에너지 시장 창출/글로벌 경쟁력 강화를 위한 학습 강화 등
- 기계/전기 – 가스터빈, 수소터빈으로의 전환, 해상·풍력 발전 강조, 해외시장 진출
- 화학 – 친환경, 온실가스 감축
- IT – 스마트 플랜트 사업 확대
- 토목/건축 – 해외시장 진출, 안전성 강화

기 출 항 목
직 접 써 보 기 ━━━━━━━➤

기 출 항 목
합 격 가 이 드

Q. 한국서부발전이 '세계 최고의 종합에너지 기업'으로 성장하기 위하여 나아갈 방향과 본인이 기여할 수 있는 방법에 대하여 다음의 세부 항목에 따라 작성해주십시오.

한국서부발전이 세계 종합에너지 기업으로 성장하기 위해서는 해외사업의 확대가 중요하다고 생각합니다. 현재 인도네시아, 라오스, 호주 등 기존 거점지역을 넘어 해외 발전시장을 적극 개척함으로써 국내외 성장 동력을 확보해 나가고 있습니다. 해외시장에서 가장 주력해야 할 분야가 바로 풍력 및 해상 발전에 경쟁력을 확보하는 것이라 생각합니다. 친환경 에너지로의 전환과 해외사업의 시너지가 가장 잘 일어날 수 있는 분야이기 때문입니다.

이와 관련하여 저는 그동안 플랜트 양성 교육을 통해서 탈황 및 탈질 설비와 배관 설계 등의 교육을 이수함으로써 친환경 관련 역량을 쌓았습니다. 더불어 산업안전기사를 취득하여 안전 분야에 대한 지식을 쌓음으로써 안전업무 수행 역량도 향상해 왔습니다.

이러한 역량을 통해서 제가 기여하고 싶은 것은 바로 ESG에 부합하는 서부발전을 만들어가는 것입니다. 우선 안전한 설비를 위해서 중대 재해와 안전 관련된 매뉴얼을 숙지하고 실천하여 안전사고 제로를 만들어갈 수 있도록 노력하겠습니다. 더불어 친환경 설비에 대한 이해를 바탕으로 친환경 규정을 준수하고 지속적으로 모니터링 함으로써 안정적인 연료 공급에 기여하겠습니다. 이를 통해 해외에서도 인정받는 한국서부발전을 만들어가는 데 기여하겠습니다.

〈한국남부발전 3번 항목〉

Q. 과제나 업무를 수행하던 중 발생한 내외부 환경의 변화에 적극적으로 대응한 경험에 대해 아래 내용을 포함해 작성해주시기 바랍니다. (수행하고자 했던 과제나 업무와 본인의 역할/내외부 환경 변화/환경의 변화가 과제나 업무에 미친 영향/구체적인 변화에 대한 대응 방법/해당 방법이 변화 대응에 적합하다고 생각한 이유/변화 대응 과정 중에 발생한 문제와 해결 방법/창출한 성과와 느낀 점을 포함하여 작성)

기 출 항 목 분 석
& 작 성 노 하 우 ──────────────────────▶ [문제해결능력]

    내외부 환경의 변화란 갑작스러운 업무의 방향성 변경, 시간의 변경, 팀원의 이탈, 주제의 변화, 예상치 못한 변수의 등장 등을 말한다. 이러한 환경 변화에 기반하여 얼마나 적절한 문제해결 방안을 제시할 수 있는지를 파악하기 위한 항목이다. 남부발전의 경우에는 세부적인 사항을 제시하고 있기 때문에 되도록 세부 사항의 내용이 모두 포함될 수 있도록 작성하는 것이 좋다.

기 출 항 목
직 접 써 보 기 ──────────────────▶

기 출 항 목
합 격 가 이 드

Q. 과제나 업무를 수행하던 중 발생한 내외부 환경의 변화에 적극적으로 대응한 경험에 대해 아래 내용을 포함해 작성해주시기 바랍니다. (수행하고자 했던 과제나 업무와 본인의 역할/내외부 환경 변화/환경의 변화가 과제나 업무에 미친 영향/구체적인 변화에 대한 대응 방법/해당 방법이 변화 대응에 적합하다고 생각한 이유/변화 대응 과정 중에 발생한 문제와 해결 방법/창출한 성과와 느낀 점을 포함하여 작성)

자작 자동차 프로젝트를 진행하는 과정에서 제가 맡은 역할은 프로젝트 관리 및 설계 업무였습니다. 당시 프로젝트 과정 중에서 제작 오차가 발생하였고, 프로젝트 완료 시점이 앞당겨지면서 내외부 환경이 변화하였습니다. 이러한 환경 변화는 내부적으로 제작 오차를 줄일 수 있는 방법에 대한 고민과 시간 내에 완성할 수 있도록 계획을 수정하는 것에 영향을 주었습니다.

이러한 변화에 대응하기 위해 저는 모든 부품에 지그를 만들어 제작하는 방법을 제시하였습니다. 하지만 팀원들은 모든 부품에 지그를 만들면서 제작한다면 시간적 여유가 없어질 것이라 우려했습니다. 저는 오히려 공구와 재료의 정리를 통해 시간을 단축할 수 있다고 생각하였습니다. 처음에는 시간이 걸릴 수 있겠지만 향후 오차가 발생해 또 다시 오차의 원인을 파악하는 것보다는 지그를 만들어 사용하면 향후 그 시간적 손해를 줄일 수 있다고 판단하였기 때문입니다. 소요되는 시간을 줄이기 위해 지그를 제작, 알루미늄 프로파일의 길이와 너트 및 와셔의 두께를 측정하고 정리하여 필요로 하는 길이와 두께를 바로바로 고를 수 있도록 하였습니다.

이와 같은 과정을 통해 기존에 소요되던 정리 시간이 30분에서 10분으로 단축되었고, 줄어든 시간과 편해진 지그 제작으로 다른 팀원들도 지그를 이용한 부품 제작에 적극적으로 임하게 되었습니다. 결국, 자작 자동차 대회에서 오차 최소화로 종합 성적 3위를 거둘 수 있었습니다.

(feat. 남동, 동서, 서부, 남부) 한국중부발전

3) 한국수력원자력

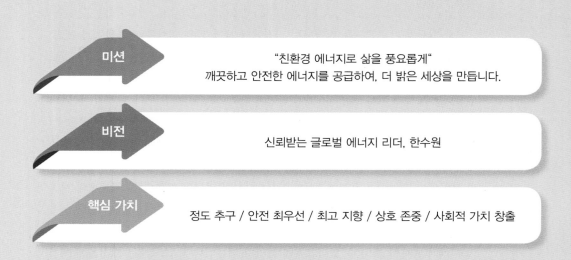

미션
"친환경 에너지로 삶을 풍요롭게"
깨끗하고 안전한 에너지를 공급하여, 더 밝은 세상을 만듭니다.

비전
신뢰받는 글로벌 에너지 리더, 한수원

핵심 가치
정도 추구 / 안전 최우선 / 최고 지향 / 상호 존중 / 사회적 가치 창출

인재상

1 기본에 충실한 인재
- 윤리의식
- 주인의식
- 안전의식

2 배려하는 상생 인재
- 소통
- 협력
- 사회적 가치

3 글로벌 전문 인재
- 열정
- 전문 역량
- 글로벌 역량

※ 기업 소개 정보는 변경될 수 있습니다. 정확한 사항은 기업 홈페이지를 참고해 주세요.

한눈에 보는 자소서 특징

　한국수력원자력은 에너지 공기업의 자기소개서 항목당 번호를 붙여 구분하는 방식으로 좀 더 자세한 역량을 요구하는 항목이 많다. 기본적으로 윤리 경험, 헌신한 경험, 인재상 항목, 소통을 통한 문제해결 경험을 통해 지원자의 역량을 평가한다. 항목별로 항상 자신의 행동이 잘 담기도록 작성해야 하며, 특히 자소서 2번 항목을 신경 써서 작성한다.

한눈에 보는 기출 자소서 항목(2022년 상반기)

1. 본인이 지원한 직무와 관련한 경험(금전적 보수 없음) 혹은 경력(금전적 보수 있음)에 대해 기술해 주시기 바랍니다. 다양한 활동(학교, 회사, 동아리, 동호회 등)을 통해 지원한 직무와 관련하여 쌓은 경험 또는 경력 사항에 대해 작성해 주십시오.(1,000자 이내)

2. 정직, 남을 위한 봉사, 규칙 준수 등 윤리적인 행동으로 좋은 결과를 얻었던 경험을 아래 세부 항목에 따라 구체적으로 작성해 주십시오.(800자 이내)

3. 집단(학교, 회사, 동아리, 동호회 등)의 원만한 화합, 또는 공동의 목표 달성을 위해 남들보다 더 많이 노력하고 헌신했던 경험을 아래 세부 항목에 따라 구체적으로 작성해 주십시오.(800자 이내)

4. 본인이 한국수력원자력의 인재상에 맞는 인재가 되기 위해 어떤 면에서 준비가 되어 있으며, 해당 능력을 개발하기 위해 어떠한 노력을 하였는지 구체적인 사례를 아래 세부 항목에 따라 작성해 주십시오.(800자 이내)

5. 단체(학교, 회사, 동아리, 동호회 등)에서 대화나 토론을 통해 상호 입장과 상황을 정확히 이해함으로써 건설적으로 문제를 해결해 본 경험에 대해 아래 세부 항목에 따라 작성해 주십시오.(800자 이내)

Q. 본인이 지원한 직무와 관련한 경험(금전적 보수 없음) 혹은 경력(금전적 보수 있음)에 대해 기술해 주시기 바랍니다. 다양한 활동(학교, 회사, 동아리, 동호회 등)을 통해 지원한 직무와 관련하여 쌓은 경험 또는 경력 사항에 대해 작성해 주십시오.

Q 1-1 언제, 어디서 활동했던 경험인지 기술해 주십시오.
Q 1-2 해당 활동에서 본인이 맡았던 역할에 대해 기술해 주십시오.
Q 1-3 해당 활동의 결과와 이를 통해 본인이 배운 점은 무엇인지 기술해 주십시오.

기출 항목 분석
&작성 노하우 ──────────────────────────────▶ [**직무역량**]

　NCS 평가 항목 중 가장 중요한 부분인 직무 역량을 묻고 있는 항목이다. 이 항목을 작성할 때 가장 중요한 점은 관련한 경험(금전적 보수 없음)과 경력(금전전 보수 있음)을 구분한다는 것이다. 지원한 직무수행에 있어 두 가지 모두 자신의 강점을 나타낼 수 있도록 작성해야 한다. 이를 통해 직무 준비도를 증명할 수 있다.

　우선 글의 구성적인 측면에서 보면, STAR 기법을 사용하는 전형적인 NCS형 자기소개서 항목이다. 자신의 직무와 관련한 내용을 STAR 기법으로 작성하되 글자 수에 맞게 구성해야 한다.

　1-1은 활동했던 구체적인 시기, 장소 등을 정확하게 기술하되 그러한 경험을 왜 하게 되었는지 위주로 간략히 작성하는 것이 좋다. 1-2의 경우에는 자신이 주도적으로 담당했던 업무를 어떻게 추진했는지를 구체적으로 작성해야 한다. 1-3에서는 해당 업무가 어떻게 종결되었는지를 기술하고, 그를 통해 배운 점이나 느꼈던 점을 구체적으로 작성해야 한다. 무엇보다 해당 경험이 지원 직무와 연결되어야 한다는 점을 염두에 두고 작성하는 것이 중요하다.

기 출 항 목
합 격 가 이 드

Q. 본인이 지원한 직무와 관련한 경험(금전적 보수 없음) 혹은 경력(금전적 보수 있음)에 대해 기술해 주시기 바랍니다. 다양한 활동(학교, 회사, 동아리, 동호회 등)을 통해 지원한 직무와 관련하여 쌓은 경험 또는 경력 사항에 대해 작성해 주십시오.

Q 1-1 언제, 어디서 활동했던 경험인지 기술해 주십시오.

　　군 전역 후 복학 전에 10개월 동안 반도체 장비 업체인 ○○○에서 일을 하였습니다. 전자공학을 전공한 저는 아르바이트를 하더라도 향후 도움이 될 만한 경험을 쌓고 싶었기에 반도체 기업을 선택했습니다. 당시 저는 정규직은 아니었지만 생산, 조립, 납품 보조 등의 업무를 하면서 다양한 부서의 업무를 도왔습니다.

Q 1-2 해당 활동에서 본인이 맡았던 역할에 대해 기술해 주십시오.

　　제가 맡았던 주요 업무 중 한 가지는 생산입니다. 반도체 생산 공정에 투입되었고, 라인별로 업무가 조금씩 달라서 저는 여러 공정을 경험할 수 있었습니다. 그중에서도 현장에서 사용되는 장비들에 대해서 알 수 있는 기회를 가질 수 있었던 것이 좋았습니다. 또한 조립 업무도 병행했습니다. 생산품의 경우 몇 개 단계를 거쳐 납품 전 과정에서 조립을 통해 제품이 완성되었고, 컨베이어 벨트를 통해 제품이 각 라인으로 이동하는 형태로 업무가 진행되었습니다. 특히, 불량품이 생길 경우 선별하는 작업도 병행했습니다. 마지막으로 납품 보조 업무를 담당했습니다. 납품을 위해 거래처별로 포장 작업이 진행되었는데 저는 업체별 수량 확인, 상차 작업 등에 투입되어 보조 역할을 했습니다.

Q 1-3 해당 활동의 결과와 이를 통해 본인이 배운 점은 무엇인지 기술해 주십시오.

　　당시 저는 아르바이트생이었지만 현장 업무를 경험하면서 책임감을 가지고 업무에 임해야 한다는 것을 배웠습니다. 사소한 일처럼 보이더라도 그것들이 모여 최종 제품이 되고, 제품은 회사의 경쟁력과 신뢰로 연결되기 때문입니다. 제가 맡은 업무를 능숙하게 해내면서 앞으로 어떠한 일이라도 잘 할 수 있을 것이라는 자신감도 얻었습니다.

　　저는 반도체 장비가 현장에서 실제로 어떻게 운영되는지를 배울 수 있었던 점이 가장 큰 수확이라고 생각합니다. 아울러 반도체라는 넓은 분야 중 제가 경험한 것은 극히 일부였기에 공부에 대한 욕심도 생겼습니다. 실제로 복학 후 더 열심히 폭넓게 공부하게 된 계기로 작용했다는 점에서도 큰 의미가 있었습니다.

Q. 정직, 남을 위한 봉사, 규칙 준수 등 윤리적인 행동으로 좋은 결과를 얻었던 경험을 아래 세부 항목에 따라 구체적으로 작성해 주십시오.

Q 2-1 언제, 어디서 있었던 일이며, 본인이 맡았던 역할은 무엇이었는지 기술해 주십시오.

Q 2-2 구체적으로 한 행동과 그렇게 행동하셨던 이유는 무엇인지 기술해 주십시오.

Q 2-3 그러한 행동이 당신과 타인에게 미친 영향은 무엇인지 기술해 주십시오.

기 출 항 목 분 석
& 작 성 노 하 우 ────────────────────────▶ [직업윤리]

일을 하다 보면 원칙보다 편법이 더 빠르고 편한 것처럼 보일 수 있다. 이 항목은 그러한 상황에서 원칙을 지켜 끝까지 일을 완수한 경험을 묻고 있다. 우리의 일상에서 크고 작은 유혹은 항상 있다. 너무 거창하게 생각하다 보면 소재를 찾기도 힘들고, 방향을 어떻게 잡아야 할지 모를 수 있다. 직업기초능력 중 직업윤리의 하위 영역은 1) 근로윤리, 2) 공동체윤리로 나뉘어진다. 이 항목에서는 정직과 준법성이 중요하다. 위의 정의에 해당되는 사람임을 보여 줄 수 있도록 작성해 보자.

기 출 항 목
직 접 써 보 기 ────────▶

기 출 항 목
────────────────────▶
합 격 가 이 드

Q. 정직, 남을 위한 봉사, 규칙 준수 등 윤리적인 행동으로 좋은 결과를 얻었던 경험을 아래 세부 항목에 따라 구체적으로 작성해 주십시오.

Q 2-1 언제, 어디서 있었던 일이며, 본인이 맡았던 역할은 무엇이었는지 기술해 주십시오.

　　　전자공학 전공 수업 중 하나인 임베디드시스템설계 수업 당시 있었던 경험입니다. 4학년 1학기 수업으로 실습이 병행되었습니다. 한 조당 4명의 멤버를 임의로 구성하여 한 학기 동안 조별 과제 형태로 진행되었습니다. MCU 및 ATmega128 기능을 활용하여 자유롭게 만들어 보는 것이 과제로 부여되었습니다. 그중 저는 MCU 부분을 맡기로 하였습니다.

Q 2-2 구체적으로 한 행동과 그렇게 행동하셨던 이유는 무엇인지 기술해 주십시오.

　　　MCU의 경우에는 설계엔지니어들이 많이 활용해 왔다는 것을 이론으로만 배웠기에 실제로 해보는 것은 쉽지 않았습니다. 더군다나 대학생이 직접 설계를 하기에는 실력의 한계가 있다는 의견이 나왔고, 대학원 혹은 졸업한 선배들로부터 관련 자료를 받아 유사한 형태로 진행해 보자는 말도 나왔습니다. 하지만 저는 완성도 높은 결과를 만들기보다는 도전해 보는 것이 의미 있지 않겠냐고 조원들을 설득하였습니다. 저는 MSO, MCU 등에 대한 책을 대여하였고, 인터넷 검색을 통해 관련 동영상 및 필요한 소스 등을 직접 찾아가면서 공부를 시작했습니다.

Q 2-3 그러한 행동이 당신과 타인에게 미친 영향은 무엇인지 기술해 주십시오.

　　　MSO와 MCU에 대해서 제 나름대로 굉장히 많은 공부를 할 수 있었습니다. 프로젝트 과정에서 제가 취득한 정보를 조원들과 공유하기도 하고, 문제점을 찾아 더 나은 방법을 모색하기 위해 노력했습니다. 결과적으로 저희 팀은 혼합 신호 체계설계에 있어 굉장히 깊이 있는 설계대역을 했다는 교수님의 칭찬을 받았습니다. 당시, 저와 조원들 모두 벽을 만난 것처럼 힘들었지만 그로 인해 더 많은 지식을 얻을 수 있었던 점이 인상 깊습니다.

❯ 타협, 편법, 원칙이라는 단어가 질문 내용의 핵심이다. 이를 인식한 후 글을 작성하는 것이 중요하다. 작성 포인트는 다음과 같다. 첫째, 정확한 시기, 활동했던 조직이나 소속 단체명, 그리고 본인이 맡았던 역할에 대해 기술한다. 둘째, 맡았던 역할의 특성이 무엇이고, 업무 수행을 위해 어떠한 원칙이 필요했는지를 기술해야 한다. 셋째, 본인이 맡았던 업무는 어떻게 종결되었고, 그렇게 마무리 했을 때의 감정이나 느낀 점을 기술한다.

Q. 집단(학교, 회사, 동아리, 동호회 등)의 원만한 화합, 또는 공동의 목표 달성을 위해 남들보다 더 많이 노력하고 헌신했던 경험을 아래 세부 항목에 따라 구체적으로 작성해 주십시오.

Q 3-1 언제, 어디서 있었던 일이며, 당시 갈등 상황이나 목표는 무엇이었는지 기술해 주십시오.

Q 3-2 당신의 역할은 무엇이었으며, 집단의 화합 또는 목표 달성을 위해 구체적으로 어떤 노력을 하셨는지 기술해 주십시오.

Q 3-3 본인이 노력한 결과는 어떠하였고, 이 일이 집단 혹은 공동체에 미친 영향은 무엇인지 기술해 주십시오.

기출 항목 분석
&작성 노하우 ──────────────────────────▶ [대인관계능력]

대인관계능력은 총 5개의 하위영역으로 구성되어 있다. 각각의 하위영역에 대한 이해가 필요하다. 그중에서 위의 항목은 팀워크 능력에 대한 질문이다. 팀워크 능력과 리더십 능력을 혼동하지 않도록 유념해서 작성해야 한다. 질문의 내용에서 힌트를 찾을 수 있다. 바로 '노력, 희생, 팀원 간 협력'이 포인트다. 희생이나 노력을 통해 팀 화합을 이끈 경험을 작성해야 한다.

기 출 항 목
직 접 써 보 기 ──────────────▶

기 출 항 목
합 격 가 이 드 ➡

Q. 집단(학교, 회사, 동아리, 동호회 등)의 원만한 화합, 또는 공동의 목표 달성을 위해 남들보다 더 많이 노력하고 헌신했던 경험을 아래 세부 항목에 따라 구체적으로 작성해 주십시오.

Q 3-1 언제, 어디서 있었던 일이며, 당시 갈등 상황이나 목표는 무엇이었는지 기술해 주십시오.

[캡스턴 경진 대회 수상 도전]

전공을 살려 캡스턴 경진 대회를 준비하면서 저의 실력을 테스트 해보고 싶었습니다. 또한, 마음이 맞는 친구들과 함께 의기투합하여 대학 생활을 멋지게 마무리해 보자고 다짐했습니다. 이에 따라 100만 원의 상금을 목표로 캡스턴 경진 대회에 참여하였습니다.

Q 3-2 당신의 역할은 무엇이었으며, 집단의 화합 또는 목표 달성을 위해 구체적으로 어떤 노력을 하셨는지 기술해 주십시오.

[부품과 자료를 구하기 위해 동분서주하다]

❶ 저는 PM이 되어 회로도 설계, 필요한 부품 파악, 작동 방법 등을 정리하는 역할을 맡게 되었습니다. ❷ 학업과 병행하는 일이다 보니 조원들 모두 시간적인 제약이 많았습니다. 서로 눈치를 보는 상황이 발생할 수밖에 없었고, 소위 총대를 멜 사람이 필요했습니다.

저는 총대의 주인공이 되었고 진행 일정 계획 및 정리와 프로젝트의 미흡한 점에 대한 개인별 피드백 등을 주도하며 팀을 이끌었습니다. 또한, 설계 단계에서는 다른 팀원들의 업무를 도와주는 한편, 실제 구현을 위한 부품 마련을 위해 용산, 청계천 등을 오가며 모든 준비를 직접 챙겼습니다. 때로는 저녁 늦게까지 일하기도 했고, 토요일이나 일요일까지도 반납해야 했습니다. 이러한 저의 노고를 조원들도 잘 알아주었고, 저의 헌신이 조원들을 한마음으로 만드는 데 큰 도움이 되었다고 생각합니다.

❯ 합격 자소서 STEP

❶ 조직에서의 역할 설명: 리더나 팀원으로 한정 짓지 않고 업무에 대한 역할 제시

❷ 희생했던 부분 작성: 시간, 비용, 인적자원 즉, 자원관리의 하위영역에서 자신이 좀 더 손해를 본 부분을 선택하여 제시

한국수력원자력

Q 3-3 본인이 노력한 결과는 어떠하였고, 이 일이 집단 혹은 공동체에 미친 영향은 무엇인지 기술해 주십시오.

[경진 대회를 즐기는 팀 분위기 형성, 상금 100만 원을 받다]

　차츰 안정적인 분위기에서 팀워크는 훨씬 좋아졌습니다. 특히, 문을 제작하고 조립하는 과정에서는 조원 모두가 참여하였습니다. 수상하여 받은 100만 원의 상금은 그동안의 노력에 대한 보상이었습니다. ❸저는 제가 맡은 역할에 있어 최선을 다하려고 했고, 그러한 마음과 행동이 조원들의 마음도 움직였다고 생각합니다.

❸ 자신의 희생과 헌신이 조직에 어떤 영향을 끼쳤는지 제시

❷ 팀워크 능력 작성의 3가지 포인트를 짚어 보면 다음과 같다. 첫째, 공동체(조직, 단체)명을 기술하자. 그리고 그 조직이 어떠한 목적으로 구성되었는지를 기술해보자. 둘째, 자신이 그 조직 내에서 남들에 비해 어떠한 노력을 했는지를 기술하고, 어떠한 측면에서 희생했는지를 기술하자. 셋째, 목표 달성 여부와 자신의 행동이나 희생을 통해 어떠한 변화가 있었는지를 기술하면 된다.

Q. 본인이 한국수력원자력의 인재상에 맞는 인재가 되기 위해 어떤 면에서 준비가 되어 있으며, 해당 능력을 개발하기 위해 어떠한 노력을 하였는지 구체적인 사례를 아래 세부 항목에 따라 작성해 주십시오.

Q 4-1 어떤 능력을 개발하였고, 이러한 능력 개발을 위해 어떤 목표를 세웠는지 기술해 주십시오.

Q 4-2 목표 달성을 위해 어떤 계획을 세웠고, 계획을 실천하는 과정에서 가장 어려웠던 점과 이를 어떻게 극복하였는지 기술해 주십시오.

Q 4-3 향후 자신의 능력을 향상시키고 이를 잘 활용하기 위해 어떻게 노력할 것인지 기술해 주십시오.

기 출 항 목 분 석
& 작 성 노 하 우 ──────────────────▶ [자기개발능력]

　　자기개발능력을 평가하기 위한 질문이다. 이 항목의 경우 지원동기 작성법과 유사한 형태로 기술하면 된다. 그중에서도 인재상에 맞는 인재가 되기 위해 어떠한 준비와 노력을 했는지를 묻고 있기 때문에 직무 역량을 중심으로 작성한다. 직무기술서의 KSA(Knowledge · Skill · Attitude, 지식 · 기술 · 태도)를 기반으로 작성한다면 맞춤형 자기소개서가 될 수 있다. 또한, 회사의 인재상 중 하나를 선택하고 그에 대한 내용을 작성해야 한다는 점을 유념하기 바란다.

기 출 항 목
직 접 써 보 기 ──────────────▶

기 출 항 목
합 격 가 이 드 ────────▶

Q. 본인이 한국수력원자력의 인재상에 맞는 인재가 되기 위해 어떤 면에서 준비가 되어 있으며, 해당 능력을 개발하기 위해 어떠한 노력을 하였는지 구체적인 사례를 아래 세부 항목에 따라 작성해 주십시오.

Q 4-1 어떤 능력을 개발하였고, 이러한 능력 개발을 위해 어떤 목표를 세웠는지 기술해 주십시오.

[한국수력원자력을 위한 전문 지식 함양과 자격증 취득]

이론과 경험을 겸비한 인재가 되는 것을 목표로 대학 생활을 하였습니다. 무엇보다 한국수력원자력의 직원이 된다는 것은 대한민국 에너지 산업을 대표하는 기업의 직원이 된다는 것이기에 사명감도 있어야 한다고 생각했습니다. 따라서 2개의 기사자격증 취득, 영어 공부, 인턴 경험을 하였습니다.

Q 4-2 목표 달성을 위해 어떤 계획을 세웠고, 계획을 실천하는 과정에서 가장 어려웠던 점과 이를 어떻게 극복하였는지 기술해 주십시오.

❷ 합격 자소서 STEP

❶ 지원하는 분야의 목표와 실천 노력
❷ 목표 실천 과정에서 어려웠던 점과 극복 방법

[1년 동안 기사자격증 2개 취득의 어려움을 극복하다]

❶저는 대학 생활 전반에 대한 계획을 세웠습니다. 1, 2학년 때에는 학교 공부에 집중했고, 3학년 때부터는 직무 역량을 쌓기 위해 노력했습니다. 특히 저는 글로벌 역량으로 영어 실력을 키우겠다는 장기적인 계획을 세웠기 때문에 방학을 이용하여 단기 어학연수를 다녀오기도 했습니다.

❷계획 중 가장 어려웠던 것은 4학년 때 목표로 했던 기사자격증 취득이었습니다. 전기공사 자격증과 전기기사 자격증 2개를 목표로 하면서 몇 개월 동안 공부 계획을 세웠고, 어려운 부분은 반복적으로 공부하였습니다. 한정된 시간 동안 계획을 철저히 세워 실행함으로써 불가능할 것 같았던 일을 해냈고, 4학년 2학기 방학 때에는 인턴 경험까지 할 수 있었습니다.

Q 4-3 향후 자신의 능력을 향상시키고 이를 잘 활용하기 위해 어떻게 노력할 것인지 기술해 주십시오.

[10년 후 경영지도사 자격증, 15년 후 기술사 자격증 취득]

❸ 저는 향후 현장을 감독할 수 있는 관리자가 되고 싶습니다. 이에 입사 후 경영지도사 자격증과 기술사 자격증 취득에 도전할 것입니다. 이러한 점은 저의 실력을 향상시킬 뿐 아니라 한국수력원자력의 기술력과 안정성 향상에도 도움이 될 것이라 생각합니다. 양질의 서비스를 제공하여 국민으로부터 신뢰받을 수 있도록 노력하겠습니다.

❸ 입사 후 경력개발 목표와 회사에 기여할 점

❯ 한국수력원자력의 인재상, 지원 직무와 연결하여 자신이 노력한 부분을 드러내야 한다. 한국수력원자력의 인재상과 더불어 주요 사업을 파악하여 자신의 전공 공부, 교육 이수, 자격증 취득 등의 준비 사항을 작성한다.

Q. 단체(학교, 회사, 동아리, 동호회 등)에서 대화나 토론을 통해 상호 입장과 상황을 정확히 이해함으로써 건설적으로 문제를 해결해 본 경험에 대해 아래 세부 항목에 따라 작성해 주십시오.

Q 5-1 구성원들이 의견 차이를 보였던 견해에는 어떤 것들이 있었고 그 이유는 무엇인지, 그리고 본인의 입장은 어떠했는지 기술해 주십시오.

Q 5-2 상대방을 이해하기 위해 어떤 노력을 했는지, 상대방을 설득하기 위해 본인이 사용한 방법이 무엇이고 그 결과는 어떠했는지 기술해 주십시오.

Q 5-3 대화를 진행하는 과정에서 가장 중요하게 생각한 점은 무엇이었는지 기술해 주십시오.

기출 항목 분석
&작성 노하우 ⟶ [의사소통능력]

　　의사소통능력은 5가지의 하위능력으로 구성되어 있다. 그중에서 위의 질문은 의사표현능력을 평가하기 위한 항목이라고 할 수 있다. 의사표현능력은 자기가 뜻한 바를 말로 나타내는 능력을 말한다. 상대방을 설득해야 했던 상황을 설명하고, 그 상황에 맞는 근거를 제시하여 설명하고 설득한 내용을 중심으로 기술하면 된다.

　　의사소통능력을 강조할 수 있는 중요한 작성법 3가지를 적용해 보자. 첫째, 5-1에서는 어떠한 목적을 가지고 한 토론인지 밝히는 것이 중요하다. 둘째, 5-2에서는 상대방을 설득하기 위해 펼친 논리가 있어야 한다. 셋째, 5-3에서는 성공적인 설득을 위해 자신이 가장 중요하게 생각한 요인은 무엇인가에 대하여 작성해야 한다.

기 출 항 목
합 격 가 이 드 →

Q. 단체(학교, 회사, 동아리, 동호회 등)에서 대화나 토론을 통해 상호 입장과 상황을
정확히 이해함으로써 건설적으로 문제를 해결해 본 경험에 대해 아래 세부 항목
에 따라 작성해 주십시오.

Q 5-1 구성원들이 의견 차이를 보였던 견해에는 어떤 것들이 있었고 그 이유는 무엇인
지, 그리고 본인의 입장은 어떠했는지 기술해 주십시오.

[집행부 VS 운영부 간 불협화음이 발생하다]

제가 공과대 집행부에서 축제 진행에 따른 예산 관리를 담당했을 당시, 운영부와
의 입장 차이를 해결해야 했습니다. 집행부는 예산 집행권을 가지고 있었고, 예산
을 효율적으로 분배하여 운영해야 했습니다. 하지만 운영부는 성공적인 행사를 위
해 예산을 최대한 확보해 가시적인 홍보 행사에 집중하고자 했습니다.

Q 5-2 상대방을 이해하기 위해 어떤 노력을 했는지, 상대방을 설득하기 위해 본인이 사
용한 방법이 무엇이고 그 결과는 어떠했는지 기술해 주십시오.

[예산 분배 원칙 공개, 필요 물품 항목만을 추려 내다]

우선, 양측의 입장 이해가 필요했습니다. 따라서 저희 부서는 현재 예산과 분배
원칙을 설명하고 이번 축제에 지급 가능한 범위를 공개했습니다. 그리고 운영부에서
작성한 축제 필요 물품 목록에 대해 몇 차례 피드백을 거친 후 필요한 리스트를 받았
습니다. 그중에서도 꼭 필요한 것이 아니면 삭제하기로 했습니다. 또한 업체를 저희
가 직접 컨택하고, 가격 비교 사이트를 통해 최저가로 구매할 수 있는 방안을 검토
하기로 했습니다. 건설적인 해결책을 제시하고, 합의를 했기 때문에 결과적으로 모
두가 만족하는 행사가 될 수 있었습니다.

Q 5-3 대화를 진행하는 과정에서 가장 중요하게 생각한 점은 무엇이었는지 기술해 주십
시오.

[행사의 성공에 대한 바람, 모두가 만족할 수 있는 대안 찾기에 주력]

양측 모두 같은 학교의 학생으로서 성공적인 행사가 되기를 바라는 마음이 있었
습니다. 그렇기 때문에 이성적으로 판단할 수 있었고 합의할 수 있었습니다. 자신
의 의견만 주장하지 않고, 해결해야 할 문제점에 대한 토론을 통해 대안을 찾으려
고 했던 것이 행사를 성공적으로 진행할 수 있었던 요인이라고 생각합니다.

1) 한국관광공사

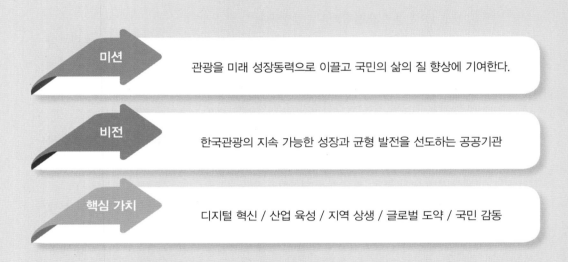

미션
관광을 미래 성장동력으로 이끌고 국민의 삶의 질 향상에 기여한다.

비전
한국관광의 지속 가능한 성장과 균형 발전을 선도하는 공공기관

핵심 가치
디지털 혁신 / 산업 육성 / 지역 상생 / 글로벌 도약 / 국민 감동

인재상

1 Passion (열정)
한국관광 미래를 열정적으로 기획하고 관광의 흐름을 주도하는 도전적인 사람

2 Innovation (혁신)
창의적이고 지속적인 변화에 유연하며 관광의 새로운 가치를 창출하는 사람

3 Communication (소통)
도덕성과 신뢰성을 바탕으로 공감적 소통과 개방적 협력을 통해 공익을 추구하는 사람

4 Professionalism (전문성)
세계 일류 경쟁력과 국제적 감각뿐만 아니라 국내 주요지역에 대한 높은 이해도를 갖춘 한국관광 전문가

※ 기업 소개 정보는 변경될 수 있습니다. 정확한 사항은 기업 홈페이지를 참고해 주세요.

한눈에 보는 자소서 특징

한국관광공사의 자기소개서는 업무 기반의 역량을 중심으로 물어보는 항목이 많다. 업무 처리를 위한 과정이나 업무 과정의 소통 방식, 협업에 대한 노력 등 직무수행능력 자체를 매우 중요하게 생각하는 특성을 보이고 있다. 이는 한국관광공사가 관광마케팅 활동을 통해서 해외 관광객을 유치하고 국내 관광을 활성화하는 데 주목적을 가지고 있기 때문에 기본적인 업무 태도와 역량을 평가하려는 경향을 보이는 것으로 확인된다.

한눈에 보는 기출 자소서 항목(2022년 상반기)

1. 중요한 일이나 책임을 맡았을 때, 지원자가 과업을 처리하는 방식에 대해 구체적인 경험과 함께 작성하여 주십시오.(일이나 책임의 내용, 계획수립 과정, 어려웠던 점, 결과 등을 중심으로 서술)(300~700자)

2. 지금까지의 경험 중 2인 이상이 모여 공동 작업을 진행했던 경험에 대해 기술해 주시기 바랍니다. 이 경험 속에서 지원자의 역할과 협력 과정을 작성해 주시기 바랍니다.(300~700자)

3. 다른 세대와 소통하여 좋은 결과를 이끌어내었던 경험에 대해 작성하여 주십시오.(300~700자)

4. 타인 또는 공익을 위해 활동했던 경험을 작성해주시고, 공공기관 직원이 갖춰야 할 직업윤리 의식에 대한 의견을 기술하여 주시기 바랍니다.(300~700자)

5. 한국관광의 강점과 약점을 각각 1개씩 제시해주시고, 작성하신 의견과 연계하여 향후 한국관광공사에서 집중해야 하는 사업 분야에 대해 기술해주시기 바랍니다.(300~700자)

Q. 중요한 일이나 책임을 맡았을 때, 지원자가 과업을 처리하는 방식에 대해 구체적인 경험과 함께 작성하여 주십시오.(일이나 책임의 내용, 계획수립 과정, 어려웠던 점, 결과 등을 중심으로 서술)

기출 항목 분석
&작성 노하우 ──────────────────────▶ [자원관리능력]

　이 항목은 자원관리능력에 해당된다. 따라서 계획수립 과정에서 시간, 비용, 인력을 어떻게 고려하여 계획을 세웠는지가 중요하다. 항목을 작성할 때 다음 내용을 참고하여 작성한다.

> 1) 일이나 책임의 내용이란?
>
> 　일이나 책임이란 자신이 맡은 역할과 책임을 말한다. 책임에는 업무의 내용이 제시되어야 한다. 예를 들어 기획 담당, 총무 담당, 행사 운영 담당 등이다.
>
> 2) 계획수립 과정이란?
>
> 　계획수립 과정이란 목표의 구체화, 목표 달성을 위한 시간, 인력, 비용 등을 수립하는 것이다.
>
> 　예) ○○의 목표를 달성하기 위해 시간, 인력, 비용을 예상하였습니다. 이를 통해 시간은 대략 3주의 시간을 예상하였고 ~ 필요한 인력은 최소 5명이었습니다.
>
> 3) 어려웠던 점이란?
>
> 　어려웠던 점은 시간 부족, 인력 이탈, 비용 축소 등 자원의 부족을 의미하며 극복 과정을 포함하여 작성해야 한다.

기 출 항 목
합 격 가 이 드

Q. 중요한 일이나 책임을 맡았을 때, 지원자가 과업을 처리하는 방식에 대해 구체적인 경험과 함께 작성하여 주십시오.

수제 샌드위치 가게를 창업한 친구를 도와 함께 일을 시작했던 경험이 있습니다. 당시 제가 맡았던 역할은 마케팅과 관련한 것이었습니다. 작은 규모의 샌드위치 가게이기에 마케팅이 가장 중요한 요소였습니다. 가게의 매출을 책임져야 하는 만큼 계획수립부터 철저히 진행하였습니다.

❶우선 내외부 환경을 분석하였습니다. 수제 샌드위치 가게의 강약점 분석하고 위기와 기회 요소도 분석하였습니다. 이를 통해 강점은 메뉴의 다양화, 약점은 브랜드 파워 부족, 위기는 주변 대형 프랜차이즈 서브웨이와의 인접, 마지막으로 기회 요소로는 건강과 간편식을 중시하는 직장인과 학생들의 접근성이 좋은 위치라는 점이었습니다.

이렇게 환경 분석을 한 뒤 1년 안에 손익분기점을 넘기자는 목표를 세워 계획을 수립하였습니다. 우선 필요한 시간, 인력, 비용으로 나눠 계획을 수립하였습니다. 단기간에 마케팅 효과가 나올 수는 없기 때문에 1년의 시간을 두고 월별로 마케팅을 계획하였습니다. 인력의 경우 인스타 마케팅은 친구와 제가 같이 운영하고, 유튜브 활용 마케팅의 경우에는 외주를 맡겨 촬영의 퀄리티를 높였습니다. 비용은 현재 매출의 대략 10% 정도로 최소화하였습니다.

❷하지만 위기 요인인 프랜차이즈의 마케팅을 따라가기가 어려웠습니다. 더불어 인스타그램을 통한 마케팅은 인력과 시간이 많이 드는 일이었으며 온라인 마케팅 효과가 미미해 비용을 더 추가해야만 하는 상황이었습니다. 저는 이러한 상황에서 계획을 다시 수정하여 시그니처 메뉴 개발과 대표 메뉴만 인스타그램에 올리는 방법으로 시간과 비용을 최소화하고자 노력하였습니다. 이렇게 메뉴의 차별화와 지속적인 온라인 마케팅을 바탕으로 매장 운영 1년 만에 손익분기점을 돌파한 후 현재는 흑자로 운영하고 있습니다.

❷ 합격 자소서 STEP

❶ 계획수립 과정
❷ 계획수립 과정에서의 어려움

한국관광공사

Q. 지금까지의 경험 중 2인 이상이 모여 공동 작업을 진행했던 경험에 대해 기술해 주시기 바랍니다. 이 경험 속에서 지원자의 역할과 협력 과정을 작성해 주시기 바랍니다.

기출 항목 분석
&작성 노하우 ————————————————▶ [대인관계능력]

팀워크 능력을 파악하기 위한 항목이다. 공동의 목표를 달성하기 위해서는 협업이 필요하다. 공동 작업은 서로 다른 업무 능력을 가진 사람들이 협업을 하는 과정이므로 단순히 업무를 분담한 것이 아니라 역할과 책임을 명료화하여 협업을 이끌어 내야 한다. 또한 팀워크를 촉진하기 위한 활동인 동료의 피드백 장려, 창의력 조성을 위한 협력 등도 함께 이루어져야 한다.

팀워크 경험의 핵심은 공동의 목표가 무엇인지를 구체화하는 것이다. 특히 위의 자소서 항목은 협력의 과정을 서술하는 것이므로 갈등을 해결한 내용을 작성하기보다는 협력과 시너지를 통해 목표를 달성한 경험으로 작성하는 것이 좋다. 또한 지원자의 역할에 충실해야 한다. 자신의 역할을 명료화하고 공동 목표의 달성을 위해 협력했던 상황을 떠올려 보자.

기 출 항 목 ————————▶
직 접 써 보 기

Q. 지금까지의 경험 중 2인 이상이 모여 공동 작업을 진행했던 경험에 대해 기술해 주시기 바랍니다. 이 경험 속에서 지원자의 역할과 협력 과정을 작성해 주시기 바랍니다.

○○기업에서 진행한 중국 고객 유치 마케팅 공모전에 참여한 경험이 있습니다. 자료조사 단계에서 2인 1조로 팀을 꾸리고, 팀원과 함께 자료조사를 위한 과정에 착수하였습니다.

❶ 첫 번째로 각각의 특성에 맞게 역할을 분담하였습니다. 중국어를 전공한 저는 중국어 원어로 된 해외 자료 파악을 담당하였습니다. 다른 팀원은 국내 중국 관련 분석 자료를 수집하여 중국 고객의 특성을 파악하였습니다.

❷ 두 번째 단계로 더 면밀한 자료조사를 위해 현지 설문조사를 실시하였습니다. 자료에만 의존하면 현장감이 떨어지는 결과가 도출될 수 있다고 생각했기 때문이었습니다. 이를 위해 저는 어학연수 시절 만났던 중국인 친구를 섭외하여 □□대학교 학생을 대상으로 한 △△제품에 대한 인식 조사를 시작하였고, 다른 팀원은 주변 대학의 한국어 학당이나 교환 학생 모임을 찾아 국내 중국인들의 인식조사를 설문하였습니다.

이를 통해 국내뿐 아니라 중국 현지의 상황을 자세하게 담아낸 자료를 만들어 낼 수 있었고, 이는 팀원 모두의 공동 목표인 공모전 입상을 가능하게 한 원동력으로 작용하였습니다.

❯ **합격 자소서 STEP**

❶ 개인적 강점과 특성에 따른 업무 협력 체계 구축
❷ 공동 목표를 달성하기 위한 적극적인 프로세스 진행

한국관광공사

Q. 다른 세대와 소통하여 좋은 결과를 이끌어내었던 경험에 대해 작성하여 주십시오.

기출 항목 분석
&작성 노하우
$\longrightarrow$ [**의사소통능력 + 직업윤리**]

　한국관광공사의 특성상 다양한 세대와의 소통이 매우 중요하다. 관광 마케팅을 위해서 청년층부터 시니어에 이르기까지 관광에 대한 니즈를 맞춰야 하기 때문이다. 다른 세대라고 할 때는 본인보다 어린 세대일수도 있고, 본인보다 나이가 많은 세대일수도 있다. 이러한 세대적 차이를 극복하고 성공적인 의사소통을 하기 위해서는 내가 가진 정보를 다른 세대의 환경과 언어 습관, 특성에 맞게 표현하는 것이 중요하다. 또한 상대방의 감정까지 고려하여 공감하고자 노력할 때 세대 간 소통이 원활해진다.

기 출 항 목
직 접 써 보 기
$\longrightarrow$

Best sample

기 출 항 목
합 격 가 이 드 ──────▶ ① 위 세대와의 소통 Ver.

Q. 다른 세대와 소통하여 좋은 결과를 이끌어내었던 경험에 대해 작성하여 주십시오.

이전 직장에서 50대 상사분과 소통하여 젊은 세대에 대한 인식을 변화시킨 경험이 있습니다. 당시 상사분께서는 젊은 세대들의 개인주의적 성향과 조직에 대한 낮은 충성도에 대해 불만이 많았습니다.

저는 즉각 상사의 인식을 바꾸려고 하지 않았습니다. 오히려 편안한 자리나 회식 자리에서 위 세대분들이 살아오셨던 과거와 조직 생활에 대해서 이야기를 해달라고 요청하였습니다. 그리고 과거의 이야기를 통해서 왜 젊은 세대에 대해 그런 생각을 가지게 되셨는지 이해하게 되었습니다.

다음으로 젊은 세대가 모두 개인적이며 충성도가 낮다는 인식을 바꾸기 위해 노력하였습니다. 저는 업무에 있어 말보다는 행동으로 팀워크와 헌신적인 태도를 고수하였고, 그 결과 상사분의 인식의 변화를 이끌어 낼 수 있었습니다. 이러한 과정을 통해 서로의 세대를 이해하게 되었고, 소통을 이끌어 낼 수 있었습니다. 그리고 소통은 겉으로 보이지 않는 감정까지도 이해하는 것이 중요하다는 것을 깨달았습니다.

Best sample

기 출 항 목
합 격 가 이 드 ──────▶ ② 아래 세대와의 소통 Ver.

대학생 TED 강연을 통해서 다른 세대와의 소통을 시도한 적이 있습니다. 당시 저는 TED 강연 모임에서 신입생을 대상으로 한 강연을 의뢰받은 적이 있습니다. 강연의 주제는 신입생의 학교생활 적응에 대한 것이었습니다. 학교생활 적응이라는 다소 광범위한 주제였기 때문에 어떤 방향으로 강연을 진행할지 결정하는 데 어려움이 있었습니다.

이에 저는 모두가 흥미롭게 강연을 들을 수 있도록 '대학 생활과 연애'를 주제로 선정하였습니다. 대학생이 되었을 때 가장 높은 관심을 보이는 분야가 무엇인지를 고려하여 '연애'를 소재로 선정하였고 신입생의 집중력을 성공적으로 높일 수 있었습니다. 여기서 단순히 사랑하는 연인 사이의 연애만이 아닌, 전공과의 연애, 학우들과의 연애, 글로벌과의 연애로 의미를 확장하여 전달하였습니다. 이를 통해 신입생들이 꿈과 목표를 가진 대학 생활을 즐길 수 있게끔 메시지를 전달하였습니다. 청중의 관심사와 학교의 요구를 모두 충족시켰던 강연 덕분에 이후 진행된 신입생 강연에 다시 초대되는 결과를 만들 수 있었습니다.

한국관광공사

Q. 타인 또는 공익을 위해 활동했던 경험을 작성해주시고, 공공기관 직원이 갖춰야할 직업윤리 의식에 대한 의견을 기술하여 주시기 바랍니다.

기출 항목 분석
& 작성 노하우 ──────────────────────────▶ [직업윤리]

공공기관의 직원이 갖춰야 할 직업윤리 의식에 대해서 다음과 같이 제시할 수 있다.

> • 객관성의 원칙: 업무의 공공성을 바탕으로 공사 구분을 명확히 하고, 모든 것을 숨김 없이 투명하게 처리하는 원칙
> • 고객중심의 원칙: 고객에 대한 봉사를 최우선으로 생각하고 현장 중심, 실천 중심으로 일하는 원칙
> • 전문성의 원칙: 자기 업무에 전문가로서의 능력과 의식을 가지고 책임을 다하며, 능력을 연마하는 원칙
> • 정직과 신용의 원칙: 업무와 관련된 모든 것을 숨김없이 정직하게 수행하고, 본분과 약속을 지켜 신뢰를 유지하는 원칙
> • 공정 경쟁의 원칙: 법규를 준수하고, 경쟁 원리에 따라 공정하게 행동하는 원칙

기 출 항 목
직 접 써 보 기 ──────────▶

Q. 타인 또는 공익을 위해 활동했던 경험을 작성해주시고, 공공기관 직원이 갖춰야할 직업윤리 의식에 대한 의견을 기술하여 주시기 바랍니다.

공익을 위해 환경 정화 활동에 참가한 적이 있습니다. 제주도의 쓰레기 문제가 뉴스화되면서 저는 환경 정화에 관심을 가지게 되었습니다. 현장에 쌓여 있는 쓰레기 산을 보면서 환경을 지키기 위한 노력은 생활 속에서의 실천이 매우 중요하다는 것을 알게 되었습니다. 그리고 저는 환경 문제의 심각성을 깨달은 이후부터 방학 때마다 바다 쓰레기 줍기 봉사활동에 참여하였습니다.

또한 개인 SNS를 통해 쓰레기를 줄일 수 있는 방안을 홍보하며 생활 속의 실천을 독려하였습니다. 실제로 저는 텀블러 사용하기, 일회용품 사용 줄이기 등을 실천하며 공공의 이익과 사회적 가치를 높여 나가기 위해 꾸준히 노력하고 있습니다.

공공기관의 직원이 갖춰야 할 직업윤리는 봉사 정신과 책임감이라고 생각합니다. 고객을 위해 봉사한다는 것은 고객에게 더 나은 서비스를 제공하기 위한 헌신이며, 사회나 고객의 어려움과 문제를 외면하지 않고 책임감을 가지고 개선하려는 태도야말로 공공기관의 직원이 가져야 할 윤리 의식이라고 생각합니다. 환경 단체 활동은 제 이익이 아닌 사회의 이익을 위한 노력을 행동과 실천으로 옮긴 대표적인 사례입니다. 앞으로도 고객의 필요에 반응하고 주어진 일에 책임을 다하는 공공기관의 직원으로 성장해 나가겠습니다.

Q. 한국관광의 강점과 약점을 각각 1개씩 제시해주시고, 작성하신 의견과 연계하여 향후 한국관광공사에서 집중해야 하는 사업 분야에 대해 기술해주시기 바랍니다.

기출 항목 분석
━━━━━━━━━━━━━━━━━━━━━━━━━━━━━━━━➤ [조직이해능력]
&작성 노하우

'한국관광공사'의 강약점이 아닌 '한국관광'의 강약점임을 잘 구분해야 한다. 한국관광에 대한 강약점은 자신의 생각을 작성하면 되지만, 최근 한국관광공사의 사업을 파악하면서 중요하다고 판단되는 사업을 먼저 선정하고, 강약점과 연계하여 작성하는 것이 좋다.

기 출 항 목
━━━━━━━━━━━━━━➤
직 접 써 보 기

기 출 항 목
합 격 가 이 드

Q. 한국관광의 강점과 약점을 각각 1개씩 제시해주시고, 작성하신 의견과 연계하여 향후 한국관광공사에서 집중해야 하는 사업 분야에 대해 기술해주시기 바랍니다.

한국관광의 강점은 콘텐츠라고 생각합니다. 최근 한국관광공사의 한국관광 유튜브 콘텐츠는 전 세계에 큰 반향을 일으켰습니다. 그 이유는 외국인들이 K-POP에 관심을 가지고 영상을 통해서 한국의 문화를 즐길 수 있었기 때문이라 생각합니다. 또한 트레블테크의 성장으로 훌륭하게 구축되어 있는 플랫폼 기반의 관광 서비스를 통한 문화와 관광 플랫폼의 시너지는 한국관광의 가장 강력한 강점이라고 생각합니다.

반면 약점은 지역 관광의 불균형입니다. 전국적으로 관광 활성화를 위해 노력하고 있지만 잘 알려진 관광지 중심으로 지역 불균형이 발생하고 있습니다. 이에 한국관광을 통해 얻을 수 있는 기억에 남는 장면이 한정될 가능성이 높다는 점이 약점이라 생각합니다.

저는 이러한 강약점을 고려하였을 때 한국관광공사에서 관광 빅데이터 사업에 집중해야 한다고 생각합니다. 대한민국 구석구석에 빅데이터 기반의 고객 맞춤형(FIT) 여행 정보를 제공할 수 있도록 서비스를 고도화해야 합니다. 더불어 플랫폼 기반의 서비스를 통해 지속적인 지역별 여행 콘텐츠를 제공할 필요가 있습니다. 최근 한국관광공사는 트레블테크 스타트업에 투자를 진행하면서 여행 플랫폼 활성화를 위해 노력하고 있습니다. 지역 기반의 여행 플랫폼에 지원하고 대한민국 구석구석 앱과 연동하는 방식으로 운영한다면 지역별 관광의 균형을 맞춰나갈 수 있을 것입니다.

이를 바탕으로 '모두가 행복한 관광을 만들어 나가는 국민기업'으로 외래 관광객 유치, 국내 및 지방관광 활성화, 관광수용태세 개선 등의 다양한 사업에 성장 동력을 마련할 수 있을 것입니다.

2) 한국국제협력단

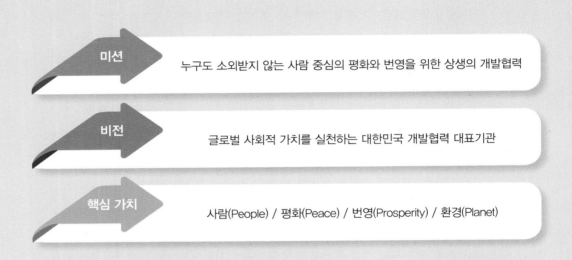

미션 누구도 소외받지 않는 사람 중심의 평화와 번영을 위한 상생의 개발협력

비전 글로벌 사회적 가치를 실천하는 대한민국 개발협력 대표기관

핵심 가치 사람(People) / 평화(Peace) / 번영(Prosperity) / 환경(Planet)

인재상

1 Integrity
높은 도덕성 · 책임성을 실천하는 KOICA인

2 Respect for Diversity
차이 · 다양성을 존중하는 KOICA인

3 Communication
적극적으로 소통하는 KOICA인

4 Global Leadership
글로벌 수준의 전문성을 보유한 KOICA인

※ 기업 소개 정보는 변경될 수 있습니다. 정확한 사항은 기업 홈페이지를 참고해 주세요.

한눈에 보는 자소서 특징

한국국제협력단의 업무 특성상 전문성을 요구하는 일이 많다. 따라서 준비 노력을 넘어서 전문성을 강조하고 있음을 1번 항목부터 확인할 수 있다. 더불어 해외 파견 등의 업무에 있어 실질적인 어려움과 힘듦이 예상되기에 어렵고 힘들었던 경험과, 그러한 상황을 어떻게 해결했는지를 묻고 있다. 또한 해외사업에 대한 정확한 데이터 분석이 중요하기 때문에 정보능력을 발휘한 경험에 대한 작성을 요구하고 있다. 따라서 한국국제협력단에서 진행하는 다양한 프로그램 및 교육 이수를 통해 ODA 사업에 특화된 역량을 미리 확보해 놓으면 좋다.

한눈에 보는 기출 자소서 항목(2021년 하반기)

1. 응시자께서 지원한 분야의 전문성을 쌓기 위해 어떠한 노력들을 해왔고, 그러한 노력을 통해 쌓은 전문성을 활용하여 한국국제협력단의 미션과 비전 달성에 어떻게 기여할 수 있는지 기술하여 주시기 바랍니다.(최대 800자)

2. 지원자가 속한 조직 또는 집단의 공동 목표를 달성하는 과정 중에서, 시너지를 내기 위해 다른 구성원들과 구체적으로 어떻게 협력하였는지, 그로 인해 얻었던 성과 또는 새로운 접근방식은 무엇이었는지 기술하여 주십시오.(최대 800자)

3. 문제/과제를 수행하기 위해 다양한 데이터 및 정보를 효과적으로 수집하고 활용한 경험과 노하우에 대해 기술하여 주십시오.(최대 800자)

4. 한국국제협력단의 구성원으로서 이루고 싶은 목표와 이를 위해 어떤 자세로 임할지 기술하여 주십시오.(최대 800자)

☑ 기출항목 분석으로 보는 합격 자기소개서

📋 2021년 하반기 1

Q. 응시자께서 지원한 분야의 전문성을 쌓기 위해 어떠한 노력들을 해왔고, 그러한 노력을 통해 쌓은 전문성을 활용하여 한국국제협력단의 미션과 비전 달성에 어떻게 기여할 수 있는지 기술하여 주시기 바랍니다.

기 출 항 목 분 석
&작 성 노 하 우 ────────────────────────➤ [조직이해능력]

기업에서 지원자를 평가할 때의 핵심은 바로 우리 기관에 어떻게 도움이 될 수 있는가에 있다. 기업은 자선사업으로 인재를 채용하지 않는다. 충분한 노력이 있는 지원자 그리고 그 노력의 방향이 지원하는 기업과 얼마나 매칭되는지가 채용에 있어 합격과 불합격을 구분하는 기준이 될 것이다. 특히 국제협력단의 경우에는 개발협력 대표기관으로서의 뚜렷한 목적성을 가지고 있는 만큼 전문성에 대해서도 이와 연관된 역량을 구축하고 있어야 한다.

- 코이카 미션: 누구도 소외받지 않는 사람 중심의 평화와 번영을 위한 상생의 개발협력
- 코이카 비전: 글로벌 사회적 가치를 실천하는 대한민국 개발협력 대표기관

기 출 항 목
직 접 써 보 기 ────────────────➤

Q. 응시자께서 지원한 분야의 전문성을 높이기 위해 어떤 경험을 갖고 계시고 그러한 부분이 한국국제협력단의 미션과 비전 달성에 어떻게 연계된다고 생각하시는지 기술하여 주시기 바랍니다.

[ODA 분야의 전문성을 갖추기 위한 노력]

SDGs에 대해 알게된 후 이를 가능하게 하는 핵심인 개발협력 사업에 대해 관심을 가지게 되었습니다. 처음에는 KOICA 홈페이지에서 제공하는 기본적인 자료를 보는 데에 그쳤지만, 인권 및 젠더 분야의 전문가로 성장하고 싶다는 확신이 들면서부터는 현장에서 활발히 활동 중이신 분들을 찾아뵙고 현장의 이야기를 생생히 듣고 싶었습니다. 이에 따라 ODA에 대한 전문성을 구축하기 위해 다음과 같은 노력을 기울였습니다.

첫째, ODA 심화과정 교육을 수강하였습니다. 국제개발협력과 관련한 다양한 이슈를 접하면서 결국 지속가능한개발을 위한 세분화된 목표는 '함께 인간다운 삶'을 추구하는 것임을 깨달았고, ODA 사업에 더욱 애정을 가지게 되었습니다.

둘째, 인권 문제에 대한 관심을 늘 가져 왔습니다. 북한 노동자들의 인권, 여성의 인권과 관련한 리포트를 보면서 범분야의 이슈에 대해서 문제의식을 가지고자 노력하였습니다. 이러한 문제의식을 바탕으로 교내 여학우의 처우를 개선하는 활동에 참여하여 인권에 대한 지식을 쌓고 그에 대한 활동을 병행해왔습니다.

저는 이러한 전문성을 바탕으로 KOICA의 미션처럼 누구도 소외받지 않는 사람 중심의 개발협력을 만들어 나가고 싶습니다. 또한 여아 및 여성 청소년의 인권에 대한 저의 경험과 노력을 적용하여 글로벌 사회적 가치를 실천해 나가겠습니다.

Q. 지원자가 속한 조직 또는 집단의 공동 목표를 달성하는 과정 중에서, 시너지를 내기 위해 다른 구성원들과 구체적으로 어떻게 협력하였는지, 그로 인해 얻었던 성과 또는 새로운 접근방식은 무엇이었는지 기술하여 주십시오.

기출 항목 분석
&작성 노하우 ──────────────────➤ [대인관계능력 + 문제해결능력]

팀워크, 갈등 관리, 문제해결 등 다양한 영역의 역량을 모두 요구하는 자소서 항목이다. 그러나 갈등 관리와 문제해결을 모두 다 작성할 필요는 없다. 둘 중 하나의 방법으로 어려움을 극복한 사례만 나타난다면 문제가 없다. 공동 과업을 달성하는 과정에서 발생하는 난관과 어려움은 다음과 같이 예상할 수 있다.

> • 과업 달성을 위한 시간이 부족한 경우
> • 과업 달성에 필요한 인원의 부족 및 이탈이 발생한 경우
> • 과업 달성 과정에서 필요한 비용과 환경 여건을 갖추지 못한 경우
> • 과업 달성 과정에서 이해관계 문제로 갈등이 발생한 경우
> • 과업 달성 과정에서 기존에 하던 방법이 잘 적용되지 않는 경우

위의 대표적인 경우를 참고하여 이전과는 다른 방식으로 문제를 해결했거나, 이 과정에서 발생한 갈등을 파악하고 해결하기 위해 노력했던 경험을 작성해보자.

기 출 항 목
직 접 써 보 기 ──────────➤

기 출 항 목 →
합 격 가 이 드

Q. 지원자가 속한 조직 또는 집단의 공동 목표를 달성하는 과정 중에서, 시너지를 내기 위해 다른 구성원들과 구체적으로 어떻게 협력하였는지, 그로 인해 얻었던 성과 또는 새로운 접근방식은 무엇이었는지 기술하여 주십시오.

[코로나로 힘든 소상공인 홍보활동, 반복된 거절로 난관에 부딪히다]

SNS 홍보 전문가 과정에 참여하여 코로나 시대에 어려움을 겪고 있는 소상공인의 홍보를 진행하고 이와 관련하여 결과를 평가받는 프로젝트를 수행하였습니다. 이 과정에서 난관은 업체를 선정하는 것이었습니다. 대학생 활동 프로젝트이기 때문에 업체 측에서 낮은 신뢰도를 보이는 경우가 많아 업체 선정 과정에 어려움을 겪었습니다. 또한 소상공인의 입장에서는 지속성이 떨어지는 이벤트성 홍보 활동에 큰 기대감이 없어서 마찬가지로 업체 선정이 어려웠습니다. 섭외를 담당하는 팀원의 스트레스는 높아졌고, 설상가상으로 결국 해당 팀원은 프로젝트를 그만두게 되었습니다.

[두 가지 문제해결을 위한 아이디어와 소통전략]

이를 해결하기 위해서 새로운 접근이 필요하였습니다. 우선 소상공인분들의 의견을 보완하기 위해 SNS 홍보를 통해 지속성을 높일 수 있는 방안에 대하여 팀원들과 논의하였습니다. 그리고 SNS를 간단하게 관리할 수 있는 방법을 알려드리고, 홍보의 예상 결과에 대해서 달성 가능한 구체적인 수치를 제시하며 적극적인 참여를 독려하였습니다.

다음으로 이탈한 팀원을 다시 설득했습니다. 팀 전체의 목표를 달성하기 위해서는 이탈하는 팀원이 발생하지 않아야 했기 때문입니다. 커뮤니케이션 능력과 설득 능력이 가장 뛰어난, 없어서는 안 되는 핵심 팀원이라는 점을 해당 팀원에게 상기하였습니다. 동시에 섭외의 어려움과 그 고충을 잘 알고 있기 때문에 힘든 부분은 함께 해결할 수 있도록 상인들을 섭외하는 데 팀원들 모두 동참하였습니다. 더불어 이 활동이 단순한 프로젝트가 아닌 사회적 가치를 높일 수 있는 프로젝트임을 언급하며 동기를 부여하였습니다.

이를 바탕으로 총 네 곳의 소상공인을 섭외하였고, 홍보 후 평균 매출 상승 10%를 달성할 수 있었습니다.

Q. 문제/과제를 수행하기 위해 다양한 데이터 및 정보를 효과적으로 수집하고 활용한 경험과 노하우에 대해 기술하여 주십시오.

기 출 항 목 분 석
&작 성 노 하 우 ⟶ [정보능력 + 문제해결능력]

　필요한 정보를 찾고 이를 수집, 분류, 정리하는 것이 정보능력이다. 다양한 정보 속에서 필요한 정보를 골라내고, 불필요한 정보로 인한 혼동을 줄이는 것이 데이터를 처리하고 관리하는 역량일 것이다. 업무를 수행하는 과정에서 다양한 정보를 접하게 되는데, 정보를 수집했던 본인의 노하우를 작성하고 이를 바탕으로 새로운 아이디어를 얻거나 객관성을 높였던 경험을 작성하자.

기 출 항 목
직 접 써 보 기 ⟶

Q. 문제/과제를 수행하기 위해 다양한 데이터 및 정보를 효과적으로 수집하고 활용한 경험과 노하우에 대해 기술하여 주십시오.

[정확한 인사이트 도출을 위한 정보처리 역량]

제가 생각하는 데이터 · 정보처리 관련 역량은 자료수집을 통해 인사이트를 도출해내는 것입니다. 수많은 데이터 중에서 중요한 정보를 걸러내고 이를 바탕으로 통찰력을 발휘하는 것이 중요하다고 생각하기 때문입니다.

[미중무역 갈등에 대한 리포트 작성에서 필요한 자료를 정리하다]

증권사 리서치 팀에서 인턴으로 근무하면서 리서치 자료를 통해서 산업의 변화를 파악한 적이 있습니다. 당시 국제팀에서 미중무역 갈등에 대한 자료를 요청하였습니다. 저는 이러한 자료를 획득하기 위해 KOTRA의 보고서를 확인하였습니다. 더불어 각국의 대표 언론사를 선정하여 각국의 입장에 대해서 관련한 내용을 정리하였습니다.

그리고 타사의 증권사 보고서를 확인하며 미중무역에 따른 공신력 있는 채널을 기반으로 자료를 정리하였습니다. 수집된 자료만 A4 용지 분량으로 약 1,000페이지에 달했기 때문에, 해당 자료 중 주제에 맞는 자료를 추려내고 결과를 도출해 내는 것이 무엇보다도 중요하였습니다. 핵심은 미중무역 갈등이 국내에 어떤 영향을 끼칠 것인가를 파악하는 것이었기 때문에 이와 관련하여 불필요하거나 중복된 자료는 제거하였습니다.

이렇게 정리된 자료를 바탕으로 1) 위기와 기회 요소로 구분한 전략 제시, 2) 국제사회의 협력을 도출하여 대응할 수 있는 플랫폼 구축, 3) 수출 다변화 방안의 필요성에 대한 인사이트를 도출하여 A4 용지 10페이지 내로 정리할 수 있었습니다. 결과적으로 타사의 미중무역 갈등 이슈에 따른 보고서에 비해서 매우 분석적으로 접근했다는 평가를 들을 수 있었습니다.

Q. 한국국제협력단의 구성원으로서 이루고 싶은 목표와 이를 위해 어떤 자세로 임할지 기술하여 주십시오.

기 출 항 목 분 석 ⟶ [조직이해능력 + 자기개발능력]
& 작 성 노 하 우

목표는 구체적으로 드러낼수록 좋다. 구체적인 목표와 그에 따른 계획을 가지고 있다는 점은 한국국제협력단에서 근무하면서 어려운 상황이 발생하더라도 충분히 이겨낼 수 있는 사람임을 보여준다. 따라서 한국국제협력단에서 진행하고 있는 사업을 확인한 후, 다양한 ODA 사업 중에서 평소에 관심을 가진 분야와 연결해 목표를 구체화하여 작성해보자.

기 출 항 목 ⟶
직 접 써 보 기

Q. 한국국제협력단의 구성원으로서 이루고 싶은 목표와 이를 위해 어떤 자세로 임할
지 기술하여 주십시오.

[ODA 제너럴리스트를 넘어 인권 전문가로의 성장 기대]

　KOICA는 개발협력 각 분야의 다양한 전문가가 근무하는 것으로 알고 있습니다.
저는 ODA 사업 제너럴리스트를 넘어서서 젠더 전문가로 발전하고 싶습니다. 젠더
문제는 제가 항상 관심을 가져왔던 일이었고, 이 일이 국제사회에서 매우 중요한
요소임을 인지해왔습니다. 특히, 모니터링 인턴 근무 당시 UNDRR과의 재해방지
에 대한 공동 연수에서 출장을 간 적이 있습니다. 그곳에서 담당자분과, 여성과 아
동이 동일한 취약 환경에 처했을 때 어떤 영향을 받는지에 대해 이야기 나누며 크
로스 섹터로서 젠더의 중요성을 다시금 느끼게 되었습니다.

[개도국 여성 대상의 프로그램 기획을 통한 사회적 지위 향상에 기여]

　저는 개도국 여성을 대상으로 한 연수 프로그램을 기획하고 싶습니다. 단순히 여
성 인권 및 지위 향상에 집중하기보다는, 각 분야의 연수 프로그램 기획 시 연수기
관과 협력하여 여성의 관점을 연수 대상의 주류로 자리매김하고 싶습니다. 실제로
개도국 여성들이 평생 농업에 종사하면서도 절대적인 빈곤에서 벗어나지 못하는
현실을 봤을 때, 여성의 능력 향상은 더욱 절실하게 여겨집니다. 따라서 교육 프로
그램을 통해 여성의 사회적 지휘를 향상하는 데 기여하고 싶습니다. 더 나아가 여
성 청소년의 권익 및 교육보건 증진사업에 참여하여 개도국의 여성 청소년들이 스
스로 자존감을 높여나갈 수 있도록 초기 도움을 지원하고, 성평등의 변화를 만들어
가는 데 기여하고 싶습니다.

3) 대한무역투자진흥공사

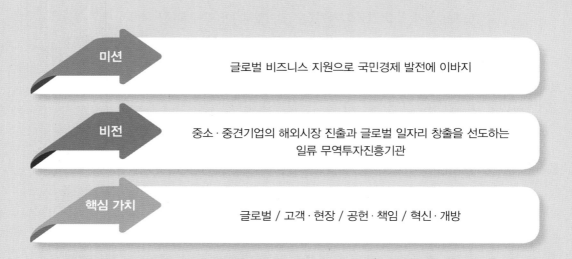

미션
글로벌 비즈니스 지원으로 국민경제 발전에 이바지

비전
중소 · 중견기업의 해외시장 진출과 글로벌 일자리 창출을 선도하는 일류 무역투자진흥기관

핵심 가치
글로벌 / 고객 · 현장 / 공헌 · 책임 / 혁신 · 개방

전략목표

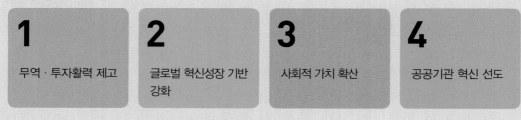

1
무역 · 투자활력 제고

2
글로벌 혁신성장 기반 강화

3
사회적 가치 확산

4
공공기관 혁신 선도

※ 기업 소개 정보는 변경될 수 있습니다. 정확한 사항은 기업 홈페이지를 참고해 주세요.

한눈에 보는 자소서 특징

대한무역투자진흥공단의 경우 큰 틀에서 항목의 변화가 많지 않은 공기업이다. 2021년 통상직 채용에서는 지원동기, 입사 후 포부, 직무 역량, 도전, 설득의 경험을 물어보았고 항목의 변화가 없었다. 2022년 사무직 계열 채용에서는 도전과 설득의 경험이 빠지고 지원동기와 포부, 직무 역량과 관련된 항목을 3,000자 내로 작성하도록 되어 있다. 코트라에서 많이 채용하는 청년인턴의 경우는 자기소개서 및 성장 과정을 작성하는 항목이 지원동기, 직무 역량과 함께 나온다. 즉, 지원동기와 직무 역량에 대한 부분은 모든 채용에서 공통되며 채용 분야에 따라서 조금씩 항목의 변화가 일어나고 있다.

항목의 변화를 떠나서 코트라의 경우는 해외 순환근무가 필수적으로 요구되는 만큼 글로벌 역량과 도전적인 태도, 그리고 지원분야에 대한 관심 여부가 중요하기 때문에 이점을 얼마나 설득력 있게 제시하는지가 관건이다.

한눈에 보는 기출 자소서 항목(2019년 상반기)

1. KOTRA 지원동기에 대해 상세히 기술해 주시기 바랍니다.(1,000자)

2. 공사 직무기술서를 참고하여 해당 직무와 유관한 본인의 역량을 한 가지 제시하고, 이를 개발하기 위해 노력한 경험 · 활동을 기재해 주시기 바랍니다. (1,000자)

3. 학업, 취미, 업무 등을 하면서 과감한 도전과 변화를 통해 목표를 달성했던 사례에 대해 기술해 주시기 바랍니다.(1,000자)

4. 본인과 다른 의견을 가진 사람들과 효과적으로 소통하여 긍정적인 결과를 얻었던 사례에 대해 기술해 주시기 바랍니다.(1,000자)

Q. KOTRA 지원동기에 대해 상세히 기술해 주시기 바랍니다.

기 출 항 목 분 석 ──────────────────────────▶ [조직이해능력]
&작 성 노 하 우

    지원동기를 작성할 때에는 조직의 경영이해와 업무이해가 필요하다. 대한무역투자진흥공사의 경우에는 국제 감각까지 포함해야 한다. 기관의 방향성을 파악하고자 할 때는 먼저 CEO의 인사말을 파악하는 것이 좋다. CEO의 메시지를 통해 앞으로 기관이 추구하는 사업 방향을 가늠할 수 있기 때문이다.

    업무이해 부분은 자신이 해야 하는 업무에 대한 준비 사항을 작성하기 위해 필요하다. 자신이 해야 할 업무에 대해 이해하기 위해서는 직무기술서와 더불어 사업 구조를 파악하여 연계할 수 있어야 한다.

기 출 항 목 ──────────▶
직 접 써 보 기

기 출 항 목
합 격 가 이 드

Q. KOTRA 지원동기에 대해 상세히 기술해 주시기 바랍니다.

[KOTRA의 정체성, 글로벌 플랫폼]

각 기관마다 고유의 정체성을 가지고 있습니다. 그중에서도 KOTRA의 정체성은 여타 기관과는 달리 글로벌을 향해 있습니다. 해외 의존도가 높은 국내의 여건에 맞추어 무역입국(貿易立國: 무역으로 나라를 번영시킨다)을 위해 노력하는 KOTRA의 중심에서 KOTRA와 중소기업을 잇는 플랫폼 역할을 담당하고 싶습니다.

❶[한-중 FTA를 기회로 중소기업에 힘을 싣고 싶습니다]

특히 저는 중소기업 진흥 정책에 큰 관심을 가지고 있습니다. 중소기업에서 인턴으로 근무하면서 해외 진출의 어려움을 눈으로 목격하였습니다. 자금과 노하우가 부족해 기술력이 있어도 해외로 진출하지 못하는 중소기업의 해외 판로 개척에 힘을 싣고 싶습니다. 20XX년까지 10만 개의 수출 중소기업과 400개의 글로벌 전문 기업을 육성하고자 하는 KOTRA의 비전에 일조하고 싶습니다. 이러한 비전을 달성하기 위해 저는 다음과 같은 준비와 노력을 해 왔습니다.

❷[중국 인턴 경험과 의료 통역 서비스에서 배운 중국의 성장]

첫째, 중국에서의 경험을 통해 한-중 FTA에 최적화된 인재가 되고자 노력하였습니다. 저는 중국 심양에서 인턴으로 근무하며 중국인들과 직접 비즈니스를 해 본 경험이 있습니다. 중소기업 중에는 중국 시장 진출을 목표로 하는 기업이 많을 것입니다. KOTRA는 한-중 FTA를 중국 내수 시장으로 확대하기 위해 노력하고 있습니다. 중국 시장 확대에 저의 역량을 발휘할 수 있는 기회를 얻고 싶습니다.

◐ **합격 자소서 STEP**

❶ KOTRA 입사를 통해 이루고 싶은 목표 제시: 자신의 목표와 KOTRA의 비전을 일치시키기

❷ 자신의 관심 분야와 이를 위한 준비와 노력: 제너럴보다는 스페셜이 중요

대한무역투자진흥공사

둘째, 중국 의료 통역 아르바이트를 통해 중국에서 의료 시장을 엿보았습니다. 통역 아르바이트를 통해 바라본 중국의 의료 수출 서비스는 매우 큰 가능성이 있는 사업이라는 생각이 들었습니다. 향후 새로운 수출 판로를 개척하기 위해 노력하는 KOTRA에 저의 경험을 유용하게 활용할 수 있을 것이라 생각하였습니다.

대중국 무역과 관련하여 제가 그동안 준비한 노력을 활용함으로써 KOTRA와 함께 제2의 무역입국을 만들어 가고자 지원하였습니다.

❥ 지원동기는 크게 기업 지원동기와 직무 지원동기로 구분된다. 기업 지원동기는 기업의 경영 방침과 방향성을 파악하여 자신이 어떻게 기여할 수 있는지를 작성하는 것이다. 직무 지원동기는 자신이 기여하고 싶은 분야와 관련하여 무엇을 준비했는지를 작성하는 것이다. 지원동기를 상세하게 기술하라고 한 만큼, 자신이 하고 싶은 일이 무엇인지를 집중적으로 작성하는 것이 좋다. 여러 가지를 모두 잘할 수 있는 제너럴리스트보다 자신의 관심 분야에 맞추어 스페셜리스트로 성장하기 위해 노력한 과정을 작성하도록 한다.

Q. 공사 직무기술서를 참고하여 해당 직무와 유관한 본인의 역량을 한 가지 제시하고, 이를 개발하기 위해 노력한 경험·활동을 기재해 주시기 바랍니다.

기출 항목 분석
&작성 노하우 ⟶ [자기개발능력]

　자기개발능력의 하위능력은 자아인식, 자기관리, 경력개발이다. 자신이 무엇을 잘하는지 파악하는 자아인식의 과정을 거쳐 자신을 통제하며 능력을 개발해 나가고, 장기적으로 필요한 역량을 쌓기 위해 구준함을 발휘하는 모든 과정을 포함한다. 자기개발과 관련된 내용을 작성할 때는 자기개발의 노력이 향후 어떤 면에서 필요하다고 판단하여 준비해 왔는지를 넣어줌으로써 목표 의식을 가지고 지속적으로 준비해 온 노력이 드러나도록 작성하는 것이 좋다.

기 출 항 목
직 접 써 보 기 ⟶

◐ 합격 자소서 STEP

❶ 어떠한 목적성을 가지고 개발해 온
능력인지 설명
❷ 시장 분석에 대한 지식적 측면 개발
❸ 시장 분석에 대한 경험적 측면 개발

Q. 공사 직무기술서를 참고하여 해당 직무와 유관한 본인의 역량을 한 가지 제시하고, 이를 개발하기 위해 노력한 경험·활동을 기재해 주시기 바랍니다.

❶투자유치 전략 수립 및 컨설팅 업무를 수행하는 데 있어 저의 역량은 시장 분석에 대한 기술과 태도를 지니고 있다는 점입니다. 경력 개발에 있어서도 시장 분석 능력은 저의 핵심 경쟁력이 될 것이라 생각하여 학부 시절부터 지금까지 꾸준히 시장 동향을 파악하려는 노력과 경험을 해왔습니다.

[첫째, 시장 분석에 필요한 전략 동아리 3년 활동]

❷3년간 전략 기획 동아리를 운영하며 전략프레임 툴에 대한 활용 능력을 배양하였습니다. 재무제표를 통한 기업 분석, 내외부 환경 분석을 위한 툴 적용, 시장 및 산업을 이해하기 위한 증권사 리포트 및 KOTRA 산업 분석 자료를 학습하여 이후 진행된 교내 기업 분석 경진대회에서 ○○푸드 회사에 대한 분석을 진행했고, 그 결과 1등을 차지할 수 있었습니다.

[둘째, 신흥 경제국 경제 개발을 위한 분석 프로젝트 진행]

❸신흥 경제국 경제 개발을 위한 경제 문제 분석 프로젝트를 한 적이 있습니다. 당시 브라질의 경제 개발 계획 수립을 주제로 프로젝트를 진행하였습니다. 브릭스 국가로서 브라질의 경제, 정치, 사회, 문화 등 PEST 분석을 통해 향후 낮은 물가상승률 지속, 환율 안정 유지, 고용 지표 개선, 외국인 투자 지속 등으로 인하여 브라질 경제에 대한 전망은 대체로 낙관론이 우세하다는 결론을 내릴 수 있었습니다.

이처럼 분석 툴에 대한 이해와 실제 분석 업무 경험을 통해 얻은 시장 분석력으로 기업과 산업을 분석하여 투자유치 및 컨설팅 업무에서 저의 역량을 발휘해 나갈 수 있도록 노력하겠습니다.

Q. 학업, 취미, 업무 등을 하면서 과감한 도전과 변화를 통해 목표를 달성했던 사례에 대해 기술해 주시기 바랍니다.

기출 항목 분석
&작성 노하우 ⟶ [자기개발능력 + 문제해결능력]

과감한 도전은 자신을 발전시켜 나가는 과정이므로 이 역시 자기개발의 영역으로 이해할 수 있다. 또한 과감한 도전에는 항상 장애물이 존재한다. 도전은 쉽게 성공할 수 없기 때문이다. 따라서 도전의 과정 중에서 만나게 되는 다양한 문제를 어떻게 해결했는지 보여 줄 수 있는 문제해결능력이 드러나도록 경험을 작성해야 한다.

기 출 항 목
직 접 써 보 기 ⟶

Best sample

기 출 항 목
합 격 가 이 드

Q. **학업, 취미, 업무 등을 하면서 과감한 도전과 변화를 통해 목표를 달성했던 사례에 대해 기술해 주시기 바랍니다.**

❯ **합격 자소서 STEP**

❶ 상황과 목표 제시
❷ 목표한 바를 성취하기 위한 행동과 노력 제시
❸ 과감한 도전의 결과와 이를 통해 배운 점 제시

❶ [일본 대학 최초의 한국인 아나운서에 도전하다]

일본 유학 시절, 일본인들과 자연스럽게 어울리겠다는 목표를 세우던 중 방송반에서 아나운서를 모집하는 공고를 보게 되었습니다. 이를 한국인 친구들에게 이야기하자, '일본어도 잘 못하는 외국인을 방송반에 넣어 주겠어?'라고 핀잔을 주었습니다. 그 말에 더욱 오기가 생겼고, 과감하게 도전해 보자는 생각을 가지게 되었습니다.

❷ [주위의 편견을 이겨 내기 위한 노력]

주위의 편견을 극복하고자 일본 대학생들이 관심을 가질 만한 내용을 선정해서 방송 대본을 만들었습니다. 또한 방송반에 지원하는 일본인 친구를 섭외하여 열흘 동안 수백 번 원고를 수정하고 끊임없이 말하는 연습을 했습니다. 특히 많은 지원자들 중에 저를 더욱 돋보이게 할 차별점이 필요하다고 생각하였고, 일본인이 좋아하는 한류 콘텐츠를 준비하여 면접장 분위기를 밝게 만들기 위해 노력하였습니다. 면접을 볼 때에는 한국인이기 때문에 일본인들이 좋아하는 한류에 대해서 매우 상세하게 뉴스를 전달해 줄 수 있을 것이라는 포부를 밝혔습니다.

❸ [1%의 가능성만 있어도 과감히 도전하는 자세를 기르다]

그러한 결과 20:1의 경쟁률을 뚫고, 한국인 최초로 일본 대학교의 아나운서가 될 수 있었습니다. 안 될 것이라 체념하기보다는 1%의 가능성이라도 있다면 과감하게 도전하고 노력하는 자세를 배울 수 있었던 소중한 경험이었습니다.

❯ '학업, 취미, 업무'라는 틀이 주어졌기 때문에 너무 그럴싸한 도전 경험을 찾을 필요는 없다. 무언가를 새롭게 시도해 본 경험이나 기존에 관심 있었던 새로운 취미를 가져 보고자 노력하는 등 일상생활의 틀을 벗어나려고 했던 경험이면 충분하다.

Q. 본인과 다른 의견을 가진 사람들과 효과적으로 소통하여 긍정적인 결과를 얻었던 사례에 대해 기술해 주시기 바랍니다.

기 출 항 목 분 석
&작 성 노 하 우 ⟶ [**의사소통능력 + 대인관계능력 → 협상**]

　경청을 통해 상대방의 관점을 이해하고 조율하는 의사소통능력과 상대방을 설득하는 협상능력을 파악하기 위한 항목이다. 다양한 의견을 수렴하고 목표 달성을 위해 최선의 타협점을 찾아내는 협상능력에 좀 더 무게 중심을 두고 작성하는 것이 좋다.

기 출 항 목
직 접 써 보 기 ⟶

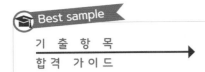
Q. 본인과 다른 의견을 가진 사람들과 효과적으로 소통하여 긍정적인 결과를 얻었던 사례에 대해 기술해 주시기 바랍니다.

❶[글로벌 셀러에 도전, 마켓과 아이템 선정에서 의견 충돌]

4학년 때 글로벌 셀러팀을 조직하여 제품을 판매한 경험이 있습니다. 당시 글로벌 온라인 마켓을 이용하여 판매를 진행하는 글로벌 셀러팀을 조직하면서 2가지 부분에서 의견 마찰을 겪게 되었습니다. ❷첫 번째는 온라인 마켓의 선정이었습니다. Qoo10, 라자다, 아마존, 타오바오 등 다양한 마켓 중 어떤 마켓을 선정하는가에 따라 전략이 달라질 수 있었기 때문입니다. 두 번째는 아이템 선정이었습니다. 화장품, 생활필수품, 마진이 많이 남는 전자제품 등 아이템 선정에 대해서도 의견이 분분하였습니다.

❸[객관적인 비교 · 분석을 통해 마켓을 선정하다]

서로 다른 의견을 하나로 모으고 소통하기 위해 다음과 같이 노력하였습니다.

첫째, 마켓 선정이었습니다. 최근 중국 시장이 매우 커지고 있지만 온라인 마켓의 가입 절차가 번거롭다는 문제가 있었습니다. 또한 아마존의 경우에는 수수료를 가장 많이 떼어가기 때문에 제품을 팔아도 수익률이 줄어든다는 단점이 있었습니다. 저는 현재 우리가 초보자인 점을 들어 가입 절차가 간편하고 수수료가 저렴한 곳을 찾아 비교 분석하여, 최종적으로 Qoo10에서 판매를 진행할 것을 제안하였습니다.

[의견 수렴과 소통의 장을 마련하여 아이템을 선정하다]

둘째, 아이템 선정이었습니다. 물론 잘 팔리는 제품을 아이템으로 선정해야 했지만 중간 이윤도 고려해야 했기 때문에 쉽게 결정을 내리지 못하고 있는 상황이었습니다. ❹저는 다양한 아이템 중 10가지 제품을 선정하여 칠판에 각 제품을 써 놓고 '만약 구매자라고 한다면 어떤 물건을 사고 싶은지 말해 보라'는 식으로 팀원의 의견을 수렴하였습니다. 이때 여

● 합격 자소서 STEP

❶ 의견 마찰의 상황 제시: 상황을 너무 장황하게 작성하기보다는 바로 본론부터 작성

❷ 다양한 의견이 무엇이었는지 작성

❸ 설득 전략: 논리적 설득(상대방을 설득하는 데 있어 논리적으로 각각의 의견을 비교 · 분석하여 상대방을 설득)

❹ 설득 전략: 개방적 의사소통의 장 마련(개방적으로 의사소통할 수 있는 장을 마련하고 주도적으로 의견을 조율해 나가기 위한 노력을 제시)

러 의견을 수렴하여 하나씩 제품을 줄여 나갔고, 결국 초보
자들도 쉽게 접근할 수 있는 화장품을 아이템으로 선정하였
습니다. 화장품의 경우 중간 이윤은 적지만 초보 셀러가 접
근하기 용이하고, 소비자들의 반응이 좋았기 때문입니다.

[다른 생각을 하나로 모을 수 있었던 소통과 설득]

결국 목표했던 글로벌 셀러를 오픈할 수 있었고, 화장품 판
매를 통해 최종 수익 60만 원을 달성했습니다. 다른 사람들
의 의견을 종합하고 수렴하며 한 가지 대안을 만들어 가는 과
정과 상대방을 설득하는 방법에 대해 배울 수 있었습니다.

❯ 서로 다른 의견을 가진 사람들이기 때문에 의견 조율 과정과 협상이 필요하다. 비즈니스상에서의 협상뿐 아
니라 팀원들과 함께 공동의 목표를 달성해 나가는 과정 속에서의 협상도 있기 때문에 이러한 경험을 잘 찾아
보도록 하자. 상대방을 설득하기 위해서는 그에 맞는 전략이 요구된다. 상대방 이해 전략과 사회적 입증 전략,
그리고 다양한 의견을 하나로 모으기 위한 호혜 전략 등 단순히 공감하고 소통하는 것을 넘어 실제로 설득 전
략을 이용하여 상대를 설득했던 경험을 작성하도록 하자.

1) IBK 기업은행

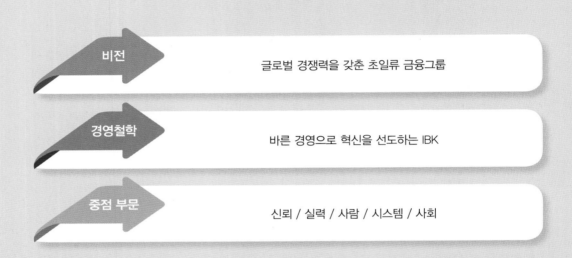

비전	글로벌 경쟁력을 갖춘 초일류 금융그룹
경영철학	바른 경영으로 혁신을 선도하는 IBK
중점 부문	신뢰 / 실력 / 사람 / 시스템 / 사회

핵심 가치

1 신뢰와 책임

신뢰와 책임으로 언제나 바른 길을 가겠다는 IBK의 마음가짐

2 열정과 혁신

열정과 창의적 사고로 혁신을 추구하는 IBK의 일하는 방식

3 소통과 팀워크

서로 소통하며 팀워크를 중요하게 생각하는 IBK 문화를 구현

※ 기업 소개 정보는 변경될 수 있습니다. 정확한 사항은 기업 홈페이지를 참고해 주세요.

한눈에 보는 자소서 특징

IBK 기업은행의 자소서 항목의 경우 꾸준한 변화를 통해 지원자의 역량을 다각도로 평가한다. 무엇보다 금융 환경의 변화에 따라 행원의 요구사항도 달라지기 때문에 고객에 대한 정의, 창의력, 직무 전문성 등을 항목에서 요구한다는 것을 알 수 있다. 이러한 기조는 비단 IBK만의 특징은 아니며, 공기업은 아니지만 농협, 하나, 신한 등 시중 은행뿐 아니라 금융 공기업 전반의 특징이기도 하다.

IBK 기업은행의 기출 항목을 분석하며 IBK가 현재 고민하고 있는 부분과 자신의 경험을 어떻게 연결할지를 미리 체크하여 작성하는 것이 항목 분석으로서 의미가 있다.

한눈에 보는 기출 자소서 항목(2022년 상반기)

1. 본인이 생각하는 IBK 기업은행의 미래 핵심 고객은 누구인지 기술하고, 과거 경험을 토대로 입행 후 해당 고객의 만족을 위해 어떤 노력을 할 것인지 설명하여 주십시오.

2. IBK 기업은행 행원으로서 가져야 하는 가장 중요한 업무 태도가 무엇인지 기술하고, 본인이 해당 태도를 갖추었는지 근거를 제시하며 작성하여 주십시오.

3. 입행 후 지원한 채용 분야에서 본인에게 부여될 수 있는 과업 중 가장 도전적인 과업은 무엇이라고 예상하며, 이를 어떻게 극복할지에 대하여 과거 본인의 경험을 토대로 기술하여 주십시오.

4. 공동의 과업을 진행하는 과정에서 서로 다른 가치관이나 이해관계를 가진 구성원들과 협업한 경험을 기술하고, 해당 경험이 IBK 기업은행에서 어떻게 활용될 수 있는지 설명하여 주십시오.

5. IBK 기업은행 입행에 대한 의지와 본인만이 갖고 있는 강점을 잘 드러낼 수 있는 질문을 만들고 그에 대해 자유롭게 기술하여 주십시오.

Q. 본인이 생각하는 IBK 기업은행의 미래 핵심 고객은 누구인지 기술하고, 과거 경험을 토대로 입행 후 해당 고객의 만족을 위해 어떤 노력을 할 것인지 설명하여 주십시오.

기출 항목 분석 ───────────────→ [대인관계능력 – 고객서비스]
& 작성 노하우

　최근 금융 분야는 변화가 빠르다. 고객에 대한 정의는 결국 미래에 어떤 고객을 대상으로 IBK의 변화를 만들어가야 하는가에 대한 질문과 동일하다. 하나금융연구원의 금융산업 보고서에 따르면 2022년 고객층의 다변화로 MZ세대와 시니어계층을 거론했다. MZ세대는 향후 미래 고객으로서 충분히 유추가 가능하다. 더불어 시니어계층의 경우도 고령화 시대에 당연 미래의 고객으로 생각해볼 수 있다. 또한 기업 금융을 주도하는 IBK의 미래 고객은 ESG와 연관한 중소기업일 수도 있으며, 글로벌 경쟁력을 확보하기 위해 노력하는 IBK의 특성상 글로벌 중소중견기업일수도 있다. 고객의 정의를 내리는 과정에서 입행 후의 비전과 목표에 부합해야 하기 때문에 자신의 경험을 기반으로 작성해야 한다.

IBK 미래 핵심 고객		과거 경험 + 고객만족(직무기술서)
MZ세대	····▶	청년들을 위한 상품 및 디지털 아이원 서비스 개발
ESG 경영 중소기업	····▶	지역 중소기업 지원 및 ESG 실천 기업 육성
창업, 벤처 기업	····▶	IBK 창공 모험자본 운영 / 지역 창업 기업 지원 / 혁신 기업 지원
글로벌 고객사	····▶	IB, 해외 투자 상품 개발 등

Q. 본인이 생각하는 IBK 기업은행의 미래 핵심 고객은 누구인지 기술하고, 과거 경험을 토대로 입행 후 해당 고객의 만족을 위해 어떤 노력을 할 것인지 설명하여 주십시오.

[미래 핵심 고객은 MZ세대]

 미래의 핵심 고객은 바로 청년 MZ세대라고 생각합니다. 최근 청년희망적금의 경우 은행에서 적극적으로 유치에 나선 이유 또한 MZ세대의 미래 고객을 확보하기 위해서입니다. IBK가 미래 고객으로서 MZ세대를 주목해야 하는 이유는 세대적인 특성 때문입니다. 자산 관리에 관심이 많고, 창업과 새로운 도전을 즐기는 세대의 특성은 IBK의 미래 비전과 맞닿을 수 있는 접점이라고 생각합니다.

[틱톡 숏폼 채널 운영을 바탕으로 한 대학 홍보 활동, 3,000명 팔로워 확보]

 틱톡 숏폼 채널을 활용하여 대학 홍보 활동을 기획한 경험이 있습니다. 저는 틱톡이 새로운 영상 미디어로서 굉장한 영향력이 있다고 판단했고 60초 정도의 짧은 대학 홍보 영상을 제작하여 릴레이 방식으로 진행하는 아이디어를 제시하였습니다. 같은 세대에 고민이 무엇인지를 파악하고 코로나로 인해 대학 생활이 어려운 학우들과의 커뮤니케이션에 대해서 새로운 관점으로 영상을 제작하였습니다. 이를 통해서 3,000명의 팔로워를 확보하였고, 지금도 지속적으로 팔로워 수가 늘어나는 대학 홍보 영상으로 자리매김하였습니다. 학교에서는 이점을 파악하여 대학 홈페이지에 메인으로 업데이트하여 학교 대표 홍보 채널로서 활용하고 있습니다.

[MZ세대의 만족을 위한 마케팅 채널 활성화에 기여]

 이처럼 MZ세대는 다양한 정보를 여러 채널을 통해서 파악하고 적극적으로 움직이는 세대입니다. 이러한 고객의 특징에 맞게 상품에 대한 정보 중 핵심만 간결하게 제시하는 방안을 고민하여 MZ세대에 어필할 수 있도록 기여하겠습니다. 무엇보다 다양한 채널을 기반으로 한 MZ세대와의 공감대를 형성하여 IBK 기업은행의 고객을 확보하고, 직장 생활, 창업 등의 다양한 콘텐츠로 확대하여 자산 관리 전반에 대해서도 고객층을 확보하는 데 기여하고 싶습니다.

Q. IBK 기업은행 행원으로서 가져야 하는 가장 중요한 업무 태도가 무엇인지 기술하고, 본인이 해당 태도를 갖추었는지 근거를 제시하며 작성하여 주십시오.

기출 항목 분석 ————————————————▶ [조직이해능력 – 업무이해능력]
& 작성 노하우

　공기업 자기소개서 작성 시 대부분의 사무직이나 행원의 경우는 일관되게 고객서비스 마인드를 강조하는 경우가 많다. 하지만 이렇게 되면 역량과 경험이 겹치는 상황이 발생한다. 자신의 강점을 다각도로 설정해 놓아야 하는 이유이다.

　이러한 항목의 경우 생각없이 적으면 안 된다. 앞 부분에 나타나 있듯이 'IBK 기업은행 행원으로서'라는 전제가 붙는다. 따라서 현재 IBK가 중요시하는 부분이 무엇인지를 확인하고 이와 자신의 업무 태도를 연결해서 작성해야 한다.

IBK 행원으로서 중요한 업무 태도		그 이유(사업, 공시자료 등을 파악)
소통과 고객중심의 사고 방식	⋯▶	고객중심의 서비스 구현
정직과 책임	⋯▶	중소기업 지원과 금융 관련 분야의 청렴함
학습력 / 전문성	⋯▶	시대 변화에 따른 금융 및 디지털 지식의 다양화
글로벌 역량	⋯▶	해외로의 진출 노력

기 출 항 목
합 격 가 이 드

Q. IBK 기업은행 행원으로서 가져야 하는 가장 중요한 업무 태도가 무엇인지 기술하고, 본인이 해당 태도를 갖추었는지 근거를 제시하며 작성하여 주십시오.

[변화하는 금융 환경에 대응하는 지속적인 학습력]

금융 주치의로서 역할을 다하기 위해서는 학습력과 전문성을 갖추기 위한 노력이 중요하다고 생각합니다. IBK 기업은행은 단순 금융지원을 넘어선 금융 주치의로서 역할을 다하고 있습니다. 중소기업과 소상공인을 위해 신속하게 금융서비스를 제공하고, 기업의 경영과 재무 상황을 종합적으로 분석하고 진단하는 금융 주치의 프로그램을 진행하고 있습니다. 이러한 이유로 볼 때 가장 중요한 업무 태도는 학습력이라고 생각합니다. 꾸준히 학습하지 않으면 금융 주치의로서의 전문성을 확보할 수 없기 때문입니다.

[양손잡이형 인재로 성장하기 위한 데이터 학습과 금융 학습]

첫째, AFPK, ARPS 등 재무설계 관련 공부와 변액, 증권투자, 펀드투자 등의 자격증 취득을 통해 투자와 관련한 지식을 습득했습니다. 또한 지속적으로 금융 경제 보고서를 읽고 있으며, 이를 스크랩하고 정리하여 금융 전반에 대한 상황을 판단할 수 있는 역량을 갖춰나가고 있습니다.

둘째, KBI 금융-DT 자격증 취득과 SQLD 공부를 하며 디지털 역량 향상을 위해 노력하고 있습니다. 디지털에 대한 역량은 향후 다양한 고객 분석과 관리에 있어 데이터를 기반으로 맞춤형 금융서비스를 제공할 때 활용할 수 있다고 생각합니다.

이처럼 저는 금융과 데이터에 대한 양손잡이형 인재로서의 성장을 위해 꾸준히 학습하고 있으며 이를 바탕으로 IBK에 필요한 금융 주치의로서의 적합한 업무 태도를 구축해 나가고 있습니다.

IBK 기업은행

Q. 입행 후 지원한 채용 분야에서 본인에게 부여될 수 있는 과업 중 가장 도전적인 과업은 무엇이라고 예상하며, 이를 어떻게 극복할지에 대하여 과거 본인의 경험을 토대로 기술하여 주십시오.

기출 항목 분석
&작성 노하우 ➡ [자기개발능력]

행원으로 근무하면서 앞으로 겪게 될 어려움, 도전적인 과업에 대해 이해하고 있는지를 확인하는 항목이다. 향후 자신의 도전적인 과업이 될 수 있는 것은 고객 상담과 성과 창출, 디지털 역량, 글로벌 역량이 될 수 있으며 디지털 채용 직렬에서는 새로운 기술 이슈가 될 수 있을 것이다.

변화하는 금융 환경에서 행원 또한 변화를 만들어가야 하고 도전할 수 있는 역량이 필요하기 때문에 자신의 도전 경험을 작성하되, 좀 더 새로운 분야이거나 해보지 않았던 것, 더 높은 수준의 도전 과제를 수행했던 사례로 작성한다.

채용 분야의 도전적인 과업		극복 방안과 경험 사항
디지털 역량의 요구사항 필요	⋯▶	관련된 교육, 프로젝트 참여 등을 통한 도전
고객 상담과 성과 창출	⋯▶	다양한 채널 활용, 고객 니즈 분석 경험
새로운 기술 이슈(디지털)	⋯▶	ABC 기술적 요구사항에 대한 언어와 역량 강화
글로벌 역량	⋯▶	해외시장 분석, 창업 경험, 해외주식 투자 경험

기 출 항 목
합 격 가 이 드

Q. 입행 후 지원한 채용 분야에서 본인에게 부여될 수 있는 과업 중 가장 도전적인 과업은 무엇이라고 예상하며, 이를 어떻게 극복할지에 대하여 과거 본인의 경험을 토대로 기술하여 주십시오.

[업무 자동화를 위한 RPA 분야의 과업 수행 도전]

입사 후 저에게 부여될 수 있는 가장 도전적인 과업은 개발 언어를 사용하여 개발을 해야 하는 일이라고 생각합니다. 최근에는 금융 환경에서 복잡한 업무를 빠르게 처리할 수 있도록 하는 업무 자동화가 매우 중요하기 때문에 RPA와 같은 로봇프로세스 자동화 구축이 은행의 경쟁력을 좌우할 수 있는 요인이 될 것이라 생각합니다. 현재 이 분야는 저에게 익숙하지 않은 분야이기 때문에 도전적인 과제로 예상하고 있습니다.

[새로운 개발 분야였던 NFT 블록체인 프로젝트 도전]

저는 어려운 과제로서 기존에 수행하지 않았던 블록체인 분야에 대해서 개발을 진행해본 경험이 있습니다. 프로젝트의 완결성을 높이는 것까지는 어려울 수 있었지만 그럼에도 불구하고 블록체인을 이해하기 위해 도전을 시작하였습니다. 당시 NFT와 관련하여 블록체인 플랫폼을 개발하는 프로젝트로서 쿠버네티스 환경을 이해할 필요가 있었습니다. 또한 전자서명과 서비스 개발을 위한 Node, Proxy, RESTful API, PRC 등에 대한 개발 언어도 공부해야 했습니다. 물론 이 과정에서 모든 언어를 능숙하게 다룰 수 없다는 한계가 있었기 때문에 구현가능한 수준에서 NFT 플랫폼을 개발했고, 암호화 서비스를 구축할 수 있었습니다. 어려움이 있었고, 한계가 있었지만 이 과정을 통해서 블록체인에 대한 지식과 다양한 환경에서의 개발 경험을 쌓을 수 있었습니다.

[RPA 분야에 대한 과업 수행을 위한 도전]

새로운 개발 언어에 대한 학습은 필수라고 생각합니다. 업무 자동화를 위해 저는 RPA 솔루션 운영을 위한 UiPath RPA 개발 경험을 확대하고 OCR 서류 템플릿 개발을 지속하며 도전적인 과업을 수행할 수 있도록 노력하겠습니다.

Q. 공동의 과업을 진행하는 과정에서 서로 다른 가치관이나 이해관계를 가진 구성원들과 협업한 경험을 기술하고, 해당 경험이 IBK 기업은행에서 어떻게 활용될 수 있는지 설명하여 주십시오.

기출 항목 분석
&작성 노하우 ⟶ [대인관계능력]

서로 다른 가치관과 이해관계가 발생하는 것은 조직 안에서 어쩌면 당연한 것이다. 갈등은 피해야 하는 것이 아니라 관리해야 하는 영역임을 알아두자.

더불어 다양한 이해관계자라고 할 때 단순한 의견 차이만을 의미하진 않는다. 여러 다른 전공자들과의 협업도 포함하여 생각해야 한다. 이 항목의 의도를 좀 더 깊이 들여다 본다면 서로 다른 전공, 환경, 경험을 가진 사람들과 함께 협업하여 하나의 성과를 창출했던 것을 제시하는 게 중요하기 때문에 이 점에 기인하여 소재를 선정하고 작성하는 것이 좋다.

다른 가치관과의 이해관계 상황		IBK에 어떻게 활용
업무의 스피드 VS 업무의 정확성	···▶	서로 다른 업무 스타일과 시너지 창출
나의 의견 VS 상반되는 의견의 차이 극복	···▶	서로 윈–윈 할 수 있는 대안 도출
원칙 VS 효율	···▶	원칙 안에서 효율성을 향상하는 방안
다른 전공자들과의 협업	···▶	서로 다른 환경과 경험 존중, 시너지 창출

Q. 공동의 과업을 진행하는 과정에서 서로 다른 가치관이나 이해관계를 가진 구성원들과 협업한 경험을 기술하고, 해당 경험이 IBK 기업은행에서 어떻게 활용될 수 있는지 설명하여 주십시오.

[다양한 전공자들과 함께 한 부동산 문제 관련 보고서]

교양수업에서 부동산 문제와 관련하여 현상을 분석하고 해결 방안을 제시하는 보고서 작성 프로젝트를 진행하였습니다. 교양과목의 특성상 다양한 전공자들과 팀을 이뤄 프로젝트를 진행해야 했고, 저희 팀원들은 인문, 어문, 경영, 통계, IT, 기계 등 전공자들의 집합소라고 할 만큼 전공이 다양했습니다.

[이해와 존중의 방식으로 협업 과정에서 전공의 다름을 활용하다]

저는 경제학과로서 부동산 문제에 대해 경제적 시각으로 주제를 다루고자 했지만 인문, 어문 계열의 팀원은 부동산에 대해 사회적인 접근 방식이 더 중요하다며 부동산을 둘러싼 세대 갈등을 주로 다루고자 하였습니다. 더불어 이공 계열의 전공자들은 부동산 문제에 대한 해결 방법을 프롭테크와 같은 기술적인 문제로서 다루고자 하는 등 서로 다른 가치관과 이해관계가 충돌하는 문제가 발생하였습니다.

문제는 이 모든 관점이 일리가 있지만 내용을 모두 다룰 수는 없으며, 너무 많은 해결 방법은 오히려 논지를 흐릴 수 있다고 판단하였습니다. 그리하여 논지를 한 가지의 접점으로 수렴하기 위해 지속적으로 토론하였습니다. 이 과정에서 부동산 문제가 최근 가장 많이 거론되는 이유는 결국 부동산으로 인해 발생하는 사회적 결핍의 문제라는 것을 알았습니다. 벼락거지, 있는 자와 없는 자의 갈등, 영끌과 같은 문제가 부동산에서 발생할 수 있는 핵심 문제임을 이끌어낼 수 있었습니다.

그리고 이에 대한 해결 방법에서 각자의 전공 관점과 가치를 반영하는 방향을 설정하였습니다. 이를 바탕으로 경제적 관점에서는 부동산 제도의 변경에 대해서, 기술적 관점에서는 부동산 플랫폼을 통한 부동산 거래세에 대한 절감 방안 등을 제시하며 서로 다른 가치관을 최대한 반영하여 보고서를 작성하였습니다.

저는 이러한 경험이 향후 다양한 이해관계자들과의 소통에서 활용될 수 있다고 생각합니다. 때로는 개발자와 소통할 수 있으며, 청년뿐 아니라 중소기업 대표와도 소통하며 업무를 수행할 수 있다고 생각합니다. 이와 같은 경험을 통해서 IBK에서도 저는 협업 시 각자의 상황을 파악하고 존중하는 태도로 시너지를 창출하는 데 기여할 수 있을 것입니다.

Q. IBK 기업은행 입행에 대한 의지와 본인만이 갖고 있는 강점을 잘 들어낼 수 있는 질문을 만들고 그에 대해 자유롭게 기술하여 주십시오.(단, 아래에 나열된 키워드 中 반드시 2개 이상을 포함하여 질문을 완성할 것)

[키워드: 가상, 기후변화, 돌, 데이터, 문화, 물, 선, 시간, 에너지, 60]

※ 첫 줄에 키워드를 활용한 질문 내용을 먼저 기재하고, 이후 질문에 대한 답변 내용을 기술하여 주십시오.

※ 키워드는 다른 단어와 결합하여 사용 가능합니다. (예시) '가상': 가상자산, 가상현실

기출 항목 분석
&작성 노하우 ──────────────▶ [문제해결능력, 조직이해능력 등]

어떤 특정한 직업기초능력으로 설명하기 어렵지만 좀 더 창의적인 관점에서 사고해야 한다는 점에서 문제해결능력에 포함할 수 있다. 이러한 유형의 항목은 다소 생소한 항목으로 자주 나타나는 항목은 아니다. 따라서 왜 이러한 항목을 구성하게 했는지를 계속 생각하며 질문을 구성해야 한다.

이를 살펴보면 가상, 기후변화, 돌, 데이터, 문화, 물, 선, 시간, 에너지, 60의 키워드가 제시되었다. 각각의 키워드는 현재 금융 환경에서 이슈가 되고 있는 ESG와 관련된 것도 있으며 60돌을 맞이하는 IBK의 특성에 맞는 키워드도 있다. 이와 관련해서는 대략적인 질문 내용만을 제시하도록 하겠다.

기 출 항 목
합 격 가 이 드

Q. IBK 기업은행 입행에 대한 의지와 본인만이 갖고 있는 강점을 잘 들어낼 수 있는 질문을 만들고 그에 대해 자유롭게 기술하여 주십시오.

- 향후 입행하여 최단 시간 내에 60명의 고객을 창출할 수 있는 본인의 강점을 제시하시오.
- 가상자산인 NFT, 가상화폐 시장이 커지고 있다. IBK가 이 시장을 선도할 수 있도록 하는 본인의 강점을 제시하시오.
- IBK는 현재 청렴한 조직문화 개선을 위해 노력하고 있다. 사회를 위해 선행을 베풀었던 경험과 이러한 태도가 어떻게 IBK에서 활용될 수 있는지 작성하시오.
- 가상의 직장 생활을 고려하여, 본인이 물과 같이 조직문화에 적응하여 어떻게 동료들과 함께 선을 이뤄 나갈지 제시하시오.
- 창립 60돌을 맞아 앞으로 60년을 이어나갈 변화와 혁신이 중요해지고 있다. 앞으로 기업은행의 미래에 기여할 수 있는 본인의 강점을 제시하시오.
- 본인이 그동안 입행을 위해 가장 많은 에너지를 쏟은 분야는 무엇이며, 투자한 총 시간을 대략적으로 제시하시오.
- 데이터 분석에 많은 시간을 투자하여 좋은 결과를 만들어낸 경험을 제시하고 그 강점이 앞으로 입행 후 어떻게 기여할 수 있는지를 제시하시오.
- 돌봄이 필요한 분야에 직접 시간을 들여 봉사에 참여한 경험과 그 경험이 입행 후에 어떻게 발휘될지를 작성하시오.
- 가상의 60대 고객을 선정하고 이와 관련한 포트폴리오를 구축하시오.

2) 한국자산관리공사

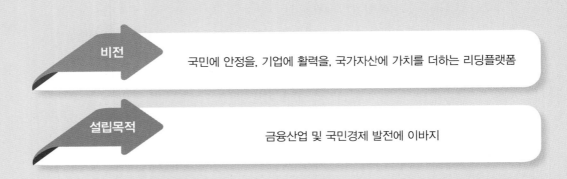

비전
국민에 안정을, 기업에 활력을, 국가자산에 가치를 더하는 리딩플랫폼

설립목적
금융산업 및 국민경제 발전에 이바지

핵심 가치

1 포용
취약 경제주체를 지원하는 따뜻한 정책 수행

2 안전
인권 존중을 바탕으로 직원과 국민의 생명·안전을 최우선

3 혁신
도전과 전문성에 기반하여 지속적인 변화와 발전 추구

4 청렴
국민에게 신뢰받는 공정하고 투명한 공공기관 추구

※ 기업 소개 정보는 변경될 수 있습니다. 정확한 사항은 기업 홈페이지를 참고해 주세요.

한눈에 보는 자소서 특징

한국자산관리공사의 경우 항목을 1), 2)로 나눠 좀 더 세부적으로 묻고 있다는 것이 특징이다. 이렇게 작성하는 기업 자소서의 특성은 1)과 2)의 내용이 모두 연결되도록 작성해야 한다는 점이다.

또한, 한국자산관리공사의 사업 특성을 반영한 항목들도 눈에 띈다. 자산관리 중 부동산 관련하여 설득과 협의가 필요한데 이에 대한 역량을 요구하는 항목도 보이며, 금융 공기업의 특성상 요구되는 직업윤리도 빠지지 않는다. 한국자산관리공사의 100년을 위한 발전 방안과 같은 항목은 사업과 조직에 대한 이해를 기반으로 작성해야 하기 때문에 캠코의 홈페이지와 애뉴얼 리포트 등을 꼭 참고하는 것이 필요하다.

한눈에 보는 기출 자소서 항목(2022년 상반기)

1. 캠코에 지원하게 된 동기와 희망직무 및 포부에 대해 기술해 주시기 바랍니다.
2. 지원분야(직무)와 관련된 경험 또는 경력 중 귀하에게 주어진 역할을 명확히 이해하고 최선을 다하여 소기의 성과를 낸 사항에 대해 역할 – 행동 – 성과를 중심으로 구체적으로 기술해 주시기 바랍니다.
3. 귀하의 고유한 아이디어를 가지고 문제를 해결하던 중 다른 사람과 의견 차이가 있어, 상대방을 설득하여 좋은 결과(혹은 실패한 결과)를 얻었던 경험을 다음 세부 항목에 따라 작성해 주십시오.
4. 공공기관 직원으로서 직업윤리가 왜 중요한지 귀하의 가치관 또는 경험을 토대로 기술해 주시기 바랍니다.
5. 올해 창립 60주년을 맞이하는 캠코가 마주한 현재의 과제와 100년 캠코를 위해 나아갈 미래 방향을 제시하여 주시기 바랍니다.

Q. 캠코에 지원하게 된 동기와 희망직무 및 포부에 대해 기술해 주시기 바랍니다.

Q `1-1` 캠코에 지원하게 된 동기와 캠코가 귀하를 채용해야 하는 이유(캠코의 인재상*, 본인의 장점, 경쟁력 등 포함)에 대해 기술해 주시기 바랍니다.

Q `1-2` 캠코에 입사 후 희망하는 직무는 무엇이며, 해당 직무를 수행함에 있어 어떻게 기여할 계획인지 기술해 주시기 바랍니다.

　　　* 캠코 인재상: 포용하고 존중하는 인재, 미래에 도전하는 인재, 전문성을 갖춘 인재

기출 항목 분석
&작성 노하우　　　　　　　➡️ [조직이해능력 + 자기개발능력]

　캠코에 지원하게 된 동기를 인재상, 장점, 경쟁력을 포함하여 작성해야 하는 부분이다. 되도록 두 질문의 내용이 구조적으로 잘 연결되도록 작성하여 통일성을 유지한다.

　한국자산관리공사의 인재상을 검색해보면 특별히 인재상에 대한 설명이 없다. 하지만 각각의 인재상이 구체적으로 무엇을 의미하는지를 캠코의 핵심 가치를 통해서 확인할 수 있다.

　본인의 장점과 경쟁력에 대한 부분을 작성할 때는 직무기술서를 활용한다. 캠코의 직무기술서를 보게 되면 경영 직렬의 경우 세부 업무마다 요구하는 역량을 구체적으로 제시하고 있다. 따라서 다음의 직무기술서 안에 포함된 지식, 기술, 태도에 자신의 경험, 교육, 전공 등과 연결할 수 있는 키워드를 선택해야 한다.

　희망하는 직무란 경영, 경제, 법, 건축, IT 등의 직렬에서 주로 어떤 직무를 희망하는 것인지 세부 직무로 작성하는 것이 좋다. 다 잘할 수 있다는 것을 어필하는 것이 아니라 특별히 '어떤 분야에서 차별화된 전문성을 확보해왔다'는 점을 설명하는 것이 설득력 높은 자소서이다. 희망 직무에 대한 기여 방안을 작성할 때는 사업 전체에 대한 이해가 꼭 필요한 것은 아니다. 직무기술서에서 제시된 내용 중 업무 수행 내용을 파악하고 이와 관련하여 업무 수행 과정에서 어떤 태도를 가지고 노력할 것인지 제시할 수 있다면 잘 작성한 것이라 볼 수 있다.

한국자산관리공사 직무기술서

(경영관리) 경영목표 및 사업계획 수립, 인사제도 운영, 조달 및 관재, 회계·세무·결산

(서민금융) '국민행복기금' 관리 운용, 채무 조정 및 소액 대부 등 신용회복 지원, 소송 업무

(기업구조조정) 부실채권 인수 및 정리, 기업자산 인수, 선박 금융, 해외 컨설팅, 기업구조혁신 통합지원

(공공사업) 부동산 등 자산 매각, 공유재산 관리 및 처분, 부동산 취득·인수·개발

(체납조세정리) 체납압류재산 매각 대행, 체납국세 위탁징수, 국가채권 체납액 위탁회수

(온비드) 전자자산처분시스템 '온비드' 관리 운용 및 입찰 관리

(국유재산 관리) 국유 부동산 및 유가증권 관리 처분, '국유재산관리기금' 운용, 국유지 위탁개발

기 출 항 목 ➡
합 격 가 이 드

Q. 캠코에 지원하게 된 동기와 희망직무 및 포부에 대해 기술해 주시기 바랍니다.

Q 1-1 캠코에 지원하게 된 동기와 캠코가 귀하를 채용해야 하는 이유에 대해 기술해 주시기 바랍니다.

자산관리공사에서는 유휴토지(국유지)의 효율적 활용을 통해 국유재산의 가치를 제고하여, 국가재정 수입에 기여하고 국민편익 증진을 위해 노력하고 있습니다. 특히 이 과정에서 국유지 활용에 대한 온비드의 활용성을 높여 명실상부 공공자산 종합쇼핑몰로서의 역할을 하는 것이 중요하다고 생각합니다. 저는 저의 강점과 경쟁력을 바탕으로 온비드의 활용성을 높여 국민편익을 증진하는 데 기여하고자 지원하게 되었습니다.

저를 채용해야 하는 이유는 포용적인 태도와 존중의 자세를 갖춰왔기 때문입니다. 공공기관 서포터즈 활동을 하며 취약계층 관련 카드뉴스를 제작하여 사회적 기여를 위한 마케팅 활동에 적극 참여해왔습니다. 더불어 20여 페이지 분량의 MZ세대 특성 보고서를 작성하여 세대 간 차이를 줄일 수 있는 커뮤니케이션 방안을 제시하고 세대별 특징을 바탕으로 한 홍보 방안을 제시하기도 했습니다. 무엇보다 서포터즈 활동을 진행하며 함께 한 팀원과의 의견을 조율함으로써 빠르게 콘텐츠를 제작했고, 이를 통해 40여 개의 콘텐츠를 만들었던 의사소통능력도 제가 자산관리공사의 온비드 마케팅에 기여할 수 있는 강점이라고 생각합니다.

Q 1-2 캠코에 입사 후 희망하는 직무는 무엇이며, 해당 직무를 수행함에 있어 어떻게 기여할 계획인지 기술해 주시기 바랍니다.

국유재산 관리는 국가의 소중한 재산을 지키는 일이라고 생각합니다. 특히 그중 부동산 관리는 철저한 관리를 통해서 효율적으로 운영하는 것이 중요합니다. 또한, 국유재산의 올바르고 효율적인 관리를 위해서는 무단 점유자에 대한 관리가 필요하다고 생각합니다. 국가의 재산을 함부로 사용하는 점유자에 대한 정확한 변상금 업무처리를 통해서 공정한 한국자산관리공사를 만들어가는 데 기여하고 싶습니다.

Q. 지원분야(직무)와 관련된 경험 또는 경력 중 귀하에게 주어진 역할을 명확히 이해하고 최선을 다하여 소기의 성과를 낸 사항에 대해 역할 – 행동 – 성과를 중심으로 구체적으로 기술해 주시기 바랍니다.

- 경험은 일정한 보수를 받지 않고 일했던 내용(동아리, 봉사활동, 공모전 등)이며, 경력은 일정한 보수를 받고 일했던 사항(정식 직원, 인턴 등 – 증빙 가능한 경력)을 의미합니다.
- 경험 또는 경력 사항에 기재하지 않았더라도 지원분야와 직접적으로 관련되었거나 직접 관련되지 않았더라도 관련성을 납득할 수 있도록 기술하면 모두 인정됩니다. (본인이 생각하는 중요도 순으로 기술)

기출 항목 분석
&작성 노하우 ⟶ [조직이해능력 + 대인관계능력]

주어진 역할을 명확히 이해했다는 것은 공동의 목표를 정확히 숙지하고 이를 달성하기 위해서 자신의 역할이 무엇인지 파악하여 더 잘 수행할 수 있도록 노력했다는 것을 의미한다. 따라서 이 항목에서 가장 중요한 핵심은 공동의 목표가 무엇인가를 정확히 드러내야 한다는 점이다.

공동의 목표가 제시되어야 자신이 목표 달성을 위해 어떤 역할을 맡았는지가 나타난다. 또한 역할이 잘 제시되어야 행동과 성과가 명확해진다. 따라서 목표와 역할 2가지 요소에 대해서 명확히 할 수 있는 경험을 선택하고, 향후에도 팀워크 경험을 작성할 때는 이 항목의 요구사항에 맞게 작성하는 것이 좋다.

Q. 지원분야(직무)와 관련된 경험 또는 경력 중 귀하에게 주어진 역할을 명확히 이해하고 최선을 다하여 소기의 성과를 낸 사항에 대해 역할 – 행동 – 성과를 중심으로 구체적으로 기술해 주시기 바랍니다.

직무와 관련된 경험 중 기업신용분석에 대한 경험이 있습니다. 저는 모의투자 경진대회를 통해 기업의 신용과 리스크 분석 역할을 맡아 대상 수상에 기여했습니다. 당시, 투자 경진대회에서 공동의 목표는 기업의 전망 분석을 통한 수상이었습니다. 이를 위해 제가 맡은 역할은 리스크 분석이었습니다. 저는 기업 분석에 있어 장밋빛 전망만을 제시하는 것이 아니라 위험 관리가 더 중요한 분석 대상이라고 생각하였습니다. 따라서 산업위험과 경영위험, 영업위험, 재무위험의 위험도를 분석하여 기업의 재무적 건전성을 파악하는 역할을 수행하였습니다. 분석의 신뢰도를 높이기 위해 기업을 둘러싸고 있는 각종 규제와 해외시장의 흐름까지 파악해야 했습니다. 그리하여 산업보고서와 해외 자료까지 확인하는 등 객관성을 확보하기 위한 분석을 진행하였습니다. 또한 신용, 유동성, 운영리스크 등으로 구분하여 위험 요인을 다각도로 제공하여 모의투자에서의 변수를 최소화하였습니다. 이를 바탕으로 투자 수익률 15% 달성에 기여하였고, 대상을 수상할 수 있었습니다. 향후 통합지원 분석 대상기업의 위험도를 분석하여 기업의 현재 및 미래의 채무 원리금 상환능력 및 상환의지 등을 종합적으로 평가할 수 있는 리스크 관리에서 저의 역량을 발휘하겠습니다.

Q. 귀하의 고유한 아이디어를 가지고 문제를 해결하던 중 다른 사람과 의견 차이가 있어, 상대방을 설득하여 좋은 결과(혹은 실패한 결과)를 얻었던 경험을 다음 세부 항목에 따라 작성해 주십시오.

Q 3-1 기존 방식의 문제점, 아이디어를 생각해 낸 계기 및 노력 등 당시 상황에 대한 내용을 작성해 주십시오.

Q 3-2 상대방을 설득하기 위한 본인의 논리와 방법은 무엇이었으며, 상대방의 반응과 결과는 어떠했는지에 대해 작성해 주십시오.

기출 항목 분석
& 작성 노하우 ──────────────▶ [문제해결능력 + 의사소통능력]

　문제를 해결하는 과정에서는 하나의 정답만이 존재하는 것은 아니다. 다양한 정답이 존재할 수 있기 때문에 이 과정에서 자신이 정답이라고 생각했던 아이디어나 생각이 타인과 다를 수 있다. 중요한 것은 이러한 상황에서도 서로 협의점을 찾고 설득과 조율을 통해 더 나은 대안을 찾아나가는 태도이다.

　상대방의 반응을 작성하는 과정에서 중요한 포인트는 한 번에 설득이 되었다는 것보다는 여러 번의 설득 끝에 합의점을 도출할 수 있었다는 방향으로 제시해야 한다는 점이다. 아무리 논리를 세우고 설득을 하더라도 상대방의 생각을 한 번에 바꾸기는 어렵다. 무엇보다 설득 과정에서 상대방의 반응을 살펴 자신의 아이디어를 수정한다는 내용을 제시해야 한다. 즉, 설득이란 자신의 주장을 강요하는 것이 아니라 상대방의 반응을 보고 대안을 수정해나가면서도 자신이 하고자 했던 방향성을 유지하는 과정이며 이것이 드러나야 한다.

Q. 귀하의 고유한 아이디어를 가지고 문제를 해결하던 중 다른 사람과 의견 차이가 있어, 상대방을 설득하여 좋은 결과(혹은 실패한 결과)를 얻었던 경험을 다음 세부 항목에 따라 작성해 주십시오.

Q 3-1 기존 방식의 문제점, 아이디어를 생각해 낸 계기 및 노력 등 당시 상황에 대한 내용을 작성해 주십시오.

코로나 시국에 국내에 남아있는 외국인 교환학생을 위해 줌을 활용한 중고물품 판매 라이브 커머스를 진행하자는 아이디어를 제시한 적이 있습니다. 당시 외국인 교환학생의 경우 기숙사에서 생활할 수 있었지만 코로나로 인해 기숙사가 폐쇄되었기에 다른 곳에서 생활해야 했습니다. 갑작스럽게 문제 상황에 처한 이들을 위해 줌을 활용하여 라이브 커머스라는 방식으로 생필품 거래를 중개하자는 의견을 제시했던 것이었습니다. 하지만 학교 측에서 교내 판매행위 금지를 이유로 줌을 활용한 라이브 커머스에 대해 반대하였습니다.

Q 3-2 상대방을 설득하기 위한 본인의 논리와 방법은 무엇이었으며, 상대방의 반응과 결과는 어떠했는지에 대해 작성해 주십시오.

저는 설득의 논리와 방법을 고민하면서 어떻게 학교 측에 제가 원하는 바를 전달할 수 있을지를 고민하였습니다. 우선 설득의 논리로 ❶1) 제 의견의 타당성 제시 2) 상대의 입장에 대한 공감 표시 3) 서로 협의할 수 있는 마지노선 정하기를 세웠습니다. 먼저 학교 측의 입장을 이해하면서도 왜 라이브 커머스가 단순한 판매행위가 아닌지를 제시하고자 했습니다. 즉, 판매가 아닌 중고물품 거래라는 점을 강조하였습니다.

❷ 합격 자소서 STEP

❶ 설득의 논리 제시
❷ 상대의 반응과 의견 조율이 안 되는 상황 발생
❸ 새로운 대안 제시를 통한 설득

❷하지만 그럼에도 판매가 실제로 이뤄지면 판매행위가 될 수 있다는 반박을 듣게 되었습니다. 이 점에 대해서는 학교 측의 입장을 이해하게 되었습니다. 따라서 설득을 위해서는 무조건적인 설득이 아니라 서로 협의점을 제시하여 설득할 필요가 있다고 판단하였습니다. ❸따라서 학교를 설득하기 위해 커머스의 방식을 기부의 형태로 변경하였고 기부한 학생에게는 학교에서 제공하는 포인트를 제공하여 참여도를 이끌어내는 방식을 제시하였습니다. 이를 바탕으로 서로 윈−윈 하는 대안을 도출하고 라이브 커머스 형태의 기부 프로그램을 성공적으로 진행하여 기부 건수 60여 건을 달성할 수 있었습니다.

Q. 공공기관 직원으로서 직업윤리가 왜 중요한지 귀하의 가치관 또는 경험을 토대로 기술해 주시기 바랍니다.

Q 4-1 공공기관 직원으로서 직업윤리가 중요한 이유에 대해 작성해 주십시오.

Q 4-2 귀하가 소속된 집단 또는 단체에서 본인의 가치관에 부합하지 않는 갈등 상황이 있었다면, 당시 갈등 상황과 귀하가 선택한 행동에 대해 설명해 주십시오.

기출 항목 분석   **[직업윤리]**
& 작성 노하우

   공공기관의 직원으로서 직업윤리가 중요한 이유에 대해서는 캠코의 핵심 가치를 참고하는 방법도 좋다. 핵심 가치에서 신뢰를 받기 위한 공정과 투명성을 강조하고 있다. 따라서 직업윤리가 중요한 이유를 단순히 청렴해야 한다는 방향으로만 서술하지 말고 캠코의 특수성을 바탕으로 왜 공정과 투명성이 중요한지를 같이 설명하는 것도 고려해야 한다.

   가치관에 부합하지 않은 갈등 상황에는 아래와 같은 상황이 있을 수 있다.

---

1) 편법이나 요령을 부릴 수 있었던 상황 제시
2) 실수를 인정해야만 하는 상황
3) 공정하지 않아도 되는 상황
4) 투명하게 진행하지 않아도 되는 상황

   원칙과 윤리에 대한 것은 항상 '그럼에도 불구하고'라는 태도가 중요하다. 다만 선택한 행동에 대해서 너무 이분법적으로 작성하지는 않아야 한다. 예를 들어 나는 윤리적으로 옳고 남들은 비윤리적이었다는 식의 서술이 되어서는 안 되며 갈등을 해결하여 좋은 영향을 주었다는 방향으로 결과가 나올 수 있도록 작성한다.

Best sample

기 출 항 목 ─────▶
합 격 가 이 드

Q. 공공기관 직원으로서 직업윤리가 왜 중요한지 귀하의 가치관 또는 경험을 토대로 기술해 주시기 바랍니다.

Q 4-1 공공기관 직원으로서 직업윤리가 중요한 이유에 대해 작성해 주십시오.

공공기관 직원으로서 직업윤리가 중요한 이유는 공적인 업무 수행을 통해 고객 신뢰를 확보해야 하는 일이기 때문입니다. 그러한 의미에서 캠코는 가계·기업·공공자산의 사회·경제적 가치를 높이는 국내 유일의 공적자산관리 전문기관입니다. 공공의 자산을 관리 운영하는 주체로서 공정하고 투명한 업무를 수행하고 청렴함을 발휘하지 않는다면 아무도 공적 전문기관으로서의 캠코를 신뢰하지 않을 것입니다. 따라서 공정하고 투명한 태도로 매사에 주어진 업무에 최선을 다한다면 기관에 대한 신뢰는 당연히 따라오는 것이라 생각합니다.

Q 4-2 귀하가 소속된 집단 또는 단체에서 본인의 가치관에 부합하지 않는 갈등 상황이 있었다면, 당시 갈등 상황과 귀하가 선택한 행동에 대해 설명해 주십시오.

공정하고 투명하지 않은 행동에 대해서는 이를 바로잡아야 한다는 가치관을 가지고 있습니다. 저는 금융경제 동아리를 운영하면서 신입부원 선발에 대한 공정하지 못했던 사항을 개선한 적이 있습니다. 당시 신입부원 선발 중 자신의 고등학교 후배들을 우선 고려하는 것을 보면서 이는 공정한 선발이 아니라는 문제를 제기했습니다. 하지만 다른 부원의 입장은 자신이 동아리를 소개했고, 함께 하고자 온 후배인데 어떻게 탈락시킬 수 있냐는 것이었습니다. 제가 취한 행동은 모두를 만족시키면서도 공정함을 유지해야 한다는 것입니다. 그래야 신입부원 선발에 불만이 발생하지 않을 것이라 생각하였습니다. 우선 추천제도를 도입하여 추천서를 선배가 작성하게 하고 이 또한 검토하기로 하였습니다. 더불어 실력을 평가하기 위해 경제 용어를 기반으로 한 시험을 개발하여 시험을 치렀고, 이를 평가하는 방식으로 선발 기준을 선정하였습니다. 이렇게 하니 모두에게 공정한 신입부원 선발이 가능해졌고, 동아리의 신뢰도 또한 향상시킬 수 있었습니다.

Q. 올해 창립 60주년을 맞이하는 캠코가 마주한 현재의 과제와 100년 캠코를 위해 나아
갈 미래 방향을 제시하여 주시기 바랍니다.

기출 항목 분석
&작성 노하우 ⟶ [조직이해능력]

이러한 항목이 어렵게 느껴지겠지만 쉽게 작성하는 노하우만 알면 충분히 작성할 수 있
다. 캠코의 ESG 전략 이행 보고서와 애뉴얼 리포트만 잘 읽어보면 된다. 자신의 생각과 아
이디어를 넣어 작성할 수 있겠지만 미래의 방향을 자신이 제시하는 과정에서는 근거와 논
리가 필요하기 때문에 그 근거를 캠코에서 제공하는 리포트를 통해서 확인해야 한다.

기 출 항 목 ⟶
직 접 써 보 기

Q. 올해 창립 60주년을 맞이하는 캠코가 마주한 현재의 과제와 100년 캠코를 위해 나아갈 미래 방향을 제시하여 주시기 바랍니다.

캠코가 마주한 현재의 과제는 코로나 대유행의 장기화, 가계부채 증가, 인플레이션 등으로 인한 위협과 관련 있습니다. 이로 인해 가계와 기업의 경제가 취약해지고 있어 향후 캠코의 역할이 중요해질 것이라 기대합니다. 따라서 현재의 과제는 가계 부문에서는 소상공인, 자영업자에 대한 지속적인 지원과 부실채권 상시 인수체계 유지로 가계부채 누증에 대비하는 것입니다. 또한 채권결집을 통한 채무자 채무 부담 완화 및 신용 회복 효과를 극대화하여 취약 가계에 대한 맞춤형 지원을 강화해야 할 것입니다.

기업 부문에서는 산업환경이 빠르게 변화하므로 리스크 관리가 중요한 과제라고 생각합니다. 기업지원 펀드 등의 역할을 강화하여 회복력을 증대해야 합니다. 공공 부문에서는 국유재산 개발 사업을 지속 확대하여 국유지 효율화를 위해 노력해야 할 것입니다.

100년의 캠코가 되기 위해서는 가계, 기업, 공공 부문에서 ESG 이행과 글로벌 협력과 투자사업을 지속하는 것입니다. 가계, 기업, 공공 사업의 선순환을 이루기 위해서는 사회적 책임을 다해 가계, 기업의 리스크를 관리하고, 공공 사업을 확대해야 할 것입니다. 더불어 글로벌 경쟁력을 갖춘 자산관리 전문기관으로 성장함으로써 100년의 캠코를 만들어가야 할 것입니다.

3) 한국무역보험공사

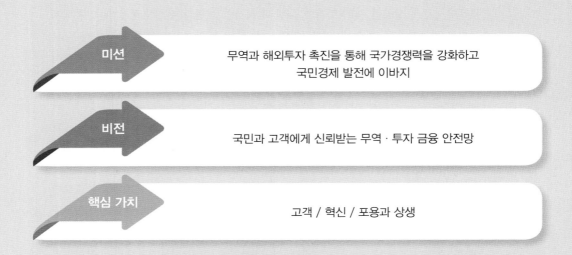

미션 | 무역과 해외투자 촉진을 통해 국가경쟁력을 강화하고 국민경제 발전에 이바지

비전 | 국민과 고객에게 신뢰받는 무역 · 투자 금융 안전망

핵심 가치 | 고객 / 혁신 / 포용과 상생

전략목표

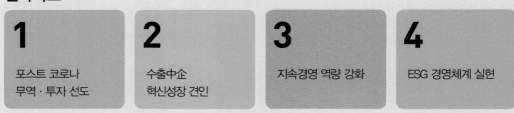

1 포스트 코로나 무역 · 투자 선도

2 수출중소 혁신성장 견인

3 지속경영 역량 강화

4 ESG 경영체계 실현

※ 기업 소개 정보는 변경될 수 있습니다. 정확한 사항은 기업 홈페이지를 참고해 주세요.

한눈에 보는 자소서 특징

한국무역보험공사 자기소개서의 특징은 기본적인 질문부터 특징적인 질문에 이르기까지 다양한 스펙트럼을 보여주고 있다는 것이다. 직무 역량, 열정적인 노력, 설득에 대해서 물어보는 일반적인 질문부터 실패 경험, 가장 기억에 남았던 말처럼 평소 다른 기관에서 작성하지 않는 항목들도 있다. 무역보험공사의 경우 사업적 목적이 뚜렷한 기업인 만큼 관련 사업에 대한 관심과 자신의 직무 역량을 잘 연결하는 것이 중요하다.

한눈에 보는 기출 자소서 항목(2022년 상반기)

1. 본인이 지원한 직무(채용분야)를 선택한 이유는 무엇이며, 해당 직무에 필요한 역량을 갖추기 위해 어떠한 준비를 하였는지 본인이 보유한 경력, 지식 또는 경험을 바탕으로 설명하고, 타 지원자와 차별되는 강점은 무엇인지 기술해 주십시오.

2. 본인이 살아오면서 가장 열정적 또는 헌신적으로 몰두했던 일(학업, 구직활동 제외)은 무엇이었는지 설명하고, 해당 경험이 입사 이후 업무 수행에 어떠한 도움이 될 수 있는지 기술해 주십시오.

3. 조직 또는 단체 생활에서 타인을 설득하기 위해 본인만이 가지고 있는 효과적인 방법은 무엇이며, 이를 실천했던 구체적인 경험 또는 사례를 기술해 주십시오.

4. 열심히 노력했으나 성취하지 못했던 경험을 쓰고, 본인이 판단하는 실패의 원인과 이를 극복하기 위해 했던 노력을 기술해 주십시오.

5. 한국무역보험공사 인재상 4가지(전문인, 국제인, 혁신인, 윤리인) 중에서 본인이 가장 부합하다고 생각하는 것 1가지를 들고, 그 이유를 본인의 경험, 노력 등 구체적인 근거를 들어 기술해 주십시오.

6. 본인이 살아오면서 들었던 가장 기억에 남는 말은 무엇이며, 그 말이 본인의 인생에 어떠한 변화를 주었는지 기술해 주십시오.

Q. 본인이 지원한 직무(채용분야)를 선택한 이유는 무엇이며, 해당 직무에 필요한 역량을 갖추기 위해 어떠한 준비를 하였는지 본인이 보유한 경력, 지식 또는 경험을 바탕으로 설명하고, 타 지원자와 차별되는 강점은 무엇인지 기술해 주십시오.

기출 항목 분석
&작성 노하우 ──────────────────────────────▶ [조직이해능력]

　하나의 항목에서 다양한 것을 한 번에 묻는 경우는 요구사항별로 구분하여 항목을 분석할 필요가 있다.

1) 채용 직무를 선택한 이유는 무엇인가?

　채용 직무를 선택한 이유와 관련해서는 자신의 강점과 경쟁력을 중심으로 작성한다. 직무와 관련한 지원동기는 직무에 대한 관심과 지원한 직무가 왜 중요한지, 그리고 본인의 강점이 직무수행에 잘 부합하기 때문이라는 방향성으로 작성한다.

2) 해당 직무에 필요한 역량을 갖추기 위한 노력은?

　직무설명자료를 참고하여 작성하는 것이 기본이며, 이를 확인해보면 조사인수 분야에서는 분석력과 리스크 관리 역량을 우선적으로 요구한다는 것을 알 수 있다. 신용 분석, 리스크 관리, 계약 심사, 해외영업 등의 업무에서 가장 기본이 되는 능력은 분석력과 꼼꼼함이다. 전체 업무를 관통할 수 있는 역량을 선택하여 작성하는 것이 중요하므로 가능하다면 분석적 역량과 리스크 관리 분야의 역량을 어필해보기 바란다.

3) 타 지원자에 비해서 차별화된 강점은?

　'재무제표 분석을 잘한다', '자료수집을 잘한다', '통계를 활용한 데이터 관리를 잘한다' 등이 차별화된 강점일 수 있다. 추상적인 것보다는 구체적으로 증명 가능한 강점일수록 좋다. 직무기술서에서 〈필요기술〉을 중심으로 자신의 강점을 찾는 것도 효과적이다.

[조사인수 직무기술서 중 필요기술 부분]

(기업신용 분석) 산업구조 파악 기술, 상담기술, 수급 · 경기동향 분석능력, 수급 · 경기동향에 대한 추세분석 기술, 경쟁구조 · 업계동향에 대한 분석 능력, 규제 · 정책 분석 능력, 이해관계 분석 기술, 경영시스템 평가기술, 우발채무의 영향력 분석 기술, 연계회계 적용 기술, 구매력 평가 기술, 신용위험 분석 기술, 동종업체와의 비교분석 기술, 해당기업의 과거 재무비율과의 비교분석 기술, 재무제표 분석 능력 등 기업신용 분석 관련 기술

(리스크 관리) 자료수집 분석 능력, 보고서 작성 능력, 통계프로그램 활용 기술, 리스크 데이터 수집능력, 기업분석 능력, 산업분석 능력, 통계분석능력, 리스크 관리시스템 운영 기술, 데이터베이스 활용 기술, 경제통계 데이터 검색 기술, 리스크지표 산출 기술 등 리스크 관리 관련 기술

(보험 모집) 시장정보수집 능력, 자료수집 능력, 시장예측 능력, 고객 상담 커뮤니케이션 능력, 수집된 정보 처리/분석/정리 능력 등 보험 모집 관련 기술

(보험계약 심사) 통계패키지 사용 능력, 스프레드시트 사용 능력, 위험요인파악 능력, 재무제표 분석 능력, 설득적 커뮤니케이션 스킬 등 보험계약 심사 관련 기술

(보험계약 보전) 통계자료 이해 능력, 통계산출 능력 등 보험계약 보전 관련 기술

(해외영업) 보고서 작성 기술, 정보 분석 기술, 시장 전망 기술, 요약 보고 기술, 조건별 계약사항 비교 능력, 영문 계약서 검토 능력, 협상 기술, 송부매체 활용 능력, 협상 기술, 전자무역 툴의 사용 능력 등 해외영업 관련 필요기술

Q. 본인이 지원한 직무(채용분야)를 선택한 이유는 무엇이며, 해당 직무에 필요한 역량을 갖추기 위해 어떠한 준비를 하였는지 본인이 보유한 경력, 지식 또는 경험을 바탕으로 설명하고, 타 지원자와 차별되는 강점은 무엇인지 기술해 주십시오.

[리스크 분석과 분석력을 바탕으로 조사인수 업무의 차별화 구축]

조사인수 직무는 저의 리스크 분석 역량과 철두철미한 업무처리 강점을 가장 잘 발휘할 수 있는 직무이기에 지원했습니다. 조사인수 직무를 수행하기 위해서는 무역보험 및 보증과 관련된 대내외 리스크 분석 역량이 필수적입니다. 이를 위해 다음과 같이 준비했습니다.

첫째, 재무회계 동아리 활동으로 회계학과 재무관리 수험서를 공부했고, 국내외 주요 금융 이슈를 학회원과 토론하며 금융시장에 대한 이해와 재무회계 지식을 쌓았습니다.

또한, 공인회계사를 준비하며 심화된 회계 분석을 통해 재무제표를 다양하게 해석하는 기술을 배웠습니다. 이처럼 제가 습득한 기업 재무분석 능력은 수출입 기업의 재무분석을 통한 신용위험을 판단하는 데 활용할 수 있을 것이라 기대합니다.

둘째, 글로벌 비즈니스 관련 전공을 통해 국제관계에 대한 거시적인 관점을 갖추었고, 유럽, 중동, 일본, 중국 등의 정치, 경제, 역사를 공부하여 국가 간 역학 관계 및 국제무역이 통상에 미치는 영향 등을 연구해 대내외 환경 변화에 따른 국가 위험을 판단할 능력을 갖추었습니다.

이러한 준비 과정을 통해서 제가 얻은 차별화된 강점은 바로 분석력이라고 생각합니다. 분석력을 바탕으로 실제 미중무역 갈등에 따른 한국의 대응 전략이라는 리포트를 완성한 적이 있습니다. 미중무역 갈등에 대한 수십 건의 보고서를 분석하여 핵심은 경제 패권에 대한 쟁점이라는 결론을 발굴하였습니다. 더불어 미중무역이 한국경제에 미치는 영향과 한국의 입장에 대한 리포트를 작성하여 A+학점을 달성한 경험이 있습니다. 이러한 분석 역량을 바탕으로 각종 신용위험, 비상위험 등을 신중하게 분석하여, 고객의 수출입 거래가 무사히 성사될 수 있도록 기여하겠습니다.

Q. 본인이 살아오면서 가장 열정적 또는 헌신적으로 몰두했던 일(학업, 구직활동 제외)은 무엇이었는지 설명하고, 해당 경험이 입사 이후 업무 수행에 어떠한 도움이 될 수 있는지 기술해 주십시오.

기출 항목 분석
&작성 노하우 ──────────────────────────→ [**자기개발능력**]

1) 가장 열정적으로 또는 헌신적으로 몰두했던 일이란?

학업과 취업 과정 이외에 열정을 발휘했던 경험을 작성하는 항목이다. 열정이란 몰입과 집중을 의미한다. 시간이 가는 줄 모르고, 발품을 팔아가며, 현장에 방문하여, 밤을 새워가는 등의 행동 지표를 통해서 얼마나 그 목표를 이루기 위해 많은 것을 투자했는지가 바로 열정이라고 볼 수 있다.

2) 입사 후 업무 수행에 어떠한 도움이 될 것인가?

업무 수행에 도움이 될 부분이라고 할 때, 앞에서 열정과 헌신을 언급했으니 지식이나 기술적 요인을 작성하는 것이 아닐 것이다. 태도의 영역에서 열정있는 자세로 업무에 어떻게 헌신하겠다는 내용이 나온다면 충분하다.

Q. 본인이 살아오면서 가장 열정적 또는 헌신적으로 몰두했던 일(학업, 구직활동 제외)은 무엇이었는지 설명하고, 해당 경험이 입사 이후 업무 수행에 어떠한 도움이 될 수 있는지 기술해 주십시오.

[매일 꾸준히 성장해 온 수영 실력, 차별화를 만들어가다]

제가 가장 열정적으로 몰입했던 경험은 바로 수영 실력을 향상하는 것이었습니다. 저는 평소 물에 대해 공포증이 있던 편이라 수영을 배워보고 싶다는 생각이나 관심을 두지 않았습니다. 하지만 수영 그 자체에 대해서 제가 피하거나 포기한다면 어떤 것도 이룰 수 없다는 생각으로 수영을 시작하였습니다.

물론 쉬운 길은 아니었습니다. 연습 풀장에서 한 달 동안 연습했지만, 실제 물에 들어가 수영을 하는 것은 여전히 두려웠습니다. 그럼에도 새벽 수영을 한 번도 거르지 않고 나갔습니다. 그렇게 약 2년의 시간을 투자하니 접영까지 할 수 있는 실력이 갖춰졌고 더 큰 열정이 생겼습니다. 바로 수영 대회에 참가하는 것입니다. 지역에서 열리는 작은 아마추어 대회였지만 그동안 제 열정의 결과를 파악할 기회였습니다. 저는 이 대회에 참가하기 위해 새벽과 저녁 시간을 활용해 지속해서 훈련하였고, 대회에서 3위로 입상할 수 있었습니다.

무역보험공사에 입사해서도 분명 어렵고 힘든 순간이 있을 것입니다. 하지만 수영을 통해서 배운 열정과 의지가 앞으로의 어려움을 이겨내는 원동력이 될 것으로 생각합니다. 무엇보다 열정이 있다면 그것을 할 수 없는 이유가 아닌, 할 수 있는 이유로 만들어갈 수 있다는 것을 증명해 온 저로서는 무역보험공사에서 이러한 저의 태도를 발휘하여 글로벌 인재가 지녀야 할 열정을 더 키워나가겠습니다.

Q. 조직 또는 단체 생활에서 타인을 설득하기 위해 본인만이 가지고 있는 효과적인 방법은 무엇이며, 이를 실천했던 구체적인 경험 또는 사례를 기술해 주십시오.

기출 항목 분석
&작성 노하우 ➡ [의사소통능력]

설득을 위한 방법은 다양하지만, 아래의 내용을 참고하여 효과적인 방법을 활용해보자.

---

1) 심리적 간격을 좁혀라

심리적 간격을 좁히라는 것은 공감대를 형성하라는 것입니다.

2) 상대방의 이익을 강조하라

설득을 위해서는 내가 원하는 이익만이 아니라 상대방에게도 이익이 됨을 설명해야 합니다.

3) 객관성을 높일 수 있는 자료를 준비하라

자료를 준비하여 설득함으로써 신뢰를 높일 근거를 확보해야 합니다.

4) 자신의 잘못도 솔직하게 인정하라

오히려 자신의 의견에 대한 부족함도 솔직히 이야기하면서 접근해야 합니다.

5) 원하는 것보다 더 많은 것을 먼저 요청하라

자신이 원하는 것보다 더 많이 요청하고 거절당하면 자신이 원하는 수준으로 이야기할 수 있다는 설득 요령을 활용해야 합니다.

이처럼 설득의 방법은 다양하지만 가장 중요한 핵심은 설득이라는 것이 자신이 이기고 상대방이 지는 소통이 아니라 자신도 이기고 상대방도 이길 수 있는 원-원의 대안을 제시하는 것임을 꼭 기억하자.

Q. 조직 또는 단체 생활에서 타인을 설득하기 위해 본인만이 가지고 있는 효과적인 방법은 무엇이며, 이를 실천했던 구체적인 경험 또는 사례를 기술해 주십시오.

[환경 캠페인 참여를 위한 중소기업 설득]

기업과 연계한 환경 캠페인 서포터즈를 진행하면서 소통능력을 발휘한 경험이 있습니다. 환경의 문제점에 대해서 인식시키고 더 나아가 환경보전을 실천하자는 의도로 지역의 중소기업에 찾아가 환경보호 실천을 약속하는 프로젝트를 진행하는 것이었습니다. 이 과정에서 소통의 어려움이 발생하였습니다. 시간을 내어 환경보전에 대한 설명을 듣고자 하시는 분들이 없었고, 귀찮게 생각하는 기업들도 많았기 때문입니다.

이를 위해 프로젝트 참여 시 기업이 얻을 수 있는 이익을 제시해야 했습니다. 인증 관련한 사진을 블로그에 기재하고 환경보전 참여 기업임을 인증하는 인증서를 발급해 드렸습니다. 이렇게 인증을 받게 되면 앞으로 우수 중소기업 선정에 유리해질 수 있음을 설명하여 참여를 독려하였습니다.

다음으로 시간을 따로 내는 것에 대한 부담을 줄였습니다. 환경보전에 대한 자료를 준비하여 일일이 설명해야 하는 시간을 줄였고, 자료를 통해서 환경 캠페인에 대한 의도를 충분히 확인할 수 있도록 제작하였습니다. 이러한 자료를 공유하며 캠페인 참여도를 높일 수 있었습니다.

상대의 부담을 줄이고, 이익을 강조함으로써 효과적인 설득을 이끌어낸 경험이었습니다.

Q. 열심히 노력했으나 성취하지 못했던 경험을 쓰고, 본인이 판단하는 실패의 원인과 이를 극복하기 위해 했던 노력을 기술해 주십시오.

기출 항목 분석
&작성 노하우 ➝ [자기개발능력]

실패는 마이너스가 아니라 플러스라는 관점만 잘 보여주면 되는 항목이다. 실패의 경험 소재가 중요하기보다는 원인을 파악하고 그것을 다시 반복하지 않는다는 태도, 그리고 실패도 도움이 될 수 있다는 점을 서술하면 된다.

실패의 원인으로는 목표가 부정확해서, 문제 상황을 해결하지 못해서, 팀워크를 발휘하지 못해서, 자료조사가 충분하지 않아서, 전략적인 관점을 가지지 못해서, 갈등을 해결하지 못해서 등이 있을 수 있다. 천재지변으로 인한 실패만 아니면 가능하다.

이러한 항목에서 중요한 것은 실패할 만큼 어려운 도전이었는가이다. 실패했지만 그것이 어려운 수준이 아니었다면 그것은 실패로서도 의미가 퇴색하게 된다. 즉 실패할 확률이 높지만 그럼에도 도전한 사례가 나오는 것이 가장 좋다.

기 출 항 목 ➝
직 접 써 보 기

기 출 항 목 ────────▶
합 격 가 이 드

Q. 열심히 노력했으나 성취하지 못했던 경험을 쓰고, 본인이 판단하는 실패의 원인과 이를 극복하기 위해 했던 노력을 기술해 주십시오.

[해외 탐방 자료조사, 우리가 아닌 개인만을 생각한 실패 이유]

해외기업 탐방과 관련한 팀 프로젝트에서 실패한 적이 있습니다. 당시 능력이 출중한 팀원들과 함께 한 프로젝트였기 때문에 기대치가 높았습니다. 하지만 각자 열심히 노력했음에도 불구하고 팀원 모두 낮은 점수를 받았습니다. 팀원 개개인의 역량은 뛰어났지만, 이것이 결국 여러 의견을 하나의 의견으로 모으는 데 장애가 되었습니다. 이견을 잘 관리하지 못하고 각자도생의 방법으로 해외 탐방 자료를 수집했던 것이 실패의 원인이었습니다.

이때의 경험을 통해 후에는 팀으로 활동할 때 두 가지의 노력을 하고 있습니다.

첫째, 개인의 역량보다 팀에 공헌할 수 있는 사람과의 호흡이 중요하다는 것입니다. 각자의 역할만 하는 것이 아니라 팀을 위해 제가 먼저 움직이고 헌신하는 태도를 보일 때 팀원들에게 동기가 부여될 수 있다는 것을 배웠습니다.

둘째, 실패도 마이너스가 아니라 플러스가 될 수 있다는 것입니다. 어떤 팀을 구성할 때 모두의 시너지를 고려하는 것이 중요하며, 소통을 활발히 하여야만 좋은 결과로 이어질 수 있다는 점을 간과하였습니다. 따라서 실패는 저에게 이러한 가르침을 준 경험이라고 생각합니다.

Q. 한국무역보험공사 인재상 4가지(전문인, 국제인, 혁신인, 윤리인) 중에서 본인이 가장 부합하다고 생각하는 것 1가지를 들고, 그 이유를 본인의 경험, 노력 등 구체적인 근거를 들어 기술해 주십시오.

기 출 항 목 분 석
&작 성 노 하 우 ⟶ **[인재상]**

　자주 접하는 인재상 항목이다. 각각 인재상의 의미를 파악하여 잘 부합하도록 작성한다. 무역보험공사는 급변하는 세계 무역 환경에 유기적으로 대처할 수 있는 국제 감각과 금융인으로서 기본적으로 갖추어야 할 전문지식을 겸비하고 공기업으로서의 윤리의식을 소유한 인재를 바라고 있다.

• 국제인: 급변하는 국제통상 환경에 유기적으로 대처하는 인재
• 전문인: 무역금융을 선도하는 전문지식을 겸비한 인재
• 혁신인: 변화와 혁신을 능동적으로 주도하는 인재
• 윤리인: 사회적 책임과 윤리의식을 소유한 인재

기 출 항 목 ⟶
직 접 써 보 기

기 출 항 목
합 격 가 이 드 ──────▶

Q. 한국무역보험공사 인재상 4가지(전문인, 국제인, 혁신인, 윤리인) 중에서 본인이 가장 부합하다고 생각하는 것 1가지를 들고, 그 이유를 본인의 경험, 노력 등 구체적인 근거를 들어 기술해 주십시오.

[최초의 시도, 플로깅 동아리를 창설하다]

저에게 가장 부합하는 인재상은 혁신인입니다. 혁신은 당연하게 여기는 기존의 방식을 개선하여 새로운 것을 만드는 것이라 생각합니다.

저는 플로깅 환경 봉사 단체를 대학교 최초로 개설한 경험이 있습니다. 환경과 관련한 동아리는 많았지만 플로깅(환경 쓰레기 줍기 활동)에 대한 동아리는 찾기 어려웠습니다. 평소 환경 활동에 관심이 많았던 저는 플로깅 환경 활동 단체를 직접 개설하여 변화를 주도하는 모습을 보여주었습니다.

결과적으로 다음과 같은 활동을 진행할 수 있었습니다.

첫째, 지역 사회와 연계하여 플로깅 활동 프로그램에 대한 지원금을 받았습니다. 환경단체와 연계하여 태안, 서해 관광지 일대, 동해, 제주에 이르기까지 해변 및 산림을 중심으로 쓰레기 수거 활동을 이어나갔습니다.

둘째, 플로깅 활동에 대한 대외적인 홍보 활동을 진행하였습니다. 플로깅 활동과 관련한 인스타그램 및 블로그를 개설하고 알림으로써 공영 방송에서 출연진들과 함께 쓰레기 수거 체험을 촬영한 적이 있습니다.

앞으로도 당연하게 여겨지는 것이라도 "왜?"라는 물음으로 개선하고 발전할 방법을 찾아가는 사람이 되겠습니다.

Q. 본인이 살아오면서 들었던 가장 기억에 남는 말은 무엇이며, 그 말이 본인의 인생에 어떠한 변화를 주었는지 기술해 주십시오.

기 출 항 목 분 석
&작 성 노하우 ⟶ [**자기개발능력**]

자신의 인생에 영향을 준 한마디를 제시하는 것이기 때문에 본인의 가치관과 그것이 인생에 어떠한 변화를 주었는지 기술하는 항목이다. 평소 인생관, 가치관에 대해서 고민을 해보지 않은 경우에는 어떤 것을 적어야 할지 고민이 될 것이다.

꼭 무역 관련한 분야에 대해서 목표를 설정한 경험으로 작성해야만 하는 것도 아니다. 가끔 국제통상에 대한 관심을 가지게 된 말을 일부러 적어야만 한다고 생각할 수 있는데 그러한 의도가 꼭 드러나야만 하는 것은 아니다. 그렇게 되면 지원동기와 내용이 겹칠 수 있다. 위에서 나타난 역량이 아닌 대인관계 등 자신의 가치관을 형성하게 된 중요한 한마디가 무엇인지 생각해보고 작성해보기 바란다.

🎓 **Best sample**

기 출 항 목
합 격 가 이 드 ⟶

Q. 본인이 살아오면서 들었던 가장 기억에 남는 말은 무엇이며, 그 말이 본인의 인생에 어떠한 변화를 주었는지 기술해 주십시오.

제가 살면서 들었던 가장 기억에 남는 말은 "지금 하지 않으면 언제 하겠는가?"라는 팀 파리스의 말입니다. 타이탄의 도구라는 책으로 유명한 작가가 한 말로 제 삶의 가치관을 설정하게 한 중요한 한마디였습니다. 하고 싶은 것을 하지 못하고 나중에 돼서야 그때 했어야 했는데를 반복하던 저에게 '먼저 시작해, 지금 아니면 언제 하겠어?'라는 생각을 하도록 만들었습니다. 금융 공기업 분야로 저의 목표를 설정하였을 때는 과연 치열한 경쟁을 뚫을 수 있을까에 대해서 자신에게 의문을 가졌습니다. 하지만 제가 만약 금융 공기업으로의 준비를 미루고, 할 수 있을까를 고민하다가 하지 않았다면, 나중에 반드시 후회할 것이라는 점을 명확히 느껴졌습니다. 따라서 저는 시작하기로 마음을 먹고, 나중에 후회는 남기지 않겠다고 다짐하게 되었습니다.

경험 및 경력기술서,
직무수행 계획서는
어떻게 쓸까?

경험 및 경력기술서 작성의 이해

경험 및 경력기술서는 어떻게 작성해야 할까?

경험 및 경력기술서는 어떻게 작성해야 할까?

경험 및 경력기술서를 작성하는 과정에 정해진 규칙이 있는 것은 아니다. 하지만 자신의 경험과 경력을 잘 보여주고 확연히 드러낼 수 있는 보다 효율적인 구성 방식이 있을 것이다. 경험 및 경력기술서를 통해 기업에서 의도하는 것은 무엇일까? 바로 직무와 관련하여 어떤 경험과 경력을 쌓았고, 그것이 우리 기업에 어떻게 적용될 수 있는가를 판단하고자 하는 것이다. 이를 가장 잘 보여줄 수 있는 것이 경험과 경력에 따른 성과라고 볼 수 있다.

그렇다면 성과는 어떻게 드러내야 하는가? 성과는 정량적 · 정성적 기준을 바탕으로 최대한 구체적으로 표현해야 한다. 예를 들면, '고객사 관리능력 강화'라고만 설명하기보다는 '두 개의 고객사 관리'라고 표현하는 것이 더 직관적이며 성과를 잘 드러낸다. 따라서 숫자로 표현할 수 있는 성과는 숫자로 바꿔보는 연습이 필요하다.

또한 업무 수행 내용과 성과를 연결하여 잘 드러내기 위해서는 개조식의 방법이 효과적이다. 자신의 경험이 잘 드러나도록 주요 업무, 역할, 성과를 구분하여 작성한다.

경험 및 경력기술서 작성과 관련한 방법을 확인하며 자신만의 경험 및 경력기술서를 완성해보도록 하자.

1) 경험 및 경력은 어느 정도까지 작성 가능한 것인가?

경험은 직무와 관련한 모든 경험을 의미한다. 증명 가능한 경험뿐만 아니라 증명이 불가능한 경험이라도 자신이 수행한 경험이라면 작성할 수 있다. 예를 들어, 봉사활동의 경우 증빙할 수 있는 활동도 있겠지만 그렇지 않은 활동도 있다. 하지만 지원자가 한 활동이 맞다면 충분히 작성 가능하다. 채용과 관련한 서류를 제출할 때에도 경험 사항에 관한 서류의 제출을 요구하지 않는 경우가 많으므로 동아리 활동, 친목 활동, 연구회 활동, 아르바이트, 학술제, 재능기부, 학과 프로젝트, 수업 과제 등 직무와 연관된 경험이라면 모두 작성할 수 있다.

반면 경력은 증빙이 필요하다. 보험 내역이나 급여 내역을 제출할 수 있어야 하기 때문에 이를 증빙할 수 없다면 작성할 수 없다. 또한 경력 사항을 증빙할 수 있다고 하더라도 직무와 연관성이 없는 경력은 작성할 수 없다. 이러한 점을 감안하여 직무와 연관성을 가진 경력 사항을 작성할 수 있도록 한다.

2) 반드시 직무기술서를 기반으로 작성해야 하는가?

직무기술서는 직무에 대한 설명과 필요한 지식, 기술, 태도를 설명하고 있는 직무의 '지도'이다. 하지만 이를 자세히 읽고 분석하는 경우는 많지 않은데, 직무기술서를 밑줄 그어가며 자신의 경험 및 경력과 어느 지점에서 부합하는지 파악해야 한다. 가장 좋은 경험 및 경력기술서는 지원 직무에서 요구하는 역량과 얼마나 부합하는가에 달려있다. 따라서 직무기술서에 대한 꼼꼼한 해석은 필수다.

3) 직무기술서의 필요지식, 기술, 직무수행 태도에서 무엇을 가장 중요하게 봐야 하는가?

경험 및 경력기술서를 작성할 때는 직무기술서 내용 중 직무수행에 필요한 지식과 기술, 태도에 대한 내용을 확인해야 하는데, 이 중에서 우선해서 봐야하는 부분은 필요기술 부분이라고 할 수 있다. 필요지식을 잘 활용하고 적용하여 역량으로 표현한 것이 기술능력이기 때문이다. 따라서 지식보다는 기술이 더 구체적이다. 지원자가 직무에 대해서 얼마나 업무 수행이 가능한지도 필요기술과 연관된 경우가 많기 때문에 기술 분야와 연관된 자신의 경험 및 경력을 찾아보도록 한다. 물론 직무수행 태도에 대해서도 정성적인 성과로 작성할 수 있다.

4) 경험보다 경력이 더 중요한가?

결론부터 말하자면 그렇지 않다. 경력이 있는 지원자가 경력기술서에서 보다 자신의 업무능력을 더 잘 표현할 수 있는 것은 사실이다. 하지만 그것만으로 경력자가 더 우대된다고 볼 수는 없다. 블라인드 채용이라는 관점에서 경력이 있는 지원자와 그렇지 않은 지원자를 구별하여 채용할 수 없기 때문이다. 자신이 해왔던 경험이 직무에 어떻게 활용 및 적용될 수 있는지만 잘 드러나면 경험 사항이든 경력 사항이든 중요하지 않다.

5) 성과는 어떻게 작성되어야 하는가?

경험과 경력이 있더라도 특별한 성과나 결과가 없는 경우가 많다. 어떤 성과를 달성하기 위해서 진행한 경험이나 경력이 아닐 수도 있기 때문이다. 하지만 성과도 만들 수 있다. 공모전에 참여해서 수상한 경험은 성과가 잘 드러난다. 하지만 공모전에 참여했으나 입상하지 못했다고 해서 성과가 없는 것은 아니다. 자신이 달성한 수준까지를 성과로 작성해주면 된다.

또한 직무기술서를 통해서도 지식의 경우는 '~지식을 함양했으므로', 기술의 경우는 '~능력을 향상했으므로'로 성과를 작성할 수 있다. 본인의 경험이 필요지식과 기술 부분에 어떻게 적용되었는지를 체크하고 성과와 관련된 역량을 향상했음을 성과로 작성할 수 있다.

영역	관련 역량	성과 서술 방법
지식	정부정책 · 법규 동향, 관련기관 · 단체 특성, 핵심성과지표에 대한 개념, 중장기 · 연간 사업별 경영계획, 자사 사업 포트폴리오 현황, 중장기 · 연간 자원계획 운용전략, 투자 대상 사업의 산업환경 현황 · 동향	핵심성과지표에 대한 지식을 함양함
기술	통계 처리 · 분석 기법, 외부환경 분석기법, 스프레드시트 프로그램 활용 기법	통계함수에 대한 활용능력을 향상함

02

경험 및 경력기술서 작성법

사무직 경험기술서 작성법 | 기술직 경험기술서 작성법 | 경력기술서 작성법

사무직 경험기술서 작성법

사무직의 경험기술서를 작성하는 방법에 대해 살펴보자. 앞서 설명한 바와 같이 경험은 반드시 증명 가능하지 않더라도 자신이 수행해 온 경험에 비춰 직무의 지식, 기술 부분에 해당된다면 관련된 경험을 작성할 수 있다. 따라서 다음과 같이 직무기술서를 통해서 자신에게 부합하는 지식과 기술에 체크하고 관련된 경험이 무엇이 있을지를 연결하는 작업을 해야 한다.

경영기획	지식	정부 정책 · 법규 동향, 관련 기관 · 단체 특성, 핵심성과지표에 대한 개념, 중장기 · 연간 사업별 경영계획, 자사 사업 포트폴리오 현황, 중장기 · 연간 자원계획 운용 전략, 투자 대상 사업의 산업환경 현황 · 동향
	기술	통계 처리 · 분석 기법, 외부환경 분석 기법, 스프레드시트 프로그램 활용 기법
기업홍보	지식	동향파악요소, 커뮤니케이션 방법, 홍보 전략
	기술	기획력, 정보수집 능력, 영향범위 판단 능력, 채널선택 능력, 글쓰기 능력
총무	지식	산업동향, 자산관리규정, 행사운영, 차량운영규정, 비품 관리규정, 복리후생제도운영
	기술	문서작성기법, 공사비용 견적분석 능력, 행사 운영기술
인사	지식	채용기법, 중장기인력운영방안, 인력배치원칙, 평가제도, 교육운영방안
	기술	통계처리능력, 컴퓨터활용기술, SpreadSheet 활용능력, 문서작성 기술
회계감사	지식	재무제표 및 재무분석, 입금 · 출금 · 대체전표에 대한 지식, 기업실무에 적용되는 회계 관련 규정, 대금의 지급 방법 및 지급 기준
	기술	회계프로그램 활용능력, 거래유형별로 전표작성 능력, 증빙서류를 처리하는 능력, 입 · 출금에 대한 근거자료 확인능력

엑셀을 활용한 모든 경험 ▶

블로그 운영 경험, 교내 ▶
신문사 경험 등을 연결할
수 있다.

학교 내 크고 작은 행사 ▶
운영 경험

영수증을 관리한 경험 ▶

구매	지식	재무제표 기초지식, 계약 관련 법규, 계약프로세스, 생산계획 및 발주계획, 발주방법, 견적서 검토지식
	기술	사무처리 및 컴퓨터활용능력, 컴퓨터활용기술, 발주서 작성능력, 계약체결 요령
해외사업	지식	해외시장 조사목적의 이해, 해외시장 동향에 대한 이해, 관련 산업 동향파악, 예상투자비 산출, 건설관리 일반
	기술	자료분석 기술, 시장 동향 분석 능력, 기술비교 분석 능력, 경제성 분석 능력, Project Management 능력, 협상 기술

※ 한국지역난방공사 사무직 직무기술서 일부

위의 직무기술서를 통해서 지식과 기술에 대한 관련 경험을 어떻게 매칭시키는지에 대한 간략한 예시를 확인할 수 있다. 특별한 경험이 아니더라도 지식과 기술 역량에 부합하는 내용이 있다면 관련 경험으로 작성해야 한다. 이렇게 작성된 예시를 보면 다음과 같다.

---

1. **활동기관명**: ○○대학교 홍보대사
2. **주요 업무**: 대학의 홍보활동 진행, 외부 인사 의전 업무 수행
3. **주요 활동**
    1) 대학 신입생 모집을 위한 학교 방문과 홍보 활동
    2) 대학 SNS 개설 및 활동 사항 업데이트
    3) 외부 인사 및 행사에 의전 활동 및 행사 기획
    4) 행사 진행 시 필요한 물품과 다과 등을 준비하고 행사 비용 관리
4. **주요 성과**
    • 교내 행사 14회 수행(신입생 환영회 3회, 외부 초청 강연 의전 8회, 개교기념일 3회 등)
    • 행사 기획 활동 능력 강화, 해외 인사 초청 시 통역 활동을 통해 통역 능력 향상
    • 의전의 전(全) 과정을 기획 진행함으로써 행사 기획에 대한 역량 강화
    • SNS를 활용한 홍보 강화(학과 소개 페이지를 운영하여 팔로워 수 4,000명 증가에 기여)
    • 홍보대사 활용 기획과 비용 관리를 통해 한정된 자원 내에서의 운영능력을 기름

이처럼 경험기술서는 봉사 활동, 학과 활동, 리포트 작성, 연구회 활동, 동아리 활동, 친목모임, 수업 프로젝트 등 경험의 크고 작음과 관계없이 직무와 연관한 경험 사항이라면 작성하는 것이 중요하다. 예를 들어 학교 축제에서 물건을 싸게 구매해서 이윤을 많이 남겼던 경험이라면 구매라는 직무와 연결할 수 있다. 직무에 대한 역량을 키우기 위해 노력한 스터디도 하나의 경험 사항에 해당된다.

더불어 직무와 관련하여 인사, 총무, 회계 등 다양한 업무가 있는데 하나의 특정한 업무를 선정하여 작성해야 하는가를 물어보는 경우가 많다. 꼭 어느 하나의 직무에 맞춰 작성해야 하는 것은 아니며 종합적으로 사무직 업무를 수행하는 과정에 부합하는 역량을 어필할 수 있다면 직무를 구분하지 않아도 괜찮다.

기술직 경험기술서 작성법

기술직은 프로젝트를 중심으로 작성하는 경우가 많다. 하지만 기관에서 요구하는 직무수행 내용에 따라 컴퓨터활용 경험, 통계 경험, 시장환경분석 경험 등 직무에서 요구하는 다양한 경험 활동을 함께 작성하는 것도 좋다.

특히 기술직의 직무기술서에서 필요지식 분야는 본인의 전공과목과 연결하면 되는 부분이기 때문에 경험으로 연결하기가 어렵다. 만약 수업에서 프로젝트로 직무지식을 활용한 경험이 있다면 작성 가능하다.

| 전기 | 지식 | • 전력공학 · 회로이론 · 제어공학 · 전기자기학 · 전기기기공학 · 전기응용 · 재료공학 분야 지식
• 전기설비 기술기준 및 배선설비 기준에 관한 지식, 전기품질에 관한 지식, 전력설비 지중화 관련 법규에 관한 지식, 배전 기자재에 관한 지식, 코로나 · 낙뢰 · 미세전류 등을 포함한 기자재 고장 기본 원리에 관한 지식, 전력량계 원리에 관한 지식
• 배전 시공 및 공사 관리에 관한 지식, 공가 업무 처리 지침에 관한 지식, 굴착 · 포장 등을 포함한 토목 공사에 대한 기초 지식, 대규모 프로젝트 관리 기법에 관한 지식, 감리업무에 관한 지식
• 신재생에너지 및 스마트그리드 개발 동향에 관한 지식, 분산형 전원 기술 기준에 관한 지식, 전기 안전 규범에 관한 지식
• 설계도면 해독지식, 전기회로도 설계지식, 전기설비 기술기준 등 관련 법규, 자동 제어 기본 이론에 관한 지식, 변압기 · 차단기 등 변전기기에 관한 지식, 전선 · 케이블 · 철탑 · 애자 등 송전설비에 대한 전기응용 · 재료공학 지식, 시퀀스 제어분야를 포함한 제어공학 지식, 로직 회로 해석 등을 포함한 회로이론 지식, 전력계통 해석 · 운용, 고장계산, 보호계전 방식 등을 포함한 전력공학 지식, 전기자기학 · 전기기기공학 지식 |
| | 기술 | • 설득 및 협상 기술, 수리통계기법, 예산관리기법, 외국어 구사능력, 컴퓨터활용능력, 문서 작성 및 관리 능력, 자료검색 능력, 법규이해 활용능력, 초음파 진단 장비 등 측정기 사용 기술, 해외 미팅 안내 · 레터 회신 · 브리핑 등에 필요한 외국어 구사능력, 법규 이해 및 활용능력, 자동화 시스템 구축 및 운영 기술, 단위 기기별 조작 능력, 프로젝트 관리기법, 도면판독 기술, 계측기 사용능력, 계통해석 프로그램 운용능력, 위기대응능력 등 |

※ 한국전력공사 전기직 직무기술서 일부

직무와 관련한 기술 역량 중에서는 설득 및 협상, 수리통계기법, 예산관리기법, 컴퓨터 활용능력 등 전공 지식과는 별개로 직무수행에 필요한 역량도 함께 볼 수 있다. 이처럼 직무 관련 사례가 아니더라도 위의 역량을 활용한 경험을 찾아 작성할 수 있다. 아래의 예시는 프로젝트 외 아르바이트 경험을 통해서 작성된 사례이다.

---

1. **활동명:** ○○기업 전기계장 공사 업무 수행

  1) 주요 활동 내용

   - 계장 공사 진행을 위한 덕트 설치에 대한 업무 보조
   - 전선 포설 작업을 통해 직매식, 관로식, 전력구 등의 포설 작업 진행

  2) 주요 성과 및 배운 점

   - 덕트 설치 방법에 대한 현장 지식 함양
   - 시설 및 설비에 대한 계장공사 업무 지식 숙지
   - 업무 기한을 준수하려고 노력하는 자세(공사 진척도 단축 기여)
   - 안전 교육 이수 진행(안전 점검 및 대응능력 함양)

경력기술서 작성법

경력기술서는 증명 가능한 경력에 한해서 자신의 성과를 드러내야 한다. 경력자들은 기존에 근무한 경력이 지원직무와 어떻게 연결될 수 있는지를 찾는 것이 중요하다. 이전 업무와 지원직무가 완벽하게 일치하는 경우도 있겠지만 그렇지 않은 경우도 많다. 이 과정에서 자신의 업무 경력이 지원하는 직무와 어느 부분에서 적합도가 높을지를 찾아 작성하는 것이 중요하다.

좋은 경력기술서는 핵심 사항만을 일목요연하게 제시하는 것이며, 성과에 대한 구체적인 결과물을 제시하는 것이 중요하다. 성과는 경력이 있는 지원자의 역량을 가장 확실하게 평가받을 수 있는 요소이기 때문이다. 따라서 정량적(수치표현), 정성적(태도)에 대한 성과가 잘 드러날 수 있도록 표현하는 것에 집중해야 한다.

다음은 직무기술서 일부 내용과 그에 부합하는 경력기술서의 작성 예시이다.

ISO 규격에 대한 지식 ▶	• **(기계설계기획)** 기계설계에 관한 기초지식, 설계수명에 관한 지식, 신기술, KS 및 ISO 규격에 의거한 제품 기술에 관한 지식 등
	• **(기계조달)** 협력사 및 시장조사 방법에 관한 지식, 사후관리 하자보증 조건에 관한 지식, 발주서 계약서 관리에 관한 지식, 제품사양에 관한 지식, 검사 항목에 관한 지식, 기술 및 상업계약서에 관한 지식 등
	• **(화력발전설비설계)** 설계계산서 내용관련 지식, 기계설비 구조 및 작동원리 등 설비개선 관련지식, 보일러·터빈·발전기 및 부대설비 운전방식, 국내외 설비규정 및 규격 등
	• **(화력발전설비운영)** 주요 기기별 기계적 특성, 보일러·터빈·발전기의 원리·구조·기능·특성, 국가 전력수급계획, 경상정비업무 수행절차 및 관련 규정, 발전설비 운영관리규정, 기계공학 관련 지식 등
	• **(기계설계기획)** 자료관리 능력, 부품의 역할에 따른 적용 가능성 검토, 메커니즘 분석 기술 등
구매 관련 역량 ▶	• **(기계조달)** 구매사양 및 제원 파악능력, 구매 의뢰서 작성능력, 검사 항목 파악능력, 검사결과 판독능력, 부적합 사항 발췌 기술, 계약관리와 제조에 관련된 법규 해석 능력, 계약 불일치 제품의 하자처리 능력 등
설비 관련한 셋업 능력 ▶	• **(화력발전설비설계)** 기계설비 성능유지 및 개선관련 기술, 구매자재 검토 및 성능파악 기술, 설계문서 작성 및 해석 기술, 발전출력과 발전효율 파악능력, 접근통로와 이격거리를 확보할 수 있는 기기 설계와 배치 기술 등
설비 최적화 운영방식 선정 ▶	• **(화력발전설비운영)** 기기별 내용연수와 잔존수명 평가, 고장다발 기기 분류와 대책수립 능력, 품질관리·안전관리와 환경관리 기술, 보일러 설비의 각종 기기별 점검 기술, 보일러 동특성 시험과 부하추종 시험 기술, 단위기기별 조작기술, P&ID 해독능력, 공사설계서·시방서와 공사계약서 작성능력, 에너지 손실요인 확인 및 분석능력, 설비 최적운전방식 선정능력, 돌발고장 발생 시 대처능력 등

※ 한국남부발전 발전기계 직렬 지식과 기술 일부

1. 회사명: 자동차 부품 기업 / 사원

2. 주요 역할: 생산 관리 및 기획

3. 주요 업무 내용 및 성과

- **단계별 차종 기술문서 작성**
  1) 주요 업무
     - ISO14001 심사대응 문서관리(KPI 성과관리 담당)
     - PDM(제품데이터관리) 등록 및 관리(기술문서, 일일 업무, VE 제안 등)
  2) 성과
     - 기술문서 작성(작업계획서, 작업표준서〈30건〉, 작업조건표) 및 개정역량 강화

◀ ISO 규격에 대한 지식과 연결

- **구매담당자 / 문서관리 담당자**
  1) 주요 업무
     - S/W 구매 및 유지보수 담당자(CAD, Time prism 등)
     - 해외공장 주재원 설비 전자구매 시스템관리
     - 기술문서, 보안문서, 교육문서 등 문서관리 담당자
     - 문서심사 담당자(ISO14001, TS16949, 품질5스타, 사내심사 등)
  2) 성과
     - SW 구매 단가 협상 시 재계약 조건으로 10% 인하 달성
     - 문서관리 효율을 높이기 위한 시스템 구축 진행(달성률 80%)

◀ 기계 조달 업무와 연결

- **신규 공장 Set up 및 Lay-out 관리**
  1) 주요 업무
     - 공장 Set Up (2~4월)
     - 설비/자재 입고 관리, 전동공장 신규 작업자 교육
     - 전동공장 外 2곳(Proto, 경주공장) 라인 구축
  2) 성과
     - 공장 Lay-out 작성능력 강화, 국내외 35개 공장 Lay-out 月 현황 관리 진행

◀ 화력발전설비설계에 대한 역량과 연결

- **공용/전용 생산방식 프로젝트**
  1) 주요 업무
     - Push → Pull 방식의 생산방식 변경, 사내 TFT 일원
     - 일본 협력업체와 주 2회 업무 협의(벤치마킹)
  2) 성과
     - 공용-전용 L/T(리드타임) 개선 Test를 통해 290만 원 절감 효과
     - 기존 대비 인건비 158만 원 절감

◀ 화력발전설비운영에서 설비 최적운전방식 설정과 연결

■ 생산기술실 회계담당자
  1) 주요 업무
    • 생산기술실 예산 관리(프로젝트, 경비, 교육비, 출장비등) EPR 담당
    • 연간 사업계획 대비 예산 책정 및 실시
  2) 성과
    • 사업계획서 작성을 통한 사업기획 역량 강화(2회)
■ 국내외 작업자 교육 표준화 수립 및 시행
  1) 주요 업무
    • 교육기간, 교육방법, 교육교재 등 국내외 작업자 교육 표준화 수립(담당자)
    • 사내 공정설계 업무프로세스 매뉴얼 작성 및 개정 진행(기술문서 작성매뉴얼 등)
    • 사내 설비 표준화 업무
  2) 성과
    • 국내외 전 공장 확대 적용 시행에 기여

위의 예시를 통해서 알 수 있듯이 지원 업무와의 연결성을 높일 수 있는 업무 내용을 작성하도록 한다. 업무 수행과 100% 적합성을 맞출 수 있다면 좋겠지만 유사 업무가 있다면 해당 업무의 내용을 작성하도록 한다.

또한 주요 업무와 성과를 위와 같이 함께 작성해도 되며 따로 항목을 분류하여 작성해도 무방하다. 업무 내용이 많다면 주요 업무와 성과를 같이 작성하고, 업무 내용이 적다면 따로 적는 것이 더 일목요연하게 정리된 느낌을 줄 수 있다.

인턴 경력도 경력으로 기술할 수 있다. 때론 인턴을 했더라도 업무와 연관되지 않는 분야이거나 연관된 분야였음에도 전문성을 쌓을 수 있는 일이 아닌 기본적인 업무를 수행했을 수도 있다. 그렇다 할지라도 지원분야와의 연관성을 최대한 찾아 작성하여 인턴 경험도 충분히 경쟁력 있게 제시할 수 있도록 해야 한다.

03
직무별로 보는 경험 및 경력기술서

일반행정직 | 일반사무직 | 관광사무직 | 금융일반직 | 기계직 | 화학직 | 전산직 | 건축직

일반행정직

☑ 경험 및 경력기술서

입력한 경력 사항 및 경험 사항 중에서 성공적으로 문제를 해결했던 사례 하나에 대해 아래의 문항에 따라 작성하여 주시기 바랍니다.
- 언제, 어디서 겪은 경험이었습니까?
- 그 일은 구체적으로 어떤 내용이었으며 귀하는 어떻게 그 일을 하게 되었습니까?
- 문제를 효과적으로 해결하기 위해 어떤 행동을 하였습니까?
- 결과는 어떠하였습니까?

- 언제, 어디서 겪은 경험이었습니까?

　20XX년 6월부터 8월까지 화장품 전문 기업 ○○에서 매장 방문 고객을 분석하는 프로젝트를 진행하였습니다.

- 그 일은 구체적으로 어떤 내용이었으며 귀하는 어떻게 그 일을 하게 되었습니까?

　매장별로 방문 고객의 연령층을 분석하기 위해 안면 인식기기를 이용하여 연령과 매출 상위 제품과의 상관관계를 분석하였습니다.

- 문제를 효과적으로 해결하기 위해 어떤 행동을 하였습니까?

　연령과 제품의 상관관계를 파악하기 위해 1) 대행 업체를 통해 특정 매장에 고객 안면 인식기기를 장착, 2) 안면으로 인식한 고객의 대략적인 연령 분석 시스템 도입, 3) 해당 매장의 주 방문 연령층을 분석, 4) 매장 매출 상위 품목 분석과 주 고객 연령층과의 상관관계를 분석하였습니다.

- 결과는 어떠하였습니까?

　고객 분석을 통해 매출 상위 제품과 고객 연령층의 상관관계를 파악하였습니다. 이를 통해 매장 형태별 집중 판매 품목을 결정할 수 있었습니다. 또한 연령층 특성에 맞는 샘플 지원 정책으로 매출을 올릴 수 있었습니다.

☑ 경험 및 경력기술서

입사지원서에 기술한 경력 사항 및 경험 사항에 대해 상세히 기술해 주시기 바랍니다.

[직무 관련 경력(수출입 관리)]

1. 회사명/직무: ○○ 산업 해외 영업
2. 근무 기간: 20XX.03.~20XX.03.(13개월)
3. 주요 업무: 외자 구매 및 수출입 담당, 해외 거래처 관리
4. 주요 활동
   1) 고객과의 업무 협조를 바탕으로 해외 거래처에 수입 견적을 요청하고 Purchase Order 발행
   2) 발주 후에는 납기 기간과 비용을 관리하여 운송 조건에 따른 수출입 과정을 운영
   3) 향후 신용장 및 선적 서류 등을 관리하면서 수출입 과정에서의 운송과 통관 진행
   4) Invoice, Packing List 작성 및 해외 계약서, 기술 시방서 번역
   5) 해외 거래처 관리를 통해 지속적인 관계 유지
5. 주요 성과
   1) 수출입 관련 해외시장 정보에 대한 수집능력 향상
   2) 거래처 관리와 물류 업무 수행을 통해 고객과의 커뮤니케이션 능력 향상과 분석적 사고 향상
   3) 거래처 분석을 위한 전략적 프레임 툴 실무 적용능력 강화(SWOT, 4P)
   4) 비즈니스 언어능력 향상과 계약서 관리능력 향상

[직무 관련 경험1(마케팅 전략 기획)]

1. 프로젝트명: ○○ 해외사업부 E-marketing 산학 프로젝트 진행
2. 주요 업무: 중소기업청의 수출 기업화 사업의 일환으로 국내 중소기업 상품을 외국에 알리는 업무
3. 주요 역할: ○○기업의 외국 바이어들 연합에서 국내 중소기업 제품에 관심을 가질 만한 외국 바이어를 선별하여 오퍼 메일을 작성하고 발송
4. 주요 성과: 미국의 도시락 기업과 연계하여 국내 가공식품 중소기업과의 거래 성사에 일조

[직무 관련 경험2(총무)]

1. 활동기관명: ○○대학교 홍보대사
2. 주요 업무: 대학의 홍보활동 진행, 외부 인사 의전 업무 수행
3. 주요 활동
   1) 대학 신입생 모집을 위한 학교 방문과 홍보 활동
   2) 대학 SNS 개설 및 활동 사항 업데이트
   3) 외부 인사 및 행사에 의전 활동 및 행사 기획
   4) 행사 진행 시 필요한 물품과 다과 등을 준비하고 행사 비용 관리
4. 주요 성과
   1) 의전 행사 기획 능력 강화, 해외 인사 초청 시 통역을 통해 통역 능력 향상
   2) SNS를 활용한 홍보 능력 강화 및 유입 수를 늘릴 수 있는 마케팅 기획 능력
   3) 홍보대사 활용 기획과 비용 관리를 통해 한정된 자원 내에서의 운영능력 함양

☑ 경험 및 경력기술서

입사지원서에 기술한 경력 사항 및 직무 관련 기타 활동에 대해 상세히 기술해 주시기 바랍니다. 구체적으로 본인이 수행한 활동 조직, 역할 및 구체적 활동 내용, 주요 결과에 대해 작성해 주시기 바랍니다.

1. 학교교육 및 직업교육

1) 학교교육

① 과목: 마케팅 조사론, 소비자 행동론, 촉진 관리, 유통 채널 관리, 제품 관리, 마케팅 전략

② 교육 내용

- 마케팅 조사론을 통한 통계 분석과 수요 예측 방법 학습
- 소비자 행동론을 통해 고객의 니즈 분석을 통한 마케팅 전략 학습
- 마케팅 4P에 맞춘 촉진, 유통, 상품과 관련된 구체적인 수업을 지속적으로 수강
- 4학년 때는 마케팅 전략 수업을 수강하면서 기업의 내·외적인 환경과 소비자 분석을 통해 실제 마케팅 플랜을 제시하고 프로젝트를 진행

2) 직업교육

① 과목 및 교육 기관: 온라인 마케팅 / ○○기관

② 교육 내용

- 온라인 채널별 운영 전략 및 블로그 글쓰기
- 유튜브 영상 제작 및 홍보교육 진행

2. 직무 관련 기타 활동(마케팅 프로젝트)

1) 주제: 남성용 면도기 길거리 홍보 프로젝트(20XX.05.)

2) 역할 및 주요 활동

- 홍보 마케팅 전략 아이디어 제시: 대부분 본인이 사용하는 면도기 브랜드를 쉽게 바꾸지 않는다는 것에 착안, 실제 면도 후 피부 상태(저자극) 및 성능을 직접 체험하는 마케팅 진행(현장 구매 시 추가 할인 프로모션)
- 홍보 지역 선정: 신촌 대학가 및 대학 축제 참가
- 홍보 방식: 욕실처럼 꾸며진 공간에서 면도 후 피부 상태를 보여주는 이벤트 진행

3) 주요 결과 및 성과: 면도기 300세트 전량 판매, 홍보 가입자 500명 서명

3. 경력 사항

1) 근무처 및 기간: 호주 ○○아일랜드 / 20XX.06.~08.(3개월)

2) 역할 및 주요 활동

① 호주 여행지 및 놀이공원 해외 홍보 업무 진행

② 영상 제작과 SNS 홍보 활동 진행

3) 주요 결과 및 성과

① 다수의 채널을 활용한 홍보 능력 강화

② 유튜브 영상 뷰 3,168건, 페이스북 좋아요 5,324건 달성

③ 글로벌 마인드 함양

✔ 경험 및 경력기술서

입사지원서에 기술한 경력 사항 및 직무 관련 기타 활동에 대해 상세히 기술해 주시기 바랍니다. 구체적으로 본인이 수행한 활동 조직, 역할 및 구체적 활동 내용, 주요 결과에 대해 작성해 주시기 바랍니다.

1. 경력 사항
1) 기업명: ○○ 새마을금고
2) 근무 기간: 20XX.01.~03.(3개월)
3) 주요 업무: 여신 심사 업무
4) 주요 활동: 금융 시장 동향 분석, 채무자 관리 업무, 중도금 대출 관련 업무 담당, 만기대출 연장, 공제 담보 대출 업무 진행
5) 주요 성과
    ① 대출 처리 건수 1,000건 달성
    ② 주민등록초본, 부동산 등기부등본, 신용 조사서, 심사서, 약정서 등 다양한 자료로 선제적 조사

2. 경험 사항
1) 동아리명: 기업 분석 동아리
2) 활동 기간: 20XX.03.~현재
3) 주요 학습: 기업 경영 분석, 기업의 재무제표 확인, 사업 현황, 거시 환경 분석, 산업 분석 등을 기업별로 분석
4) 주요 성과
    ① 500여 개의 기업 분석 진행
    ② 모의투자 대회 참가 → 수익률 15% 달성하여 우수팀 수상
    ③ 기업의 미시 · 거시적 분석, 재무제표 분석능력 향상

☑ 경험 및 경력기술서

[경험기술서] 본인이 지원한 분야의 직무와 관련한 기타 활동/경험/수행(연구회, 동아리, 동호회 등) 내용, 본인의 역할 및 구체적 행동, 주요 성과에 대해 작성하세요.

1. 연구회명: 메카트로닉스 연구회

2. 활동 기간: 20XX.03. ~ 현재

3. 주요 역할 및 활동

    1) MCU, Sensor, Actuator를 통한 기계 제어 학습

    2) LabView 프로그래밍, 전자기학 스터디 운영

    3) 방학 중 스터디를 통해 대회 참가 준비

4. 주요 결과 및 성과

    1) 수상 실적

        ① 20XX년 하이브리드 자동차 경진대회 우수상 – 제어부 담당

        ② 20XX년 전국 대학생 학술 연구 발표 대회 우수상 – "기계언어와 운동능력의 관계"

    2) 논리적사고 능력과 자료분석 능력을 배양, 팀워크 능력을 기름

[경력기술서] 본인이 지원한 분야의 직무와 관련하여, 조직(기관, 단체)에 소속되어 활동한 내용(인턴, 아르바이트 경험 등)과 본인의 역할 및 구체적 행동, 주요 성과에 대해 작성하세요.

1. 회사명: ○○ 안전기술원

2. 인턴 기간: 20XX.05. ~ 20XX.08.(4개월)

3. 주요 역할

    1) 정밀 안전 진단

    2) 정기, 정밀 점검 업무 보조

4. 구체적 행동

    1) 정밀 안전 진단: 결함 부위 발견 및 검사 측정 장비를 통한 근접 점검 업무 진행, 노후 시설의 내하력, 내진력 조사

    2) 정기, 정밀 점검: 점검 보조 업무 수행, 시설물의 상태성, 안전성 평가

5. 성과

    1) 정밀 안전 진단과 관련된 육안 검사방법을 익힐 수 있었습니다. 안전 진단 관련 프로세스를 배울 수 있었으며, 검사 측정 장비(가스 누출 장비, 초음파 장비 등) 사용 방법을 익혔습니다.

    2) 안전 관리 업무에 있어 꼼꼼함과 정확성의 중요성을 배웠습니다. 또한 위험한 상황을 대비하는 책임감과 문제해결능력을 기를 수 있었습니다.

☑ 경험 및 경력기술서

입사지원서에 기술한 직무 관련 기타 활동에 대해 상세히 기술해 주시기 바랍니다. 구체적으로 본인이 수행한 활동 내용, 소속 조직이나 활동에서의 역할, 활동 결과에 대해 작성해 주시기 바랍니다.

[경험기술서1]

1. **활동 조직**: UAE 칼리파포트 항만 공사 현장
2. **주요 역할**: 환경관리 업무 및 화학물질 분석 업무 수행
3. **주요 활동**

　1) 항만시설 내의 환경관리 업무 수행, 오염물질 조사 및 분석 파악

　2) 화학물질 분석과 관련된 화학오염 물질 종류 파악, 안전 수칙에 따른 화학물질 관리 진행

4. **주요 성과**

　1) 항만시설에서 발생할 수 있는 환경오염 물질에 대한 실무 분석능력을 향상시켰습니다.

　2) 항만의 화학물질 안전 수칙을 숙지하여 매뉴얼대로 업무를 진행함으로써 화학물질에 대한 안전 수칙을 확실하게 인지할 수 있었습니다.

　3) 각종 화학물질에 대한 처리 방법과 오염 물질의 최소화 방식을 배움으로써 환경 안전과 관련한 역량을 강화하고 기초능력을 향상했습니다.

[경험기술서2]

1. **활동 조직**: 환경 생물 공학 연구회
2. **주요 역할 및 활동**: 학부 연구생으로 활동

　1) 대기질 향상 연구

　2) 토양/지하수 생물학적 복원 연구

　3) 분자 생물학적 기법을 활용한 환경/생태 모니터링

　4) 생물학적 탈황 및 유기 금속 회수 기술

3. **주요 성과**

　1) 대기, 토양 등의 오염 물질과 개선 방안을 지속적으로 연구하여 방지 시설을 유지·개선할 수 있는 역량을 보유하였습니다.

　2) 연구실에서 다양한 분석 계획 수립, 시료 채취, 전처리, 분석, 데이터 해석, 결과 보고서 작성의 업무를 수행함으로써 화학물질을 분석할 수 있는 분석기기와 화학 반응을 파악할 수 있는 실력을 갖추었습니다.

전산직

☑ 경험 및 경력기술서

- 입사지원서에 기술한 경력 및 경험(직무 관련 기타 활동)에 대해 상세히 기술해 주시기 바랍니다.
- 경력을 기술할 경우 구체적인 직무 영역, 활동/경험/수행 내용, 본인의 역할 및 구체적 행동, 주요 성과에 대해 작성해 주시고, 경험을 기술할 경우 구체적으로 본인의 학습 경험 혹은 과제를 수행한 내용, 소속 조직이나 활동에서의 역할, 활동 결과에 대해 작성해 주시기 바랍니다.

[경력기술서]

1. 회사명: ○○ IT 컨설팅

2. 인턴 기간: 20XX.09.~20XX.11.(3개월)

3. 직무 영역: 소프트웨어 개발

4. 구체적 활동/경험/수행 내용

   1) 공공 프로젝트 2개월간 참여 → OLAP 환경 분석 및 보고서 작성

   2) OLAP 기반의 응용 프로그램 CPM, ERP, SM, KD 등 BI 관련 개발 참여

5. 주요 성과

   1) OLAP를 통한 데이터 분석능력 향상

   2) 다양한 비즈니스 솔루션 개발에 참여하여 보고서 작성 및 데이터 관련 분석능력 향상

   3) 데이터베이스에 대한 운영능력 향상

   4) 데이터를 저장하는 방식에 따른 MOLAP(Multidimensional OLAP), ROLAP(Relational OLAP), HOLAP(Hybrid OLAP) 시스템의 차이점과 적절한 활용 방식 습득

[경험기술서1]

1. 활동 기관: DB진흥원 DB전문실무 역량교육

2. 활동 기간: 20XX.12.22.~20XX.02.27.(344시간)

3. 활동 내용: 모델링 SQL, JAVA, Mybatis, Web, Ajax, Spring 교육

4. 주요 경험 및 성과

   1) DB 전반에 관한 교육 과정 이수

   2) 데이터모델링을 통한 분석, 설계 과정에 대한 이해

   3) SQL 활용능력과 고급 활용, 튜닝 방법 습득

   4) 다양한 개발 환경에 맞는 응용 프로그램 활용능력 향상

[경험기술서2]

1. 활동 기관: 연합 IT 동아리

2. 활동 기간: 20XX.03.~20XX.02.(12개월)

3. 활동 내용: 기획 및 디자인 파트에서 기획 및 개발 공동 진행

4. 주요 경험 및 성과

   1) 사용자 경험에 기반한 디자인 감각 향상(UI & UX)

   2) 애플리케이션 기획 활동을 통해 최신 트렌드 파악 및 기획력 향상

☑ 경험 및 경력기술서

입사지원서에 기술한 경력 사항 및 직무 관련 기타 활동에 대해 상세히 기술해 주시기 바랍니다. 구체적으로 본인이 수행한 활동 조직, 역할 및 구체적 활동 내용, 주요 결과에 대해 작성해 주시기 바랍니다.

1. **활동 기관:** ○○건설 감리 기업 인턴
2. **주요 업무:** 체육 시설 기술자 평가서(SOQ) 작성
3. **활동 내용**
   1) 시행착오 최소화를 위한 전략 수립
   2) 유사 체육시설 견학 및 담당자 인터뷰 진행
   3) 인터뷰를 통해 불편 사항 및 개선 사항을 체크하여 평가서 작성의 자료로 수집
   4) 납기일에 맞춘 업무 우선순위 선정과 기획서 완성
4. **주요 결과**
   1) 체육시설 도면을 파악하여 기술자 평가서를 작성할 수 있는 분석능력 향상
   2) 고품질의 설계 도서 납품을 위한 설계 도서 제작 능력 향상
   3) 스케줄 관리능력, 거래처 간의 커뮤니케이션 능력 향상
   4) 건설 기술 관리법 숙지

04

직무수행 계획서 작성법

첫째, OKR을 기억하라 | 둘째, 자기개발능력을 바탕으로 작성하라 | 셋째, 기관의 발전 방향을 제시하라

직무수행 계획서란 향후 직무를 수행하는 과정에서 어떤 목표를 가지고 직무에 대한 전문성과 기술 향상을 위해 노력할 것이며, 이를 통한 포부와 계획은 무엇인지를 기술하는 것이다.

직무를 수행해보지 않은 신입의 입장에서는 직무수행 계획서 작성이 막연할 수 있다. 기업에 따라 직무수행 계획서에 어떤 내용을 작성해 달라고 요구하는 경우도 있다. 하지만 자유양식으로 작성하는 경우가 있기 때문에 다음의 내용을 포함하여 직무수행 계획을 제시하도록 한다.

첫째, OKR을 기억하라

OKR이란 목표(Objective)와 핵심 결과(Key Results)의 약자로, 측정 가능한 목표를 설정하고 달성하는 목표설정 방법론이다. 직무를 수행하는 과정에서 목표와 이에 따른 핵심 결과는 구체적이며 정량적으로 제시해야 한다.

• 목표(Objective): 목표는 좀 더 가치지향적이며 정성적인 부분을 제시해야 한다.
• 핵심 결과 지표(KR): 핵심 결과 지표는 구체적으로 정량적으로 제시한다.

둘째, 자기개발능력을 바탕으로 작성하라

직무수행 계획서의 경우는 자기개발능력의 하위능력을 바탕으로 작성한다. 자기개발능력의 하위능력은 3가지로 자아인식, 자기관리, 경력개발로 나뉜다.

① 자신의 현재 상황에 대한 인식을 작성해야 한다. 그동안 지원하는 직무와 연관하여 목표를 달성하기 위해 어떤 지식과 기술을 쌓으려고 노력했는지를 간략히 작성한다. 앞서 직무 역량과 관련된 항목의 내용과 중복 작성해도 괜찮다. 그동안의 노력을 작성하는 이유는 자신이 목표가 있고, 그 목표를 위해 지금까지의 노력을 제시함으로써 직무수행 계획에 근거를 마련하는 것이다.

② 단기적 관점에서 입사 후 지원분야에서 수행하고 싶은 업무와 수행 계획을 작성한다. 이

부분은 조직도와 직무기술서를 바탕으로 업무를 선정해야 한다. 물론 앞서 제시한 자신의 강점을 바탕으로 하고 싶은 업무를 연결해야 한다. 업무에 대한 수행 계획은 직무기술서에 제시된 직무수행 내용을 참고하며 입사 후 적응력을 향상하기 위한 노력, 태도와 역량 강화 방안을 제시하는 것이 좋다.

③ 마지막으로는 장기적 관점에서 향후 경력개발 방안 및 역량개발 계획에 관하여 기술한다. 경력 및 역량개발 계획은 회사의 주요 사업 및 핵심사업, 전략과제, 지속가능경영보고서 등을 바탕으로 향후 어떤 경쟁력을 확보하여 기업의 사업에 기여할 것인지를 제시해야 한다. 결과적으로 지원하는 기업에서의 경영혁신을 위한 직무수행 계획이 잘 드러나야 한다.

[직무수행 계획서 작성 시 가이드라인]

구분	작성 내용의 구조	세부 내용	OKR	비중(글의 분량에 따라)
과거와 현재	어떤 목표를 가지고 직무를 선택하게 되었는가?	직무에 대한 목표를 제시	O	10%
	이러한 목표를 가지고 무엇을 준비했는가?	핵심 강점과 성과 위주로 작성	KR	15%
단기적 미래	입사 후 수행하고 싶은 직무와 그 이유는 무엇인가?	행정직, 기술직 등의 직렬이 아닌 세부 업무 중 가장 하고 싶고, 기여할 수 있다고 판단하는 업무를 선정하고 목표 제시	O	15%
	단기적으로 업무 수행을 잘하기 위해 어떻게 노력할 것인가?	업무 수행 목표에 대한 정량적 지표나 기대하는 결과 제시	KR	20%
장기적 미래	장기적인 경력개발 방안과 목표는 무엇인가?	홈페이지 내 조직도, 업무분장표, 경영보고서, 전략과제를 참고하여 제시	O	15%
	역량 개발 계획은 무엇인가?	지식, 기술, 태도의 영역에서 직무 핵심 결과 지표 제시	KR	25%

셋째, 기관의 발전 방안을 제시하라

지원하는 기업의 사업적 현황과 문제점, 발전 방안과 이를 위한 직무수행 계획으로 작성하는 방법도 효과적이다. 단, 이 내용을 제한된 글자수 내에서는 모두 작성할 수 없고 발전 방안을 제시하는 것에 대해서 부담을 느낄 수도 있다. 하지만 직무수행 계획에 있어 발전 방안을 자신의 계획과 연결하게 되면 매우 논리적인 구조로 자신의 계획을 제시할 수 있다는 점에서 효과적이다.

국토안전관리원 - 토목 직무수행 계획서(예시)

[안전 DB 구축을 통한 데이터 기반의 안전진단 직무수행 기대]

국토안전관리원에서 노후화된 주요기반시설에 대해 안전진단 DB를 구축하여 스마트 안전시스템을 만들어가는 데 기여하고 싶습니다. 저는 이를 위해 그동안 시설물 관련 FMS 정보시스템의 전산화 업무를 수행해왔습니다. 이를 통해 각종 시설물에 대한 데이터베이스화에 익숙하며 이를 국토안전관리원이 추구하는 첨단 안전관리 시스템 구축을 위해 활용할 수 있다고 생각합니다.

◀ 기대하는 업무에 대한 설명

[입사 후 국가기반 시설에 대한 시설물 통합정보관리체계 구축에 기여]

국가기반 시설에 대한 안전 데이터를 꾸준히 관리하여 시설물 통합정보 관리체계를 더욱 정교하게 구축하는 업무를 수행하고 싶습니다. 이를 위해 핵심적으로 달성하고 싶은 업무 수행 목표는 표준화 체계를 마련하여 무인화 점검, 신속하고 정밀한 보수 및 보강 작업 진행, 안전사고 데이터를 통한 선제적인 리스크 대응 시스템 구축입니다.

◀ 단기적인 관점에서 하고 싶은 일 또는 달성 가능한 목표(5년 차)

[경력개발 계획으로서 안전 데이터베이스를 바탕으로 안전관리 부실 시설 20% 저감에 기여]

현재 국토안전관리원에서는 안전관리 부실 시설 20% 개선과 더불어 시설사고 안전 사망자 제로화를 위해 노력하고 있습니다. 따라서 저는 그동안 축적된 데이터를 통해 사전 안전관리 데이터를 바탕으로 한 R&D 연구에 참여하고 싶습니다. 더불어 데이터를 기반으로 한 건설안전관리계획서를 검토 및 보완하여 건설안전관리계획서에 대한 고도화에 기여하겠습니다. 이를 바탕으로 국토안전관리원의 핵심 성과 지표 달성에 기여할 것입니다.

◀ 장기적인 관점에서 기관의 비전과 연계하여 자신의 업무에서 달성하고 싶은 목표 제시(10년 차)

중소벤처기업진흥공단 – 일반행정 직무수행 계획서

자신의 희망 업무와 업무를 ▶
수행할 수 있는 경쟁력 제시

　제가 수행하고자 하는 해외진출 지원과 관련하여 필요한 역량은 글로벌 시장 분석능력과 해외기관 및 중소기업과의 커뮤니케이션 능력이라고 생각합니다. 중진공은 중소기업의 해외진출을 지원하는 플랫폼으로서의 역할을 수행하기 때문에 이에 대한 조정 능력이 요구됩니다. 더불어 시장에 대한 정확한 분석을 통한 중소기업 컨설팅 역량이 필요할 것입니다.

　저는 이러한 2가지 역량을 갖추기 위해서 그동안 해외 리서치 관련 기관에서 인턴 경험을 통해 중국의 라이브커머스 시장 분석, 북미지역 게임산업 분석, 동남아 시장의 화장품 산업에 대한 분석 리포트와 관련하여 자료를 수집 및 정리하였고 이를 바탕으로 보고서 작성에 기여하였습니다. 더불어 해외 사이트를 바탕으로 시장 현황을 파악하고 코트라의 산업보고서 자료를 토대로 시장 분석력을 향상했습니다. 또한, 해외 박람회 스텝 활동 경험을 통해서 중소기업 제품에 대한 설명을 제시하였고, 비즈니스 과정에서 통역을 지원하며 수출 계약 달성에 기여한 경험이 있습니다.

　이러한 저의 역량을 통해서 앞으로 직무수행에 대한 계획은 다음과 같습니다.

　중진공에 입사하여 제가 목표하는 것은 중소기업의 해외수출 지원을 통해 중소기업의 해외사업 진출에 기여하는 것입니다.

달성 가능한 핵심지표를 ▶
정량적으로 제시

　이를 위한 핵심 결과 지표로 기대하는 것은 다음과 같습니다.

　첫째, 시장환경 분석을 위한 루틴을 바탕으로 중국 이외 신흥국 지역 전문가로 성장하는 것입니다. 시장 환경에 대한 분석 과정에서 관련 리포트를 일 단위로 확인하고, 이에 대한 회의 및 자료정리를 통해 중소기업에 제공할 자료를 주 단위로 도출하겠습니다. 그리고 이를 바탕으로 전체적인 시장 현황을 제공하겠습니다.

　둘째, 중소기업 네트워크 구축을 위해 중국의 기업 서치 및 네트워크를 5곳 이상 달성하는 것입니다. 글로벌 시장 현황을 바탕으로 네트워킹을 위해 노력하겠습니다. 관련 기업 서치를 통해 온라인상으로 소통창구를 만들겠습니다. 더불어 중국의 경우 꽌시 등의 비즈니스 문화를 활용하여 관계를 형성하고 네트워킹을 통한 중소기업 지원을 위해 노력하겠습니다.

사회서비스원 직무수행 계획서(사회서비스원)

1. 기관 · 사업의 운영목표

○ 공공부문에서 사회서비스를 직접 제공하고 지역사회 내 선도적 제공기관 역할을 수행함으로써 사회서비스 공공성 강화 및 서비스 품질 향상

○ 표준모델을 개발하여 사회서비스 제공기관에 전파하고, 민간 서비스 기관을 대상으로 법률 · 회계 · 노무 등에 균질한 경영지원 컨설팅 서비스 제공

○ 사회서비스 제공인력을 직접 고용하여 종사자들의 처우 향상, 일자리 안정성 제고 및 교육 훈련 등을 통한 전문성 향상

2. 현황 · 문제점

1) 서비스 공급자 간 과도한 경쟁과 질 낮은 돌봄서비스
2) 도농간 사회서비스 격차 발생
3) 아동 돌봄 공공서비스 확충 요구

3. 개선방안

1) 질 높은 돌봄서비스 제공을 위한 인력 관리
2) 도농간의 격차를 줄이기 위한 표준화 모델 개발 및 찾아가는 서비스 실시
3) 공공이 책임지는 아이중심 보육환경 구축

4. 응시 분야 직무계획

[돌봄서비스 품질을 개선하기 위한 인력 양성 및 표준보수체계 단계적 도입]

　돌봄서비스 품질을 개선하는 데 기여하겠습니다. 인력 간 상대적 박탈감과 임금 격차 해소, 소득안정성 보장 및 고용안정성 증진, 서비스 질 향상을 위한 효과적인 대안을 만들어가는 데 기여하고 싶습니다. 더불어 돌봄서비스 제공인력의 직위, 보수체계, 근무시간, 복리후생수당 및 사회보험가입 여부 등을 포함한 인사관리 시스템을 구축하여 시스템 내 대체인력 정보와 이력관리 등을 기록할 수 있는 시스템을 제안하겠습니다. 이를 통해 돌봄서비스 제공인력의 돌봄업무 공백 최소화 및 서비스 질 저하 방지에 대처하겠습니다.

◀ 지원 기관의 운영목표, 현황, 개선 방안 제시

◀ 개선 방안의 구체화를 통한 직무수행 계획 제시

[노인돌봄서비스 강화를 통해 행복한 삶의 기반을 제공]

　노인 맞춤 서비스에 대한 아이디어를 제안해보고 싶습니다. 전문인력에게 이용자 건강에 대한 정보 및 이력을 제공하고 이를 통해 건강관리를 할 수 있게 된다면 더 많은 노인들이 건강한 노후생활을 보장받을 수 있을 것입니다. 소득, 보건, 복지, 의료, 주거, 여가서비스 등 필요한 모든 서비스를 하나의 창구에서 원스톱으로 다기관 다직종의 전문직의 협동과 연계를 통해 제공할 것입니다.

[보편적 이용자의 요구를 반영한 프로그램의 다양성 확보]

　'아이돌봄제도'는 저소득층, 취약계층 맞벌이 등 일부 가정을 중심으로 제공하고 있습니다. 대상을 나눌 것이 아니라 지원하는 대상 자체를 보편적으로 모두에게 확대하고, 서비스 내용을 '수업지원', '예체능지원', '장애아 지원' 등 필요내용 중심 서비스로 차별화하는 데 기여하겠습니다.

자기소개서 제출 전, 마지막 체크리스트

1 충분히 퇴고하였는가?

자기소개서에서 오타는 치명적이다. 자기소개서를 작성한 후 여러 번 반복해서 읽으며 내용을 수정하고 보완하는 것이 좋다. 이때는 오타뿐 아니라 글의 흐름과 내용이 논리적이고 읽기 쉬운지도 확인해야 한다. 수정 후에도 다시 한 번 읽어보며 어색한 곳이 없는지 꼭 확인하도록 한다. 지원 기업과 직무명 확인은 필수이다.

2 기업의 홍보물 내용을 그대로 인용하지는 않았는가?

기업에 대한 정보나 어떤 프로젝트에 관해 적을 때, 인터넷에 검색해서 나오는 내용을 그대로 적는 것은 성의 없어 보일 수 있다. 정확한 내용을 적되 자신만의 언어로 바꾸어 작성하도록 한다.

3 중요한 정보를 정확하게 적었는가?

이력서에 자격증이나 수상 경력을 적을 때에 날짜나 기관을 정확하게 적었는지 확인해야 한다. 거짓으로 적는 경우는 당연히 없어야 하며, 실수로 잘못 적어 억울하게 신뢰를 잃는 경우가 없도록 한다. 또한, 긴급 연락처를 자신이 지금 사용 중인 휴대전화 번호로 알맞게 적었는지 확인한다.

4 지나치게 부풀려서 적지는 않았는가?

빈약한 내용을 만회하기 위해 과하게 미사여구를 붙이는 것은 오히려 독이 된다. 신뢰감을 잃을 수 있기 때문이다. 관련 경험과 수행 내용을 상세하게 적되 과장하지 않아야 한다. 서류에 합격한다고 해도 면접 평가에서 들통날 수 있다. 진솔하게 적도록 한다.

5 다른 사람의 조언을 구했는가?

자기소개서를 쓰고 부끄러워서 아무에게도 보여 주지 않는 경우가 있다. 그러나 내가 쓴 글이기 때문에 나는 잘 읽히지만 다른 사람의 눈으로 보았을 때는 그렇지 않을 수 있다. 이를 대비하여 자기소개서를 제출하기 전에 다른 사람에게 조언을 구하는 것이 좋다.

당신이 인생의 주인공이기 때문이다.
그 사실을 잊지마라.
지금까지 당신이 만들어온 의식적
그리고 무의식적 선택으로 인해
지금의 당신이 있는 것이다.

– 바바라 홀(Barbara Hall)

공기업 채용의 하이라이트, 면접 대비 전략

: 면접관의 마음을 흔드는 강점에 집중하라

04

기업별 면접 유형 파악하기(2021년 상반기 기준)

유형	기업명	면접 유형
SOC 공기업	한국철도공사	신입사원의 자세, 열정 및 마인드, 직무능력 등을 종합평가 (경험면접 및 직무상황면접 포함)
	한국수자원공사	직무PT면접(40%)+경험역량면접(60%)
	서울교통공사 (2020년 하반기)	개별(PT)면접(15점)+집단면접(15점)
	부산교통공사	각 평가요소 5개 항목 각각 상(3점), 중(2점), 하(1점)로 평가(15점 만점)
	인천국제공항공사 (2020년 상반기)	1차: AI면접 2차: 직무역량면접(직무상황/영어)(100점) 3차: 심층면접(80점)+인문학 논술시험(20점)
	울산항만공사	역량면접(40%)+토론면접(30%)+발표면접(30%)
보건복지 공기업	국민건강보험공단	경험행동면접(BEI) 60%+토론면접(GD) 40%
	국민연금공단	경험 · 상황 면접, 집단토론 · 발표면접
농림환경 공기업	한국환경공단	직무수행능력(PT, 50%)+직업기초능력(인성, 50%)
	한국농어촌공사 (2020년 하반기)	직무수행능력(100점)+직업기초능력(100점)
	aT한국농수산식품유통공사 (2020년 하반기)	1차: 역량면접(70%)+회화면접(30%) 2차: 인재상, 조직적합성, 인성 등 종합적 면접평가
	한국마사회 (2019년 상반기)	1차: 경험 · 상황면접+PT면접 2차: 자기소개서 기반 기본 역량 및 조직적합성 면접
에너지 공기업	한국전력공사	1차: 직무면접 2차: 종합면접
	한국중부발전	1차: PT면접, 토론면접 등 직군별 직무역량평가 2차: 인성면접
	한국남동발전	인성역량면접(60점)+상황면접(40점)
	한국동서발전 (2020년 하반기)	직무PT면접(40점)+인성면접(60점)+가점 반영
	한국서부발전	개별인터뷰(인성면접) 60점+직무상황면접(그룹면접) 40점
	한국수력원자력	직업기초능력면접(40점)+직무수행능력면접(30점)+관찰면접(30점)
	한국가스공사	직무PT면접(50%)+직업기초면접(50%)+가점 합산
문화예술 외교 공기업	한국관광공사	1차: 직무능력면접(70%)+외국어(영어)면접(30%) 2차: 역량면접(100%)
	한국방송광고진흥공사 (2020년 하반기)	1차: 직무능력면접(70%)+창의성면접(30%) 2차: 종합적 직업능력평가면접(100%)
	한국국제협력단 (2020년 하반기)	1차: 영어면접(20점)+토론면접(35점)+실무면접(45점) 2차: 역량면접(100점)
금융 및 산업정보 공기업	한국장학재단	1차: PT면접(50점)+토론면접(50점) 2차: 심층면접(100점)
	한국수출입은행	1차: 직무역량 면접평가+영어활용능력[TOEIC S&W(말하기 · 쓰기)] 2차: 조직가치적합도 평가
	대한무역투자진흥공사 (2019년 상반기)	1차: 역량면접 및 영어회화테스트 2차: 임원면접

※ 면접 유형은 기업별 실제 면접 상황에 따라 변동될 수 있으며, 응시 분야 및 직무별로 상이할 수 있으므로 반드시 채용 공고문을 통해 정확한 내용을 확인해 주시기 바랍니다.

01

공기업 면접 유형별 공략법

블라인드 면접에 따른 변화 | 경험면접과 상황면접 전략 | PT면접과 토론면접 전략 | 인성면접 전략 | 면접에서 발생할 수 있는 상황별 대처방안

블라인드 면접에 따른 변화

취업의 과정은 '스텝 바이 스텝'이 아니다. 취업의 과정은 굉장히 복잡해서 어느 한 파트가 완료되었다고 끝나지 않는다. 자기소개서를 작성한 후, 필기시험을 준비하고 필기시험에 합격하면 면접을 준비하는 것은 잘못된 취업 프로세스다. 이 모든 과정을 구분하지 않고 한 번에 진행하는 '올인 전략'이 필요하다.

특히 면접은 합격자 발표 후 촉박하게 잡히는 경우가 많다. 제대로 준비가 되지 않은 상황에서 면접을 잘 볼 리 만무하다. 결국 최종 합격의 열쇠는 면접이 쥐고 있는 것과 다름없다. 따라서 우리는 이 모든 상황에 대비하여 모든 과정을 차근차근 준비할 필요가 있다. 한 번에 올인하여 계획적으로 자기소개서와 필기시험, 면접을 함께 준비해야 한다.

게다가 블라인드 채용으로 인해 면접은 더욱 까다로워졌다. 학력, 스펙 등 보이지 않는 부분과 직무능력을 평가하기 위해서는 더욱 견고한 면접 방식이 요구된다. 따라서 PT면접(발표면접) 또는 토론면접이 앞으로 면접에서 더욱 강화될 것이라고 예상할 수 있다. 기존의 인성면접과 역량면접 이외에 직무능력을 평가하기 위한 발표면접, 논리적 사고 방식과 커뮤니케이션 능력을 평가할 수 있는 토론면접을 추가하여 다양한 스펙트럼으로 지원자를 평가하겠다는 의도이다. 이에 따라 면접관의 교육도 더욱 강화될 예정이다. 다양한 면접 방식에 따른 평가 요소를 파악하고, 직무능력을 끌어내기 위해서는 면접관의 자질도 함께 향상되어야 하기 때문이다. 면접관도 채용을 위한 대비를 더욱 강화하고 있으므로 지원자들은 면접을 면밀히 대비해야 한다.

경험면접과 상황면접 전략

면접은 NCS를 기반으로 진행된다. 직업기초능력을 기반으로 한 경험면접과 상황면접, 직무수행능력을 평가하기 위한 발표면접 및 토론면접이 대표적인 면접의 유형이다.

앞서 PART 03에서는 분야 및 기업별 기출 자소서 항목을 살펴보고, 합격 자소서를 확인해 볼 수 있었다. 면접의 경우, 빈출되는 면접 질문들이 있기 때문에 기업별 기출 면접 질문을 각각 분석하기보다는 면접 유형별로 구분하여 대비 전략을 설명하고자 한다.

1) 경험면접(구조화 면접)

경험면접은 기존의 역량면접과 동일하다. 역량면접은 지원자의 경험을 바탕으로 역량을 평가하는 방식이다. 직무를 수행하는 데 있어 필요한 직업기초능력을 지원자의 과거 경험을 통해 행동 패턴을 파악하고, 이를 평가하는 방식이다.

경험을 말할 때는 최근의 경험일수록 좋다. 자기소개서 항목에서 최근 3년 이내, 또는 5년 이내의 경험을 작성하라고 하는 것은 경험의 신뢰성 때문이다. 초등학교 시절에 반장을 했던 경험이 지금의 리더십으로 연결되기 어려운 것처럼, 최대한 최근의 경험, 즉 대학 시절 이후의 경험을 바탕으로 해야 한다.

경험면접은 구조화하여 꼬리 질문이 이어지는 방식이기 때문에 구조화 면접, 심층구조화 면접, 또는 역량면접이라는 말로도 표현할 수 있다. 경험을 구조화한다는 것은 바로 STAR 방식이다. 자기소개서에서 경험 항목을 작성할 때나 면접에서 경험을 말할 때는 STAR의 구조에 맞춰 정리해야 한다.

〈직업기초능력평가 구조화 형태〉

상황 제시	Situation(상황)	경험 구조화
	Task(과제, 임무, 목표)	
	Action(행동)	
	Result(결과 및 배운 점)	

경험면접의 경우 경험에 대한 질문으로 시작하며, 각 상황과 과제, 행동, 결과의 순으로 구조화하여 추가 질문을 진행한다.

지원자는 자신의 경험을 말한 뒤 추가적으로 꼬리를 무는 질문을 받게 되는데 어떤 유형들이 있는지를 파악하는 것도 중요하다. 역량면접에서 추가 질문의 유형은 사실검증 질문과 역량검증 질문으로 나눌 수 있다. 먼저 첫째, 사실검증 질문이란, 경험의 내용 속에서 참과 거짓을 확인하기 위한 질문이다. 예를 들어 "당시 팀원들과 친분이 두터웠다고 했는데, 그럼 그 친구들의 이름과 사는 지역을 한번 말해봐라"라는 식이다. 즉, 그 경험이 진짜 지원자 자신이 경험한 것인지, 아니면 꾸며낸 것인지를 확인하는 질문이다.

반면 역량검증 질문은 면접관이 듣고 싶은 답변을 지원자에게 듣지 못했기 때문에 물어보는 추가 질문이다. 예를 들어 실패의 경험을 통해 면접관이 알고 싶은 것은 '실패에도 불구하고 도전하는 자세를 갖춘 사람인가'이다. 하지만 이러한 부분에 대해 지원자가 언급하지 않았을 때, 추가적으로 "실패할 확률이 높은데 왜 시작했어요?"라는 질문을 통해 원하는 대답을 이끌어 낸다. 이처럼 꼬리 질문의 유형을 알고 있다면 어떤 추가 질문이 나올지도 예상할 수 있다.

[참고1] STAR 구조의 이해

STAR 구조는 경험 역량을 나타내는 데 있어 꼭 알아야 하는 구조다. NCS 면접은 경험을 구조화시켜 질문하는 방식인 만큼 STAR 구조를 익혀 두는 것이 필요하다.

구조	개념
Situation(상황)	경험의 계기 및 이유, 원인, 배경을 육하원칙에 따라 설명
Task(과제, 임무, 목표)	당시 상황에서 세웠던 목표, 자신의 역할을 설명
Action(행동)	구체적으로 목표를 달성하기 위해 노력했던 행동과 과정 설명
Result(결과)	경험의 결과와 배운 점을 제시

① 경험면접 유형

Q. 목표를 성취했던 경험이 있습니까?

상황(S)	• 당시의 상황은 어떠했습니까? • 당시의 상황을 자세히 말해 보세요.
목표(T)	• 당시 목표는 무엇이었습니까? • 목표를 설정하게 된 이유는 무엇입니까?

행동(A)	• 당시 목표를 달성하기 위해서 노력한 것은 무엇입니까? • 목표 달성 과정에서 어려운 점은 없었습니까? 어떻게 극복했습니까?
결과(R)	• 결과는 어땠고, 당시의 경험을 통해서 배운 점은 무엇입니까? • 그 경험이 직무를 수행하는 데 어떻게 적용될 수 있습니까?

② 상황면접 유형

상황 및 목표(S/T)	현재 당신은 내년 초 대리로 승진이 확정되었습니다. 승진 후에는 상당한 의사 결정 권한과 폭넓은 업무 경험의 기회를 얻을 수 있어, 해당 직무의 전문가로 성장할 가능성이 매우 높습니다. 그런데 마침 당신이 꼭 가고 싶었던 국가의 해외전문가 교육 과정 공모가 진행 중입니다. 6개월 교육 후 최종 선발을 하는데, 경쟁이 매우 치열합니다. 해당 교육 과정에 참여할 경우에는 승진이 불투명해질 수 있습니다.
행동(A)	당신은 이러한 상황에서 어떤 선택을 할 것이며, 그 이유는 무엇입니까?
결과(R)	선택의 결과는 어떻게 될 것이라고 생각합니까?

[참고2] 꼬리 질문과 압박

역량면접을 심층구조화 면접이라고도 일컫는 이유는 추가적인 질문을 통해 직무에 대한 역량을 파악하기 때문이다. 여기서 구조화라는 것은 STAR의 방식으로 진행되지만 그렇게 단순하지만은 않다. '단순히 상황이 어땠습니까?', '목표가 무엇이었습니까?', '어떻게 행동했고 결과는 무엇입니까?'와 같은 STAR 구조 외에도 단계별로 추가적인 질문을 하는 경우가 많기 때문이다.

> 면접관: 지금까지 살면서 이룬 가장 큰 성취는 무엇이었습니까?
> 지원자: 제가 지금까지 살면서 가장 크게 성취한 일은 대학 시절 홍대에서 군고구마 장사를 했던 일이었습니다. 겨울 방학을 이용해서 친구와 함께 장사를 시작했고, 약 2백만 원의 매출을 올릴 수 있었습니다.
> 면접관: 군고구마 장사를 했다고 하는데, 고구마는 어디에서 얼마에 구입했습니까?(사실 검증)
> 지원자: 네, 상암에 있는 농수산유통센터에서 구매했고, 한 상자당 2만 원 정도에 구매했습니다.
> 면접관: 한 상자에 몇 kg였습니까?(사실 검증)
> 지원자: 대략 10kg 정도로 기억합니다.
> 면접관: 당시 장사하면서 어려웠던 점은 무엇이고, 어떻게 극복했습니까?(역량 검증)
> 지원자: 당시 어려웠던 점은 …….

위의 예제처럼 경험한 것에 대해 디테일한 요소를 물어볼 수 있기 때문에, 각 경험의 디테일한 상황에 대한 답변까지 준비할 필요가 있다. 답변을 제대로 하지 못한다면 진정성을 의심을 받을 수 있기 때문이다. 경험을 STAR 구조로 정리한 후 각각의 내용에서 물어볼 수 있는 꼬리 질문이 무엇인지를 체크해야 한다. 또한 자기소개서에 작성한 내용을 다시 한 번 점검하여 경험에 대한 추가 질문에 대비하자.

참고로 꼬리 질문의 유형을 파악하고 대비하는 것도 알아 두기를 바란다.

---

① 사실 검증 질문

경험에 대한 진위 여부, 사실 여부를 파악하기 위한 추가 질문이다. 이를 대비하기 위해 자신의 경험에 대한 구체적인 사실 관계를 최대한 파악해야 한다.

② 역량 검증 질문

면접관이 듣고 싶은 내용이 나오지 않았을 때 추가적인 질문을 통해서 이를 이끌어 내는 질문이다.

③ FACT에 대비하라

면접관은 FACT에 기반하여 본인의 느낌, 행동, 상황과 생각을 물어본다. 따라서 자신의 경험 속에서 느낀 점과 당시 어떤 생각을 가졌는지에 대한 것을 정리해 놓도록 한다.

- Feelings: 무엇을 느꼈습니까?
- Actions: 무엇을 하셨습니까?
- Contexts: 어떤 상황이었습니까?
- Thoughts: 무엇을 생각하셨습니까?

【자주 출제되는 경험면접 질문과 예상 추가 질문】

관련 영역	대표 질문	예상 추가 질문
의사소통능력	• 의견 차이를 조율했던 경험은? • 상대방을 설득했던 경험은? • 합의를 이끌어 낸 경험은?	• 한 번에 의견 조율이 가능했나? • 너무 자신의 입장에서만 소통한 것은 아닌가? • 자신의 의견을 어떤 방식으로 전달했는가?
문제해결능력	• 창의력을 발휘한 경험은? • 조직의 문제를 해결한 경험은? • 예상치 못한 문제를 해결한 경험은?	• 본인의 아이디어에 반대하는 의견은 없었는가? • 반대하는 사람은 어떻게 설득했는가? • 실행 과정에서 또 다른 문제는 없었는가?
자기개발능력	• 본인의 약점을 개선한 경험은? • 자기개발을 위해 노력한 경험은? • 성취한 경험 또는 실패한 경험은?	• 성취 과정에서의 어려움은 어떻게 극복했는가? • 실패한 경험은 끈기가 부족했던 것이 아닌가? • 그러한 노력이 업무에 어떻게 활용될 수 있다고 생각하는가?
자원관리능력	• 우선순위를 세워 목표를 달성한 경험은? • 부족한 자원에도 목표를 달성한 경험은? • 주변에 도움을 주거나 얻었던 경험은?	• 우선순위를 세운 기준이 있다면 무엇인가? • 부족한 자원을 보충하기 위한 노력에는 무엇이 있는가? • 도움을 요청할 때 어떤 방식으로 하는가?
대인관계능력	• 프로젝트 경험은? • 팀을 위해 헌신한 경험은? • 갈등을 해결한 경험은? • 잘 안 맞는 사람과 일해 본 경험은?	• 그 역할을 맡은 이유와 기여도는 얼마나 되는가? • 굳이 본인이 희생한 이유가 있는가? • 갈등을 해결하고 난 이후에 무엇이 달라졌는가?
정보능력	정보를 활용하여 목표한 바를 달성한 경험은?	• 정보를 주로 어떻게 얻는가? • 불필요한 정보를 어떻게 구별했는가?
기술능력	• 직무 관련 경험은? • 지원분야에 대해 준비한 노력은?	• 본인의 역량을 개발하기 위해 무엇을 하는가? • 최근 친환경에너지에 대한 이슈에 대해 어떻게 생각하는가?
조직이해능력	• 조직의 목표를 이해하고 개선했던 경험은? • 빠르게 조직이나 팀에 적응한 경험은?	• 당시 맡은 역할은 무엇이었나? • 본인의 가치와 조직의 가치가 상반된 것은 없었나? 그럴 때 어떻게 행동했는가? • 팀이나 조직에 적응하는 본인만의 방법이 있다면?
직업윤리	• 규칙과 원칙을 잘 지킨 경험은? • 규칙과 원칙을 잘 지키지 못한 경험은?	• 본인의 손해가 있었음에도 그렇게 행동한 이유가 있는가? • 윤리적으로 노력한 것이 때론 융통성이 없어 보일 수 있는데 어떻게 생각하는가?
기타	• 행복했던 경험은? • 후회했던 경험은? • 가장 힘들었던 경험은? • 본인의 실수로 상대에게 피해를 준 경험은?	• 행복의 기준은 무엇인가? • 후회가 된 행동을 한 이후 어떤 변화가 있었나? • 힘든 상황을 극복한 후에 배운 점은 무엇인가?

【직업기초능력 항목별 경험면접 질문】

항목	질문
의사소통능력	• 자신의 의견이나 생각을 상대방에게 정확히 전달해 본 적이 있는가? • 대화할 때 상대방이 말하는 요점을 정확히 파악하는 편인가? • 생각을 문서로 정리하는 능력은 어느 정도 갖추고 있는가? • 외국어로 의사소통은 어느 정도 가능한가?
수리능력	• 당신이 조사한 시장분석 결과가 수익 창출로 이어졌던 경험이 있는가? • 기업의 사업 보고서를 분석하여 매출 증가 및 감소의 원인을 파악해 본 적이 있는가?
문제해결능력	• 자신이 속했던 단체에서 위기를 겪은 경험이 있는가? • 학교 축제(주점 운영 등)의 경험에서 이전과 비교했을 때 전혀 손색 없는 준비였음에도 반응이 좋지 않았던 상황을 겪어본 적이 있는가? • 사회 경험(인턴, 아르바이트) 중 자신이 속한 조직 내에서 예상치 못한 문제를 겪어본 적이 있는가? • 예상치 못한 문제에 대해 '문제 진단－대안 제시－성과'의 결과를 만들어내 본 경험이 있는가?
자기개발능력	• 자신의 흥미, 적성 여부를 알기 위해 특별히 노력했던 경험이 있는가? • 학업 이외의 활동 중 경력개발에 도움이 될 만한 기타 경험(교육 이수, 연수 등)이 있는가? • 6개월 이상 꾸준히 관심을 가지고 노력했던 적이 있는가?
자원관리능력	• 주어진 시간을 최대한 활용하여 효율적인 성과를 낸 경험이 있는가? • 예산 확보를 위해 계획을 수립해 본 적이 있는가? • 소유한 자원을 적절하게 관리하고 운용한 적이 있는가? • 인력 운용에 있어 주변의 사람들을 충분히 활용한 적이 있는가?
대인관계능력	• 자신과 살아온 환경이나 배경이 다른 사람과 업무를 수행해 본 경험이 있는가? • 업무 수행 과정에서 팀이나 타인을 이끌어 본 경험이 있는가? • 갈등 상황이 원만하게 해결될 수 있도록 해결책을 제시해 본 경험이 있는가?
정보능력	• 과제를 수행하기 위해 필요한 자료를 수집, 분석, 가공해 본 경험이 있는가? • 보고서를 작성함에 있어 엑셀, 파워포인트 등의 기술적인 부분을 활용했던 경험이 있는가?
기술능력	• 전공 분야에 대한 지식을 쌓는 과정에서 어려웠던 적이 있는가? • 필요한 지식이라고 판단하여 별도의 노력을 통해 무언가를 배운 적이 있는가? • 습득한 지식을 실제 업무에 적용하여 결과물을 만들어 낸 적이 있는가?
조직이해능력	• 자신이 속했던 조직의 발전을 위해 특별히 노력했던 적이 있는가? • 글로벌 경쟁력을 갖추기 위해 노력한 것이 있는가? • 효율적인 업무 수행에 필요한 자신만의 업무 노하우를 발휘한 적이 있는가?
직업윤리	• 올바른 일을 하면서 손해봤던 경험이 있는가? • 편법이나 요령을 부리지 않고 자신이 맡은 일에 책임을 다했던 경험이 있는가? • 정해진 원칙과 규칙을 지켜 좋은 결과로 이어졌던 경험이 있는가? • 학교의 규칙이나 제도가 불합리하다고 느껴 본 경험이 있는가?

2) 상황면접

상황면접은 직업기초능력과 관련된 상황을 주고 이를 추가 질문의 형태로 물어 보는 방식으로 진행한다. 예를 들어 "상사의 비리를 알게 되면 어떻게 할 것인가?"라는 상황을 준 뒤 이에 따른 행동 패턴을 파악하여 지원자의 직업윤리에 대한 태도를 평가한다. 상황면접은 지원자가 향후 업무 상황에서 '어떻게 행동할 것인가?'를 평가하는 것으로 경험면접과 마찬가지로 행동에 대한 평가로 볼 수 있다. 상황면접은 크게 4가지의 유형으로 나뉜다.

유형	상황	핵심 키워드
윤리 상황	윤리적 상황 및 딜레마를 제시한 후 이에 대한 행동 평가	일관성
조직 상황	상사, 동료, 회사 생활에서 발생하는 상황에 대한 행동 평가	역지사지
고객 상황	고객 컴플레인, 민원 발생 등의 이슈에 대한 행동 평가	고객중심 + 원칙중심
업무 상황	업무 수행 과정에서 발생한 문제의 해결에 대한 행동 평가	논리성 + 창의력

위에 정의된 핵심 키워드는 답변의 방향성을 의미한다. 윤리적 상황과 딜레마 속에서 항상 올바른 것을 지키고자 노력하는 일관성이 중요한 키워드이다. 또한 조직 생활과 관련된 상황에서는 상사, 동료, 회사의 입장을 고려한 역지사지의 태도를 보여 주는 것이 중요하다. 고객 또는 민원과 관련된 상황에서는 고객의 입장을 고려한 행동과 원칙에 따라 행동하는 모습을 보여 주는 것이 좋다. 업무 상황에서는 문제를 해결하기 위한 창의력, 논리성이 중요한 기준이다. 따라서 원칙대로 처리할 일에 대해서는 원칙대로 진행한다는 기준을 세우고, 그 안에서 좀 더 창의적인 방식으로 문제를 해결할 수 있는 아이디어를 제시할 수 있도록 해야 한다.

【자주 출제되는 상황면접 질문 유형 리스트】

관련 영역	대표 질문
윤리 상황	• 상사의 비리를 보게 된다면 어떻게 할 것인가? • 기관에는 이득이 되지만, 약간의 편법이 필요한 상황이라면 어떻게 할 것인가? • 상사가 회사의 물품을 자기 것처럼 사용하는 것을 봤다면 어떻게 할 것인가?
업무 상황	• 혼자 근무할 때 본인이 도저히 해결할 수 없을 것 같은 사고가 터진다면 어떻게 할 것인가? • 오랜 기간 부품을 납품해오던 협력 업체에서 본사가 요구하는 크기보다 크게 가공된 부품을 보내왔고, 부품 사용 기한은 얼마 남지 않은 상황에서 어떻게 할 것인가? • 우리 기관이 지역주민과 상생할 수 있는 방안을 제시하시오. • 상사가 매뉴얼대로 업무를 진행하지 않고 본인의 노하우대로 일을 처리한다면 어떻게 할 것인가? • 바로 위의 상사가 업무를 지시하여 처리하고 있는데, 그보다 더 위의 상사가 기간이 많이 남은 일임에도 즉시 업무를 처리해달라고 요구한다면 어떻게 할 것인가? • 업무를 다 처리하고 난 후 수정 사항이 발생했다. 하지만 벌써 결재가 다 끝난 상황이라면 어떻게 할 것인가? • 업무 상황 중 위급한 상황이 발생했다. 상사는 연락을 받지 않고 본인이 해결해야 한다면 어떻게 할 것인가?
조직 생활	• 상사가 본인보다 나이가 어리다면 어떻게 할 것인가? • 상사의 부당한 지시를 받게 된다면 어떻게 할 것인가? • 상사가 시간 안에 절대 끝낼 수 없는 업무를 맡겼다면 어떻게 할 것인가? • 상사와 의견 충돌이 일어난다면 어떻게 할 것인가? • 회사의 중요한 일과 개인적으로 중요한 일이 겹치면 어떻게 할 것인가? • 규정 외 업무를 지시하는 상사가 있다면 어떻게 할 것인가? • 본인이 싫어하는 사람이 상사라면 어떻게 할 것인가?
고객 상황	• 민원인이 막무가내로 무리한 요구를 한다면 어떻게 할 것인가? • 민원인이 마스크 착용을 거부한다면 어떻게 대응할 것인가? • 민원인이 합리적인 요구사항을 제시했지만 규정에 맞지 않다면 어떻게 할 것인가? • 악성 민원인에 대해 어떻게 대처할 것인가? • 민원인이 지점에서 난동을 피운다면 어떻게 할 것인가?

【직업기초능력 항목별 상황면접 질문】

항목	질문
의사소통능력	• 당신은 봉사활동 동아리의 팀장이고, 3박 4일의 프로그램을 기획하려고 한다. 팀원들이 적극적으로 의견을 개진하지 않는다면 어떻게 하겠는가? • 조별 과제에서 발표 자료를 만들어야 하는 팀원이 개인적인 사유로 못하겠다고 한다면 당신은 어떠한 행동을 취할 것인가? • 회의 중 팀원에게 해야 할 일을 분명히 전달했는데, 이후 상대방은 처음 듣는 이야기라며 발뺌한다면 어떻게 할 것인가?

수리능력	• 당신은 생산 라인의 불량률에 대한 데이터를 분석하고 이를 통해 불량률을 줄여 생산 비용을 절감해야 한다. 어떤 방법을 제시할 것인가? • 고가의 원서를 구매하려고 할 때 주머니 사정이 넉넉하지 않다면 어떻게 하겠는가? • 쇼핑몰 창업에 있어 이윤이 높은 상품을 선택해야 한다면 어떠한 방법을 사용하겠는가?
문제해결능력	• 인턴 종료 전 마지막 조별 과제로 자사 제품을 홍보하는 과제가 주어졌다. 동종 업계 1위 기업이었기에 별 문제가 없을 것이라 생각했지만 생각 외로 고객들의 반응이 시큰둥하다. 효과적인 홍보를 위해 어떠한 방법을 제시할 것인가? 또한 해당 제품의 판매 실적이 좋지 않은 상황이다. 이때 당신은 판매율을 어떻게 높일 것인가? • 문제 없이 운영되었던 조직(동아리 등)에서 신입 회원 등록률이 저조한 상태가 계속되고 기존 회원마저 탈퇴하는 상황이 발생되었다. 어떠한 조치를 취할 것인가? • 당신 회사의 제품에 문제가 없는데도 시장 점유율이 하락하고 있다. 이러한 상황에서 영업 팀장인 당신은 이 문제를 어떻게 해결할 것인가?
자기개발능력	• 공대생인 당신에게 인문학적 지식이 필요한 기획서 제출 과제가 주어진다면 어떻게 할 것인가? • 당신은 컴퓨터공학을 전공했다. 그러나 개발 부서가 아닌 인사팀으로 부서 발령을 받았다. 인사팀 업무에 적응하기 위해 어떠한 노력을 할 것인가?
자원관리능력	• 제한된 예산 안에서 회사의 워크숍을 준비할 때 주어진 예산을 어떻게 사용할 것인가? • 10명 분의 업무를 5명이 해야 하는 상황에서 당신이 팀장이라면 어떻게 할 것인가? • 일주일 동안 시험. 아르바이트. 과제를 동시에 완수해야 한다면 어떻게 할 것인가?
대인관계능력	• 동아리에서 캠핑을 갔는데 동기 한 명이 눈에 띌 정도로 쉬운 일만 골라서 하고 있다. 그로 인해 당신은 상대적으로 힘들고 어려운 일만 맡아야 하는 상황이다. 동기에게 어떻게 업무를 분배하자고 할 것인가? • 해비타트 봉사에 처음으로 참여한 신입 봉사자가 종종 실수를 해서 업무 진척에 방해가 되고 있다. 당신은 해당 업무에 관하여 베테랑 조원이다. 이 팀원과 어떻게 조화롭게 일을 진행할 것인가?
정보능력	• 당신은 유통업체 시장을 1인 가구 증대에 따라 분석하고 상사에게 보고서를 제출해야 한다. 어떤 방법으로 자료를 수집하고 가공할 것인가? • 렌트카 시장의 성장성에 대한 시장조사 자료를 만들어야 한다. 고객을 유형별로 분류하고 이와 관련된 작업을 하기 위해 엑셀의 어떠한 기능을 활용할 것인가?
기술능력	• 산업공학을 전공한 당신은 컴퓨터언어 활용에는 능숙하지 않다. 하지만 이번 프로젝트에는 빅데이터를 활용한 분석 작업이 필수적이다. 여기에 필요한 컴퓨터활용능력을 어떻게 키울 것인가? • 컴퓨터공학을 전공한 당신은 4학년 졸업 프로젝트를 진행해야 한다. 3인 1조로 구성된 당신의 팀에게 주어진 과제는 그동안 배우지 않았던 언어와 기법들을 필요로 한다. 이러한 상황에서 당신은 해당 분야 지식을 어떠한 방법으로 습득할 것인가?
조직이해능력	• 당신은 학교 홍보대사이다. 대학교 투어를 희망하는 예비 신입생들의 단체 방문이 있다. 학교에 대한 소개를 어떻게 하겠는가? • 부진한 업무 성과로 인해 프로젝트를 진행했던 팀장이 바뀌게 되었다. 그동안의 진행 상황을 모르는 팀장과 어떻게 화합하여 프로젝트를 성공시킬 것인가?
직업윤리	• 한적한 시골길. 운전을 하며 가고 있는데 계속해서 신호에 걸린다면 어떻게 할 것인가? • 상사의 비리를 보게 된다면 어떻게 행동할 것인가? • 만약 상사가 나에게 원칙에 어긋나는 행동을 지시한다면 어떻게 할 것인가?

PT면접과 토론면접 전략

1) PT면접

"자, 지금부터 5분간 시간을 드리겠습니다. 이 시간 동안 어떤 내용이든 좋으니 여러분께서 한 가지의 주제를 선정해서 두서없이 말해 보세요."

위와 같은 면접을 치르는 것은 생각보다 쉽지 않다. 일단 5분이라는 시간이 너무 짧으면서도 경우에 따라 굉장히 길게 느껴질 수 있다. 사람들 앞에서 자신의 주장을 설득력 있게 전달하는 것은 오랜 시간 강의를 진행한 사람도 어려운 일이다. 평소 발표를 많이 해보지 않아서 PT면접 때문에 소위 '발목이 잡힌' 사람도 생긴다. 이처럼 PT면접은 채용 과정에서 지원자들에게 큰 부담을 주는 면접에 해당한다.

① 왜 프레젠테이션 능력이 중요한가?

블라인드 채용이 진행되면서 인성과 역량만으로는 지원자의 전문성을 심도 있게 파악하기 어려워졌다. PT면접은 문제해결력, 내용 이해도 등을 보다 심도 있게 평가할 수 있기 때문에 면접의 필수 코스에 해당한다.

언제부터인가 많은 사람 앞에서 자신의 의견을 피력하는 말하기가 필수적인 시대가 되었다. 이로 인해 서점에만 가 봐도 화술, 스피치, 프레젠테이션 스킬과 관련된 책들이 넘쳐난다. 이제는 스피치 역량이 부족하면 비즈니스 세계에서 살아남을 수 없는 시대가 되었다.

기업에서 PT면접을 중시하는 이유도 여기에 있다. 성과를 창출하고 자신의 의견을 정확하게 전달하기 위해서 가장 중요한 것은 바로 프레젠테이션 역량이다. 또한 PT면접을 통해 지원자의 전문성도 보다 깊이 있게 확인할 수 있다. 그렇기 때문에 지원한 직무, 전공, 산업, 트렌드 등의 이슈를 파악하고 있어야만 해결할 수 있는 PT면접 주제들이 등장하고 있다. 이처럼 기업에서 PT면접을 중요하게 생각하는 이유는 지원자의 전문성과 스피치 능력을 통해 업무에 대한 적합성을 파악할 수 있기 때문이다.

② 내용 < 형식

　　PT면접에서는 크게 내용과 형식 2가지로 구분하여 평가한다. 내용에 대한 부분은 주어진 문제에 대한 논리성, 정확성, 창의성, 문제해결능력 등을 평가하는 것이며, 형식은 스피치, 전달력, 자세와 태도 등의 발표능력을 평가하는 것이다. 둘 중 어느 것에 더 많은 비중을 두어야 하는가를 묻는다면 '형식'에 더 큰 공을 들여야 한다고 말할 수 있다. 내용적인 부분에서 다른 지원자들과의 차별화를 두기가 힘들기 때문이다. 먼저 짧은 시간 안에 획기적인 전략이나 전공 내용에 대한 지식을 차별화하여 마련하는 것이 힘들 뿐 아니라 그 차이도 크지 않다.

　　하지만 형식적인 측면, 즉 발표 스킬은 한눈에 차이가 확연히 드러난다. 잘하고 못하고를 바로 눈으로 확인할 수 있기 때문이다. 따라서 더 비중을 두고 준비해야 하는 부분은 내용보다 형식이다. 그러므로 형식적인 부분에서의 완결성을 갖춘 뒤 내용적인 부분을 보강하는 것이 가장 좋은 준비 방법이라고 할 수 있다.

평가사항		세부 내용
내용 영역	내용의 전문성	제시된 과제를 해결하는 기본적인 지식을 보유했는가?
	창의적 문제해결	문제를 창의적으로 접근하여 해결하고 있는가?
	분석력	주제에 대한 분석이 제대로 되어 있는가?
	내용 구성 능력	문제 해결의 구조에 맞춰 내용을 구성하고 있는가?
	논리력	해결 방안에 있어 근거를 마련하여 설득하고 있는가?
형식 영역	스피치 능력	발성, 발음, 감정 전달 등의 목소리 연출에 자신감이 있는가?
	이미지 연출	밝고 긍정적인 표정과 이미지로 신뢰를 주는가?
	청중의 몰입도	공감을 바탕으로 내용에 몰입할 수 있도록 유도하는가?
	제스처	적절한 제스처를 바탕으로 중요한 내용을 강조하고 있는가?
	열정	열정적인 모습과 태도를 보이고 있는가?

③ 발표의 순서, 루틴으로 기억하라!

　　운동선수들 중에는 자신만의 루틴을 잘 만들어 성공한 사람이 많다. 하루에 정해진 일정한 '행동 패턴'을 만듦으로써 자신의 삶을 안정적인 상태로 유지하는 것이다. 그래야 더 효율적으로 자신의 경쟁력을 만들어갈 수 있기 때문이다. PT면접도 마찬가지다. 발표의 루틴을 몸에 익히면 그다음은 좀 더 쉬워진다. 대체적으로 PT면접의 주제는 문제에 대한 해결능력을 평가하는 것으로, 이와 관련하여 발표하는 순서를 다음과 같이 제시할 수 있다.

구분	발표의 순서	세부 내용
1	오프닝 멘트	면접관의 집중을 이끌어 낼 수 있는 오프닝 멘트 제시
2	서론과 주제 설명	주제에 대한 문제점, 현황, 이슈, 배경 등을 간략히 설명
3	판서	주요 내용에 대한 간략한 판서 작성(상황에 따라 다름)
4	목차 설명	진행 순서에 대한 안내를 통해 면접관의 집중도를 높임
5	본론 1, 2, 3	본론의 내용을 3가지 정도로 분류하여 해결 방안 제시
6	요약 및 기대 효과	전체의 내용을 간략히 정리한 후 기대 효과 제시
7	클로징 멘트	자신의 포부를 간략하게 전달하며 발표를 마무리

위에서 제시한 발표의 순서를 잘 기억해 놓기 바란다. 그리고 루틴을 만들어 실제 발표시 일부러 순서를 기억하지 않아도 자연스럽게 순서대로 진행할 수 있도록 준비해보자. 그것이 발표 준비의 첫걸음이다. 물론 주제에 따라 발표의 순서는 조금 달라진다. 판서의 경우 기관별로 화이트 보드를 사용하거나 전지를 주거나 PPT로 제작하여 발표하는 경우가 있다. 판서의 경우는 화이트 보드를 사용할 때만 가능한 순서이기 때문에 전지 및 PPT 활용 시에는 판서의 과정을 제외하고 발표하면 된다.

가장 중요한 것은 PT면접에 대한 두려움을 없애는 것이다. 어느 누구라도 당일 제시되는 주제에 대해서 완벽하게 발표하기란 쉽지 않다. 따라서 평소 발표에 대한 루틴을 만들어 놓고 반복적으로 연습을 하는 것이 가장 좋은 준비 방법이다.

④ 구성 방식에 맞춰 연습하라!

PT면접은 결국 문제를 해결하는 과정이기 때문에 전체적으로 문제점 제시, 해결 방안, 기대 효과로 구성한다. 중요한 것은 문제점과 그에 따른 해결 방안이 적절하게 제시되어야 한다는 것이다. 문제점은 3가지를 제시하고 해결 방안은 2가지만 제시하는 것은 논리적으로 올바르지 않다.

문제점은 주어진 자료나 상황을 통해서 파악할 수 있기 때문에 어렵지 않게 구성할 수 있다. 하지만 해결 방안을 도출하는 과정은 지원자의 배경지식이나 자료에 대한 해석 능력이 요구되기 때문에 개인차가 발생한다. 이를 대비하기 위해 알리오의 국회지적사항을 파악하여 기관이 유사한 상황에서 어떻게 대안을 도출했는지 확인해보는 것이 좋다. 대부분의 주제가 사업을 진행하거나 업무를 수행하는 과정에서 발생하는 문제이기 때문에 기관은 이러한 문제점에 대해서 나름의 해결 방안을 가지고 있으므로 참고하는 것만으로도 큰 도움이 된다.

기대 효과로는 해결 방안을 통해서 달성할 수 있는 긍정적 효과를 작성한다. 대체적으로 만족도 향상, 효율성 향상, 신뢰도 향상, 비용 절감 등의 기대 효과를 작성할 수 있다. 하나 더 추가하자면 긍정적인 기대 효과만을 제시하는 것이 아니라 예상되는 문제점과 한계도 추가할 수 있다. 이러한 부분들도 함께 언급하게 되면 향후 면접에서 자연스럽게 면접관의 질문을 유도할 수 있고, 준비된 답변을 할 수 있다.

다음의 예시를 바탕으로 향후 발표 면접을 위한 내용 구성의 방식을 미리 연습해보자.

구분	세부 내용 및 답안 예시
상황 제시	수자원 개발 계획은 환경보호의 관점에서 반대에 부딪히는 경우가 많습니다. 당신이 K-water의 수자원 개발 계획을 검토한다고 가정할 때, 수자원의 개발과 환경보호의 조화를 이룰 수 있는 지속가능한 수자원 개발 방안을 어떻게 수립할 수 있을지 설명하여 주시기 바랍니다.
문제점 및 현황 파악	1) 기상변화 문제: 지형 변화, 안개 일수, 생태계 교란 2) 생활 환경에 대한 문제: 개발 과정에서 소음, 분진 등의 지역 갈등 3) 사회경제적 환경: 이주문제, 농지문제 발생
해결방안	1) 기상변화 문제: 환경을 감안한 설계, 환경보전 비용 마련 2) 생활 환경에 대한 문제: 환경 변화의 긍정성 강조, 사후 대책 마련 3) 사회경제적 환경: 관광지로서 새로운 산업 제시
기대 효과	• 지속가능한 수자원 개발의 롤모델 제시 • 장기적으로 해외사업에 있어 친환경 모델로 구축 • 수자원을 바탕으로 새로운 관광 산업 활성화로 지역 주민들의 만족도 향상

⑤ PT면접 기출 예시

공기업 PT면접의 특성은 주로 업무 상황을 제시한 후 해결 방법을 묻는 주제들이 등장한다. 따라서 위에서 간략히 제시한 업무 상황과 유사한 형태의 주제를 제시하고 이에 대한 해결 방안을 발표하는 방식으로 진행되는 경우가 많다. 다음의 예시를 바탕으로 어떻게 발표를 구성할 것인지 문제점 및 현황 파악 / 해결 방안 / 기대 효과를 작성하며 미리 연습해보자.

구분	세부 내용
상황 제시	우리 공사는 LNG 발전소를 새로 지으려고 한다. 하지만 이 과정에서 지역 주민들의 반대가 발생했다. 1차 간담회는 결렬된 상태이며, 2차 간담회를 진행하려고 한다. 주민 반대 사유는 유해물질, 환경오염, 안전 문제 때문으로 확인된다. 이러한 상황에서 2차 간담회를 통해 지역 주민들과 합의를 이끌어 낼 수 있는 방안을 제시하시오.
자료 1	LNG 발전소는 화력, 원자력보다 친환경적입니다. 화력이나 원자력은 오염물질 배출이나 폐쇄 비용 때문에 고려해야 할 것들이 많습니다. 그래서 LNG는 재생에너지(수력, 풍력, 태양광 등)로 넘어가는 좋은 징검다리가 될 수 있습니다. 에너지 시장에서 LNG의 입지가 높아지고 있습니다. 미국의 셰일혁명으로 LNG 생산량이 크게 늘어난 덕분에 LNG 가격이 많이 떨어졌습니다. 중국에서도 셰일층이 발견되면서 LNG 가격은 지속적으로 낮아질 전망입니다. 가격이 저렴해진 만큼 발전 단가는 줄어들 수 있습니다. 환경오염도 덜하고, 값도 저렴해진 LNG 발전의 경쟁력은 향후 더 커질 전망입니다. – ○○발전 LNG 발전소 카드 뉴스 발췌
자료 2	○○발전은 발전소 건설 때 지역인력 우선 채용, 지역건설·장비업체 사업 참여 확대 등을 통해 지역경제 활성화와 일자리 창출에도 기여한다는 전략이다. 또 발전소 주변 올레길과 연계한 산책로, 포토존 등 주변 자연과 발전소가 조화되는 공간을 만들어 발전소를 통해 지역이 함께 성장하는 모습을 보여줄 계획이다. – △△신문 뉴스 기사 참조

구분	답안을 작성해 보세요
문제점 및 현황 파악	
해결 방안	
기대 효과	

2) 인바스켓 PT면접의 확대

인바스켓 PT면접은 해결해야 할 다양한 업무 상황 및 과제를 제시하고 처리 방향, 내용 등을 주어진 시간 내에 보고서로 작성하여 제출·발표한 뒤, 제출·발표된 보고서에 대해 면접관과 질의응답을 진행하는 면접 방식이다. 보고서를 작성할 때는 PC를 사용하는 것이 일반적이다.

주로 나타나는 상황은 우선순위 선정, 문제해결 방안 제시, 상사 또는 동료와의 갈등 해결, 고객의 불만 처리 등이다.

상황	상황 예시
부서 간 갈등	참가자 부서와 다른 부서 간에 의견을 달리하고 있다는 것을 알리는 상황
고객 불만	고객이 요구사항을 들어주지 않으면 어떤 행동을 취할 것이라고 위협하는 상황
상사 요구	상사가 특정한 행동을 요구하거나 긴급한 업무를 지시하는 상황
민원 불만	막무가내로 불만을 나타내는 민원인에 대응해야 하는 상황
부하 관리	부하 직원이 업무, 보수, 사무 환경 등에 대해서 불만을 표출하는 상황
재무적 처리	특정 금액(%)만큼 삭감 또는 증액을 요구하는 상황
구매 요청	새로운 장비의 도입과 같은 사항에 대해 승인을 요청하는 상황
인력 채용	신규 인력을 채용하는 데 즉각적인 의사 결정을 해야 하는 상황
중요하지 않은 사항	시간이 소요되면서 비교적 중요하지 않은 몇몇 안건들을 제시하고 조치하는 상황
윤리 문제	상사가 윤리적으로 미심쩍은 행동을 요구하는 상황
상충되는 상황	서로 앞뒤가 맞지 않는 상황을 부여하고 이를 발견하도록 하는 상황

이처럼 발생 가능한 업무 상황에서 자원관리, 문제해결, 의사소통, 대인관계능력 등의 직업기초능력을 평가하는 방식이다. 따라서 우선순위를 세우기 위한 시간관리 매트릭스 이해, 보고서 작성법, 고객 민원 처리 방법과 갈등 해결 방법에 대한 이해가 선행돼야 한다.

다음 예시를 통해 인바스켓 PT면접을 미리 연습해보자.

1. 배경 정보

본인은 산업지원팀의 신입사원이다. ○○공단은 최근 산업혁신과 미래 일자리 창출을 주도할 경쟁력을 갖춘 스타트업을 육성하기 위하여 창업생태기반 조성을 통한 유망 사업모델 발굴과 창업교육 및 보육, 성장촉진을 지원하는 스포츠산업 창업지원 사업을 진행하고 있다.

본인은 신입사원으로서 3시간 뒤에는 2박 3일 일정으로 연수를 다녀와야 하는 상황이다. 연수로 인해 업무 공백이 불가피하며 스포츠산업 창업지원 관련한 업무 지시를 방금 메일로 받은 상태이다. 시간이 부족하기 때문에 우선순위를 세워 진행해야만 연수 전에 일을 마무리할 수 있다.

2. 지시 사항

① 당신은 신입사원인 이○○ 사원으로, 스포츠산업 창업 업무를 담당하고 있다.
② 오늘은 202X년 XX월 XX일 금요일이며, 시간은 오전 10시이다.
③ 당신은 지금부터 3시간 동안 3개의 안건을 조치하여야 한다.
④ 조치한 내용들은 구체적이어야 하며 행동(Action)이 포함되어야 한다.
  ⑩ 면담을 한다. (×)
  언제, 어디에서, 누구와, 어떤 내용으로 몇 시간 동안 면담한다. (○)

제1 안건 메일	
발신	김○○ 대리
수신	이○○ 사원
제목	[긴급] 스포츠산업 창업 & 잡 콘서트 기획 및 홍보 방안 제시 건

알다시피, 우리가 스포츠산업 창업과 관련해서 매년 잡 콘서트를 열고 있는데, 이번에는 아무래도 코로나 때문에 언택트 방식으로 창업 및 잡 콘서트를 진행해야 할 것 같아. 무엇보다 창업과 잡 콘서트가 같이 진행되는 만큼 행사가 한 쪽으로 치우치지 않도록 기획하는 것이 중요하기도 하고… 이전에 강사 초청 특강을 진행했는데 올해는 어떤 콘텐츠로 강사 초청을 하면 좋을지 아이디어가 있으면 1페이지 내로 기획안을 좀 보내줘. 강사 초청 외에 다른 아이디어를 내도 좋아.

무엇보다 이번 행사에서 가장 중요한 것은 홍보인데 어떻게 하면 좋을까? 코로나 시대에도 우리 공단이 스포츠 분야에 관심이 있는 사람들에게 도움을 주고 있다는 걸 어필하고 싶은데 홍보 문구는 어떻게 하면 좋을지, 그리고 어떤 방식이 좋을지도 체크해주고.

아무래도 신입이니까 최근 트렌드에 맞게 홍보 방안을 제시하지 않을까 하는데 어떻게 생각해? 나는 아무리 머리를 싸매도 아이디어가 떠오르지 않더라고. 예산도 한정적이어서 저예산으로 할 수 있는 홍보 아이디어가 있으면 좋을 것 같아. 스포츠산업 창업 활성화는 우리 공단에서도 매우 중요하게 생각하는 사업이고 팀장님도 이 부분에 대해서 부담이 많으신 것 같더라. 다음 주 화요일까지는 팀장님께 보고해야 할 것 같아. 참고가 될까 하여 기존 행사와 관련된 자료를 보내 놓을게. 부탁하고 연수 잘 다녀와.

제2 안건 메일	
발신	박○○ 과장
수신	이○○ 사원
제목	스포츠산업 창업지원센터 업체 선정 서류 평가 건

오늘 연수가지? 재밌겠다. 연수가 귀찮을 수는 있지만 배우는 것도 많으니 즐거운 마음으로 다녀오길…

다름이 아니라 알다시피 오늘 오후에 창업지원센터 업체 선정과 관련해서 서류 평가를 진행해야 하잖아. 전에도 말해놨지만 원래는 내가 평가 전문위원으로 참여할 예정이었으나 일정이 겹쳐 외부에 나와 있어서 어려운 상황이야. 우선은 대리인으로 이○○ 사원(본인)을 정해놓고 왔기 때문에 업체들이 제시한 조건을 파악해서 우선순위를 좀 정해줘야 할 것 같아. 앞으로도 이런 업무를 이○○ 사원이 진행해 주어야 하니 미리 경험 삼아서 업체 선정 업무도 진행하면 좋을 것 같아. 오늘까지 서류 평가를 진행해야 하니까 꼭 마무리 잘 해주고, 믿을게.

P.S. 우리는 공기업이기 때문에 업체를 선정할 때 다양성, 형평성, 공정성 등이 잘 반영되어야 하니까 이러한 점을 잘 기억해주고 평가해줘.

제3 안건 메일	
발신	유○○ 팀장
수신	이○○ 사원
제목	스포츠산업 창업 올림피아드 행사 관련 민원 처리

　스포츠산업 창업 올림피아드를 진행했는데, 이번에 수상하지 못한 팀에서 민원이 들어왔네. 평가 과정에서의 공정성에 대해서 의심이 간다는 내용이야. 특히 지원한 기업 중 우리 스포츠산업 창업지원센터에서 교육을 받고 창업한 팀이 있었다는 점 때문에 더 문제가 되고 있어. 아무래도 발표 평가에서 얼굴을 알고 있으니 팔이 안으로 굽지 않겠냐고 하더라고. 이러한 민원이 반복된다면 올림피아드에 대한 신뢰성이 떨어지기 때문에 빠르게 해결해야 할 것 같네. 자칫 잘못하면 악성 민원이 될 수도 있어. 다음 주 화요일에 민원인이 찾아오기로 했는데 대책을 강구해놔야 할 것 같아. 화가 많이 나서 올 것 같은데 미리 잘 준비해서 어떻게 이러한 문제를 해결할 것인지 같이 고민해보자고. 연수 다녀오자마자 바쁘겠지만 잘 부탁하네.

제4 안건 메일	
발신	문○○ 사원
수신	이○○ 사원
제목	곧 연수가 시작되는구나.

　오늘 일 많은 것 같더라. 바빠 보이네. 조금만 있으면 연수에 가야되는데 나는 정말 가기 싫다. 알잖아. 고○○ 사원하고 나하고 사이가 안 좋은 거. 하필 같은 팀에 배정되어서 연수기간 내내 붙어 있어야 한다고 생각하니 진짜 까마득하다. 도망가고 싶을 정도야.

　이번에 연수에서 네가 신입사원 대표니까 혹시 다른 팀으로 나를 좀 빼주면 안될까? 이번 연수는 더욱이 팀 프로젝트가 많다면서. 그리고 연수 내용도 근무 평가에 들어간다고 하는데 같은 팀이 되면 둘 다 좋지 않은 평가를 받을까봐 걱정이야. 부탁할게. 힘 좀 써 줘.

자료 1. 201X년 스포츠산업 창업 & 잡 콘서트 진행 관련 자료

1. 스포츠산업 창업지원 사업의 개요

창업 올림피아드
스포츠 산업 창업에 관심있는 누구나 참여
가능한 창업 경진대회입니다.(상반기 1회/년)

창업지원센터
창업지원센터 7개소에서 창업교육 및 보육을 지원합니다.
(교육생 모집: 3월/상황에 따라 변경될 수 있음)

창업 & 잡 콘서트
희망 기관(대학)을 대상으로 찾아가는
창업 토크콘서트를 지원합니다.(6회/년)

스포츠산업 펀드
스포츠산업 펀드 운용을 통해 투자를 지원합니다.
(전문운용기관: 한국벤처투자(주),
자 조합: ◇◇인베스트먼트(스포츠 1, 2호)
▽▽창업투자(22, 25호), ◎◎스포츠 펀드)

액셀러레이터
액셀러레이터 4개소가 투자유치 등 성장촉진을
지원합니다.
(스타트업 모집: 상반기/상황에 따라 변경될 수있음)

2. 행사 내용 및 일정 참조

- 대주제: 4차 산업혁명과 스포츠산업 트렌드
- 일   시: 201X년 XX월 XX일 월요일 13:00
- 장   소: △△대학교 인문대학 XX호관 XXX호

3. 강연 세부 내용

1) 첫 번째 강연
   - 연사: 김○○ 원장(IT문화원)
   - 주제: 4차 산업혁명과 스포츠 비즈니스의 변화

2) 두 번째 강연
   - 연사: 오○○ 대표(□□기업)
   - 주제: 스포츠 ICT 업계의 선두주자, □□기업의 창업 스토리(과거와 현재)

3) 세 번째 강연
   - 연사: 최○○ 대표(☆☆기업)
   - 주제: 스포츠문화 전문 디자인 스튜디오, ☆☆기업의 창업 스토리(과거와 현재)

자료 2. 협력업체 선정 자료 및 설명

　　○○공단은 스포츠창업 활성화를 위해 스포츠창업지원센터를 운영하고자 한다. 창업지원센터는 스포츠 산업분야 유망 사업모델 발굴 및 창업지원을 위한 맞춤형 창업교육 및 보육지원을 통해서 창업의 실질적인 성공을 위해 노력하고 있다. 이와 관련하여 창업지원센터 모집공고를 올려 업체를 선발할 예정이다.

구분	평가 항목	배점
사업 의지	참여 배경 및 사업 의지	5
	사업 계획의 구체성	5
사업 역량	유사사업 실적 및 성과	10
	운영인력의 전문성	10
	협력체제 구축	10
	시설·기자재 등 지원 인프라 구축	20
	교육 및 보육지원 프로그램의 차별성·우수성	20
사업 관리	교육생 및 보육대상자 관리	5
	성과관리 / 사후관리	15
합계		100

　　A업체는 서울에 있는 업체로 기존에 스포츠창업 관련한 사업 역량을 보유하고 있는 업체이다. 기존에도 다양한 창업교육 경험을 바탕으로 유사사업의 실적이 두드러지며 운영인력의 전문성과 시설 및 기자재 인프라 구축에 있어서는 가장 좋은 평가를 받고 있다. 다만 여러 번의 사업 참여로 인해 교육의 참신함이 떨어진다는 점과 이전에 교육생 관리 및 사후관리에 있어서는 부정적인 평가를 받은 적이 있다.

　　B업체는 대구에 있는 업체로 스포츠창업 관련한 사업에 대한 경험은 부족하다. 하지만 이 사업에 대한 의지가 있으며 이로 인해 어떤 업체보다 사업계획 및 프로그램의 차별성에서 좋은 평가를 받고 있다. 다만 사업에 대한 경험 부족으로 인해 유사 사업의 실적과 성과를 판단하기 어려우며, 협력체제 구축에 대한 인프라도 부족한 실정이다.

　　C업체는 운영인력의 전문성을 갖춘 창업 컨설팅 전문업체이다. 다만 스포츠창업에 대한 경험은 부족하여 프로그램의 차별성이 두드러지지 않는 상황이다. 또한 창업 컨설팅을 해왔기 때문에 개별 맞춤형 컨설팅 능력을 가지고 있어 교육생 관리 및 사후관리에 있어서는 노하우를 가지고 있는 업체이다.

[스포츠창업 올림피아드]

■ 신청 대상

스포츠산업 분야 예비 창업자 또는 5년 미만의 기업(* 공고일 기준 5년 미만)

■ 신청 제한

- 동일 또는 유사 아이템으로 타 창업 경진대회에서 수상 경험이 있는 자
- 타인의 특허 또는 실용신안으로 지적재산권을 침해할 우려가 있는 아이템
- 공고일 기준 ○○공단 창업지원사업(창업지원센터, 엑셀러레이터 등)을 통한 교육 진행 중인 자

■ 심사 방법

- 서류심사: 20개 팀 선정 / 창업 캠프 참가 및 발표 평가
- 중간평가: 20개 팀 중 10개 팀 선정
- 최종평가: 6팀 선정 순위 결정 / 시상

■ 시상 내역

최우수상: 300만 원 / 우수상: 200만 원 / 장려상: 100만 원

■ 우수입상자 특전

최우수상과 우수상 3팀은 창업 보육 지원(지원금 3,000만 원 지원)

문제1. 가장 우선적으로 처리해야 할 업무의 순서를 정하시오

문제2. 제1 안건 메일에 대한 스포츠산업 창업 & 잡 콘서트 기획 및 홍보 방안을 1페이지 내의 기획안으로 작성하시오.

문제3. 제2 안건 메일과 관련하여 가장 적합한 업체를 선정하고, 그 이유에 대해서 설명하시오.

문제4. 제3 안건 메일에 대해 화가 난 민원인의 문제를 어떻게 처리할 것인지 설명하시오.

문제5. 제4 안건 메일과 관련하여 동료의 부탁을 어떻게 거절하고, 갈등을 조율할 것인지 방법을 제시하시오.

3) 말보다는 태도가 중요한 토론(토의)면접

① 토론(토의)면접 주요 평가 포인트

평가사항	세부내용
협동성	토론은 다른 지원자들과의 진솔한 커뮤니케이션 과정이다. 따라서 너무 독단적으로 자신의 의사를 개진하거나 다른 사람의 말을 무시하거나 끼어드는 행동, 전체적인 흐름을 수용하지 않고 자신의 주장을 끝까지 고집하며 찬물을 끼얹는 행동 등은 감점 요인이다. 팀의 목표를 우선시하며 다른 팀원들의 의견을 존중하는 태도, 발언을 하지 못하는 팀원이 있을 때는 답변을 유도하거나 발언권을 넘기는 태도를 보여주도록 한다.
논리성	토론면접을 처음 접하는 지원자들이 저지르는 실수는 주제에 벗어나는 논리를 제시하거나 근거가 빈약한 논리로 이야기를 하는 것이다. 또는 방향성을 잡지 못하고 어떠한 결론이나 합의점도 찾지 못한 채 중구난방으로 토론을 진행하는 경우가 많다. 평소에 신문 사설이나 토론 기사들을 읽으며 충분한 시사 상식을 쌓고 그에 관한 자신의 견해를 표현하는 연습을 해야 한다.
주도성	30분이라는 제한 시간 동안 6명의 토론자가 토론을 한다고 가정한다면, 과연 몇 번이나 발언 기회를 쥘 수 있을 것이라 생각하는가? 생각보다 토론에서 발언 기회를 잡는 것은 쉽지 않다. 그렇기 때문에 주도적으로 발언권을 확보하여 적극적인 지원자로 보이는 것 역시 좋은 점수를 받는 데 도움이 된다. 또한 토론을 진행하는 사회자가 없더라도, 토론을 먼저 시작하는 데 도움을 주거나, 중간중간 방향성을 잡아 나가는 리더로서의 역할을 한다면, 훨씬 매력적인 지원자로 보일 수 있다.

② 4가지 토론 화법

자신의 의견을 주장하는 과정에서는 상대방을 배려하면서도 자신의 의견을 명확하게 어필할 수 있어야 한다. 짧은 시간 동안 토론을 진행하는 만큼 최대한 깊은 인상을 보여 주기 위해서는 다음과 같은 화법을 익히는 것이 좋다.

PREP	기조 발언 때 활용하는 화법으로, 되도록 4문장 안에서 이야기하는 것이 좋다. 그 외의 발언은 RE에 맞춰서 이야기하도록 한다.	
	Point(주장)	저는 야생동물 먹이주기 활동에 찬성하는 지원자 OOO입니다.
	Reason(이유)	그 이유는 먹이주기 활동을 통해 멸종에 처한 동물들을 보호할 수 있기 때문입니다.
	Example(근거)	그 근거는 강원도 철원군에서 야생동물 먹이주기 활동을 통해 멸종위기에 처했던 독수리의 수가 100여 마리에서 5,000마리로 늘어난 것입니다.
	Point(주장)	그러므로 야생동물 먹이주기 활동에 찬성합니다.

쿠션화법	상대방의 의견을 존중하고 있음을 드러내며, 토론이 감정적으로 흐르지 않도록 한다.
	"네, 찬성/반대 측 이야기 잘 들었습니다. 그런데, 저는 다른 생각을 갖고 있습니다." "의견 감사합니다. 어느 정도 동의합니다만…."
관점화법	'~ 측면에서 말씀드리겠습니다.'와 같은 두괄식 제안을 통해 다양한 관점에서의 논리력, 사고력과 발언 방향을 확보한다.
	'임금피크제 도입'에 반대하는 이유를 2가지 측면에서 말씀드리겠습니다. 첫째, 기존 근로자의 입장입니다. 둘째, 취업을 준비하는 청년들의 입장입니다.
재진술	발언 시 논제와 관련된 관점을 재언급하면서 논지를 명확히 하고 반론 시간을 확보할 수 있다.
	[최저임금제 토론 중] 반대 측: 최저임금을 1만 원으로 인상한다면 제품 개발이나 생산에 투입되는 비용이 그만큼 줄어들 것입니다. 그뿐만 아니라 어느 기업이 비싼 임금을 주고 사람을 많이 채용하려고 할까요? 찬성 측: 반대 측에서는 기업의 경쟁력 약화와 취업률 저하라는 2가지 이유로 최저임금제 인상을 반대하고 계십니다. 그러나….

③ 토론에 임하는 자세를 갖춰라

토론에서 중요한 것은 지식보다 태도이다. 어떤 태도를 가지고 상대방과 커뮤니케이션하는지가 중요하다. 다음의 평가 요소들을 파악하여 실제 토론 과정에서 적용한다면 짧은 토론면접에서도 긍정적인 평가를 받을 수 있다.

평가 요소	세부내용
아이 콘택트	상대방과 골고루 눈을 마주치고 메모지에만 집중하지 않도록 한다. 토론은 소통이므로 상대방의 발언에 고개를 끄덕이고 은은한 미소를 보여줌으로써 상대방의 의견을 경청하고 있음을 보여준다.
제스처	가급적 제스처는 활용하지 않는다. 메모할 때를 제외하고는 두 손을 모아 테이블 위 또는 무릎 위에 다소곳이 올려놓는다.
상체	지원자가 상체를 앞으로 기울였는가에 따라 가점을 주는 회사가 있을 만큼 중요한 부분이다. 상체가 앞으로 기울어져 있다는 것은 토론에 집중하고 있음을 뜻하기 때문이다.
메모	메모하는 데 집중하다가 발언 기회를 놓치지 않도록 한다. 메모는 상대방의 발언을 키워드 위주로 간략하게 하는 것이 좋다.

인성면접 전략

1) 인성면접의 평가 요소

인재적합성	기관 및 기업별 인재상에 대한 경험 및 인성 평가
조직적합성	조직에 대한 이해, 회사 생활과 관련된 상황 평가
직무적합성	직무에 대한 지식, 기술, 태도에 대한 역량 평가

2) 인성면접 핵심 전략

① 호감 가는 이미지를 만들어라

면접에서 첫인상은 중요하다. 호감을 주는 첫인상은 눈빛, 목소리, 자세, 표정을 통해 만들어진다. 면접관의 마음을 사로잡을 수 있어야 한다.

> **• 표정**
>
> 무조건 표정을 밝게 하라는 것은 아니다. 밝은 표정을 유지하되 지원동기, 입사 후 포부를 답하는 경우는 좀 더 진중한 표정이 신뢰도를 높일 수 있다. 억지스럽게 웃는 표정이나 상황에 맞지 않는 표정을 짓게 되면 진정성에 대한 의심을 받을 수 있다.
>
> **• 태도**
>
> 문을 열고 들어가는 순간부터 면접은 시작된다. 자신감 있게 걷고 고개를 들어야 한다. 앉을 때도 의자에 등을 기대지 말고 의자의 $\frac{1}{3}$ 정도에 앉아 최대한 예의 바른 태도를 보이도록 한다. 하지만 면접장에서만 태도를 신경 써서는 안 된다. 정해진 면접 시간에 여유 있게 도착하는 것, 면접 대기 장소에서도 바른 자세를 유지하는 것 역시 태도의 한 부분이다. 부지불식간 누군가 나를 평가하고 있다는 생각을 잊지 말자.
>
> **• 시선**
>
> 면접관과 시선을 맞추는 것도 연습이 필요하다. 면접관과 짧게 마주치는 눈빛 속에서 자신이 가진 열정을 보여줄 수 있어야 한다. 면접관과 눈을 마주치기 힘들 때에는 면접관의 인중이나 미간을 보라는 말도 있지만, 결국은 티가 난다. 면접관과 눈도 마주치지 못하는 지원자가 되지는 않도록 하자.
>
> **• 목소리**
>
> 면접에서 목소리는 여러 번 강조하고 또 강조해야 하는 부분이다. 자신감 있는 목소리는 면접에서 분위기를 좋게 하고, 나에 대한 긍정적인 이미지를 심어줄 수 있는 중요한 요소이다. 평소 차분하고 조용한 성격 때문에 자신감 있는 목소리가 나오지 않는 경우도 있을 수 있다. 하지만 자신감 있게 말하도록 하자. 어쩌면 마지막 기회일 수도 있다는 생각을 갖고 부끄러움과 이별해야 한다.

② 두괄식으로 말하라

질문에 대해 두괄식으로 답변해야 한다. 면접관이 듣고 싶은 말을 먼저 하고 그다음 이유를 설명하도록 한다. 아래 질문을 통해 무엇이 더 명확하게 전달되는지 확인해 보자.

Q. 본인의 취미가 무엇인지 말해보시오.

[WORST]

저는 어린 시절부터 공놀이를 매우 좋아했었고, 아버지와 함께 자주 축구를 즐겼습니다. 이후에도 친구들과 함께 축구를 즐기다 보니 저의 취미가 되었습니다.

[BEST]

저의 취미는 축구입니다. 어린 시절부터 아버지와 함께 축구를 하면서 흥미를 느끼게 되었고, 현재는 월 3회 정도 조기축구회 모임에 참여하면서 즐기고 있습니다. 이를 통해 항상 체력 관리를 하고 있습니다.

---

③ 답변의 시간을 조절하라

길고 지루한 답변은 최악의 답변이 될 수 있다는 점을 명심하자. 핵심만 간결하게 정리하여 답변하는 것이 좋다. 답변의 길이는 대략 20초에서 40초가 적당하다. 답변 노트를 만든다면 200자 이내가 좋다. 경험을 묻는 질문에서도 너무 장황하게 답변하기보다는 핵심 사건과 행동을 중심으로 답변을 만들도록 한다.

④ 첫째, 둘째, 셋째로 말해 전달력을 높여라

지원동기, 문제해결을 위한 방안과 전략, 입사 후 포부 등에 대해 답변이 길어지거나, 체계적으로 말해야 할 때는 첫째, 둘째의 표현을 통해 전달하도록 한다. 이러한 방법은 답변을 하는 지원자가 정확한 전달을 할 수 있게 하고, 듣는 면접관이 내용을 보다 정확하게 이해할 수 있게 한다. 전달력이 높아지면 면접관을 설득하는 것도 수월하다.

Q. 고령화의 문제점과 해결 방안에 대해 말해 보시오.

[WORST]

고령화의 문제점은 일자리가 부족해서 세금 관련 문제가 발생할 수 있다는 것과 독거노인들도 많이 생겨날 것이고….

[BEST]

고령화의 문제점은 첫째, 일자리 부족으로 인한 세금의 문제를 들 수 있습니다. (중략) 둘째, 독거노인들에 대한 부양과 복지 제도 마련이 부족한 상황이라는 점입니다. (후략)

---

⑤ 뜸을 들이는 것에 겁먹지 마라

　　면접관의 질문에 대해 바로 답을 해야 하는 경우도 있다. 하지만 즉답을 하지 못한다고 크게 마이너스 되지는 않는다. 뜸을 들이는 것이 더욱 진정성 있어 보이는 경우도 있기 때문이다. 단, 생각하는 시간이 지나치게 길어질 것 같다면 30초(1분) 정도 고민해 보아도 되는지 양해를 구하고 답변하는 것도 좋다. 면접은 결국 면접관과의 커뮤니케이션이므로 외워 온 듯한 모습보다 함께 교감하고 있음을 보여주는 것이 좋다.

> Q. 본인을 동물에 빗대어 표현해 보시오.
>
> [BEST]
>
> (조금 뜸을 들이며) 네…, 저를 동물로 표현한다면 독수리와 같은 사람이라고 표현하고 싶습니다.

⑥ YES, BUT 화법을 구사하라

　　지원자를 압박하는 질문에 대해서는 YES(인정), BUT(반론)의 화법을 활용하자. 압박이 들어오는 경우 대부분의 지원자들은 변명을 하거나 면접관의 질문을 부정하는 경우가 생긴다. 자신에게 들어오는 압박은 일종의 테스트이다. 나를 떨어트리기 위한 질문이라고 생각하기보다는 압박 상황에서 어떻게 대처하는가를 보기 위한 질문이라고 생각해야 한다.

　　또한 자신의 약점에 대해서 답변할 때도 먼저 인정하고 반론을 말하는 YES, BUT 화법을 사용한다. 자신의 약점을 감추지 않고 먼저 인정하며 이에 대한 보완 사항을 제시하여 반론하는 것이 좋다.

> Q. 학점이 낮은데 대학 시절 너무 놀기만 한 것은 아닌가?
>
> [WORST]
>
> 그렇지 않습니다. 대학 시절 저는 학점보다는 사람과의 관계가 더 중요하다고 생각했습니다.
>
> [BEST]
>
> 네, (YES) 학점이 낮은 것은 저 또한 아쉽게 생각하는 부분입니다. 아무래도 대학교 1, 2학년 때는 친구들과의 만남이 좋아 학점 관리에 실패한 부분이 있었습니다. (BUT) 하지만 3학년 이후 전공에 대해서 좀 더 관심을 가지고 공부하였고, 3학년 이후 전공 평점은 4.0을 받았습니다. 이에 전공 역량에 있어서만큼은 자신 있다고 말씀드리고 싶습니다.

⑦ 솔직함과 진정성을 구분하라

면접은 솔직하게 보는 것이 가장 좋다. 하지만 솔직함이 모든 상황에서 다 통하는 것은 아니다. 면접은 내가 하고 싶은 말을 하는 것도 필요하지만 면접관이 듣고 싶은 이야기를 해 주는 것도 중요하다. 면접관이 듣고 싶은 답변과 자신의 솔직한 답변이 일치하지 않는다면 솔직하다고 할지라도 면접관에게 좋은 평가를 받기 힘들다. 따라서 무조건적인 솔직함보다는 최대한 진정성을 갖춰 답변하는 것이 좋다. 진정성 있는 답변은 아래를 참고하도록 한다.

Q. 우리 회사보다 조건이 더 좋은 회사에서 스카웃 제의를 받게 된다면 어떻게 할 것인가?

[WORST]

당연히 가지 않겠습니다. ○○기업에서 꼭 함께하겠다고 다짐했기 때문에 앞으로도 ○○기업에 뼈를 묻는다는 각오로 충성을 다할 것입니다.(솔직해 보이지 않는 답변)

[BEST]

물론 조건이 더 좋은 회사에서 스카웃 제의를 받게 된다면 기분은 좋을 것 같습니다. 제가 가진 경쟁력을 다른 회사에서도 인정받았다는 뜻이기 때문입니다.(진정성 있는 표현) 하지만 제 역량을 키운 이곳에서 후임 육성에 힘쓰고 싶으므로 가지는 않겠습니다.(면접관이 듣고 싶은 답변)

위에서 본 예시는 진정성 있는 말하기의 예시이다. 자신의 솔직한 감정을 진정성 있게 말하면서도 면접관이 원하는 답변을 함께 제시하는 것이 좋다.

⑧ 답변 노트를 만들고, 입으로 외워라

이제는 답변 노트를 만들 차례이다. 면접은 한순간에 완성되지 않는다. 꾸준한 연습과 반복이 면접에 합격하는 최고의 지름길이다. 이를 위해 면접 답변 노트를 만들어 놓는 것이 좋다. 답변을 머리로만 생각하지 말고 글로 쓰면서 구조화한다. 이렇게 약 100여 개의 질문에 대한 답변을 만든다면 어떤 면접에서든 성공할 수 있다. 단, 답변을 있는 그대로 외우려고 하지 말자. 면접장에서는 머리로 외운 답보다는 입으로 외운 답변이 나와야 한다. 계속해서 직접 말로 해 보는 연습을 반복해야 자연스러운 답변이 완성된다.

면접에서 발생할 수 있는 상황별 대처 방안

상황	대처 방안
공통 질문에 대해 앞 사람과 답변이 겹친다면?	가능하다면 변경하는 것이 좋다. 같은 유형과 느낌의 답변은 주목받기 어렵다. 따라서 항상 일반적인 질문에 대해서는 조금 다르게 접근해보는 노력이 필요하다.
답변하다가 갑자기 생각이 나지 않는다면?	잠시 생각할 시간을 달라고 요청한 뒤 5초 정도의 시간을 두고 답변하는 것이 좋다.
자신에게 없는 경험을 요구한다면?	솔직하게 경험이 없음을 밝힌다. 다만 그렇게 되면 면접관이 다른 질문으로 유도할 가능성이 높다. 하지만 성취, 실패, 팀워크, 갈등 해결, 창의력 등 주요 경험에 대해서는 반드시 답변할 수 있도록 준비해야 한다.
중간에 면접관이 말을 끊는다면?	많은 지원자를 평가하다 보니 시간에 쫓기는 경우가 있다. 따라서 자신의 답변 길이를 좀 더 짧게 가져가면서 핵심만 말할 수 있도록 대비한다.
모르는 질문이 나온다면?	모르는 질문에 대해서 아는 척하는 것이 더 위험하다. 지식의 부족을 솔직히 인정하고, 보완하겠다는 태도를 보여주면 된다. 다만 모르는 질문에 대해서 바로 모른다는 즉답은 피하는 것이 좋다. 성의가 없는 지원자로 보일 수 있으므로 잠시 생각한 뒤 답변하자.
꼬리에 꼬리를 물며 구체화된 압박 질문을 계속해서 받는다면?	압박을 받으면 방어적으로 답변하게 되는 경우가 많다. 예를 들어 본인의 부족함에 대해서 언급하면, '그렇지 않습니다.'라는 식의 답변이 먼저 나오지 않도록 해야 한다. 부족함을 인정하고 어떻게 보완하고 있다는 방식의 수용적인 답변을 하도록 하자.
자신만 질문을 덜 받은 느낌을 받는다면?	질문을 많이 받고 적게 받는 것이 합격과 탈락의 기준이 되지 않는다. 자신에게 주어지는 질문에 집중하여 좋은 답변을 할 수 있도록 하자.
갑자기 면접 전에 어떻게 왔는지, 식사했는지를 물어본다면?	분위기를 형성하기 위한 질문이다. 단답형으로 답변하기보다는 편안하게 이야기하듯 답변하여 편안한 분위기를 조성하는 것이 좋다.
면접관이 마지막으로 하고 싶은 말을 시키지 않았다면?	대체적으로 마지막으로 하고 싶은 말을 시키지만 시간적으로 여유가 없을 때는 시키지 않는 경우도 있다. 따라서 자신에게 질문이 오지 않았다고 하여 불합격이라 속단할 필요는 없다. 실제로 합격 여부와 무관한 경우가 더 많다.
면접관이 질문 후 아무나 먼저 손들고 답변하라고 했다면?	먼저 손을 들고 이야기해야 적극적으로 보일 수 있다고 생각하지만 그것은 크게 중요하지 않다. 충분히 생각하고 답변해도 된다. 다만 답변의 기회를 놓치지 않도록 하자. 그 이유는 대부분 자신이 생각한 답변은 다른 사람도 생각할 수 있는 답변이기 때문에 나중에 할수록 새로운 답변을 해야 한다는 부담이 커질 수 있다.

02

AI면접 합격 매뉴얼

AI면접이란? | AI면접의 순서 | AI면접 세부 유형별 전략과 노하우

AI면접이란?

　최근 공기업을 준비하는 취준생에게 가장 많은 문의를 받는 분야는 AI면접이다. 공기업에서 시험 삼아 적용하던 AI면접은 2019년 하반기 채용을 기점으로 공식적인 면접 방식으로 자리매김하고 있다. AI면접은 면접관의 편향을 최소화해 지원자를 객관적으로 평가할 수 있는 방식이기 때문에 채용의 신뢰성을 높인다. 또 각종 채용비리 의혹에 빈번하게 연루되는 공기업 입장에서는 AI면접을 통해 채용의 공정성을 확보할 수 있다는 매력이 있다.

　하지만 취준생들은 AI면접을 어떻게 준비해야 할지 막막한 경우가 많을 것이다. 그도 그럴 것이 AI면접은 전통적인 면접 방식과는 완전히 다른, '전략게임', '보상선호' 등 미리 준비한다고 해서 결과를 예측할 수 없는 평가가 중간 중간 끼어들어 있기 때문이다. 하지만 AI면접의 세부 유형과 면접 진행 순서 등의 전체적인 프로세스를 꼼꼼하게 파악하고 이해한 뒤, 어떻게 대처하는 것이 좋을지 자신만의 전략을 만들어간다면 당황스럽기만 한 AI면접에 대비할 수 있는 역량을 갖출 수 있을 것이다.

　특히 AI면접의 백미라고도 할 수 있는 전략게임의 경우, 유형을 파악하고 임하는 것과 실제 AI면접을 진행하며 파악해 가는 것은 그 난이도가 천지 차이이다. 전략게임 수행이 그리 만만치 않기 때문에 혼자 컴퓨터 앞에서 게임을 수행하다 보면 자기도 모르는 사이 인상을 구길 수도 있다. 그리고 어려운 상황에 직면했을 때 자신이 어떠한 표정을 짓는지 AI가 데이터를 수집 · 분석한다.

　이어지는 AI면접 매뉴얼을 토대로 전략게임을 포함한 AI면접의 모든 과정에 한 걸음 가까이 다가가고, 완전히 정복해 보자.

AI면접의 순서

면접 환경 점검	⇨	자기소개 및 기본 질문	⇨	인성검사	⇨	상황대처 질문

⇨	보상선호	⇨	전략게임	⇨	심층질문

순서	진행 방식
면접 환경 점검	음성 테스트, 얼굴 인식 등의 시스템 환경 점검
자기소개 및 기본 질문	• 준비시간: 60초 / 답변시간: 90초 • 90초 자유 자기소개 진행 후 성격의 장단점, 지원동기 등을 질문
인성검사	• 문항 수: 170여 개 / 답변시간: 15분 • 빠른 시간 내 자신이 평소 생각하던 바를 진솔하게 체크
상황대처 질문	• 준비시간: 60초 / 답변시간: 90초 • 거절, 의견 차이, 부탁 등의 상황을 제시하고 대화 방식으로 상대방에게 의사를 전달
보상선호	• 진행시간: 3분 • 인센티브의 크기와 지급 시점이 다른 2개의 선택지를 제공해, 선호하는 방식 선택
전략게임	• 진행시간: 약 50분 • 약 10가지의 게임을 통해서 지원자의 성향 및 능력을 폭넓게 측정
심층질문	• 준비시간: 30초 / 답변시간: 60초 • 가치관 유형의 대표 질문 → 선택한 가치관에 대한 상황 및 경험 질문 꼬리 물기

※ 실시하는 AI면접에 따라 상이할 수 있습니다.

AI면접 세부 유형별 전략과 노하우

1) 자기소개 및 기본 질문

AI면접은 자기소개로 시작한다. 60초의 생각할 시간을 주고 90초 이내에 답변을 완성하는 방식이다. 자기소개는 특정한 형식에 얽매일 필요는 없지만, 면접을 처음 준비하는 응시자들이 효과적으로 참고할 수 있는 답변 방식을 제안하면 다음과 같다.

순서	답변 방식	
오프닝 멘트	• 너무 튀는 오프닝보다는 주의를 환기할 수 있을 정도의 멘트로 시작 • 간략한 다짐과 포부를 밝히는 형태로 진행하는 것이 효과적	
본론	유형1) 직무 역량	직무 수행에 요구되는 지식, 기술, 태도 등을 경험 사례를 통해 소개
	유형2) 스토리텔링	자신의 삶에서의 가치관, 성향, 특성, 터닝포인트 등으로 구성된 소개
	유형3) 지원동기 및 포부	자신의 관심 분야, 해당 직무에서 이루고 싶은 꿈, 준비해 온 노력 등을 소개
클로징 멘트	• 오프닝 멘트와 클로징 멘트를 연결되게 구성해 자기소개의 완결성 확보 • 본론 내용을 간략하게 정리하거나 포부나 다짐을 다시 한 번 반복하며 마무리	

자기소개가 끝나면 AI면접관이 기본 질문으로 성격의 장단점, 지원동기, 앞으로의 포부 등을 물어본다. 이 질문들은 대면 면접에서도 으레 제시되는 질문들로, 답변을 미리 정리해 놓는 것이 좋다.

기본 질문 과정에서 지원자의 호감도를 많이 평가하게 된다. 따라서 답변할 때 시선과 목소리, 표정은 물론 복장이 흐트러지지 않았는지도 계속해서 점검할 필요가 있다. 특히 표정과 목소리에 신경을 쓰고 답변하는 것이 좋다.

2) 인성검사

인성검사를 준비할 수 있는 방법이 따로 있는 것은 아니다. 굳이 방법을 제시한다면 너무 많은 생각을 하지 말고 솔직하게 임하라는 것 정도이다. 하지만 한 가지 분명한 노하우를 제시한다면 '답변의 일치성'을 주의하라는 것이다. 다음의 예시로 확인해보자.

26번. 화를 잘 내는 편이다	1. 매우 아니다	2. 아니다	3. 보통이다	4. 그렇다	5. 매우 그렇다
134번. 감정 표현을 잘한다	1. 매우 아니다	2. 아니다	3. 보통이다	4. 그렇다	5. 매우 그렇다

위의 두 가지 질문 중 26번의 '화를 잘 내는 편이다'의 경우 화가 부정적인 의미를 내포하기 때문에 대부분 1~3번 중에서 답을 선택하는 경우가 많다. 반면 134번의 '감정 표현을 잘한다'는 질문은 긍정적 의미를 내포하고 있기 때문에 4~5번에서 답을 선택할 가능성이 높다. 하지만 결과적으로는 화를 잘 내는 것도 감정 표현의 하나이기 때문에 답변 내용에 불일치가 발생한다. 자신의 생각과 성향을 일관되고 솔직하게 드러내는 것이 중요하다.

3) 상황대처 질문

상황대처 질문에 대해서는 화면에 주어진 상황에 대해서 60초의 준비시간 동안 어떻게 답변할지를 생각한 뒤 90초 동안 자신의 생각을 설명하는 것이 아니라, '직접 말하듯이' 답변해야 한다. 일반적인 면접에서의 답변 스타일과 다르게 실제 대화를 하는 상황처럼 연기해야 하기 때문에 처음에는 다소 어색할 수 있다. 하지만 대화 속에서 상대방에게 어떤 방식으로 의사를 전달하느냐에 따라 의사결정 역량, 관계 역량이나 조직 적합 역량이 파악되니 자연스럽고 조리있게 답변해야 한다.

상황은 꼭 업무와 관련한 직무적인 상황이 제시되는 것은 아니며, 일상생활에서 발생할 수 있는 갈등 상황, 의견 조율, 업무 조율, 부탁, 거절 등의 다양한 인간관계 속 상황이 제시된다. 주요 상황에 따른 답변 방식은 다음을 참고해보자.

① 직접화법보다는 간접화법

무엇을 지시하거나 부탁하는 경우에는 직접적인 화법으로 하기보다는 간접적인 화법을 활용하는 게 좋다. '~하면 어떨까?' 또는 '~해보는 것이 어때?' 정도의 간접화법을 바탕으로 상대방과의 커뮤니케이션을 부드럽게 이어나간다.

② 쿠션표현 활용

'죄송하지만', '공교롭게도', '실례지만', '불편하시겠지만', '괜찮으시다면', '혹시 시간이 되신다면' 등 대화 시 쿠션표현을 활용하면 정중한 인상을 주는 동시에 상대방의 부담을 줄여 호감을 살 수 있다. 단, 지나치게 반복하는 것은 금물이다.

③ YES, BUT 화법

상황에 따라 상대방의 이야기에 긍정적인 반응을 보여 준 뒤에 자신의 의견을 전달하는 방식을 활용하면 대화를 보다 유연하게 이끌어 갈 수 있다.

위에 제시한 답변 노하우에 덧붙여 상황대처 질문에서는 대화에 앞서 자신의 감정 표현을 적절히 섞어 표현하는 것이 좋다. 더 진솔하게 자신의 생각과 감정을 전달한다는 인상을 주기 때문이다. 기계적인 답변이나 딱딱한 형태로 상황을 설명하려 한다면 좋은 평가를 얻기 힘들다.

상황대처 질문에서 주로 나오는 상황은 다음과 같다. 제시된 상황에 어떻게 답변할지를 60초 이내로 생각해보고, 90초 이내에 실제로 답변해보도록 한다.

① 의견 차이 및 갈등 상황

선배와 신입사원 환영회 비용 문제로 의견 차이가 발생했다. 저비용으로 진행을 강요하는 선배와 신입사원들에게 더 인상 깊은 환영회를 만들기 위해 비용 지출은 어쩔 수 없다고 생각하는 자신의 입장 사이에서 어떻게 의견 차이를 좁히고 환영회를 진행할 것인지 실제로 말한다고 생각하고 말씀해주세요.

❷ **답변Tip** 감정 표현(고민스러움)+YES, BUT 화법 활용+의견에 대한 긍·부정 요소 전달 +대안 제시

② 비리 및 윤리적 행동 상황

정말 기대했던 맛집의 한정 메뉴를 먹기 위해 줄을 서서 기다리고 있다. 그런데 어떤 사람이 우리 일행 앞으로 새치기를 했다. 당신은 어떻게 말할 것인지 실제로 말한다고 생각하고 말씀해주세요.

❷ **답변Tip** 감정 표현(당황)+잘못된 행동에 대한 지적+원칙을 주장

③ 거절 상황

새로 취임한 부장이 단합대회를 하자고 제안하는데 미리 약속이 잡혀 있는 상황에서 불참하겠다고 어떻게 전할 것인지 실제로 말한다고 생각하고 말씀해주세요.

❷ **답변Tip** 감정 표현(아쉬움)+거절의 이유 및 상황 제시+다음을 기약 또는 대안 제시

④ 부탁 상황

그동안 연락하지 않았던 친구에게 보험 가입을 부탁해야 한다면 어떻게 할 것인지 실제로 말한다고 생각하고 말씀해주세요.

❷ **답변Tip** 쿠션 표현+자신이 부탁하는 것에 대한 상황 설명 및 입장 제시+부탁을 들어준 대상에게 보상 제시

⑤ 설득 상황

당신은 고등학교의 담임선생님입니다. 한 학생이 축구선수가 되길 간절히 바라고 있습니다. 그리고 실력도 뛰어납니다. 그러나 부모님이 완강히 반대하는 상황에서 부모님을 어떻게 설득할 것인지 실제로 말한다고 생각하고 말씀해주세요.

❷ **답변Tip** 감정 표현(공감)+의견 주장+근거 제시

⑥ 상사와의 갈등 상황

상사가 자신의 일을 자꾸 떠넘기고 있고, 이로 인해 자신이 해야 할 일까지 못 하고 있는 상황이라면 어떻게 말할 것인지 실제로 말한다고 생각하고 말씀해주세요.

❷ **답변Tip** 감정 표현(곤란함)+BUT 상사 입장 이해+대안 제시

4) 보상선호

　　보상선호 영역은 의사결정의 유형을 평가하는 영역이다. 응시자가 주로 어떤 기준을 바탕으로 의사를 결정하는지 파악함으로써 응시자의 행동양식을 평가한다. 특별히 어떤 전략이 필요한 것은 아니다. 다만 자신이 미래에 가치를 두는지, 현재의 보상에 가치를 두는지를 판단해 보고, 안전지향인지 모험지향인지 등에 대한 스스로의 성향을 미리 결정해 두고 면접에 임하도록 한다.

　　보상선호 영역에서는 다음에 제시된 예시처럼 인센티브 수령 일자에 대한 질의를 통해서 의사결정 유형을 평가한다. 이를 통해 응시자가 어떤 것에 더 많은 가치를 두고 있고, 또 어떤 성향인지를 파악하게 된다.

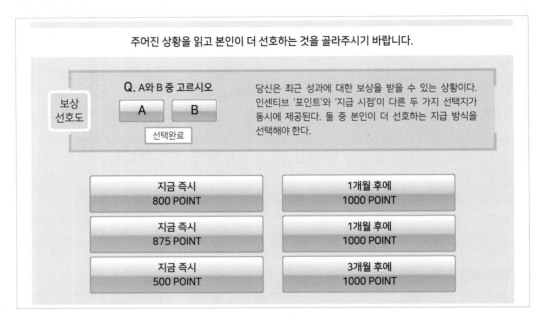

　　위와 같이 다양한 보상 유형을 연속으로 제시하며 2개의 선택지 중 자신이 선호하는 것을 선택하는 방식이다. 포인트와 개월 수는 응시자의 선택에 따라 내용이 변화한다. 앞서 설명했듯이 이어지는 응시자의 선택들을 통해 궁극적으로 응시자의 의사결정 유형을 평가한다. 보상선호 테스트를 통해 파악되는 응시자의 의사결정 유형 평가 예시는 다음과 같다.

보상선호 테스트를 통한 응시자의 의사결정 유형 평가

의사결정 유형

	높음	중간	낮음	낮음	중간	높음	
안전형							모험형
분석형							직관형
미래형							현재형

5) 전략게임

전략게임 영역은 AI면접의 특징을 가장 잘 보여주는 영역이다. 다양한 게임을 통해 응시자의 성향을 파악하는 뇌신경과학 알고리즘 기반의 평가 방식으로서 정서, 추론, 계획, 작업기억, 멀티태스킹, 조절, 의사결정 등을 측정하여 직무수행에 필요한 인성 및 인지능력 보유 여부를 종합적으로 판단한다.

또 응시자가 어떤 방식으로 게임을 풀어나가느냐에 따라 실시간 응답 데이터를 정리한다. 이에 따라 규칙·변수 파악, 목표 이해, 행동 실천 속도 등을 평가한다. 현재 실행되고 있는 AI면접의 전략 게임 유형과 평가 영역은 다음과 같이 정리할 수 있다.

게임 유형	평가 영역	진행 시간
감정 맞히기	감정파악능력	4분
공 탑 쌓기	계획능력	4분
공 무게 맞히기	추리력	6분
색–단어 일치 판단하기	순발력	1분 30초
도형 위치 기억하기	기억력	4분
방향 바꾸기	순발력	3분
카드 뒤집기	–	9분
입 길이 맞히기	–	6분
날씨 맞히기	추리력	8분
글자–숫자 분류하기	순발력	2분

※ 실시하는 AI면접에 따라 상이할 수 있습니다.

① 감정 맞히기

감정 맞히기는 임의로 제시되는 사진 속 인물의 표정을 파악하여 무표정, 놀람, 슬픔, 화남, 경멸, 무서움, 역겨움, 기쁨 등의 감정 선택지 중 하나를 선택하는 방식이다. 대개 감정을 직관적으로 판단할 수 있는 사진이 나오기 때문에 깊게 고민하기보다는 정답이라고 생각하는 감정 선택지를 빠르게 선택하면 된다. 그러나 감정이 바로 파악되지 않는 인물의 표정 사진이 제시되기도 한다. 이때는 오래 고민하기보다는 가장 적절해 보이는 감정 선택지를 직관적으로 선택하고 넘어가는 게 좋다.

② 공 탑 쌓기

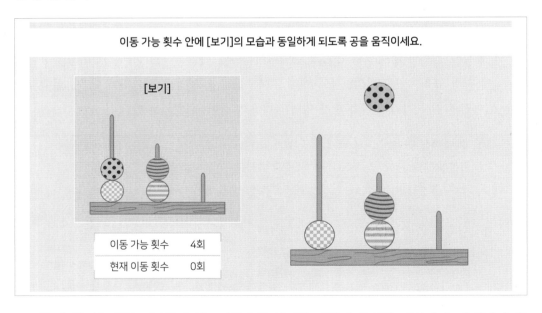

공 탑 쌓기는 '하노이 탑'이라는 이름으로 알려진 게임과 유사한 게임이다. 응시자가 움직일 수 있게 제시된 공 탑을 [보기]에 제시된 모습과 동일하게 만들면 된다. 이동 가능 횟수 안에 해결해야 한다는 것을 유념해야 한다.

③ 공 무게 맞히기

　공 무게 맞히기는 제시되는 공의 무게를 비교하여 무거운 순서대로 나열하는 게임이다. 마우스로 드래그하여 저울에 비교할 공을 올려놓으면 공 무게가 부등호로 표시된다. 농구공, 야구공, 탁구공 등 다양한 공이 나오는데 우리가 인식하고 있는 일반적인 공의 무게를 떠올려서는 안 되며, 직접 저울로 재보고 무거운 공을 왼쪽부터 나열해야 한다.

④ 색-단어 일치 판단하기

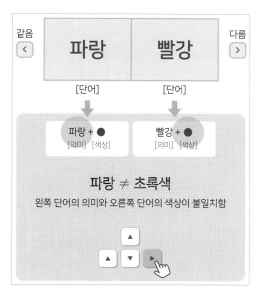

　색-단어 일치 판단하기는 제시된 왼쪽 단어의 의미와 오른쪽 단어의 색상을 비교하여 색과 단어가 일치하는지를 판단하는 게임이다. 왼쪽에 제시되는 단어는 색상을 보지 않고 의미에 집중해야 하며, 오른쪽에 제시되는 단어는 의미는 무시하고 색상에 집중해야 일치 여부를 빠르고 정확하게 판단할 수 있다.

⑤ 도형 위치 기억하기

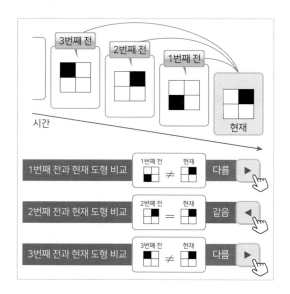

도형 위치 기억하기는 화면 가운데 등장하는 네모난 블록들이 잠깐 나타났다가 사라진다. 제시된 블록 중 색이 칠해진 블록의 위치가 N번째 이전에 등장했던 위치와 같은지 다른지를 판단하여 키보드로 응답하는 방식이다.

⑥ 방향 바꾸기

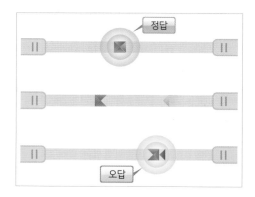

방향 바꾸기는 8개 가량의 각 레일에서 고정된 초록색의 퍼즐이 있다. 이 초록색의 퍼즐과 양방향에서 나와 이동하는 삼각형 모양의 퍼즐이 정사각형의 모양이 되도록 마우스로 방향을 바꾸는 게임이다. 중요한 것은 초록색 퍼즐을 너무 자주 클릭하여 바꾸면 감점이 된다는 사실이다. 최소한의 클릭으로 방향을 바꿔야 하며 시간이 지날수록 속도가 빨라져 난이도가 상승한다.

⑦ 카드 뒤집기

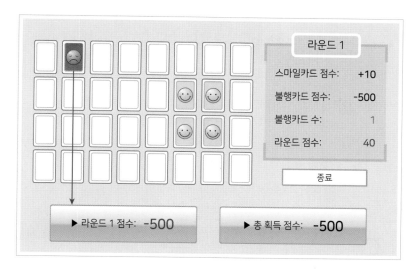

카드 뒤집기는 스마일카드와 불행카드가 섞인 총 32장의 카드가 화면에 나타난다. 뒤집힌 카드를 하나씩 클릭하여 뒤집어야 하며 스마일카드를 뒤집을 경우 점수를 획득하고, 불행카드를 뒤집을 경우 점수를 잃고 해당 라운드가 종료된다. 카드를 더 뒤집었다가는 불행카드가 나올 확률이 높다고 판단하면 종료 버튼을 눌러 점수를 획득하는 식이다. 매 라운드마다 스마일카드 · 불행카드의 점수, 불행카드의 개수 등이 다르며 해당 정보는 화면 오른쪽에 제시된다.

⑧ 입 길이 맞히기

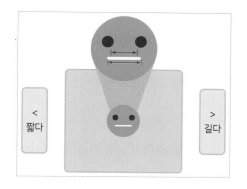

입 길이 맞히기는 화면에 연속으로 잠깐 나타났다 사라지는 2가지 입을 보고 두 번째 제시된 입이 먼저 제시된 입의 길이와 비교했을 때 길면 오른쪽 방향키, 짧으면 왼쪽 방향키를 누르는 게임이다.

⑨ 날씨 맞히기

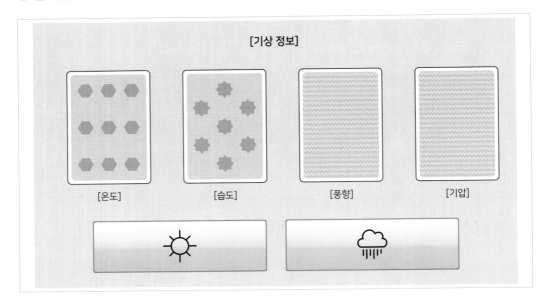

날씨 맞히기는 화면 상단에 나타나는 4개의 카드 조합을 바탕으로 날씨를 예측하는 게임이다. 맑음 또는 흐림의 날씨를 선택하고 맞으면 웃는 얼굴이, 틀리면 우는 얼굴이 나타난다. 이를 3초의 시간 안에 판단하여야 하며, 카드의 정보가 무엇을 의미하는지 시행착오를 거치며 파악하는 것이므로 추리력이 필요한 게임이다.

⑩ 글자-숫자 분류하기

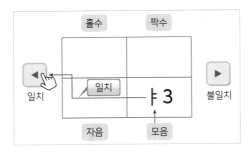

글자 – 숫자 분류하기는 박스 안에 적혀있는 글자와 숫자가 모음인지 자음인지, 홀수인지 짝수인지를 구분해 일치하면 왼쪽 방향키를 불일치하면 오른쪽 방향키를 눌러 판단하는 게임이다. 글자와 숫자가 같은 칸 안에 동시에 나타나지만, 해당 칸에 해당하는 것만 보면 된다. 예를 들어 예시의 'ㅑ3'은 모음 칸에 있기 때문에, '3'은 무시하고 'ㅑ'가 모음인지만 판단해 일치 불일치를 가리면 된다.

6) 심층질문

AI면접의 마지막 관문인 심층질문은 자신의 생각을 묻는 대표 질문이 나타나고 그 질문에 대한 의견을 YES와 NO 중에 먼저 선택해야 한다. 자신이 선택한 것에 대해 추가적인 꼬리 질문이 2개 정도 연속적으로 나타나며 이에 대한 자신의 경험과 생각을 추가로 답변하는 것이 심층질문의 평가 방식이다.

응시자가 일반적으로 준비하는 역량 평가와 방식은 유사하다. 가치관을 물어보고 자신의 경험과 실제 상황에서 어떻게 행동할지 평가하는 방식이다. 인성검사의 결과를 토대로 심층질문이 이어진다는 사실도 참고하자.

대표 질문	자신의 선택	
성향과 업무 스타일이 다른 사람과 같이 일할 수 있는가?	YES	NO

↓

선택에 따른 질문 1	성향과 업무 스타일이 달라도 같이 일할 수 있다고 생각한 이유는 무엇인가?
선택에 따른 질문 2	막상 입사했는데 상사가 본인과 전혀 다른 성향의 사람이라면 어떻게 할 것인가?
선택에 따른 질문 3	실제로 잘 안 맞는 사람과 같이 일해 본 경험이 있는가?

AI면접 FAQ

1   AI면접은 믿을 수 있는 건가요?

초창기만 해도 데이터가 충분하지 않았기 때문에 신뢰도가 떨어질 수 있었지만, 지금은 매우 높은 신뢰도를 확보하고 있는 면접 방식입니다. 또한 AI면접의 평가 툴을 개발해 각종 기업에 보급하고 있는 개발업체의 지속적인 연구·개발을 통해 평가의 신뢰도를 계속해서 높여가고 있기 때문에 많은 기업이 AI면접 결과를 신뢰하고 있는 것이 사실입니다.

2   AI면접도 계속 보면 대면 면접처럼 실력이 늘지 않을까요?

실력이 느는 것이 아니라 익숙해지는 것이라 볼 수 있습니다. AI면접은 단순히 문제를 잘 풀었는지, 또는 맞혔는지를 평가하는 것이 아닙니다. 응시자의 정답률도 물론 측정하지만, 응답 패턴, 응시 속도 등 행동 데이터를 분석하고 응시자가 어떤 성향을 가졌는지를 보다 중점적으로 진단합니다. 정답률이 높은 고득점자를 선발하는 것이 아니라, 응시자가 가진 다양한 측면을 분석해 결과를 내놓기 때문에 학습으로 실력을 늘린다는 접근은 무의미하다고 볼 수 있습니다.

3   AI면접 중 녹화된 영상은 면접관이 볼 수 있나요? 그렇다면 면접 복장은 어떻게 입어야 할까요?

채용 담당자가 영상을 확인할 수 있습니다. 따라서 꼭 정장은 아니더라도 가급적 깔끔한 차림으로 면접을 보는 것이 좋습니다.

4   AI면접을 볼 때 미리 작성한 메모지를 활용할 수 있나요?

AI면접은 응시자가 편한 시간과 공간에서 면접을 진행하기 때문에 1분 자기소개처럼 준비할 수 있는 질문에 대해서는 미리 작성한 메모지를 참고할 수 있지 않을까 생각하는 경우가 있습니다. 하지만 메모지를 사용하면 시선이 화면에 집중되지 않고 계속해서 분산되기 때문에 부정적 평가를 받을 수 있습니다. AI면접은 V4기술(Visual, Vocal, Verbal, Vital 정보를 인식하고 처리하는 AI 기술)을 적용하여 응시자의 외형적 행동을 면밀히 평가하고 있다는 사실을 기억하면서 응시해야 합니다.

5   AI면접을 보고 있는데 갑자기 누가 들어오면 어떻게 해야 하나요?

정해진 시간 안에 '다시하기'를 누르면 새롭게 시작할 수 있지만, 최대한 다른 사람들의 간섭을 받지 않는 환경을 만들어 면접을 보는 것이 좋습니다.

6   AI면접의 평가 요소에는 어떤 것이 있나요?

AI면접의 평가 요소를 간단히 정리해보면 다음과 같습니다.
- 지원 직군의 적합성과 구성원과의 유사도: 자신이 지원한 직군의 특성에 얼마나 부합하는지를 평가합니다. 또한 사내의 구성원과 유사도를 비교하는 데이터도 파악해 평가 요소로 쓰일 수 있습니다.
- 역량평가: 신뢰역량(응시자의 긍정성과 보상 · 성장 · 성취 추구에 대한 평가), 전략역량(응시자의 전략적 사고력과 전략적 기획력에 대한 평가), 관계역량(응시자의 타인 정서 및 의도 파악, 타인과의 관계 속에서의 행동 대응력 평가), 실행역량(응시자의 변화관리, 위험관리, 목적지향에 대한 평가), 가치역량(협력 · 존중 · 책임 · 객관성 · 겸손 · 정직 등에 대한 평가), 조직적합역량(불안 · 우울 · 스트레스 · 적대 · 충동 등에 대한 평가) 등을 평가합니다.
- 관찰특성: 면접 태도, 표현력 등을 평가합니다.
- 의사결정 유형과 정보활용 유형: 의사결정 과정에서 나타나는 응시자의 행동양식을 평가할 수 있으며 의사결정 시 응시자가 주로 활용하는 정보활용 유형에 대해서 파악합니다.
- 집중력과 난이도 적응력 평가: 다양한 문항에 대한 누적 정답률과 응답시간의 변화 추이를 바탕으로 응시자의 집중력을 평가합니다. 또한 쉽고, 어려운 난이도에 얼마나 빠르게 적응하는지를 평가합니다.

삶의 순간순간이
아름다운 마무리이며
새로운 시작이어야 한다.

– 법정 스님

여러분의 작은 소리
에듀윌은 크게 듣겠습니다.

본 교재에 대한 여러분의 목소리를 들려주세요.
공부하시면서 어려웠던 점, 궁금한 점,
칭찬하고 싶은 점, 개선할 점, 어떤 것이라도 좋습니다.

에듀윌은 여러분께서 나누어 주신 의견을
통해 끊임없이 발전하고 있습니다.

에듀윌 도서몰 book.eduwill.net
• 부가학습자료 및 정오표: 에듀윌 도서몰 → 도서자료실
• 교재 문의: 에듀윌 도서몰 → 문의하기 → 교재(내용, 출간) / 주문 및 배송

2023 공기업 NCS 합격하는 자소서&면접

발 행 일	2022년 12월 1일 초판
저 자	방영황
펴 낸 이	권대호, 김재환
펴 낸 곳	(주)에듀윌
등록번호	제25100-2002-000052호
주 소	08378 서울특별시 구로구 디지털로34길 55
	코오롱싸이언스밸리 2차 3층

* 이 책의 무단 인용 · 전재 · 복제를 금합니다.

www.eduwill.net
대표전화 1600-6700

4년 연속 취업 교육 1위*

에듀윌 취업
공기업·대기업
전 강좌 300% 환급반

365일 0원 환급패스 하나로
오롯이 '나'를 위한 취업 준비

수강료 최대 300% 현금 환급	모든 기업·전형 한번에 대비	취업스펙 진단 평가 무료
	공기업 대기업 금융권 제약 바이오	
강의 수강만 해도 100% 현금 환급 합격까지 하면 최대 300% 현금 환급	기업별 채용 전형부터, 변화되는 채용 경향까지 맞춤형 대비	꼭 필요한 강의만 효율적으로! 평가 결과 기반 맞춤 커리큘럼 설계

자세한 내용이 궁금하다면 1600-6700

전 강좌 환급
이벤트

취업에 강한 에듀윌 시사상식
96개월 베스트셀러 1위*

2020·2021
2년 연속 우수콘텐츠잡지 선정!

 우수콘텐츠잡지
2021

- 월별 Cover Story
- 정치·경제·사회 등 분야별 최신상식
- 취업트렌드 & 꿀팁을 알려주는 생생 취업정보
- 최신 논술 분석! ISSUE & 논술·찬반
- 매달 업데이트! 최신 시사상식 무료특강

하루아침에 완성되지 않는 취업상식,
#정기구독 으로 완성하세요!

| 정기구독 신청 시 정가 대비
10% 할인+배송비 무료 | 정기구독 신청 시
특별 혜택 | 6개월/12개월/무기한
기간 설정 가능 |

정기구독
신청·혜택 바로가기

IT자격증 초단기합격!
에듀윌 EXIT 시리즈

컴퓨터활용능력 필기
기본서(1급/2급)

컴퓨터활용능력 실기
기본서(1급/2급)

컴퓨터활용능력 필기 초단기끝장
(1급/2급)

ITQ 엑셀/파워포인트/한글/
OA Master

워드프로세서 초단기끝장
(필기/실기)

정보처리기사
(필기/실기)

합격을 위한 모든 무료 서비스
EXIT 합격 서비스 바로 가기

110만 권* 판매 돌파!
33개월* 베스트셀러 1위 교재

빅데이터로 단기간에 합격!
합격의 차이를 직접 경험해 보세요

기본서

한국사 초심자도
확실한 고득점 합격

2주끝장

빅데이터 분석으로
2주 만에 합격

ALL기출문제집

시대별+회차별 기출을
모두 담은 합격 완성 문제집

1주끝장

최빈출 50개 주제로
1주 만에 초단기 합격 완성

초등 한국사

비주얼씽킹을 통해
쉽고 재미있게 배우는 한국사

베스트셀러 1위*
에듀윌 토익 시리즈

쉬운 토익 공식으로
기초부터 실전까지 한번에, 쉽고 빠르게!

토익 입문서

토익 입문서

토익 실전서

토익 종합서

토익 종합서

토익 어휘서

동영상 강의 109강 무료 제공

취업, 공무원, 자격증 시험준비의 흐름을 바꾼 화제작!

에듀윌 히트교재 시리즈

에듀윌 교육출판연구소가 만든 히트교재 시리즈!
YES 24, 교보문고, 알라딘, 인터파크, 영풍문고 등 전국 유명 온/오프라인 서점에서 절찬 판매 중!

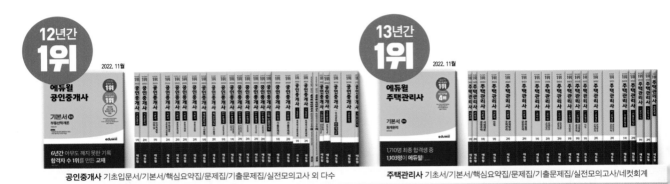

공인중개사 기초입문서/기본서/핵심요약집/문제집/기출문제집/실전모의고사 외 다수

주택관리사 기초서/기본서/핵심요약집/문제집/기출문제집/실전모의고사/네컷회계

7·9급공무원 기본서/단원별 문제집/기출문제집/기출팩/오답률TOP100/실전, 봉투모의고사

공무원 국어 한자·문법·독해/영어 단어·문법·독해/한국사·행정학·행정법 노트/행정법·헌법 판례집/면접

7급공무원 PSAT 기본서/기출문제집   계리직공무원 기본서/문제집/기출문제집   군무원 기출문제집/봉투모의고사   경찰공무원 기본서/기출문제집/모의고사/판례집/면접   소방공무원 기본서/기출팩/단원별 기출/실전 봉투 모의고사   뷰티 미용사/맞춤형화장품

검정고시 고졸/중졸 기본서/기출문제집/실전모의고사/총정리   사회복지사(1급) 기본서/문제집/핵심요약집   직업상담사(2급) 기본서/기출문제집   경비 기본서/기출/1차 한권끝장/2차 모의고사   전기기사 필기/실기/기출문제집   전기기능사 필기/실기

한국사능력검정시험 기본서/2주끝장/기출/1주끝장/초등

조리기능사 필기/실기

제과제빵기능사 필기/실기

SMAT 모듈A/B/C

ERP정보관리사 회계/인사/물류/생산(1, 2급)

전산세무회계 기초서/기본서/기출문제집

무역영어 1급 국제무역사 1급

KBS한국어능력시험 | ToKL

한국실용글쓰기

매경TEST 기본서/문제집/2주끝장

TESAT 기본서/문제집/기출문제집

운전면허 1종·2종

스포츠지도사 필기/실기구술 한권끝장

산업안전기사 | 산업안전산업기사

위험물산업기사 | 위험물기능사

토익 입문서 | 실전서 | 종합서

컴퓨터활용능력 | 워드프로세서

정보처리기사

월간시사상식 | 일반상식

월간NCS | 매1N

NCS 통합 | 모듈형 | 피듈형

PSAT형 NCS 수문끝

PSAT 기출완성 | 6대 출제사 | 10개 영역 찐기출

한국철도공사 | 서울교통공사 | 부산교통공사

국민건강보험공단 | 한국전력공사

한수원 | 수자원 | 토지주택공사

행과연형 | 휴노형 | 기업은행 | 인국공

대기업 인적성 통합 | GSAT

LG | SKCT | CJ | L-TAB

ROTC·학사장교 | 부사관

꿈을 현실로 만드는
에듀윌

DREAM

공무원 교육
- 선호도 1위, 인지도 1위!
  브랜드만족도 1위!
- 합격자 수 1,800% 폭등시킨
  독한 커리큘럼

자격증 교육
- 6년간 아무도 깨지 못한 기록
  합격자 수 1위
- 가장 많은 합격자를 배출한
  최고의 합격 시스템

직영학원
- 직영학원 수 1위, 수강생 규모 1위!
- 표준화된 커리큘럼과 호텔급 시설
  자랑하는 전국 53개 학원

종합출판
- 4대 온라인서점 베스트셀러 1위!
- 출제위원급 전문 교수진이
  직접 집필한 합격 교재

어학 교육
- 토익 베스트셀러 1위
- 토익 동영상 강의 무료 제공
- 업계 최초 '토익 공식' 추천 AI 앱 서비스

콘텐츠 제휴 · B2B 교육
- 고객 맞춤형 위탁 교육 서비스 제공
- 기업, 기관, 대학 등 각 단체에 최적화된
  고객 맞춤형 교육 및 제휴 서비스

부동산 아카데미
- 부동산 실무 교육 1위!
- 상위 1% 고소득 창업/취업 비법
- 부동산 실전 재테크 성공 비법

공기업 · 대기업 취업 교육
- 취업 교육 1위!
- 공기업 NCS, 대기업 직무적성,
  자소서, 면접

학점은행제
- 97.6%의 과목이수율
- 14년 연속 교육부 평가 인정 기관 선정

대학 편입
- 편입 교육 1위!
- 업계 유일 500% 환급 상품 서비스

국비무료 교육
- '5년우수훈련기관' 선정
- K-디지털, 4차 산업 등 특화 훈련과정

IT 아카데미
- 1:1 밀착형 실전/실무 교육
- 화이트 해커/코딩 개발자 양성 과정